Les écoles historiques

OUVRAGES DE GUY BOURDÉ

Urbanisation et Immigration
en Amérique latine : Buenos Aires
Aubier, 1974

La Décade péroniste
Julliard, 1975

La Défaite du Front populaire
Maspero, 1977

nombreux articles dans

Le Mouvement social
Les Cahiers de l'Amérique latine
L'Histoire

OUVRAGES D'HERVÉ MARTIN

Les Ordres mendiants en Bretagne
(vers 1230-1530)
Klincksieck, 1975

Fastes et Malheurs de la Bretagne ducale (1213-1532)
en collaboration avec Jean-Pierre Leguay
Éditions Ouest-France, 1982

Le Métier de prédicateur à la fin du Moyen Age
Cerf, 1988 ; Prix Gobert, 1989

Histoire, Mystique et Politique, Michel de Certeau
en collaboration avec Luce Giard et Jacques Revel
J. Millon, Grenoble, 1991

contribution

L'Histoire vécue du peuple chrétien
sous la direction de Jean Delumeau
Privat, 1979

L'Histoire des catholiques en France
sous la direction de F. Lebrun
Privat, 1980

Guy Bourdé et Hervé Martin
EN COLLABORATION AVEC PASCAL BALMAND

Les écoles historiques

Nouvelle édition

Éditions du Seuil

EN COUVERTURE :
Georges Rohner, *Monument à la littérature* (détail)
© ADAGP, 1989
Archives Lauros-Giraudon

ISBN 2-02-030022-2
(ISBN 2-02-006517-7 et 2-02-011497-6, 1res publications)

Avant-propos

En France, l'histoire occupe une position stratégique au carrefour des sciences humaines, et offre l'image d'une discipline parvenue à l'âge de la maturité, s'appuyant sur une solide tradition. D'une manière générale, la corporation des historiens privilégie une pratique empirique et refuse, avec un certain mépris, la réflexion théorique. Or, il suffit de lire le récent ouvrage de Marc Ferro : *Comment on raconte l'histoire aux enfants à travers le monde* (1981) pour se rendre compte qu'ici et là, en Afrique du Sud, en Iran, en Union soviétique, aux États-Unis, au Japon, en d'autres pays, la science historique sous-tend un discours idéologique, plus ou moins conscient. D'où la nécessité impérieuse, pour l'historien, de s'interroger sur les conditions, les moyens et les limites de ses connaissances. D'ailleurs, depuis quelques années, certains professionnels de l'histoire se livrent au doute systématique, versent parfois dans l'hyper-criticisme, comme le montrent les essais, pourtant très différents, de Paul Veyne : *Comment on écrit l'histoire* (1971), et de Jean Chesneaux : *Du passé, faisons table rase?* (1976).

Les questions de méthode en histoire peuvent être envisagées sous divers angles. On peut choisir une approche philosophique en se posant des problèmes fondamentaux : Quel est l'objet de l'histoire? Est-il possible, en ce domaine, d'atteindre la vérité? Comment perçoit-on l'écoulement du temps? Quelle liaison s'établit entre le passé et le présent? L'aventure humaine a-t-elle une finalité? On peut préférer une démarche vraiment épistémologique en examinant les relations entre l'histoire et les sciences voisines : la géographie, la démographie, l'économie, la sociologie, l'ethnologie, la linguistique, la psychanalyse, etc. On peut se borner à améliorer « l'outil de travail » en inventoriant les techniques auxiliaires de l'histoire telles l'archéologie, l'épigraphie, la paléographie, la cartographie, la statistique, et, aujourd'hui, l'informatique. On peut considérer le rôle social de l'histoire en appréciant l'enseignement de la discipline à l'université, au lycée, à l'école; en évaluant sa diffusion par les livres et les revues, par le cinéma, la radio ou la télévision. Tous ces modes d'observation sont légitimes et méritent qu'on leur consacre des analyses approfondies.

Dans le présent volume, on a adopté une perspective avant tout historiographique, entendons par là l'examen des différents *discours de la méthode historique* et des différents *modes d'écriture de l'histoire* du haut Moyen Age aux temps actuels. Bien que l'on ait pu écrire, il y a quelques années, que la méthode de l'histoire n'avait connu aucun changement depuis Hérodote et Thucydide, il nous semble au contraire que la pratique de l'histoire et le discours tenu sur elle ont considérablement évolué, pour ne pas dire mué à plusieurs reprises, de Grégoire de Tours à l'histoire nouvelle. Sans quoi le présent livre n'aurait d'ailleurs pas de sens! Reconnaissons toutefois, à la décharge de Paul Veyne, l'auteur de cette boutade, que les grands maîtres de l'histoire érudite du XIXe siècle, Fustel de Coulanges tout le premier, ont remis en honneur certains des principes exposés par Thucydide dans les premières pages de l'*Histoire de la guerre du Péloponnèse*. L'historien, nous dit-il, doit s'attacher à la recherche de la vérité et pour cela examiner les documents les plus sûrs, donc les plus proches des faits relatés, confronter les témoignages divergents, se défier des erreurs véhiculées par l'opinion commune... Tous ces préceptes demeurent valables et, à ce titre, lire et relire Thucydide demeure un impératif pour les historiens actuels. Mais qui, un tant soit peu frotté de Fustel de Coulanges ou de Langlois et Seignobos, s'aventurerait encore de nos jours, comme aimait à le faire l'historien grec, à réécrire les discours des protagonistes de son récit en leur prêtant les paroles qu'ils devaient logiquement prononcer? Qui se risquerait à ramener l'expédition d'Alcibiade en Sicile à de belles antilogies et à l'affrontement de deux ambitions contraires (conquérir – ne pas être asservi), en omettant délibérément la narration d'une partie des opérations militaires? Qui proclamerait que l'histoire est mère de sagesse dans la mesure où elle ne peut manquer de ramener toujours les mêmes événements, suivant la loi du devenir humain? Personne assurément, car les procédures de l'histoire ont bien changé depuis leur première énonciation au pied de l'Acropole.

L'examen de la production historique (essentiellement française) depuis le haut Moyen Age révèle à nos yeux plus de ruptures que de continuités. Parmi les césures qui nous ont semblé les plus marquantes, citons le XIIe siècle, la seconde moitié du XVe siècle, les années 1660-1680, 1876-1898, 1930 et sans doute aussi 1970-1975. En cette ultime phase de renouveau, l'anthropologie historique s'est posée en « substitut dilaté » de l'histoire, et l'on a vu grossir parallèlement les rangs de *l'école du soupçon,* qui soumet à une critique décapante à la fois les procédures de l'histoire scientifique et les règles silencieuses qui régissent l'*establishment* universitaire. Nous avons accordé une importance toute particulière à ces deux courants contemporains.

Cette étude prête le flanc à un reproche : elle demeure trop centrée sur la production hexagonale et participe par là d'une certaine myopie bien française, seulement tempérée par quelques pages consacrées à des philosophies de l'histoire étrangères (Hegel, Toynbee, Spengler) et par quelques lignes réservées aux critiques venues de l'étranger contre l'impérialisme de l'actuelle école historique française. Disons toutefois à notre décharge que nous n'avons aucune prétention encyclopédique et que nous avons cherché avant tout à poser quelques problèmes majeurs de l'historiographie, à travers les cas qui nous ont paru les plus significatifs, en évitant de faire double emploi avec le livre de J. Ehrard et G. Palmade, *L'Histoire* (1964) et avec le dictionnaire de *La Nouvelle Histoire* dirigé par Jacques Le Goff (1978). Nous avons voulu mettre un ouvrage d'accès facile à la disposition d'un public d'étudiants, et aussi de tous ceux qui s'intéressent à la problématique des sciences humaines en général et aux échanges interdisciplinaires plus particulièrement. Si ces quelques chapitres leur permettent de mieux situer l'histoire actuelle au regard de ses devancières et de corriger certaines vues désuètes qu'ils peuvent avoir sur elle, ils auront pleinement rempli leur mission.

Rennes, *janvier 1983.*

P.-S. Pour composer cet avant-propos, j'ai partiellement repris un premier texte de Guy Bourdé, écrit en septembre 1981, moins d'un an avant son décès. Que l'on veuille bien voir dans le présent liminaire, écrit tour à tour par chacun d'entre nous, le signe de la profonde amitié qui nous unissait et la trace d'un échange que la mort a interrompu.

H. M.

1

Perspectives sur l'historiographie antique

Nul n'attend du présent ouvrage qu'il résolve la fameuse question de la naissance du genre historique dans le monde grec. Faut-il y voir une pratique intimement liée à l'éveil de la démocratie, une forme de la prise de conscience par l'homme de sa condition d'animal politique, une manifestation intellectuelle et scripturaire de la distance prise avec le chaos apparent des événements ? Ne s'agit-il, plus banalement, que de l'apparition d'un « nouveau genre littéraire », progressivement émancipé de l'épopée ? Dès le VIe siècle av. J.-C., le poète Panyassis, oncle d'Hérodote, consacrait ses *Ioniques* à raconter les fondations des cités sur les côtes d'Asie Mineure. Le cas d'Hécatée de Milet est encore plus significatif : acteur de la révolte de l'Ionie à la fin de ce même VIe siècle, rédacteur de légendes sur les origines des cités, auteur d'une description de la terre ou *Périégèse,* il parvient donc à concilier des talents de géographe avec une insertion active dans l'histoire en train de se faire et avec un souci de narrer les hauts faits, qui sera partagé par les logographes du Ve siècle. Thucydide, le fondateur de l'histoire critique, pour ne pas dire de toute l'histoire classique, leur accordera à peine plus de confiance qu'aux poètes, leur reprochant de chercher plus à charmer les oreilles qu'à servir la vérité. Ils « rassemblent, estime-t-il, des faits impossibles à vérifier rigoureusement et aboutissent finalement pour la plupart à un récit incroyable et merveilleux ».

Nous nous laisserons d'abord bercer par les récits d'Hérodote, l'ancêtre de l'ethno-histoire, avant de suivre l'austère et limpide leçon de Thucydide : « On doit penser que mes informations proviennent des sources les plus sûres et présentent, étant donné leur antiquité, une certitude suffisante. » Tous principes repris, trois siècles plus tard, par Polybe, le père putatif de la science politique, et fidèlement suivis par les auteurs romains, de Tite-Live à Ammien Marcellin. Ces historiens romains et grecs, nous rappelle A. Momigliano, ne constituaient pas un groupe social distinct. A la différence des poètes et des dramaturges, dont la production gardait un certain caractère religieux, ils n'étaient pas considérés comme « les dépositaires d'un type de connaissance défini ». Ils se recrutaient essentiellement parmi les gens d'âge mûr, « retirés » de la vie politique ou exilés, désireux de dépasser les perspectives locales et de permettre à un large public de méditer sur les grands changements politiques et militaires. Contrairement à l'image donnée d'eux par la tradition humaniste, soucieuse d'en faire les garants des valeurs éternelles, ils s'assignaient pour première tâche de narrer le passé proche et de décrire le monde où ils vivaient. Images du changement, leurs œuvres sont aussi des miroirs de la diversité des peuples et des coutumes.

1. Hérodote, ou comment penser l'autre

L'auteur des *Histoires* (à entendre dans le sens de récits et d'enquêtes) se révèle être une figure énigmatique : est-il ethnographe avant la lettre ou historien ? A-t-il respecté la première règle du métier d'historien : dire vrai ? Y a-t-il un ou deux Hérodotes ? L'un, l'auteur des quatre premiers livres, serait un « ethnographe » mû par la seule curiosité. Il se serait, selon H. Van Effenterre, transformé en historien. Le deuxième Hérodote, le narrateur des guerres médiques (Livres V à IX), se caractériserait par une composition plus ferme et par un tri plus sévère entre les faits, sans toutefois faire preuve de beaucoup d'esprit critique. La réponse à ces interrogations viendra essentiellement de François Hartog, *Le Miroir d'Hérodote* (Paris, 1980).

Hérodote est né vers 480 à Halicarnasse en Asie Mineure,

en une ville soumise aux Perses où Grecs et Cariens se mêlaient. Des troubles le décidèrent à partir pour Samos. Ensuite il voyagea, au Moyen-Orient, sur les rives de la mer Noire, en Grèce, en Italie du Sud, à Athènes aussi. Sa vie, inscrite entre deux conflits, les guerres médiques et la guerre du Péloponnèse, s'acheva vers 420, à Thourioi ou à Athènes. Il faut souligner deux traits du personnage. Il est originaire d'Ionie, le berceau de la science grecque au VIe siècle, qui a vu naître les mathématiques, la philosophie et la géographie, en la personne de Thalès, d'Anaximandre et d'Hécatée de Milet. Ensuite, c'est un exilé, un non-citoyen, ce qui lui ménage une certaine distance relativement à ceux qui sont plongés dans le feu de l'action. En rédigeant les *Histoires* ou *Enquêtes,* il poursuit un objectif très clair : « En présentant au public ses recherches, Hérodote d'Halicarnasse veut préserver de l'oubli ce qu'ont fait les hommes, célébrer les grandes et merveilleuses actions des Grecs et des Barbares et, en particulier, développer les motifs qui les portèrent à se faire la guerre. » A cette double fin, lutter contre l'oubli et dispenser la gloire, il a donc composé neuf livres, les cinq derniers relatant les guerres médiques, les quatre premiers traitant des Grecs et des Barbares dans la mesure où ils se sont trouvés concernés par la puissance perse. Comme Hérodote est « essentiellement digressif » (F. Hartog), son récit se trouve émaillé de descriptions et de variations ethnographiques sur les mœurs et les coutumes.

La démarche d'Hérodote est séduisante parce qu'elle émane d'un esprit curieux de tout. Ne s'interroge-t-il pas, par exemple, sur les crues du Nil ? Pourquoi se produisent-elles en été et non en hiver ? Accoutumés au phénomène, les Égyptiens ne sont pas en mesure de l'expliquer. Il va donc essayer de répondre en s'aidant de la science ionienne et en invoquant les mouvements apparents du soleil. Quand il est au zénith d'un lieu, estime-t-il, la pluie est impossible. Quand il atteint la Libye, en hiver, le Nil se trouve donc au plus bas. De ce fleuve dont la crue est vitale pour l'Égypte, il veut reconstituer le cours. Il lui faut, cette fois, user du raisonnement par analogie, en se fondant sur le tracé de l'Istros (Danube). Il prête au Nil, à travers la

Libye, un cours identique à celui de l'Istros à travers l'Europe, les embouchures se faisant face.

Touche-à-tout de génie, Hérodote anticipe sur les sciences à venir. Il pressent la géographie par son sens de l'observation des paysages. « Le sol de l'Égypte, note-t-il avec finesse, est une terre noire, crevassée et friable, comme ayant été formée du limon que le Nil y a apporté d'Éthiopie et qu'il y a accumulé par ses débordements ; au lieu qu'on sait que la terre de Libye est plus rouge et plus sablonneuse et que celle de l'Arabie et de la Syrie est plus argileuse et plus pierreuse. » Non content de décrire, il veut mesurer l'espace, comme un arpenteur. De la mer à Héliopolis, estime-t-il, il y a 1 500 stades (de 177,6 m chacun), soit la distance entre Athènes et Pise, à proximité d'Olympie, à 15 stades près. On peut observer chez lui une sorte d'obsession du chiffre, façon élémentaire de conceptualiser la réalité. Les distances, les dimensions des monuments, etc., tout l'intéresse. Il anticipe sur la zoologie en décrivant le crocodile ou l'hippopotame, et sur l'ethnographie en peignant les mœurs des Scythes, des Égyptiens et autres peuples vivant à la périphérie du monde grec. « Les prêtres (d'Égypte), précise-t-il, se rasent le corps entier tous les trois jours, afin qu'il ne s'engendre ni pou, ni aucune autre vermine sur des hommes qui servent les dieux. Ils ne portent qu'une robe de lin et des souliers de papyrus. Il ne leur est pas permis d'avoir d'autre habit ni d'autres chaussures... Ils jouissent, en récompense, de grands avantages. Ils ne dépensent ni ne consomment rien de leurs biens propres. Chacun d'eux a sa portion des viandes sacrées, qu'on leur donne cuites ; et même on leur distribue chaque jour une grande quantité de chair de bœuf et d'oie, etc. » Les pratiques rituelles, les exigences vestimentaires, le statut économique, rien n'échappe à sa sagacité. On pourrait citer des pages au moins aussi pittoresques sur le rituel de l'embaumement, sur les fêtes célébrées en l'honneur du phallus de Dionysos et sur les joyeux pèlerinages au temple d'Artémis à Bubastis. Le regard d'Hérodote est parfois amusé, toujours compréhensif. Il a le sens de la relativité des usages, maxime de base de l'ethnographie : « Tous sont convaincus que leurs propres coutumes sont les meilleures et de beaucoup », observe-t-il en précurseur de Montaigne.

Si l'on s'attache plus particulièrement à l'historien, il est très conscient de la diversité de ses sources d'information : « J'ai dit jusqu'ici ce que j'ai vu, ce que j'ai su par moi-même, ou ce que j'ai appris par mes recherches. Je vais maintenant parler de ce pays selon ce que m'en ont dit les Égyptiens ; j'ajouterai aussi à mon récit quelque chose que j'ai vu par moi-même. » Il fréquente assidûment les lieux de mémoire : le temple de Memphis, puis Héliopolis et Thèbes, pour voir si les discours des habitants de ces deux dernières villes « s'accorderaient avec ceux des prêtres de Memphis ». Il recueille aussi des bribes de science écrite : « Les prêtres (de Memphis) me lurent aussi dans leurs annales les noms de trois cent trente autres rois qui régnèrent après lui (Min, le premier roi d'Égypte, fondateur de Memphis). » Devant recourir à des traducteurs, Hérodote n'a pu conduire qu'une enquête limitée. Vivant dans un monde de « culture écrite restreinte » (F. Hartog), il ne croyait d'ailleurs « ni à la nécessité ni à la supériorité de l'écrit ». On pourrait signaler d'autres limites de son information, en particulier sa vision très sommaire du champ politique, où se dresse la figure du tyran, mû par le désir, victime de la démesure, transgressant en permanence toutes les règles sociales et morales. Jamais satisfait, il désire toujours plus. Ce principe explicatif se retrouve chez Thucydide.

Comme l'a remarquablement montré F. Hartog, le « problème » essentiel d'Hérodote, semblable à celui que rencontre tout ethnologue ou tout historien, consiste à penser l'autre, le lointain, le différent. Décrivant les Scythes, par exemple, il « construit une figure du nomade qui rend pensable son altérité ». Il passe d'une altérité opaque à une altérité porteuse de sens. Pour y parvenir, il met en œuvre une rhétorique dont les procédures se ramènent à un certain nombre de figures élémentaires, brillamment analysées par l'auteur du *Miroir d'Hérodote*.

Tout part donc du constat que *a* (le monde grec) est différent de *b* (le monde non grec). Quelle sera l'attitude du narrateur ? Sera-ce seulement de ramener l'autre au même, de traduire *b* dans les termes de *a* ? Signalons tout d'abord deux comportements d'Hérodote, sur lesquels insiste peu F. Hartog. Le premier consiste à considérer que *b* est merveilleux, prodigieux, totalement différent de *a,* foncièrement irréductible au monde connu. Les monuments y atteignent des proportions extraordinaires ; certains produits précieux y sont récoltés dans des circonstances étonnantes, comme le *ladanum* (résine aromatique) dans la barbe des boucs ! La seconde attitude consiste à estimer que *b* est l'ancêtre de *a.* L'Égypte a été le berceau de beaucoup de croyances. « Presque tous les noms des dieux (dont celui de Dionysos) sont venus d'Égypte en Grèce. » On peut en rapprocher une certaine façon de reconnaître qu'en certains domaines *b* est supérieur à *a.* En matière de calendrier, par exemple, les Égyptiens sont estimés « plus habiles que les Grecs ».

Venons-en à l'opération principale d'Hérodote, qui consiste à tenter de traduire *b* dans les termes de *a.* Elle peut revêtir plusieurs formes. 1) D'abord celle de l'opposition terme à terme, du schéma d'inversion complet. La fameuse description des coutumes des Égyptiens (*Histoires,* Livre II, 35-37) en constitue le meilleur exemple. « Chez eux, ce sont les femmes qui vont au marché et font le commerce de détail ; les hommes restent au logis et tissent. » L'ensemble du texte se ramène à un schéma binaire, déployé en une série d'images contrastées : haut-bas, dedans-dehors, poilu-rasé, etc. Façon simple et efficace de surmonter l'opacité du monde d'en face. Comme tous les faits ne donnent pas prise à un traitement aussi sommaire, Hérodote élabore des schémas d'inversion plus subtils, ainsi quand il s'agit des Amazones, vierges guerrières et farouches, vivantes antithèses des femmes grecques mariées. Les Scythes ne se comportent-ils pas envers elles comme des Grecs, en choisissant de leur faire des enfants plutôt que la guerre ? 2) Comparaisons et analogies constituent aussi, pour l'auteur des *Histoires,* des moyens de « ramener l'autre au même ». Il nous dira, par exemple, que la course des messagers du roi de Perse, se passant le courrier de l'un à l'autre, ressemble à la course des porteurs de flambeaux en l'honneur d'Héphaïstos. Ou il se livrera à un parallèle entre la géographie de la Scythie et celle de l'Attique. 3) Il pratique assez peu la traduction, sauf quand il s'agit de noms propres. *Xerxès,* précise-t-il, signifie le guerrier. Quant au terme libyen *Battos,* il ne signifie pas *le Bègue,* comme un Grec aurait tendance à le penser, mais *le Roi.* 4) Décrire et inventorier constituent une dernière façon de coloniser le dissemblable, en y retrouvant des éléments connus, soumis à des arrangements insolites. Le narrateur plaque son lexique sur une réalité autre ; ses mots colonisent les choses de l'autre camp.

A se fonder sur les structures du texte, il faudrait parler d'un seul et non de deux Hérodotes. L'opposition entre *eux* et *nous* court dans l'ensemble de l'œuvre, aussi bien dans les voyages que dans le récit des guerres. La façon de relater les faits et les actes merveilleux ne connaît pas non plus de bouleversement. Qu'il s'agisse d'actions ou de coutumes, le principe de tri reste le même, Hérodote choisit « le plus digne d'être rapporté ». Il a été mal jugé par Thucydide, qui n'a vu en lui qu'un conteur de fables, qu'un « menteur », soucieux du seul plaisir de ses lecteurs. Comme s'il voulait prévenir cette objection, il a pris soin de nous rappeler que nul n'était tenu de croire à ses récits : « Mon devoir, c'est de faire connaître ce qui se dit, mais je ne suis pas tenu d'y croire absolument ! Et cela vaut pour toute mon histoire. »

Pas encore prisonnier des catégories de la connaissance historique, Hérodote constitue, en fait, un irremplaçable miroir où l'historien peut contempler l'incertitude de son statut. Énonce-t-il le réel ou seulement des fictions vraisemblables, comme aimait à le dire Michel de Certeau ? Dans le « miroir d'Hérodote » se reflètent aussi les Barbares, en une image inversée des Grecs. Le monde connu et le passé proche s'y trouvent enfermés dans « un espace grec du savoir » (F. Hartog).

2. **Thucydide : la définition conjointe d'une méthode et d'une écriture**

En qualifiant lui-même son œuvre de « bien pour toujours », Thucydide aurait-il pressenti le statut hors pair qui allait être le sien dans les siècles futurs ? *L'Histoire de la Guerre du Péloponnèse* suscite encore de nos jours une crainte révérentielle et continue de passer pour le modèle absolu de la méthode historique. Un article récent de Nicole Loraux, « Thucydide n'est pas un collègue » (*Quaderni di storia,* XII, 1980, p. 55-81), est venu opportunément nous rappeler que l'écrivain athénien ne concevait pas l'histoire comme nous. Il ne s'agissait pas encore d'un genre séparé, d'un produit scolaire soumis à des conditions précises d'élaboration. Comme la tragédie et l'éloquence, l'histoire faisait partie des genres civiques, des institutions de parole reconnues dans la cité. Elle ne tendait pas à être une « expression transparente de la vérité des faits ». On ne saurait donc prendre Thucydide pour un honorable membre de la corporation des historiens et venir lui reprocher ses omissions ou ses raccourcis. Il faut admettre que tout se plie chez lui à une logique du récit de guerre et à un rationalisme implacable. En conséquence, il nous en apprend autant sur l'écriture de l'histoire au Vᵉ siècle que sur les tragiques événements dont furent victimes les contemporains de Périclès.

Thucydide est né vers 460 dans une famille apparentée à Cimon et à Miltiade, détentrice de mines d'or en Thrace. Élu stratège en 424, il ne put empêcher la chute d'Amphipolis, ce qui lui valut d'être condamné à l'exil. Il vécut en Thrace jusqu'en 404, non sans voyager en Sicile et en Italie du Sud. Malgré son amertume, il resta attaché à la démocratie jusqu'à sa mort vers 395. Il se consacra donc à la rédaction de *l'Histoire de la Guerre du Péloponnèse* qui opposa, de 431 à 404, Athènes et ses alliées de l'Égée à Sparte et à la Confédération péloponnésienne. Le récit, partagé en huit livres, dont le dernier fut composé à la hâte, se termine avec l'expédition d'Alcibiade en Sicile (415-413). La suite du conflit fut relatée par Xénophon dans les *Helléniques.*

C'est dans l'introduction de son ouvrage, qualifiée d'*Archéologie* parce qu'elle traite des origines de la Grèce, que Thucydide a exposé sa méthode d'historien, en des lignes fameuses. (Voir le texte donné en annexe, *Histoire de la Guerre du Péloponnèse,* Livre I, XX-XXIII). A l'origine de sa démarche, la remise en cause de ce qui est admis. L'histoire commence avec la suspicion : « Il est difficile d'accorder créance aux documents dans leur ensemble... Les hommes acceptent sans examen. » Pour devenir historien, il faut prendre ses distances avec l'opinion commune, génératrice de tant d'erreurs sur le passé et sur le présent. Il ne faut donc pas accueillir la première information venue. Il ne faut pas non plus être victime de l'illusion engendrée par le fait d'avoir participé aux événements. En effet, « les hommes engagés dans la guerre jugent toujours la guerre qu'ils font la plus importante » (XXI).

Cet art de douter se retrouve dans la critique des sources. En récusant les poètes qui « amplifient les événements », Thucydide va plus loin qu'Hérodote, pourtant circonspect à l'égard des récits épiques. Il ne se fait pourtant pas faute de les utiliser, pour en extraire des traits de mœurs, par exemple sur la piraterie, ou pour en déduire le nombre d'hommes envoyés contre Troie. Le plan du merveilleux mythique et celui de la réalité historique sont désormais nettement distingués. Méprisant les logographes, comme on l'a vu plus haut, Thucydide ne retient que « les sources les plus sûres », à entendre comme les plus proches des faits relatés. Voilà pour le passé lointain ! Concernant les événements contemporains, il se garde de toute opinion *a priori*, pour ne retenir que ce qu'il a vu ou ce qu'il a établi en confrontant des témoignages partisans ou infidèles. Il n'omet pas non plus de recourir aux documents officiels : le texte de la paix de Nicias (422) gravé dans le marbre correspond presque mot à mot à celui de Thucydide.

Établir les faits et les insérer dans des chaînes causales constitue l'étape décisive de l'opération historique. Certaines expressions ne trompent pas : « A envisager les faits » ; « voir clair dans les faits passés » ; « confirmés par les faits ». Les maîtres du XIXe siècle parleront-ils autrement ? Ces faits reconstitués avec tant de soin, il faut aussi les jauger, en évaluer l'importance, d'où le parallèle entre les guerres médiques et la guerre du Péloponnèse (XXIII). Reste l'essentiel : établir les causes des événements. En des lignes décisives, le stratège exilé distingue les raisons immédiates du conflit (l'affrontement entre les Corcyréens alliés d'Athènes et les Corinthiens alliés de Sparte) de sa cause profonde : la crainte inspirée aux Lacédémoniens par les progrès de l'impérialisme athénien. En deçà des motifs avancés par les acteurs eux-mêmes, en deçà de l'enchaînement superficiel des faits, il s'interroge sur les mécanismes cachés du mouvement historique.

Thucydide énonce aussi au passage les règles d'une écriture historique. Il s'agit d'une vérité en construction, d'un récit bâti à partir d'un certain état de l'information, comportant toujours une part de non-établi : « Tel était, d'après mes recherches » (XX) ; « on ne se trompera pas en jugeant les faits tels, à peu près, que je les ai rapportés » (XXI). Comme il bannit tout merveilleux, l'historien athénien prône une écriture dépouillée, dépourvue de tout artifice littéraire, adéquate à l'objectif poursuivi : « Voir clair dans les faits passés. » Il ne s'interdit cependant pas de reconstruire « les discours tenus par chacun des belligérants » au nom de la logique du vraisemblable. Sa narration est ainsi émaillée de trente-neuf harangues, dues à Périclès, à Alcibiade, à Nicias et autres. A défaut de « rapporter avec exactitude les paroles qui ont été prononcées », il en expose la « pensée complète », la substance. Il s'agirait là, à nos yeux, d'un art un peu suspect, si ces discours réélaborés laissaient place à quelque partialité. Jacqueline de Romilly lave totalement Thucydide de ce reproche et nous apporte les raisons de ces libertés prises avec la matière première de l'histoire. Ces beaux morceaux d'éloquence, si courants dans la vie politique athénienne, constituaient un moyen rêvé de camper en quelques lignes un personnage et une politique. C'était aussi une façon de bâtir un système de relations logiques entre les personnages, en mettant des discours en parallèle ou en opposition. La pratique des antilogies ou confrontations de raisonnements était courante chez les sophistes. Thucydide y sacrifie, par exemple, quand il donne successivement la parole à un Syracusain et à un Athénien pour exposer des thèses rigoureusement contraires. Il revient ensuite au lecteur d'arbitrer.

Ce texte fondateur du genre historique nous permet, avec l'aide de Jacqueline de Romilly (*Histoire et Raison chez Thucydide*, p. 272), de préciser les trois étapes de la démarche de l'historien athénien : *a)* un travail critique, portant sur les sources et sur l'établissement des faits ; *b)* une activité logique, construisant des systèmes de preuves ; *c)* enfin, une activité organisatrice constituant des ensembles cohérents, où chaque fait et chaque discours participent d'un même système. Là ne s'arrête pas la mission de l'historien : il lui faut aussi être utile à ses semblables et nourrir leurs méditations. Ambition justifiée, dans la mesure où les faits qu'il relate se plient à la loi de l'éternel retour, qui commande le cours des choses humaines. Pareille conviction, que l'on a pu qualifier de déterminisme rationaliste, se rattache à une conception cyclique du temps, doublée de la croyance en la pérennité de la nature humaine. En conséquence, les mêmes processus psychologiques doivent nécessairement entraîner le retour des mêmes événements.

Après cette belle leçon de méthode, il nous reste à en apprécier le résultat : la très célèbre *Guerre du Péloponnèse.* On y voit se manifester les qualités fondamentales de l'historien, à commencer par l'étendue d'une information ouverte à une première forme d'archéologie, quand l'auteur décrit les anciennes sépultures de Délos ou quand il s'interroge sur les vestiges que Sparte est susceptible de laisser. Lui arrive-t-il de citer des documents, il le fait avec exactitude, semble-t-il. On peut le vérifier dans certains cas. Sa version du traité d'alliance passé entre les Athéniens, les Argiens, les Mantinéens et les Éléens, en 420-419, correspond à d'infimes variantes près au texte retrouvé sur une stèle de l'Acropole. Quant à son impartialité, il est difficile de la récuser, dans la mesure où il laisse parler les camps en présence. Il témoigne toutefois d'une certaine morosité envers la démocratie athénienne et ne dissimule pas ses sympathies pour les hommes d'État modérés comme Périclès ou Nicias. On a même pu se demander s'il n'avait pas noirci le tableau de l'impérialisme athénien. A le lire, l'attaque lancée contre les Méliens en 416 n'aurait été qu'une odieuse agression du fort contre le faible. A en croire des inscriptions récemment découvertes, les Méliens auraient fait partie de l'Empire et auraient été punis pour rébellion ! On ne saurait, en tout cas, nier le sens de l'évocation de Thucydide, maître dans l'art du portrait, expert en récits de batailles et en analyses de psychologie collective (qu'il s'agisse du moral des Athéniens après le désastre de Sicile ou de la ruine générale des valeurs attribuable à la guerre).

Cette narration parfaitement maîtrisée, enrichie d'une analyse aiguë des causes et des conséquences (immédiates et lointaines) des événements, se révèle aussi être agencée comme une sorte de système clos. Cette logique du texte a été exhumée par Jacqueline de Romilly dans *Histoire et Raison chez Thucydide.* Sous les apparences toutes simples d'un récit linéaire, se cache en fait un « discours » éminemment cohérent et personnel, où tous les épisodes se renvoient l'un à l'autre et se trouvent chargés d'une signification interne au système. Quand il relate le siège de Syracuse, par exemple, Thucydide ne se perd pas dans le récit des huit victoires athéniennes. Il se contente de tout ramener à la lutte de deux intentions contraires : investir Syracuse ↔ ne pas être investie. Loin de s'égarer dans le fouillis événementiel, il bâtit en fait un petit drame. En règle générale, il veut échapper au désordre des faits bruts, pour ne retenir que les éléments liés entre eux. Son style donne à ces relations un caractère de rigueur presque mathématique. Les conclusions répondent aux projets. Chaque idée, chaque fait prend un caractère défini tout au long d'un récit où, non sans répétitions, les mêmes mots recouvrent les mêmes notions. Dans cette œuvre « toute remplie d'échos, de rappels, de correspondances », on décèle une cohésion de style et de manière qui renforce les relations entre les faits. Bien que l'auteur suive le plus souvent l'ordre chronologique, il construit en réalité une démonstration, où les faits tiennent lieu d'arguments dans un raisonnement. Tout y prend un air de nécessité, au prix d'une simplification excessive. Dans l'*Archéologie,* le faisceau est braqué sur la genèse de l'Empire athénien, au détriment de la Confédération spartiate. L'ensemble de l'œuvre est soumis à un « rationalisme organisateur », qui excelle à décanter les événements bruts et à les relier suivant des chaînes cohérentes.

Un ouvrage antérieur de Jacqueline de Romilly, *Thucydide et l'Impérialisme athénien,* avait montré de quelle philosophie et de quelle morale était porteuse l'*Histoire de la Guerre du Péloponnèse.* L'impérialisme athénien y devient une force abstraite commandant le cours de l'histoire, indépendamment des conditions qui lui ont donné naissance. La cité d'Athènes dans son ensemble est animée d'une volonté pure et une ; elle est présentée en bloc comme impérialiste, sans distinction de tendances. Cette ambition collective s'exerce par le système de la thalassocratie, dont l'historien ne précise ni les fondements ni le domaine d'expansion. Il s'agit d'une pure volonté de puissance sur mer, trouvant sa fin en elle-même, sans que soient pris en compte le problème de l'approvisionnement en blé et la nécessité de subvenir aux besoins de la classe pauvre. En somme, cette volonté de conquête est une force abstraite, s'alimentant d'elle-même. C'est une passion tendant à la « gloire ». Les Athéniens s'y abandonnent uniquement pour des motifs psychologiques : par goût de l'action, par besoin d'autorité et par recherche de la renommée. Ils y trouvent en même temps une sorte d'achèvement de leur liberté de citoyens.

Bien qu'on puisse isoler des aspects successifs de l'impérialisme athénien (Périclès ou la puissance conciliée avec la mesure ; Cléon et Alcibiade, ou les déchaînements de l'*hybris,* l'abandon aux ambitions illimitées), il présente une unité fondamentale, exprimée par cette formule toute simple : « Les Athéniens désiraient plus. » En conséquence, leur comportement se plie à une logique implacable : manifester sa force pour se faire craindre ; en faire le ressort normal des rapports humains ; écraser les faibles. Cette vision du monde procède-t-elle de l'expérience de l'historien ou de l'enseignement des sophistes ? Elle respire, en tout état de cause, un profond pessimisme. Tout pouvoir, toute domination, subit la tentation de la démesure. A entreprendre au-delà de ses forces, il court à sa perte. L'*hybris* (la démesure) appelle la *Nemesis* (le destin, la fatalité).

Riche d'enseignements philosophiques, organisée comme un réseau cohérent de signes, l'œuvre de Thucydide n'a rien d'un simple document sur le conflit des deux puissances majeures du monde grec. Il faut y voir, en fait, un monument-écran dressé devant la réalité, pour l'édification des générations à venir. Ce « tombeau scripturaire » érigé à la gloire d'Athènes incite le lecteur à se souvenir et lui assigne des tâches dans le présent. En ce sens, la fonction de l'œuvre entière est comparable à celle de la célèbre oraison funèbre prononcée en 431 par Périclès, et récrite par Thucydide, en l'honneur des premières victimes du conflit : « En un mot, je l'affirme, notre cité dans son ensemble est l'école de la Grèce... Telle est la cité dont, avec raison, ces hommes n'ont pas voulu se laisser dépouiller et pour laquelle ils ont péri courageusement dans le combat ; pour sa défense nos descendants consentiront à tout souffrir. » (Livre II, 41.)

3. **Polybe ou la reconstruction logique du passé**

Polybe est souvent considéré comme l'*alter ego* de Thucydide. Moins éclatant par le style, il se révèle encore plus systématique dans l'interprétation du passé. La logique implacable dont il fait preuve nous servira de fil conducteur : « Je considère comme puéril, non seulement tout ce qui s'écarte d'un principe logique, mais encore ce qui est en dehors du possible. » A défaut d'une analyse rationnelle du passé, il faut au moins en proposer une lecture vraisemblable.

A. *Une œuvre à la charnière du monde grec et du monde romain, due à un exilé et à un voyageur (208 ?-126 av. J.-C.)*

Né à Mégalopolis en Arcadie, dans une famille aristocratique, Polybe reçut une formation polyvalente, en politique, en stratégie et en éloquence. Soldat, il combattit avec les Romains pour s'opposer à Antiochos III, le roi séleucide, entré en Grèce à l'appel des Étoliens en 190-188. Plus tard, il resta prudent pendant la révolte de Persée contre les Romains (170-169). Il n'en fut pas moins déporté à Rome, où il resta dix-sept ans ! Il y devint le protégé et l'ami de Scipion Émilien, il y fréquenta Caton. Observant les institutions romaines, il mûrit le projet de composer des *Histoires*. Il mit à profit son exil pour visiter la Gaule du Sud et l'Espagne. En 150, il regagna enfin sa Grèce natale, ce qui ne l'empêcha pas de suivre Scipion sous les murs de Carthage en 146. Quand les Achéens se révoltèrent de nouveau contre Rome, il ménagea une solution de compromis. On connaît mal la fin de sa vie : il voyagea en Égypte, assista au siège de Numance en 133 et mourut vraisemblablement en 126.

A côté d'œuvres secondaires et perdues, comme un traité de tactique, Polybe nous a laissé quarante livres d'*Histoires*. La première partie, rédigée à Rome et remaniée ultérieurement, relate la conquête du monde par les Romains de 220 à 168, et donc les guerres puniques. La seconde partie narre les troubles intervenus dans le monde gréco-romain de 168 à 146, jusqu'à la destruction de Carthage. Il s'agit d'un récit chronologique, traitant d'abord de l'Occident et ensuite de l'Orient, où les événements occupent une place proportionnée à leur importance. L'objet véritable de ces *Histoires* n'est autre, en fait, que la conquête romaine et que l'analyse de la constitution qui l'a rendue possible. Polybe a voulu exposer « l'économie générale et globale des événements », les histoires particulières venant se fondre dans l'histoire universelle par la vertu de grands conflits, comme la première guerre punique, et par celle de l'expansion romaine.

B. *Méthode critique et appétit de connaître*

Polybe veut éviter les défauts de ses prédécesseurs, surtout Callisthène et Timée. Il leur reproche leur narration décousue, leurs récits naïfs, leur parti pris, leurs discours infidèles à la lettre comme à l'esprit des paroles, enfin leurs erreurs géographiques. A ses yeux, l'historien doit associer sens critique et information étendue, dans les domaines politique, militaire et géographique.

Sa méthode critique n'a rien de spécialement original. Rien ne remplace, pour lui, le témoignage direct. Il estime la vue plus sûre que l'ouïe. Ayant assisté à plusieurs grands événements, il avait effectivement une expérience étendue en politique et en diplomatie. A défaut d'avoir été le témoin de tel ou tel fait, il recourt à des informateurs, dont il confronte les témoignages. A Rome, entre 167 et 150, il a pu rencontrer des exilés, des voyageurs et des acteurs éminents de la conquête, comme Lélius, un proche de Scipion, ou de la vie politique, comme Caton. Il a pu consulter les annales de la République romaine, devenues ensuite les *Annales maximi.* Il a également eu accès à des livres venus des camps opposés.

Aux différents témoignages dont il dispose, Polybe pose des questions de bon sens : leur auteur a-t-il assisté aux événements ? a-t-il une expérience politique et militaire ? Faisant preuve d'un sens critique indéniable, il se refuse à accepter les on-dit. On est très frappé par son goût des documents originaux. En ce domaine, il surpasse ses devanciers, y compris Thucydide. Il cite des traités, des décrets, des lettres, qu'il a recopiés aux « archives officielles » romaines, le *Tabularium.* Il aime aussi les chiffres. Quand il s'agit d'évaluer les forces d'Hannibal, il s'appuie sur une inscription, de préférence aux estimations avancées par différents témoins. L'information lui fait-elle défaut sur tel ou tel sujet ? Il expose alors ce qui lui paraît le plus vraisemblable. En soumettant ainsi l'histoire à la logique, il reste en concordance avec ce qui est naturel, avec l'expérience commune. Toujours au nom de la vraisemblance et en poussant ce principe à l'extrême, il lui arrive de « partir des faits établis pour inférer des faits inconnus » (Pédech).

Le « désir de savoir » de Polybe se manifeste surtout dans le domaine géographique. Il s'est converti peu à peu à la géographie, l'utilisant d'abord en historien soucieux de connaître les lieux où les événements se déroulent, avant de la pratiquer pour elle-même. Il aime décrire les pays qu'il a parcourus : la Grèce, Byzance, l'Italie, Sicile comprise, l'Espagne, la Gaule et l'Afrique du Nord, l'Égypte. Si le Polybe « première manière » se comporte en soldat et en touriste, aimant les curiosités et appréciant les avantages stratégiques d'un site, le Polybe « seconde manière » cultive la géographie pour elle-même. Il observe que la Sicile a une forme triangulaire. Il introduit dans son œuvre des notices descriptives sur l'Italie, sur la Cisalpine, sur le Rhône (III, 47, 2-4). Il se livre même à une étude océanographique du Pont-Euxin (IV, 39-42) : pourquoi son envasement ? pourquoi les courants des détroits pontiques ? L'envasement, estime-t-il, est inévitable du fait de l'importance des apports fluviaux. Quant aux courants, ils procèdent de l'écoulement du trop-plein d'une mer grossie par les fleuves. Non content de décrire, Polybe raisonne. Il s'interroge même sur la forme et sur les limites du monde, ainsi que sur la possible existence d'un continent austral.

C. *Une logique implacable et ses limites*

La recherche *des causes* des événements constitue la tâche primordiale des historiens. Relater ne suffit pas. Il faut expliquer, sans se dérober, et ne s'en remettre qu'*in extremis* à la fortune. La démarche de Polybe s'inscrit dans la continuité de Thucydide et d'Aristote. Thucydide avait distingué les causes avouées (apparentes), les raisons véritables et les lois « éternelles » de l'histoire. A ses yeux, les individus agissaient par délégation des forces historiques.

Pour Aristote, « connaître, c'est connaître les causes ». Il distingue la cause matérielle (le métal permet la statue ; tels moyens rendent une guerre possible) ; la cause formelle (le concept et ses genres ; exemple chez Thucydide, l'impérialisme et ses conséquences) ; la cause motrice (le père est cause de l'enfant ; l'impulsion initiale qui déclenche les événements, la chaîne des responsabilités, leur chronologie exacte) ; la cause finale (la santé est *cause* de la promenade ; une période historique est vue comme la réalisation d'un plan). Dans la *Politique,* Aristote a ainsi développé une théorie des révolutions, les ramenant à trois ordres de causes : morales (par exemple, les aspirations des classes inférieures) ; finales (changer la société) ; immédiates (les premiers troubles, souvent minimes, qui engendrent de grands effets).

La pensée de Polybe est très bien exposée dans un texte traitant des causes de la seconde guerre punique (Pédech, p. 78-79), où il distingue le commencement, le prétexte et la cause véritable :

– La cause, *aitia,* ce sont les desseins, les raisonnements et les sentiments conduisant à la décision et au projet. En somme, ce sont les opérations mentales qui précèdent l'action. Cette théorie intellectualiste subordonne la volonté à l'entendement. Il reste à l'historien à voir si les résultats ont répondu aux projets initiaux.

– Le prétexte, *prophasis,* c'est la raison invoquée.

Exemple : Alexandre veut punir les attaques des Perses en Grèce ; les Romains cherchent une raison pour attaquer Carthage. Toute politique doit se justifier, devant l'adversaire et devant sa propre opinion. L'historien doit déchirer le voile des apparences.

– Les commencements (au singulier *arché*), ce sont les « premiers actes de choses déjà décidées » (exemple : la prise de Sagonte ouvre la deuxième guerre punique).

Cette « analyse logique » des événements s'applique tout spécialement aux guerres et à la diplomatie.

Les causes invoquées par Polybe sont toujours d'ordre intellectuel (conceptions, plans, raisonnements, etc.).

Cet intellectualisme historique fait nécessairement une grande place aux « discours effectivement tenus » par les acteurs : là se manifeste l'individu pensant ; là s'expriment les projets qui déterminent le passage aux actes. Le discours c'est de l'action en puissance (pour Pédech, il est « l'égal de l'action »). C'est un maillon essentiel dans la trame des faits. Polybe prétend s'en tenir aux paroles réellement prononcées, éviter les stéréotypes. En fait, il a imprimé à beaucoup de discours la marque de ses propres conceptions. Le discours rapporté, il faut « découvrir la cause pour laquelle paroles ou actes aboutissent finalement à l'échec ou au succès ».

Toujours au nom de cet intellectualisme historique, une grande place est faite à l'action des grands personnages. Chez Polybe, l'individu pensant est au premier plan de la causalité historique. Princes et chefs d'État commandent le jeu politique. Ils forgent des plans qu'ils mettent en œuvre sous forme de lois, de guerres, etc. Tout tient à leur esprit *(nous)*, à leur capacité de calcul et de prévision. Ici la raison (le *logos*) triomphe. Les éléments affectifs et passionnels n'ont pas grande place. La force physique des individus compte peu.

Polybe distingue deux types de personnages historiques :

– les raisonnables, qui obtiennent des résultats conformes à leurs plans ;

– les irrationnels, les passionnés, qui échouent. Les héros sont donc les froids, les positifs, les calculateurs ; tel Hamilcar Barca, avisé, audacieux, agissant *kata logon ;* tel Hannibal, « la logique même de l'histoire en action » (Pédech, 217). Avant de passer en Italie, Hannibal se renseigne sur les Alpes, le Pô, les ressources du pays, l'état d'esprit des populations. Scipion, génie calculateur, est de la même trempe : un massacre pour terroriser, un geste de clémence pour se rallier les cœurs... Quant aux perdants de l'histoire, qu'ils s'en prennent à eux-mêmes, aux fautes par eux commises contre la raison, à leurs emportements (cf. Philippe de Macédoine, l'irascible, l'impulsif).

Cette psychologie peut paraître classique et conventionnelle à l'excès. La pensée précède l'action. Tout se ramène au conflit de la raison et de la déraison. Quiconque s'abandonne aux forces obscures *(thumos)* échoue inévitablement. Cela admis, le vocabulaire psychologique de Polybe est étendu : Pédech a recensé chez lui deux cent dix termes désignant des sentiments et des opérations mentales.

« L'analyse logique » du passé, proche ou lointain, requiert aussi de brosser de vastes synthèses. Polybe aime faire le point sur le rapport des forces, parfois par le moyen de grandes compositions oratoires. Elles servent à présenter les politiques possibles à un moment donné, à exposer les termes d'une alternative. Il pratique aussi la méthode comparative, mettant en parallèle la phalange macédonienne et la légion romaine, la constitution spartiate et la constitution romaine (dont l'équilibre a permis la conquête du monde).

Cette vision rationaliste de la causalité historique a ses *limites.* Elle est battue en brèche par l'expérience concrète de l'écroulement des monarchies et des empires (Carthage, Antiochus III, etc.) Il faut donc faire une place à la Fortune et au Hasard, à tout ce qui peut déjouer les prévisions et donner aux événements un cours imprévu.

La Fortune *(tuché)* a différents visages chez Polybe, depuis l'événement de première grandeur jusqu'à l'accident le plus minime, climatique ou autre. D'un côté, c'est un pouvoir régulateur, très peu différent de la Providence de Bossuet. De l'autre, c'est seulement le hasard, ce que l'on invoque pour combler les vides de l'explication concernant des faits minimes.

Polybe verse parfois dans le finalisme, en prêtant à la *Fortune* un plan « pour mener à bien les événements du monde ». Il lui attribue déjà d'avoir réuni « toutes les parties connues de la terre sous un seul empire et une seule domination » (romaine). Bossuet ne dira rien d'autre.

La Fortune préside au déroulement de l'histoire, elle en commande « l'économie », elle dispense récompense et châtiment. Cette puissance supérieure, qui ressemble fort à une divinité, se superpose toutefois aux causes humaines sans les remplacer.

D. *Un philosophe de l'histoire et un ancêtre de la sociologie politique*

L'objet essentiel de Polybe, dans son célèbre livre VI, réside dans l'étude des régimes politiques, afin de situer le système romain parmi les autres et aussi parce que la *politeia* d'un État a une fonction essentielle pour engendrer les événements. Une constitution est « la cause la plus étendue en toute affaire », nous dit-il.

La classification ternaire des systèmes politiques, dressée par Polybe, comporte des formes pures et des formes dégradées :

– *Formes pures* : royauté/aristocratie/démocratie.

– *Formes dégradées* : monarchie/oligarchie/ochlocratie ou gouvernement de la foule. Ces catégories viennent tout droit d'Aristote.

Ces régimes politiques sont soumis à un cycle. Au départ, dans un monde chaotique, les hommes se réunissent en troupes, sous un chef. Puis s'instaure une autorité consentie, la royauté, qui dégénère en tyrannie. Celle-ci suscite une réaction aristocratique, dégénérant bientôt en oligarchie, elle-même renversée par la démocratie (le pouvoir de tous, fondé sur la morale et sur les lois). Cet état de choses ne peut durer : au bout de deux générations s'instaure un régime populacier et l'on en revient au despotisme primitif. Les révolutions successives procèdent surtout de causes psychologiques et morales, la conduite des dirigeants dégénérant inévitablement.

Le régime idéal qui, en principe, devrait échapper au cycle, est un mixte, une combinaison des trois principes (royauté, aristocratie et démocratie). Solution imaginée par Lycurgue à Sparte et réalisée par les Romains. Solution conforme aux exigences de l'équilibre et du juste milieu. A Sparte, donc, le peuple faisait équilibre aux rois ; les gérontes aidaient les rois à contrebalancer le peuple. Cette constitution a permis la concorde intérieure, mais n'a pas réfréné l'appétit de domination extérieure. D'où l'échec. Les Romains ont surpassé l'exemple spartiate. Ils ont mis au point un régime royal par les consuls, aristocratique par le Sénat, démocratique par le rôle conféré au peuple. Ces institutions ont elles-mêmes développé les vertus du peuple (recherche de la gloire ; intégrité entretenue par la crainte religieuse). Dans cet éloge de la constitution romaine, Polybe reprend les thèses du cercle des Scipions.

Le modèle de Polybe permet la connaissance de l'avenir, l'évolution d'un régime étant donnée pour prévisible en toute sûreté. Des lois fonctionnent, suivant une mécanique inexorable. En ce sens, Polybe est plus déterministe que Thucydide. Plus que ce déterminisme, il faut retenir l'usage de la méthode comparatiste, qui annonce la sociologie politique actuelle. Voir la comparaison entre Sparte et Rome (qui seule a su mobiliser les moyens nécessaires à la conquête) et celle entre Rome et Carthage : le régime de la seconde est déséquilibré par la prépondérance prise par le peuple. La probité romaine s'oppose à la vénalité carthaginoise. La crainte des dieux est plus développée à Rome que dans la cité punique.

Chaque régime est un organisme vivant, se plie à un « modèle biologique » : il naît, il grandit, il atteint sa phase d'équilibre, puis il dépérit et il s'écroule. A Rome même, la cupidité, la brigue et l'indiscipline tendent vers l'ochlocratie (le gouvernement de la foule). Cette vision se concilie vaille que vaille avec la théorie des cycles, qui prime dans l'esprit de Polybe.

Nous retiendrons finalement de cet auteur majeur que sa postérité semble avoir été double : d'une part, l'histoire rationaliste, où la pensée précède l'action, où les individus sont les maîtres du jeu ; d'autre part, les grandes fresques universelles, les grandes synthèses fragiles, à la Toynbee et à la Spengler. Mais la grandeur de Polybe tient peut-être surtout à son appétit de savoir. La curiosité de l'explorateur voyageant le long des côtes du Maroc n'a d'égale que celle de l'érudit, plein de mépris pour les compilateurs. « L'information par les livres » ne constitue à ses yeux que le premier stade de la connaissance historique. Suffirait-il, en effet, d'avoir « regardé les œuvres des peintres anciens » pour se croire « un bon peintre et un maître de cet art » ?

4. A la recherche de la « véritable nature » de l'historiographie romaine

Sous ce titre ambitieux, nous regrouperons quelques considérations générales (largement inspirées d'Arnaldo Momigliano, *Problèmes d'historiographie ancienne et moderne*) sur les historiens romains, sans faire de sort particulier ni à Tite-Live, ni à Tacite, ni à quelques autres auteurs classiques.

Les rapports des historiens avec le pouvoir, assez lâches dans le monde grec, furent plus contraignants à Rome où quiconque déplaisait pouvait encourir l'exil ou pire. Ce fut surtout le régime impérial qui surveilla de près les historiens et leur imposa une sorte de ligne officielle. Sous Tibère, on brûla même les œuvres du sénateur Cremutius Cordus, qui fut poussé au suicide. D'où les précautions prises par un Flavius Josèphe, faisant authentifier par l'empereur ses livres sur la guerre juive, et par un Sozomène, soumettant son œuvre à Théodose II, en le laissant libre « d'y ajouter et d'y retrancher à discrétion ». Ces servitudes imposées par le pouvoir ne nous autorisent pourtant pas à parler de l'existence d'historiens officiels. Seuls les comptes rendus des campagnes militaires méritent ce label.

Dans l'Antiquité, comme au Moyen Age ou de nos jours, mais suivant des modalités spécifiques, l'histoire participait d'un environnement politique et culturel. Les auteurs cherchaient à satisfaire une certaine forme de « demande sociale ». La biographie, illustrée notamment par la *Vie des douze Césars* de Suétone, constituait un genre particulièrement prisé. Les rhéteurs puisaient abondance d'exemples dans les vies des hommes illustres et dans les récits des hauts faits de la collectivité. Signe éclatant de l'intérêt porté au genre historique, certaines œuvres étaient lues en public, ou par l'auteur lui-même (Timagène au Ier siècle, Ammien Marcellin au IVe siècle), ou par quelqu'un d'autre, à titre d'hommage. Autre forme de consécration : les bibliothèques publiques renfermaient des ouvrages historiques et les grands de ce monde s'en procuraient. Le commun des mortels pouvait recourir à des résumés des œuvres majeures, accéder par exemple à Hérodote par l'intermédiaire de Trogue Pompée (Ier siècle av. J.-C.).

Prise à son niveau le plus profond, l'entreprise historiographique se révèle être une tentative de penser conjointement le temps et l'espace, dans leur interdépendance mutuelle. Une œuvre le manifeste avec éclat : les *Res Gestae,* écrites par Auguste lui-même pour célébrer le glorieux destin assigné à Rome par le ciel : dominer, pacifier et organiser le monde. Ces récits, destinés à être gravés sur des tables de bronze placées devant le mausolée d'Auguste, décrivent un espace achevé et maîtrisé, une sorte d'état final de la conquête du monde (cf. Claude Nicolet, *L'Inventaire du Monde,* Paris, 1988). Le texte a été mis au point en 13 apr. J.-C., à partir de versions antérieures. Il s'agit d'une forme élémentaire d'histoire, proche des *elogia* décernés aux triomphateurs, célébrant tour à tour les charges exercées, les dépenses assumées et les conquêtes opérées par Auguste. A ces rudiments d'histoire s'associent des bribes de géographie, sous la forme d'une nomenclature élémentaire de cinquante-cinq noms propres : quatorze provinces, vingt-quatre peuples dont les *Britanni* et les *Cimbri,* quatre fleuves, une seule montagne (les Alpes), trois mers, six villes. Bagage léger mais idéologiquement significatif, cette géographie sommaire affirme la maîtrise de la terre habitée, dont les limites sont placées en Éthiopie et dans le Jutland ; elle révèle aussi les prétentions œcuméniques des Romains, manifestées également par l'architecture et par l'iconographie. De façon exemplaire et quasi symbolique, les *Res Gestae* nous font assister à la construction d'un savoir historico-géographique, rendue possible par toute une série de facteurs. Par la conquête romaine elle-même : commerçants et militaires ont ouvert de nouveaux passages, ont pris la mesure du monde et en ont fait une description détaillée. Par le contrôle administratif de l'espace, sous forme de recensements et de dénombrements à but fiscal. Par la volonté de l'empereur enfin : il fait composer un *Bréviaire* de l'Empire en 14 de notre ère, à des fins administratives, financières et militaires. Dominer, inventorier et exploiter forment une triade indissociable. Selon Vitruve, la géographie elle-même destinait Rome à gouverner l'univers : « C'est véritablement au milieu de l'espace du monde entier, et dans la région médiane, que le peuple romain tient ses frontières... Ainsi la providence a donné à l'État romain une situation excellente et tempérée le destinant à l'empire du monde. » Cette belle envolée nous permet de comprendre l'aptitude des historiens à voir large, à l'échelle des nations, des empires ou de l'univers entier comme Trogue Pompée. L'unification de l'œkoumène par la conquête romaine et l'idée stoïcienne de l'unité de l'humanité y ont chacune contribué.

Contrairement à un préjugé tenace, les historiens antiques n'étaient pas essentiellement des dépositaires ni des garants de la tradition. Ils se comportaient surtout en observateurs attentifs des grands changements politiques et militaires survenus en leur temps. Momigliano le montre de façon convaincante. Les grands historiens, en effet, écrivent sur le passé proche, tel Salluste (86-35 av. J.-C.) relatant la guerre de Jugurtha et la conjuration de Catilina, tel Tacite (55-120 apr. J.-C.) consacrant ses *Histoires* et ses *Annales* aux empereurs du Iᵉʳ siècle. Le cas de Tite-Live ne doit pas faire illusion sur ce point. Notable, partisan d'Auguste, voyant dans l'histoire une diversion aux « spectacles funestes » des guerres civiles, il entreprit de narrer l'histoire de Rome depuis sa fondation, *ab urbe condita.* Des cent quarante-deux livres qu'il composa entre 27 av. J.-C. et 17 apr. J.-C., il n'en subsiste que trente, dont dix sur les origines et vingt sur la conquête romaine de 218 à 167 avant notre ère. Son récit se prolongeait en fait jusqu'à la période augustéenne et comportait donc un volet contemporain. Nous ne devons nous laisser abuser sur la véritable nature de son œuvre ni par son respect des mythes d'origine (l'arrivée d'Énée, Rémus et Romulus) ni par son attachement aux mœurs d'autrefois. En célébrant les héros (les Horaces, Horatius Coclès), il veut fournir à ses contemporains des exemples de courage, de respect des dieux et de dévouement à l'État, au service de la régénération morale entreprise par Auguste.

La priorité accordée au passé proche se retrouve chez Ammien Marcellin (v. 330-400 de notre ère). S'il consacre treize livres à relater les années 96-352, il en réserve dix-huit à la période 352-378, la « sienne » en quelque sorte. « Contemporanéistes » ou même « immédiatistes », les historiens romains le sont pour des raisons toutes simples : ne faut-il pas rapporter d'abord ce qu'on a vu et entendu ? Ne faut-il pas pouvoir confronter les récits de plusieurs témoins ? N'est-il pas légitime d'exposer des faits dont on peut mesurer l'importance : guerres, révolutions, transformations institutionnelles et morales ? L'observation et la narration du changement occupaient donc une position centrale dans le discours des historiens. « Leur mission était de consigner les modifications profondes et relativement rapides qui affectaient le corps politique » (A. Momigliano).

Deux types de changements sont privilégiés : les guerres, naturellement, mais aussi les révolutions politiques et les innovations constitutionnelles. Par contre, les évolutions lentes des coutumes et du droit semblent moins bien perçues. Tacite semble faire exception à cette règle. En une page remarquable des *Annales* (Livre III, 55 à 57), il s'interroge sur les raisons pour lesquelles le luxe de la table, étalé sans frein de −31 à +68, est tombé peu à peu en désuétude. Et de nous en fournir tout un faisceau de raisons, politiques (l'évergétisme est devenu suspect), psychologiques (la crainte inspirée par les lois somptuaires), sociologiques (les hommes nouveaux, venus des municipes et des provinces, restent fidèles à leurs habitudes austères) et enfin morales (l'exemple donné par Vespasien, restaurateur des traditions, entre 69 et 79). Au terme de cette enquête sagace sur un objet moral à ses yeux, ethnographique aux nôtres – les manières de table –, Tacite se contente d'une référence de pure forme à la vision cyclique de l'histoire : « Peut-être y a-t-il pour toutes choses une sorte de cycle et, de même que les saisons, les mœurs ont-elles leurs vicissitudes. » On croit déceler une sorte de « décrochage » entre les conceptions philosophiques affichées et l'examen précis des faits, où réside la véritable explication.

5. L'héritage historiographique antique

La tradition historiographique, telle qu'elle peut s'apprécier à la fin de la période romaine, se ramène à quelques principes essentiels. L'histoire n'est rien d'autre que la narration de faits véritables et contrôlables. « En suivant l'ordre des divers événements, dans la mesure où j'ai pu chercher la vérité, nous dit Ammien Marcellin, j'ai raconté : les faits dont mon âge m'a permis d'être le témoin oculaire ou dont j'ai pu m'informer en interrogeant minutieusement les participants. » Quant à Sozomène, dans l'introduction de son *Histoire ecclésiastique,* il justifie l'utilisation de textes hérétiques par la recherche de la vérité : « Puisqu'il est nécessaire de s'occuper de la vérité pour le soin du récit, il me semble nécessaire d'examiner ces écrits-là pour autant que j'en serai capable. »

La distinction entre mythe et histoire est solidement établie : Eusèbe de Césarée et saint Jérôme estiment, par exemple, que, pour la période antérieure à Abraham, « on ne trouve vraiment aucune histoire, tant grecque que barbare et, pour parler en général, païenne ». D'où le choix du premier nommé de retracer « la suite des temps » d'Abraham et de Ninus jusqu'à son époque. On ne confond pas non plus la biographie, qui cherche à dépeindre les personnes, et l'histoire, destinée à narrer des actions.

Les auteurs de la basse Antiquité aiment se rattacher à leurs prédécesseurs, tel Ammien Marcellin à Tacite. La continuité des modèles historiographiques s'en trouve d'autant mieux assurée. Les œuvres de référence sont conservées dans les grandes bibliothèques et reproduites par les copistes (par exemple à Constantinople au IVe siècle). Non contents de reprendre les grands exemples, les historiens du Bas-Empire ont un grand sens de l'observation. Soldats, ambassadeurs ou rhéteurs, ils voyagent beaucoup à l'intérieur d'un monde de plus en plus menacé par les Barbares, « prétexte » idéal à des considérations géographiques et ethnographiques.

Ammien Marcellin (v. 330-400), peut apparaître comme l'auteur le plus représentatif de cette époque. D'origine grecque, il servit sous Constance et accompagna Julien dans sa campagne contre les Parthes. Ses *Rerum gestarum libri XXXI,* qui vont de l'avènement de Nerva à la mort de Valens (96-378), s'inscrivent dans la continuité de l'œuvre de Tacite. Ses principes sont proches de ceux de ses prédécesseurs (cf. Guy Sabbah, *La Méthode d'Ammien Marcellin,* Paris, 1978). L'exposé de la vérité lui paraissant un idéal inaccessible, il y fait assez peu référence. Il s'en tient le plus souvent à la véracité. Il veut énoncer une vraisemblance capable de convaincre ; il veut inspirer la *fides,* la confiance. Chez lui, la notion de vérité objective n'a rien d'un donné premier : elle se construit dans le cadre d'un effort pour épurer la notion de vérité rhétorique propre à persuader, « en vue de l'appliquer à la connaissance du passé ». Issue de l'éloquence, l'histoire doit viser à l'honnêteté, à l'intégrité (en n'omettant rien) et à la mesure (en se gardant de toute exagération).

Pour établir la vérité ou la véracité des faits, l'historien avance des preuves fournies par des observations personnelles et par des données recueillies auprès des acteurs des événements. Tout en estimant la vue plus sûre que l'ouïe, il les met d'une certaine façon sur le même plan, dans la mesure où tout repose finalement sur l'autorité de l'historien, source d'un rapport de confiance avec le lecteur.

L'information d'Ammien Marcellin était-elle de première main ? D'aucuns ont soutenu qu'il s'était contenté de piller un petit nombre de devanciers, d'autres ont estimé qu'il avait recueilli d'innombrables données brutes. Guy Sabbah nous montre qu'en fait il recourait assez souvent à des sources de première main : traductions grecques d'inscriptions en hiéroglyphes, monuments figurés, documents officiels consultés au *Tabularium* (tables itinéraires, listes préfectorales), voire même archives familiales et privées. En somme, il a recouru aux documents originaux plus souvent qu'on ne l'a dit, mais guère plus que ses contemporains. Eusèbe de Césarée utilisait aussi des textes de lois, des lettres d'empereurs et d'évêques, des actes conciliaires, etc. On doit cependant mentionner une particularité d'Ammien : officier devenu historien, il a recueilli les souvenirs de ses pairs ; il a aussi utilisé les rapports concis et brefs que la bureaucratie du Bas-Empire faisait établir sur les opérations militaires.

Dans sa narration, Ammien Marcellin ne retient que les faits dignes de mémoire ; il écarte les détails humbles et ignobles, pour s'attacher aux événements lourds de conséquences. Ainsi s'élabore la grande histoire, qui se veut *scientia plena.* Il faut en général y respecter l'ordre chronologique, tout en sachant y renoncer quand la simultanéité des événements en des endroits éloignés risque de semer la confusion. En ce cas, le risque existe de sacrifier aux exigences d'une « progression dramatique ».

Plus représentatif qu'original, nourri d'une tradition remontant à Polybe, viscéralement attaché à un ordre romain qu'il aime opposer à l'anarchie barbare, Ammien Marcellin renonce à proclamer l'utilité de l'histoire. Elle doit se limiter à être une *cognitio plena* (une connaissance complète), à défaut de pouvoir être une *magistra vitae* (une maîtresse de vie). Il se pose en pur historien, en un monde où les généraux sont souvent des barbares acculturés, les politiques des cyniques sans scrupules, et où les mœurs sont si dégradées qu'il n'est plus possible de croire à la vertu exemplaire d'un genre soumis aux assauts répétés, et bientôt victorieux, de l'histoire chrétienne. Il serait fallacieux d'imaginer que l'on est passé insensiblement, par une sorte de glissement progressif, des formules antiques aux conceptions médiévales. En fait, un très profond renouvellement des perspectives s'est produit au IVe siècle. Après la victoire de Constantin en 312, nous dit Momigliano, l'Église « se dressa victorieusement pour réaffirmer, avec une autorité rehaussée, le modèle évident de l'intervention divine dans l'histoire, l'élimination impitoyable des déviations ». L'histoire providentielle, nourrie de certitudes, a entrepris de supplanter la simple narration des changements dus aux hommes, chère aux auteurs païens.

Documents

Thucydide, *Histoire de la guerre du Péloponnèse*, Livre I

XX. Tel était, d'après mes recherches, l'antique état de la Grèce. Car il est difficile d'accorder créance aux documents dans leur ensemble. Les hommes acceptent sans examen les récits des faits passés ; même ceux qui concernent leur pays. Ainsi la majorité des Athéniens s'imagine que c'est Hipparque, qui, parce qu'il était au pouvoir, a péri sous les coups d'Harmodios et d'Aristogitôn ; ils ignorent que c'est Hippias, l'aîné des fils de Pisistrate, qui était à la tête du gouvernement ; Hipparque et Thessalos étaient ses frères. Le jour proposé pour le meurtre et au moment d'agir, Harmodios et Aristogitôn soupçonnèrent que quelques-uns des conjurés avaient prévenu Hippias ; aussi ne l'attaquèrent-ils pas, puisqu'ils le supposaient averti ; mais ne voulant pas être pris sans avoir rien fait, ils tuèrent Hipparque, qu'ils avaient rencontré près du temple du Léôkorion, au moment où il organisait la procession des Panathénées.

Sur bien d'autres questions contemporaines, je dis bien sur des questions que le temps n'a pu faire oublier, le reste de la Grèce n'a pas d'idées exactes : on s'imagine que les rois de Sparte disposent de deux et non d'un seul suffrage ; qu'ils ont à leur disposition un corps de troupes formé de la tribu de Pitanè ; ce qui n'a jamais eu lieu. On voit avec quelle négligence la plupart des gens recherchent la vérité et comment ils accueillent les premières informations venues.

XXI. D'après les indices que j'ai signalés, on ne se trompera pas en jugeant les faits tels à peu près que je les ai rapportés. On n'accordera pas la confiance aux poètes, qui amplifient les événements, ni aux Logographes qui, plus pour charmer les oreilles que pour servir la vérité, rassemblent des faits impossibles à vérifier rigoureusement et aboutissent finalement pour la plupart à un récit incroyable et merveilleux. On doit penser que mes informations proviennent des sources les plus sûres et présentent, étant donné leur antiquité, une certitude suffisante.

Les hommes engagés dans la guerre jugent toujours la guerre qu'ils font la plus importante, et quand ils ont déposé les armes, leur admiration va davantage aux exploits d'autrefois ; néanmoins, à envisager les faits, cette guerre-ci apparaîtra la plus grande de toutes.

XXII. Pour ce qui est des discours tenus par chacun des belligérants soit avant d'engager la guerre, soit quand celle-ci était déjà commencée, il m'était aussi difficile de rapporter avec exactitude les paroles qui ont été prononcées, tant celles que j'ai entendues moi-même, que celles que l'on m'a rapportées de divers côtés. Comme il m'a semblé que les orateurs devaient parler pour dire ce qui était le plus à propos, eu égard aux circonstances, je me suis efforcé de restituer le plus exactement possible la pensée complète des paroles exactement prononcées.

Quant aux événements de la guerre, je n'ai pas jugé bon de les rapporter sur la foi du premier venu, ni d'après mon opinion ; je n'ai écrit que ce dont j'avais été témoin ou pour le reste ce que je savais par des informations aussi exactes que possible. Cette recherche n'allait pas sans peine, parce que ceux qui ont assisté aux événements ne les rapportaient pas de la même manière et parlaient selon les intérêts de leur parti ou selon leurs souvenirs variables. L'absence de merveilleux dans mes récits les rendra peut-être moins agréables à entendre. Il me suffira que ceux qui veulent voir clair dans les faits passés et, par conséquent, aussi dans les faits analogues que l'avenir selon la loi des choses humaines ne peut manquer de ramener, jugent utile mon histoire. C'est une œuvre d'un profit solide et durable plutôt qu'un morceau d'apparat composé pour une satisfaction d'un instant.

XXIII. Le plus important parmi les événements qui précèdent, fut la guerre contre les Mèdes ; elle eut néanmoins une solution rapide en deux combats sur mer et deux combats sur terre. Mais la longueur de la présente guerre fut considérable ; au cours de cette guerre des malheurs fondirent sur la Grèce en une proportion jusque-là inconnue. Jamais tant de villes ne furent prises et détruites, les unes par les Barbares, les autres par les Grecs mêmes en lutte les uns contre les autres, quelques-unes furent prises et changèrent d'habitants, jamais tant de gens ne furent exilés, jamais tant de meurtres, les uns causés par la guerre, les autres par les révolutions. Des malheurs dont on faisait le récit, mais qui n'étaient que bien rarement confirmés par les faits, devinrent croyables : des tremblements de terre qui ravagèrent la plus grande partie de la terre et les plus violents qu'on eût vus ; des éclipses de soleil plus nombreuses que celles qu'on avait enregistrées jusque-là ; parfois des sécheresses terribles et par suite aussi des famines et surtout cette terrible peste qui atteignit et fit périr une partie des Grecs. Tous ces maux, en même temps que la guerre, fondirent à la fois sur la Grèce.

Elle commença quand Athéniens et Péloponnésiens rompirent la trêve de trente ans qu'ils avaient conclue après la prise de l'Eubée. J'ai commencé par écrire les causes de cette rupture, et les différends qui l'amenèrent, pour qu'un jour on ne se demande pas d'où provint une pareille guerre. La cause véritable, mais non avouée, en fut, à mon avis, la puissance à laquelle les Athéniens étaient parvenus et la crainte qu'ils inspiraient aux Lacédémoniens qui contraignirent ceux-ci à la guerre.

(Éd. J. Voilquin, Paris, Garnier, 1948, p. 15-17.)

Polybe : La théorie des causes

III. 6. « Quelques-uns des historiens d'Hannibal, voulant nous exposer pour quelles causes (τὰς αἰτίας) cette guerre a éclaté entre Rome et Carthage indiquent comme la première le siège de Sagonte par les Carthaginois ; 2. Comme la deuxième le franchissement, en violation du traité, du fleuve que les indigènes appellent l'Èbre ; 3. Pour moi, je dirais que ce furent les commencements (τὰς ἀρχάς) de la guerre, mais je ne puis admettre d'aucune manière que ce furent les causes ; 4. Loin de là ! sinon on dira aussi que le passage d'Alexandre en Asie fut la cause de la guerre contre la Perse et le débarquement d'Antiochus à Démétrias, la cause de la guerre avec les Romains ; ni l'un ni l'autre n'est vraisemblable ni vrai ; 5. Qui croirait, en effet, que ce furent là les causes des mesures et des préparatifs, d'Alexandre d'abord, mais aussi de Philippe en son vivant, en vue de la guerre contre la Perse, pareillement de ceux des Étoliens, avant l'arrivée d'Antiochus, en vue de la guerre contre Rome ? 6. Ces idées sont le fait de ceux qui n'ont pas compris quelle différence et quelle distance il y a entre le commencement (ἀρχή), la cause (αἰτία) et le prétexte (πρόφασις), et que ceux-ci sont les premiers termes de toute la série, et le commencement, le dernier ; 7. J'appelle commencements d'un fait quelconque les premières entreprises et les premiers actes de choses déjà décidées ; et j'appelle causes, les antécédents en matière de jugements et de réflexions, je veux dire les idées, les sentiments et les raisonnements qui s'y rapportent et les opérations qui font aboutir à une décision et à un projet ; 8. Ce que je dis deviendra évident par les exemples suivants ; 9. Quelles étaient véritablement les causes de la guerre contre la Perse et d'où naquit-elle ? Le premier venu a la faculté de le comprendre : 10. La première, ce fut la retraite des Grecs avec Xénophon depuis les satrapies de l'intérieur, retraite au cours de laquelle, dans la traversée de toute l'Asie, pourtant hostile, aucun barbare n'osa leur tenir tête ; 11. La seconde, ce fut le passage en Asie du roi de Sparte Agésilas, passage où sans avoir rencontré aucune résistance sérieuse à ses entreprises, il fut forcé bientôt de revenir sans résultat à cause de la crise en Grèce ; 12. D'après ces faits, Philippe réfléchit et raisonna sur la mollesse et la faiblesse des Perses, sur sa force militaire et celle de la Macédoine ; il se représenta la grandeur et la beauté de l'enjeu futur de la guerre ; 13. ainsi que la faveur unanime qu'il avait acquise auprès des Grecs ; il prit aussitôt comme prétexte qu'il était pressé de punir les torts des Perses envers les Grecs ; il eut le désir et forma le projet de faire la guerre et prépara tout pour cela ; 14. Aussi faut-il considérer les premières données comme les causes de la guerre contre la Perse, la seconde comme le prétexte, et le passage d'Alexandre en Asie comme le commencement.

« 7. Quant à la guerre entre Antiochus et les Romains, il est évident qu'il faut en attribuer la cause à la colère des Étoliens ; 2. Ceux-ci, croyant avoir subi de multiples avanies de la part des Romains à l'issue de la guerre contre Philippe, comme je l'ai dit plus haut, non seulement firent appel à Antiochus, mais encore résolurent de tout faire et de tout endurer sous l'effet de la colère qui les saisit dans ces circonstances ; 3. Il faut considérer comme le prétexte, la libération de la Grèce, qu'ils proclamaient absurdement et faussement en parcourant les villes avec Antiochus, et comme le commencement, le débarquement d'Antiochus à Démétrias. »

(Extrait de Paul Pédech, *La Méthode historique de Polybe*, p. 78-79.)

2

L'histoire chrétienne du haut Moyen Age (V^e-Xe siècles)

La richesse de la production historiographique au haut Moyen Age est souvent sous-estimée, certains auteurs ne voulant retenir de cette période que l'abâtardissement des modèles antiques. Nous tenterons de faire ressortir cette relative abondance en consacrant des « tableaux » successifs à des historiens plus ou moins connus (Grégoire de Tours, Paul Diacre, Flodoard). Mais il nous faut d'abord présenter brièvement la vision de l'histoire sur laquelle le Moyen Age a vécu.

1. La philosophie de l'histoire de saint Augustin (354-430), base de l'histoire chrétienne

L'évêque d'Hippone a composé les vingt-deux livres de la *Cité de Dieu*, entre 413 et 426, pour répondre à un reproche souvent formulé, selon lequel le christianisme avait causé la ruine de l'Empire, dont la retentissante prise de Rome par le chef wisigoth Alaric en 410. En la circonstance, les corps des martyrs chrétiens se sont avérés incapables de protéger efficacement l'Urbs. « Quand nous faisions des sacrifices à nos dieux, Rome était florissante », n'hésitaient pas à proclamer les païens. Plus grave, ils avançaient que les principes évangéliques, dont celui du pardon, avaient amolli la résistance de l'État. Pour répondre à ces attaques, Augustin a procédé en deux temps. Dans les livres I à X, il réplique aux détracteurs du christianisme en se livrant à une enquête sur les prétendus bienfaits de la religion romaine traditionnelle. Le culte des dieux ne semble pas avoir garanti le bonheur terrestre des Romains, puisque leur capitale a brûlé à deux reprises, d'abord du fait des Gaulois et ensuite par la faute de Néron. En revanche, des villes chrétiennes comme Alexandrie, Constantinople et Carthage sont parfaitement prospères. Dans les livres XI à XXII, Augustin expose la lutte en cours entre la foi et l'incroyance, entre la cité terrestre, plus ou moins confondue dans son esprit avec l'État romain païen et la cité de Dieu, assimilable à l'Église. Ces deux cités reposent sur des principes antagonistes : « amour de soi jusqu'au mépris de Dieu » et « amour de Dieu jusqu'au mépris de soi » ; passion de dominer et aspiration à servir le prochain ; idolâtrie et vénération du vrai Dieu. En conséquence, la lutte entre les bons et les mauvais constitue la trame de l'histoire. Notons toutefois que les deux cités se compénètrent ici-bas, en attendant leur séparation définitive au moment du Jugement dernier. Un commentateur récent, Dominique Poirel, nous dit que les deux cités ne sont pas symétriques. « La cité de Dieu existe dans une situation double de "déjà là" et de "pas encore"... A l'inverse, la cité terrestre existe ici-bas seulement », fermée sur elle-même, cantonnée au monde présent, dépourvue d'ouverture sur l'éternité.

Augustin semble avoir emprunté ces vues à saint Paul, qui répartissait les hommes en justes et en injustes, et à Ambroise de Milan, qui opposait *Civitas Dei* et *regnum peccati* (royaume du péché). La cité de Dieu, soulignons-le, n'a ni frontières ni murailles ; elle est ouverte à tous ceux qui reconnaissent le vrai Dieu. En attendant de devenir la communion des élus à la fin des temps, elle agit dans l'histoire sous la forme de l'Église militante, qui pérégrine sur cette terre et qui lutte dans l'attente du triomphe. Les deux niveaux, le céleste et le terrestre, s'enchevêtrent en permanence.

L'opposition entre le royaume de lumière et le royaume des ténèbres garde quelque chose de manichéen, tout en se trouvant un peu atténuée par l'admiration qu'Augustin porte à certaines vertus romaines. « Si Dieu a voulu la grandeur de Rome, écrit-il, c'est en faveur de son amour de la gloire et de la liberté, et de son énergie. » Il n'hésite même pas à recommander aux chrétiens de calquer leur amour pour « la patrie d'en haut » sur le patriotisme des Romains. Retenons surtout que l'évêque d'Hippone a contribué à faire prévaloir, plus que tout autre auteur chrétien de la basse Antiquité, l'idée que l'histoire était étroitement régie par Dieu. Quelques formules frappantes en témoignent : « c'est le Dieu souverain qui règle le destin des Empires » ; « c'est le vrai Dieu qui concède les royaumes terrestres à qui il lui plaît, pour des raisons équitables, mais mystérieuses » ; « c'est aussi la Providence qui règle la durée si variable des guerres ».

L'influence de l'auteur de la *Cité de Dieu* a été énorme. On a d'ailleurs conservé plus de cinq cents manuscrits de son œuvre maîtresse, qui a constitué la base théorique de la chrétienté médiévale. A la fin du VIe siècle, le pape Grégoire le Grand (590-604), pilier de la pensée médiévale, n'a diffusé rien d'autre qu'un « augustinisme élémentaire et vulgarisé », selon Henri-Irénée Marrou. On en retiendra que Dieu régit l'histoire comme la nature. Il en tire les ficelles et peut y intervenir à tout moment, pour punir ou pour récompenser ; mais il lui arrive aussi de tolérer que les méchants triomphent temporairement et que les justes souffrent ici-bas. A travers les événements historiques et les accidents climatiques, Dieu envoie aux humains des messages à déchiffrer. Il peut s'immiscer à tout moment, par des miracles et des prodiges, dans les cycles naturels et dans le cours de l'histoire. Omnipotent, omniscient, il veille sur tous et sur chacun et peut, quand il le veut, mettre un terme à l'aventure humaine. Hanté par cette perspective, Grégoire le Grand guette anxieusement les signes de la fin des temps, estimant que la machine du monde est en sursis. Seules des prières ferventes pourront arrêter le courroux du Tout-Puissant, cliché repris par d'innombrables successeurs.

2. L'avènement d'un nouvel espace historiographique : Grégoire de Tours (538-594)

A. *Une figure de proue de l'Église mérovingienne*

Né à Clermont en Auvergne en 538, dans une illustre famille sénatoriale gallo-romaine, Grégoire dit de Tours a été initié aux lettres et à la vie spirituelle par son oncle Nizier, évêque de Lyon, qui l'a ordonné. Dès 573, à l'âge de trente-cinq ans, il est devenu évêque de Tours, avec l'accord du roi Sigebert. A partir de cette date, et jusqu'en 594, il a participé activement à la vie politique et religieuse de son temps : adversaire du roi

Chilpéric Ier (561-584), il a soutenu la cause de Gontran, roi de Bourgogne (561-592) ; il a veillé sur le respect de la discipline ecclésiastique dans son diocèse et sur le rayonnement du tombeau de saint Martin, († 397), l'apôtre des Gaules, inhumé à Tours. Luce Pietri voit en lui l'archétype de l'évêque mérovingien : *defensor civitatis*, en une place très convoitée par les rois francs ; *plebis pater*, chargé de veiller sur le « bien des pauvres » et de gérer les œuvres d'assistance ; *pastor in urbe gregis*, soucieux de multiplier les lieux de culte et d'entretenir l'espérance des masses en des temps difficiles.

Cet acteur éminent a laissé une œuvre considérable, que l'on peut ainsi résumer : dix livres d'histoires, sept de miracles, un sur la vie des Pères, un commentaire des Psaumes et un livre sur les offices ecclésiastiques. Les *Dix livres d'histoires*, couramment appelés l'*Histoire des Francs*, ont été commencés en 575 ou en 576, dans une optique universelle empruntée à Orose. Le livre I va d'Adam et Ève jusqu'à la mort de saint Martin en 397, date capitale. Le livre II expose l'origine et les conquêtes des Francs, jusqu'à la mort de Clovis en 511, soit cent douze années. Le livre III couvre seulement trente-sept ans, jusqu'à la mort de Théodebert, et le livre IV ne relate pas plus de vingt-sept années, jusqu'à la mort de Sigebert en 575. Autrement dit, plus l'on avance, plus le récit devient dense. A partir de 575, Grégoire suit le fil des événements jusqu'en 591, date à laquelle il arrête sa narration. Il a également composé *Quatre livres consacrés aux miracles de saint Martin*, réécriture augmentée de la *Vie* de ce saint par Sulpice-Sévère, un bref texte sur les *Miracles de saint Julien* (en souvenir de son passage à Brioude) et un *Livre à la gloire des confesseurs*. L'hagiographe et l'historiographe sont indissociables, Grégoire n'hésitant pas à faire place aux miracles dans l'*Histoire des Francs*.

B. *Les sources et leur traitement*

En fonction de la priorité accordée au *vu* sur le *lu* et sur l'*entendu*, Grégoire de Tours aime à se poser en acteur et en témoin de l'histoire, donc en source vivante. Il se met en scène, nous l'entendons parler à un souverain, nous le voyons résister à l'arrogance des leudes, etc. Les *Histoires* sont avant tout les mémoires d'un observateur privilégié, qui s'est trouvé placé au cœur des conflits entre les fils de Clotaire Ier (511-561) et qui semble avoir été le témoin de terribles calamités, comme la mystérieuse épidémie dont l'Auvergne fut affectée en 570-571. Quand il s'appuie sur des sources écrites, Grégoire les cite soigneusement et soupèse les différents témoignages. Il marque bien la césure entre la Chronique d'Eusèbe de Césarée et sa continuation par saint Jérôme. Il témoigne d'un égal respect de l'écrit quand il cite Eusèbe et Prudence, quand il reproduit les clauses du pacte d'Andelot (587) dont il fut le garant, ou quand il transcrit des inscriptions portées sur les jubés et sur les tombeaux. Il lui arrive de reprendre des annales contemporaines dans toute leur sécheresse : « Childéric livra des combats à Orléans. Quant à Odoacre, il vint avec des Saxons à Angers » (livre II, chapitre 18). En raison de ses origines, Grégoire privilégie les chroniques clermontoises, la vie de saint Julien de Brioude (une des cinq *Vitae* mises à contribution dans l'*Histoire des Francs*) et les œuvres de Sidoine Apollinaire († 487 ou 489) et d'Avit de Vienne († 518). Respect de l'écrit, en l'occurrence de textes disparates, ne signifie pas nécessairement esprit critique. Ce dernier se manifeste par intermittence, par exemple pour observer que Sulpicius Alexander, dont l'œuvre a été perdue depuis, attribue seulement des ducs aux Francs, et non un roi.

Quand il se fonde sur des témoignages oraux, l'évêque de Tours recourt aux formules d'attestation classiques comme *j'ai entendu dire*, *certains m'ont dit*, *des témoins dignes de foi* m'ont rapporté, etc. Il s'est informé en priorité dans le milieu ecclésiastique, auprès de clercs, d'évêques (Avit de Clermont, Félix de Nantes, Yrieix de Limoges), d'abbés ou d'abbesses, dont celle de Sainte-Croix de Poitiers. Mais il s'est aussi entretenu avec des laïcs de haut rang, tel Florentin, le maire du palais de Childebert II ; il a connu quatre rois, dont Chilpéric Ier et Childebert II, et autant de reines, dont Clotilde. Par ailleurs, certains de ses amis ont pu le renseigner sur la vie à la cour. On entend aussi, dans l'*Histoire des Francs*, la voix, plus ou moins retouchée, du petit peuple : paysans terrifiés par les présages (« ils disaient : "voici trois ou quatre soleils dans le ciel !" ») ou bénéficiaires de miracles, soldats punis pour avoir pillé un sanctuaire. On perçoit la rumeur qui monte, à Tours et à Clermont, dont le pays subit une invasion de sauterelles en 573. Non content de faire écho à la *fama publica*, ou de recueillir passivement des témoignages, Grégoire prend la peine de soutirer des informations à certains de ses interlocuteurs ; il profite du passage de deux ambassadeurs francs pour s'enquérir de la foi des chrétiens d'Espagne.

C. *Quel crédit peut-on accorder à l'auteur de l'*Histoire des Francs *?*

Il ne pousse pas toujours son enquête très loin, ainsi à propos d'un soulèvement survenu à Limoges en 579. La liste de ses ignorances est impressionnante : il connaît très mal les pays orientaux, il épèle à peu près exactement la succession des empereurs byzantins, il colporte des ragots immondes sur les Ostrogoths, coupables du crime d'arianisme, il ne voit dans les Vandales que des persécuteurs de l'Église. Mal renseigné sur les Lombards, il se contente de légendes sur les Burgondes et les Thuringiens. Héritier de l'aristocratie gallo-romaine, il se méfie des Francs eux-mêmes, et il comprend mal leurs coutumes, puisqu'il en vient à accuser de rapacité un comte qui s'est borné à appliquer le tarif du *wergeld.* L'ignorance étant la mère des préjugés, Grégoire accable les ariens d'épithètes infamantes et n'épargne pas les juifs, relatant froidement la destruction de la synagogue de Clermont par les chrétiens, à titre de représailles.

Dans le domaine politique, le prélat ne dissimule pas ses préférences. Parfaitement loyal envers Sigebert, Brunehaut, Clotaire II et les autres, il accuse leurs ennemis Chilpéric et Frédégonde de tous les crimes. Comment pardonnerait-il à Chilpéric d'avoir envahi le pays de Tours ? En toute bonne foi, il défend avec acharnement la cause de son église, de son diocèse et de l'Église dans son ensemble. Qu'importent les crimes de Clotaire Ier, puisqu'il a respecté et honoré les évêques et qu'il a fait recouvrir d'étain la basilique Saint-Martin de Tours ? Grégoire fait preuve de partialité, pour des raisons bassement intéressées et par solidarité culturelle, voire familiale, avec l'aristocratie gallo-romaine. S'il lui arrive de tempérer ses emportements, il peut aussi laisser libre cours à ses passions, accusant Chilpéric Ier (539-584) d'être « le Néron et l'Hérode » contemporain et d'avoir « dévasté et incendié souvent de très nombreuses régions ». En réalité, il ne lui pardonne pas d'avoir ridiculisé des évêques vaniteux et débauchés et d'avoir freiné les transferts de richesses au profit de l'Église !

Le talent de l'écrivain contribue à faire oublier les faiblesses de l'historien. Récits palpitants, dialogues fictifs mais vraisemblables, signes prémonitoires, tel ce glaive de la colère divine suspendu au-dessus du palais royal, châtiments atroces, miracles éclatants, portraits de villes, dont celui de Dijon, altières silhouettes d'églises et de monastères dressés au-dessus des ruines romaines, constituent les éléments saillants d'un texte fascinant.

D. On peut, sans excès, estimer que l'*Histoire des Francs* exprime l'avènement d'un nouvel espace historiographique. Désormais, la chronique et l'hagiographie se différencient mal, le même auteur pouvant passer sans difficulté et sans transition d'un registre à l'autre. Un banal récit de pillage accompli en Auvergne par les armées de Thierry Ier (511-534), fils de Clovis, se termine par un châtiment céleste, dû à l'intervention de saint Julien de Brioude. Selon un réflexe caractéristique, Grégoire renvoie, pour de plus amples détails, au livre des miracles du saint.

Sur la scène de l'histoire, de nouveaux acteurs ont supplanté les empereurs, les fonctionnaires et les soldats du Bas-Empire : des aristocrates cruels et cyniques, aimant les jeux et la parure, des souverains oppresseurs ou intercesseurs, tel saint Gontran pendant la peste de 588, des évêques omniprésents et omnipotents, qui usent d'armes symboliques pour faire plier les grands et pour faire respecter les droits de l'Église (voir le texte donné en annexe), enfin des saints dotés de tous les charismes des magiciens, capables de guérir les malades, de ressusciter les morts, de commander aux éléments et de percer les secrets du futur. Dans cet univers, les prodiges revêtent une telle banalité qu'il serait vain d'essayer de tracer une quelconque frontière entre la foi chrétienne et les « superstitions ». L'évêque de Tours nous dit d'ailleurs que les reliques et les amulettes ne sont efficaces que si l'on a la foi. Dieu est devenu le premier acteur de l'histoire. Directement ou indirectement, par l'intermédiaire de ses fondés de pouvoir sur la terre, il manipule à la fois les forces naturelles et les agents historiques.

3. Paul Diacre, historien national des Lombards

Le cas de Paul Diacre n'est pas unique – on pourrait en rapprocher celui d'Isidore de Séville (v. 560-636), auteur d'une *Histoire des Goths* et celui de Bède le Vénérable (673-735), auteur d'une *Histoire ecclésiastique de la nation anglaise*, sans parler de Grégoire de Tours – mais il est sans doute le plus représentatif du souci de relater les hauts faits accomplis par les peuples barbares qui se sont partagé les dépouilles de l'Empire romain. Paul Warnefried (vers 720-799), qui se fera appeler *diacre* par la suite, est issu d'une noble famille lombarde descendant d'un compagnon d'Alboin, le conquérant de l'Italie. Après avoir passé quelques années à la cour de Cividale de Frioul, le jeune homme a complété son éducation à la cour de Pavie. Il y a résidé ensuite en tant que clerc de la chancellerie et précepteur des enfants du roi Didier, avant d'entrer à l'abbaye bénédictine du Mont-Cassin. Il accepta de quitter son monastère pendant quatre ans, entre 782 et 786, pour faire bénéficier la cour de Charlemagne et l'École palatine d'Aix-la-Chapelle de son savoir. Revenu au Mont-Cassin en 787, il consacra les dernières années de sa vie à composer une vie de saint Grégoire le Grand et l'*Histoire des Lombards*, conduite des années 500 à 744, date de la mort du roi Liutprand. Il a évidemment puisé à bonne source, dans l'*Origo gentis Longobardorum*, dans la chronique de Secundus de Trente et dans les Annales de Bénévent et de Spolète, sans oublier Grégoire de Tours, Grégoire le Grand, Jordanès et d'autres. Il a su insérer dans ce patchwork des éléments de tradition orale, peut-être recueillis à la cour de Pavie, pour illustrer un moment clé de la narration, un trait psychologique propre à tel ou tel souverain, ou différentes particularités juridiques et sociales. Il semble difficile, selon F. Bougard, de faire le partage, dans ces récits, entre ce qui relève des sagas nationales et ce qui a été délibérément forgé à des fins exemplaires.

Le moine érudit émaille sa narration de quelques portraits de souverains, Alboin le héros, Agilulf le converti, Rothari, le roi juste et législateur, jalons dans une lignée qui aboutit aux figures idéales de Grimoald Ier et de Liutprand. Observateur perspicace, narrateur talentueux, Paul Diacre a laissé une évocation puissante de la peste de 565, archétype du récit d'épidémie : « Il y eut à l'époque de Narsès une peste extrêmement grave, surtout dans la province de Ligurie. Des marques apparaissaient brusquement sur les maisons, les portes, la vaisselle ou les vêtements et plus on cherchait à les effacer, plus elles se voyaient. Un an plus tard, les gens commencèrent à avoir des ganglions à l'aine, à peu près gros comme des noix ou des dattes ; très vite suivait une fièvre brûlante, insupportable, tant et si bien qu'on mourait en l'espace de trois jours. Qui passait ce cap avait toutefois une chance de survivre. Partout régnait le deuil, et partout les larmes. Comme le bruit courait un peu partout que la fuite permettait d'échapper au massacre, les maisons se vidaient de leurs habitants, n'ayant pour tout gardien que des petits chiens d'appartement ; dans les prés ne restaient plus que les bêtes, sans aucun pasteur. Des villages, des places fortes qu'on voyait la veille remplis d'une foule dense, tous s'enfuyaient, et le lendemain n'y régnait partout qu'un épais silence » (éd. F. Bougard, Brepols 1994, p. 38-39). Le fléau a évidemment été précédé de signes annonciateurs : « Des marques apparaissaient brusquement sur les maisons, les portes, la vaisselle ou les vêtements. » Ce cas n'est pas unique : en d'autres passages, des traînées de feu ou un signe rouge dans le ciel peuvent annoncer la descente des Lombards en Italie ou une guerre civile chez les Francs. Guettant les présages avec anxiété, Paul Diacre partage avec Grégoire de Tours la conviction que des forces mystérieuses émanent des tombeaux des saints pour venir frapper les voleurs et les profanateurs. Il aime aussi les *mirabilia*, les récits merveilleux, et prend visiblement plaisir à relater un rêve du roi Gontran de Bourgogne (561-592), auquel un serpent révéla l'emplacement d'un trésor enfoui dans une colline.

La célébrité de Paul Warnefried tient surtout à son récit de l'exode et des victoires de son peuple. A l'en croire, c'est le général byzantin Narsès, rejeté par les Romains, qui aurait incité les Lombards, installés en Pannonie depuis le début du VIe siècle, à descendre en Italie en l'année 568, en leur faisant parvenir des échantillons des richesses de la péninsule pour mieux les convaincre. En fait, selon les historiens actuels, les Lombards auraient passé un traité avec l'empereur Justinien vers 540 et seraient venus prêter main-forte à Narsès en Italie en 552, découvrant en même temps leur force militaire et l'opulence du pays. Quelques années plus tard, quand ils ont eu des difficultés avec les Byzantins et quand ils se sont sentis pressés par les Avars, leur chef Alboin a choisi hardiment de passer en Italie. Il a cédé la Pannonie aux Avars, en se ménageant la possibilité de revenir le cas échéant. Paul Diacre omet de préciser que cette clause de retour était en principe valable pour deux cents ans ! Le grand trek des Lombards, aidés par des Saxons, a commencé en avril 568. Ils « quittèrent donc la Pannonie et, avec femmes, enfants et tout leur matériel, marchèrent vers l'Italie, pour s'en emparer ». Une fois le *limes* du Frioul franchi, Alboin aurait fait l'ascension d'une hauteur, pour y contempler ses futures conquêtes, à perte de vue. Après s'être emparé de la Vénétie, il prit Milan en 569 et Pavie en 572. Dans les décennies suivantes, l'invasion lombarde a engendré une anarchie totale, vu la disparition des cadres romains ou leur fuite éperdue vers les forteresses littorales. Il faut attendre le début du VIIe siècle pour observer un début de stabilisation, concrétisé par l'établissement de la cour à Pavie en 626.

Le heurt sanglant de deux mondes, les héritiers immédiats de l'Empire romain et les cavaliers semi-nomades venus du centre de l'Europe, a fini par déboucher, aux yeux de Paul Diacre, sur une synthèse réussie, incarnée par le roi Liutprand (713-744), modèle de barbare christianisé, agent de paix, allié dévoué du Saint-Siège, grand bâtisseur d'églises, semi-lettré capable de rivaliser avec les philosophes, souverain législateur et père nourricier de son peuple. A travers le portrait de Liutprand se révèle peut-être le sens de la vie et de l'œuvre de Paul Diacre : fier du passé de son peuple, mais chrétien avant d'être lombard, il est préparé à accepter la domination de Charlemagne, le guide de la Chrétienté occidentale. On serait tenté de faire le rapprochement avec l'*Histoire des Goths* d'Isidore de Séville, qui exprimait un siècle et demi plus tôt le ralliement des Wisigoths à l'Église et l'acceptation par cette dernière de la « paix wisigothique ».

4. Un érudit au travail au Xe siècle : Flodoard de Reims (893/94-966)

Flodoard, auquel Michel Sot vient de consacrer une importante thèse, a connu une existence assez agitée. Né à Épernay en 893 ou 894, il a été formé à l'école cathédrale de Reims avant d'entrer au service de l'archevêque Hervé. Devenu curé de Cormicy, il a souffert des vexations d'Herbert de Vermandois, qui voulait faire accéder son fils Hugues au siège archiépiscopal. Écarté de sa cure, Flodoard s'est consolé de ses déboires en écrivant les *Triomphes du Christ et de ses saints en Palestine, à Antioche et en Italie*. Après un bref retour en grâce, il a même subi les affres de l'emprisonnement, pendant quelques mois. A partir de 946, l'archevêque Artaud lui a confié les archives de Reims, situation idéale pour se lancer dans une *Histoire de l'Église de Reims* des origines à 948 et pour entreprendre des *Annales* relatant l'histoire de la France du Nord, de la Lotharingie et de la Germanie à partir de 919.

Nous étudierons seulement ici l'*Histoire de l'Église de Reims*, d'abord « ancienne et moderne » jusqu'en 883, puis « contemporaine » de 883 à 948. Cette œuvre est directement inspirée du *Liber Pontificalis*, suite de notices consacrées aux papes successifs, selon un plan type : origine du pontife, accession, acquisitions de biens, édifices, action pastorale, sainteté. Transposé dans un cadre diocésain, le *Liber Pontificalis* devient les *Gesta Episcoporum* (les hauts faits des évêques), dont le contenu est à peu près similaire. On peut estimer que, malgré son ampleur, l'*Histoire de l'Église de Reims* relève du type des *Gesta Episcoporum*, dans la mesure où elle est construite à partir du catalogue des évêques. Cependant, Flodoard a su tirer ce genre modeste vers la grande histoire ecclésiastique. Nous nous attacherons essentiellement à ses sources et à sa façon de les exploiter.

A. *Histoire « ancienne et moderne »*

Pour relater les temps anciens, Flodoard utilise une dizaine d'auteurs antiques, de Tite-Live à Lucain. Quand il s'agit des premiers évêques, il recourt à des documents hagiographiques.

Concernant Rémi, il s'appuie sur la *Vie* largement fictive composée au IXe siècle par Hincmar, tout en y ajoutant quelques miracles de son cru.

Pour les temps mérovingiens et carolingiens, notre chanoine se comporte en archiviste, signale les actes *(monumenta, instrumenta)* conservés et n'hésite pas à faire état de ses découvertes (*reperitur, invenitur*, « on trouve »). On s'aperçoit qu'un historien se cachait derrière l'hagiographe apparemment naïf. Il prend même la peine de constituer un véritable dossier d'archives sur l'évêque Égidius (573-590) : aux citations de Grégoire de Tours le concernant, il ajoute une charte d'immunité et des actes d'achat d'esclaves et de terres. Sous les successeurs, les dossiers comportent quelques pièces supplémentaires, en particulier des testaments et les canons des conciles, destinés à régenter le clergé et les fidèles. Un seuil est franchi quand il s'agit des évêques carolingiens, avec l'apparition des lettres des papes et des actes des synodes provinciaux, sans parler de pièces émanant des autorités civiles. La gamme documentaire s'élargit dans les pages consacrées à l'archevêque Ebbon (813-835) et plus encore dans celles dédiées à l'illustre Hincmar (845-882), véritable pilier de l'Église franque et fervent défenseur de l'unité de l'Empire carolingien. Flodoard cite par exemple un procès-verbal détaillé du synode de Soissons (853), séance par séance ; il utilise les lettres reçues par Hincmar et dresse un imposant catalogue de sa correspondance, établi en fonction du rang des destinataires. Quand les matériaux sont abondants, le chroniqueur rémois se contente de recenser les documents, comme s'il subissait l'attraction du degré zéro de l'histoire.

B. *Histoire « contemporaine »*

Michel Sot distingue deux périodes et deux types d'écriture, en amont et en aval de l'an 900. Pour relater l'épiscopat de Foulques (883-900), Flodoard s'appuie essentiellement sur la correspondance de ce prélat, analysée de façon très poussée. Tout en respectant les textes, l'historien sélectionne, clarifie et parfois développe. Il raconte aussi ce qu'il a vu et entendu, en particulier les translations de reliques et les consécrations d'édifices, événements tenus pour majeurs. Il adopte le ton de l'hagiographe pour narrer la vie de saint Gibrien, venu d'Irlande.

Vu le laconisme des sources sur les années 900-922, le chanoine rémois se montre des plus concis. Il se rabat sur le vu et sur l'entendu et coule son héros, l'archevêque Hervé, dans un moule assez commun : dévot de saint Rémi, grand bâtisseur, constructeur d'une principauté puissante. S'ouvre ensuite, entre 925 et 946, une longue période de crise, du fait de la rivalité entre deux compétiteurs pour accéder au siège archiépiscopal. Cette fois Flodoard fait état de ses préférences et se comporte en témoin engagé. C'est le troisième visage qu'il arbore dans cette histoire contemporaine, après celui de l'archiviste scrupuleux et celui du simple réceptacle des faits « vus et entendus ».

Comment ne pas souligner le contraste entre le sérieux et la probité un peu ternes de Flodoard et les facilités que s'accordait un de ses contemporains, l'illustre Richer, un autre Rémois, auteur d'une *Histoire de France* qui couvre les années 888-895 ? Fils d'un soldat bien en cour auprès du roi Louis IV d'outre-mer, Richer devint moine à Saint-Rémi de Reims à une date inconnue et écrivit l'ouvrage précité durant l'épiscopat de Gerbert, entre 991 et 998. Désireux de continuer les *Annales* d'Hincmar, qui ne dépassaient pas 882, il a poussé son récit jusqu'en 995, en le faisant suivre de quelques notes brèves sur les années 995-998. Il a consacré deux livres sur quatre à la période 954-995, dont il a été le témoin. Il a célébré, en des pages souvent citées et commentées, les mérites du pédagogue Gerbert d'Aurillac, quand il régissait les écoles de Reims, entre 972 et 980. Il devait d'ailleurs à son maître son goût des classiques latins, et en particulier de Salluste, son modèle.

Passionné de médecine et désireux de parfaire ses connaissances dans cette branche du savoir, Richer se décida à gagner Chartres en 991. Il nous a laissé un récit captivant de ce voyage périlleux, au cours duquel son compagnon, un cavalier chartrain, dut boucher les trous du pont de Meaux avec son bouclier et avec des planches pour permettre le passage des chevaux ! Imbu de science hippocratique et désireux de le faire savoir, le moine rémois ne se prive pas d'insister sur les maladies de ses héros. Sa méthode de travail est sévèrement jugée par Robert Latouche. Pour la période antérieure à 969, il s'est contenté de délayer les *Annales* de Flodoard, en y ajoutant des souvenirs de son père, de sa vie d'écolier, et quelques traditions légendaires.

Pour étoffer son propos, il a brossé des portraits et composé des discours fictifs. Imprécis quand il s'agit des lieux, il n'a pas hésité à avancer des chiffres fantaisistes. Concernant les années 969-995, il a pris des notes brèves, qu'il a également délayées selon Latouche. Comme chez Salluste, les portraits, les discours, les batailles et les trahisons se succèdent. La fameuse intervention de l'archevêque Adalbéron en faveur d'Hugues Capet, en mai 987, devant l'assemblée des Grands du Royaume réunie à Senlis, relèverait ainsi de l'exercice d'école. Ce beau morceau d'éloquence, auquel Gerbert ne fut peut-être pas étranger selon Pierre Riché, constitue le sommet d'une œuvre qui relève autant de la rhétorique que de l'histoire, où le culte de la forme passe avant le souci de l'exactitude.

C. *Une histoire qui démontre et qui plaide*

Revenons à Flodoard pour observer que, dans ses inventaires arides ou dans ses fictions ornées, il poursuit au moins trois objectifs. Il cherche d'abord à légitimer l'étendue et la richesse du patrimoine de l'Église de Reims. Il se montre très méticuleux dans l'énumération des biens acquis ou reçus par les différents prélats. Il estime normal que Rémi ait recours à une forme de violence sacrée pour faire plier des paysans récalcitrants, qui n'avaient pas hésité à incendier des réserves de blé. Le saint homme affecte les hommes de goitres et les femmes de hernies ! Il est vrai qu'en une autre circonstance il vole au secours de « ses » paysans en punissant un de leurs oppresseurs. Terroriser et protéger, pour établir définitivement son emprise, la recette est classique.

Flodoard se montre également soucieux d'agencer un espace sacré structuré. A chaque époque, il mentionne les lieux illustrés par les différents saints. Ces lieux sont hiérarchisés et reliés entre eux sur le mode symbolique, en particulier par des échanges de reliques. Au cœur de cet espace sacré diocésain, s'impose un ensemble bipolaire, constitué par la cité et le bourg Saint-Rémi de Reims. L'historien intervient pour mettre de l'ordre dans ce que l'histoire a juxtaposé, et pour relier des lieux dispersés en un réseau signifiant. Il ne laisse pas non plus passer une occasion, et nous touchons ici à son troisième objectif, d'exalter l'Église de Reims. Il en souligne les liens très étroits avec Rome, le pape ayant institué la métropole et la primauté rémoises. Il salue en termes vibrants la gestion exemplaire d'Hincmar, pasteur scrupuleux et attentif. Il insiste plus encore sur les relations entre le siège de Reims et le pouvoir royal, inaugurées par le baptême de Clovis en 496. Le Ciel a manifesté son approbation en chargeant une colombe d'apporter la sainte Ampoule. La légende et le fait historique du baptême jouent en faveur de la prétention des archevêques de Reims à sacrer les rois.

Somme toute, Flodoard n'a pas inventé grand-chose, mais, en tâcheron consciencieux de l'histoire, il a eu le mérite d'utiliser des archives assez variées, parfois de façon très sèche. Malgré ses penchants de notaire, il n'a pas hésité à passer sans préavis de l'histoire à l'hagiographie, témoignant une fois de plus de l'interdépendance des deux genres. Il a su inscrire sa narration dans un cadre spatial légitimant. Les églises les plus anciennes plaident, par définition, en faveur des origines apostoliques de Reims. Ce texte apologétique et orienté, qui converge vers la glorieuse époque d'Hincmar, s'avère très représentatif de l'histoire du haut Moyen Age. Il s'apparente d'assez près à une célébration liturgique, puisqu'il s'agit de « faire mémoire » des saints fondateurs, inscrits dans le temps et l'espace de la cité. Dans cette célébration, « le temps est aboli dans l'acte d'écrire » (Michel Sot).

Documents

Grégoire de Tours, *Histoire des Francs* : le châtiment de Roccolène, envoyé de Chilpéric Ier, en 575

IV. Vers cette époque Roccolène qui était envoyé par Chilpéric, arriva à Tours, plein de jactance, il campa de l'autre côté de la Loire et nous adressa des messagers pour que nous fassions sortir de la basilique saint Gontran qui était alors inculpé de la mort de Théodebert. Si nous ne le faisions pas, il donnerait l'ordre d'incendier et de brûler la cité et tous ses faubourgs. En entendant cela, nous lui envoyons une députation pour dire qu'on n'avait jamais fait dans le passé ce qu'il demandait qu'on fît et qu'on ne pouvait permettre maintenant que la basilique sainte fût violée ; que si on le faisait, cela ne lui porterait pas bonheur non plus qu'au roi qui donnerait ces ordres ; et ce qu'il devait craindre davantage, c'était la sainteté du prélat de qui un miracle avait fait mouvoir la veille des membres paralysés. Sans rien redouter de tout cela cet homme qui résidait dans une maison de l'église au-delà de la Loire, démolit cette maison qui était fixée avec des clous. Des Manceaux qui étaient venus alors avec lui emportèrent même ces clous dont ils avaient rempli des sacs, ravagèrent les blés et dévastèrent tout. Mais pendant qu'il commet ces méfaits, Roccolène est frappé par Dieu et devenu par suite de la maladie royale (jaunisse) de la couleur du safran, il renvoie des ordres sévères : « Si vous ne chassez pas aujourd'hui, dit-il, le duc Gontran de la basilique, je raserai toute la végétation qui est autour de la ville en sorte que le pays sera digne d'être passé à la charrue. » Entre-temps arriva le saint jour de l'Épiphanie, et lui commença à être de plus en plus torturé. Acquiesçant alors à un conseil des siens, il traversa le fleuve et se rendit dans la cité. Puis tandis que les chantres qui étaient sortis de l'église se hâtaient vers la sainte basilique, lui derrière la croix précédée de bannières s'avança monté sur un cheval. Mais quand il pénétra dans la sainte basilique, la fureur de l'homme qui menaçait s'apaisa aussitôt et lorsqu'il retourna à l'église (cathédrale), il ne put prendre aucune nourriture pendant la journée. Très affaibli en conséquence, il partit pour Poitiers. C'étaient alors les saints jours du carême pendant lequel il mangea souvent des petits lapins. Or tandis qu'il avait déjà rédigé pour les calendes de mars les ordonnances par lesquelles il poursuivait ou condamnait les habitants de Poitiers, il rendit l'âme la veille (de cette date) et ainsi se calmèrent sa superbe et son orgueil.

(Éd. R. Latouche, Paris, Les Belles Lettres, 1963, p. 250-251.)

Paul Diacre, *Histoire des Lombards* : la conquête de l'Italie en 568

7. *Alboin quitta la Pannonie et vint en Italie avec les Lombards.*

Alboin céda ensuite ses territoires, c'est-à-dire la Pannonie, à ses amis les Huns, à cette condition que si les Lombards devaient un jour revenir, ils récupéreraient leurs terres. Les Lombards quittèrent donc la Pannonie et, avec femmes, enfants et tout leur matériel, marchèrent vers l'Italie pour s'en emparer. Ils avaient habité quarante-deux ans en Pannonie et en sortirent en avril, première indiction, le lendemain de Pâques dont la fête tomba cette année-là, selon les calculs, le jour des calendes d'avril, cinq cent soixante-huit années s'étant déjà écoulées depuis l'incarnation du Seigneur.

8. *Arrivé aux frontières de l'Italie, Alboin fit l'ascension du mont du Roi ; les bisons sauvages.*

Une fois rendu avec toute son armée et la masse de ses gens aux confins de l'Italie, le roi Alboin fit l'ascension d'une hauteur dominant la région, d'où il put contempler le côté italien, à perte de vue. C'est pour cela, dit-on, que ce sommet fut depuis lors appelé le mont du Roi. On raconte qu'y vivent des bisons, ce qui n'a rien de surprenant puisque cette montagne s'étend jusqu'en Pannonie, où ces animaux sont nombreux. Un vieillard tout à fait digne de foi m'a dit aussi qu'on y avait vu la peau d'un bison tué, si grande que d'après lui quinze hommes pouvaient s'y coucher côte à côte.

9. *Alboin entra dans le territoire des Vénéties et plaça son neveu Gisulf comme duc à Cividale.*

De là, Alboin entra sans rencontrer d'obstacle en Vénétie – la première province de l'Italie –, s'introduisit dans le territoire de la cité, ou plutôt de la place forte de Cividale, puis se mit à réfléchir à qui il était le plus préférable de confier cette première province conquise. Toute l'extension italienne vers le sud, ou plutôt vers le sud-est, est en effet entourée par la mer Tyrrhénienne ou l'Adriatique, tandis qu'à l'ouest et au nord la chaîne des Alpes forme une telle barrière qu'on ne peut entrer que par des goulets étroits ou par la crête des montagnes ; du côté oriental en revanche, qui jouxte la Pannonie, s'ouvre un accès à la fois plus large et parfaitement plat. Comme je le disais donc, tandis qu'Alboin cherchait mentalement qui mettre à la tête de ce secteur, il se décida, dit-on, pour son neveu Gisulf, homme de toutes les situations et qui lui servait de maréchal – dans leur langue *marpahis* –, placé donc au commandement de la cité de Cividale et de l'ensemble de la région. Gisulf fit toutefois savoir qu'il ne se chargerait du gouvernement de la ville et de la population qu'à la condition qu'on lui attribuât les *farae* (c'est-à-dire les « générations » ou « lignées » de Lombards) de son choix. Ce qui fut fait, et le roi consentit donc qu'il choisît et reçût les plus nobles maisons pour vivre avec lui. Ainsi obtint-il finalement la dignité ducale. Il réclama aussi au roi des troupes de juments de la meilleure race, ce que le prince exauça encore dans sa libéralité.

(Éd. F. Bougard, Brepols, 1994, p. 41-42.)

3

Les chroniqueurs des XIe-XVe siècles

Le terme de chroniqueur est affecté, dans la langue du XXe siècle, de connotations ou négatives, pour souligner un certain manque de consistance intellectuelle et une réelle incapacité à exposer l'enchaînement des causes et des effets, ou positives, pour suggérer la fascination exercée par les belles tapisseries tendues devant nos yeux par les historiens du Moyen Age. A cette époque, la notion de chronique était assez mal définie, dans la mesure où le même vocable pouvait désigner aussi bien un récit au jour le jour qu'une grande fresque étalée sur plusieurs siècles. Froissart n'a pas contribué à clarifier le débat en se déclarant adepte de la chronique historiée. Les pages qui suivent voudraient contribuer à éclairer les lois du genre.

1. La variété de la production historique à l'époque féodale

A. La naissance d'une « conscience active » de l'histoire a caractérisé le Moyen Age central, et en particulier le XIIe siècle, comme l'a souligné M.-D. Chenu dans *La Théologie au XIIe siècle*. Il s'agit d'un fait de mentalité, qui dépasse les limites du genre historique pour concerner la théologie, la philosophie et d'autres branches du savoir. Ce sens nouveau de l'histoire va de pair avec un sens nouveau de la nature, perçue comme un cosmos ordonné, et du rôle de l'homme en son sein. L'*homo faber*, dont l'action s'inscrit dans le temps, a pour tâche de prolonger et de parachever l'œuvre créatrice de Dieu. Le XIIe siècle a vu naître une anthropologie digne de ce nom, entendue comme un discours sur l'homme et sur sa place ici-bas. Au siècle précédent, nombre de penseurs estimaient encore que l'homme avait été créé par Dieu pour remplacer au ciel les anges déchus, ce qui ramenait l'aventure humaine sur cette terre à bien peu de chose. Désormais, une vive attention est prêtée aux actions des hommes dans le temps. Le Français Suger, l'Allemand Othon de Freisingen et l'Anglo-Normand Orderic Vital en attestent, dans une longue cohorte de témoins de leur époque. Le cas des Scandinaves, entrés au XIIe siècle dans « l'âge de l'écriture » par les bons soins de l'Église, est encore plus révélateur. Très vite, ils ont pris goût à l'histoire sous toutes ses formes et semblent être venus à la littérature par le détour des vies de saints et des chroniques. Au Danemark et en Norvège, les premières *Vitae* et les premières chroniques ont été composées, dans un but édifiant, par des clercs formés à Paris, tel *Saxo Grammaticus*, auteur des *Gesta Danorum* (fin XIIe siècle). En Islande, le premier auteur connu, S. Sigfússon († 1133), passé lui aussi par Paris, a commencé par rédiger une histoire et une généalogie des rois de Norvège. Vint ensuite Ari Thorgilsson le savant (1067/68-1148), qui a relaté dans le *Livre des Islandais* la colonisation du Groënland, intervenue à la fin du Xe siècle. Vers 1170, furent rédigées les vies d'Oláfr Tryggvason et d'Oláfr Haraldsson, rois de Norvège. A cette date, tout était en place pour l'éclosion des sagas, dont certaines méritent l'appellation d'œuvres historiques.

B. Les progrès d'une certaine « érudition à la base » ont été observés et considérés comme décisifs par Bernard Guenée dans un ouvrage capital, *Histoire et Culture historique dans l'Occident médiéval*. Le spécialiste de l'État au Moyen Age admire le sérieux des moines historiens, gardiens attentifs des archives de leurs monastères, férus de chronologie. Il a observé, entre la fin du XIe siècle et les années 1150, un premier printemps de l'érudition favorisé, entre autres raisons, par les Croisades et par de grandes fractures historiques comme la conquête de l'Angleterre par les Normands en 1066 et les débuts de la Reconquista dans la Péninsule ibérique. On peut aussi noter que tout monastère, à cette époque, connaît une activité historiographique plus ou moins soutenue, ne serait-ce que pour défendre ses intérêts « matériels et moraux ». Les notices historiques enchâssées dans les cartulaires en témoignent. Dominique Logna-Prat a analysé « La geste des origines dans l'historiographie clunisienne des XIe-XIIe siècles » (*Revue Bénédictine*, CII, 1992/1-2, 135-191) pour aboutir à la conclusion que l'histoire des débuts de Cluny (910 et s.) a été écrite seulement à partir de 1030, soit assez tardivement. Les guides de la congrégation se sont alors souciés de mettre de l'ordre dans la mémoire de l'institution et d'exalter l'image d'un monastère idéal, ancré dans la légitimité apostolique.

Quelles qu'aient pu être les arrière-pensées des auteurs, on peut concéder à Bernard Guenée qu'une conception simple et claire de l'histoire s'est imposée dès le XIIe siècle. On peut la définir comme « un récit simple et clair «, fondé sur la chronologie, par opposition à la fable « qui tresse des fictions », et comme un récit organisé. Hugues de Saint-Victor († 1141) a assigné un programme très précis à la connaissance historique : « les personnes par qui les événements arrivent, les lieux où ils arrivent et les temps où ils arrivent ». Beaucoup d'auteurs, plus par inconscience que par mégalomanie, prétendent embrasser toute l'histoire de l'humanité, des origines à leur époque. Relativement modeste, le moine bourguignon Raoul Glaber fait commencer ses *Histoires*, achevées en 1048, à Charlemagne. Il a un souci extrême des acteurs, de ces « grands hommes qui, depuis l'an 900 du Verbe Incarné, [...] se sont illustrés dans le monde romain comme serviteurs de la foi catholique ». Florissant, le genre historique souffre de ne pas être enseigné dans les écoles et de n'avoir pas de support propre, en dehors des cours et des monastères. Il ne dispose pas d'une réelle autonomie à l'égard de la théologie ou du droit.

C. On ne saurait trop souligner l'extrême variété des genres historiques à l'époque féodale. Histoire, *La Chronique de Saint-Maixent* (751-1140), compilée vers 1126 et complétée en 1141, mosaïque de sources diverses, qui ne devient intéressante qu'à partir du XIe siècle, quand elle narre les événements survenus en Poitou et dans les régions avoisinantes. Voici, à titre d'exemple, ce que l'auteur a retenu de l'année 1101 : Pâques tombe le 11 des calendes de mai (le 21 avril) ; le feu du samedi saint se fait attendre jusqu'à Pâques ; le duc Guillaume et les autres princes marchent sur Jérusalem ; le 19 avril, le froid brûle les vignes et d'autres plantes ; Baudouin l'emporte à Jaffa ; le duc Guillaume et les princes sont vaincus par Soliman ; des étoiles tombent du ciel ; une succession intervient à l'archevêché de Bordeaux. Chronologie à l'état pur, faits hachés menu, inconsistance foncière. Histoire encore, la *Chronique de Guines et d'Ardres*, rédigée au début du XIIIe siècle par le curé Lambert d'Ardres, près de Boulogne, témoignage irremplaçable sur l'errance des bandes de « jeunes » chevaliers en attente de fiefs et sur la culture du comte Baudouin le Lettré (1169-1205). Histoire, au degré suprême, les *Grandes Chroniques de France*, composées par les bénédictins de Saint-Denis, aux portes de Paris. A la demande expresse de Louis IX, le moine Primat a entrepris la rédaction de ces chroniques dans les années 1260, pour éclairer la généalogie des rois de France. Il a intégré dans son œuvre les *Gesta* de Guillaume le Breton, qui s'était lui-même appuyé sur le moine Rigord, proche de Philippe Auguste. Terminé en 1275, l'ouvrage de Primat a été offert à Philippe III le Hardi (voir en annexe un extrait des *Grandes Chroniques*). Histoire aussi, au plein sens du terme, une saga comme celle de saint Oláfr, due à Snorri Sturluson (1178-1241), un aristocrate islandais cultivé, qui l'écrivit après 1220, en s'appuyant sur une Vie antérieure du roi de Norvège, complétée par des informations recueillies sur place. Il s'agit de la plus marquante des 16 sagas consacrées par Sturluson aux souverains norvégiens. Elle relate les aventures d'Oláfr Haraldsson (995-1030), un intrépide viking baptisé à Rouen, rentré dans son pays en 1014 pour en découdre avec les potentats locaux, pour s'y faire reconnaître roi et pour y implanter définitivement le christianisme. Le récit se plie aux canons du genre héroïque et a pour fin essentielle de transformer l'existence agitée d'une « brute colérique » en une vie de saint exemplaire. On notera toutefois que le portrait du roi Oláfr (donné en annexe) est plutôt moins laudatif que celui de Guillaume le Conquérant par Guillaume de Poitiers, considéré, lui, comme un chroniqueur (éd. R. Foreville, I, 47-59). De plus, la saga comporte un diagnostic précis sur la pénétration du christianisme en Norvège et sur la résistance du paganisme au début du XIe siècle : « un peu partout, dans les contrées du bord de la mer, les gens étaient baptisés mais les lois chrétiennes étaient inconnues de la plupart, alors que dans les hautes vallées et les contrées de montagnes, le paganisme était général ». Peu de chroniques et de *Vitae* occidentales annoncent de façon aussi nette les actuelles Histoires du christianisme.

2. L'impossible portrait type du chroniqueur des XIe-XVe siècles

A. *Clerc ou laïc ?*

Les clercs ont longtemps dominé, d'abord les moines bénédictins déjà évoqués, ensuite les prêtres séculiers, dont Guillaume de Poitiers (vers 1020-1087/1101), déjà cité. Après avoir étudié les arts libéraux à Poitiers et mené la vie de chevalier, il entra dans les ordres et devint le chapelain de Guillaume le Conquérant. Selon R. Foreville, il a achevé en 1074 l'*Histoire* de l'illustre duc, où il s'est fait « l'écho direct de la cour anglo-normande et du clergé lettré et réformateur qui entourait et assistait le prince normand ». Dans l'espace germanique, on peut mentionner Adam de Brême, auteur des *Gesta* des évêques de Hambourg (vers 1075) et, au siècle suivant, Helmold de Bosau, auteur d'une *Chronica Slavorum.* Si le second a décrit la grande migration des colons allemands vers l'est, le premier peut être considéré comme un ancêtre des ethno-historiens. Voici comment il décrit les « superstitions suédoises » :

« Ce peuple a un temple très illustre, appelé Ubsola (Upsal), placé non loin de la cité de Sictona (Birka). Dans ce temple, totalement décoré d'or, le peuple vénère les statues de trois dieux ; le plus puissant des trois, Thor, a son trône au milieu de la salle. De part et d'autre se placent Wodan et Frico. Voici ce que représentent ces dieux : Thor, disent-ils, siège au ciel ; il commande au tonnerre et aux éclairs, au vent et à la pluie, au beau temps et aux biens de la terre. Le second, Wodan ou la fureur, commande à la guerre et donne aux hommes le courage pour affronter les ennemis. Le troisième est Frico qui accorde aux humains la paix et la volupté. Ils en fabriquent un simulacre avec un énorme priape. Ils sculptent Wodan tout armé, comme les nôtres le font pour Mars ; Thor est représenté avec un sceptre, semble-t-il pour imiter Jupiter » (Livre IV, Description des Iles de l'Aquilon, M. G. H., 1917, 257 et s., latin).

Les religieux mendiants ont, en général, manifesté plus de

goût pour les récits exemplaires, adjuvants efficaces de leur prédication, que pour l'histoire simple et vraie. Mais cette règle a souffert de notables exceptions, comme le suggèrent les noms de Ranulf Higden (1299-1364), qui a très clairement distingué sept acteurs historiques majeurs, du roi au moine, et de l'inquisiteur Bernard Gui (vers 1261-1331), auteur d'une *Chronique des rois de France* où les erreurs chronologiques deviennent de plus en plus bénignes à mesure que le temps s'avance. A partir de 1223, la chronologie du célèbre dominicain est exacte.

Les laïcs historiens sont devenus nombreux à partir du bas Moyen Age. Dans les siècles précédents, on en rencontre quelques cas, dont ceux de deux seigneurs champenois, Geoffroi de Villehardouin et Jean de Joinville. Le premier, né vers 1150, devenu maréchal de Champagne en 1185, fut chargé de négocier avec les Vénitiens le passage des croisés en Orient en 1204. Il fut donc directement impliqué dans le fameux détournement de la quatrième croisade et dans la retentissante prise de Constantinople, qui lui permit de devenir « maréchal de tout l'empire de Romanie ». Son témoignage, très détaillé, est plus sec que celui de Robert de Clari, un modeste seigneur de la région de Péronne, proprement ébloui par les richesses de Byzance. Quant à Joinville (vers 1224-1317), le fidèle compagnon de Saint Louis, il a attendu la fin de sa longue existence pour dicter ses *Mémoires*. Tout en relatant ses souvenirs, il ne s'est pas interdit de puiser dans une vie du roi composée par Guillaume de Nangis. Jacques Le Goff voit en lui un témoin crédible, dont certains silences nous renseignent sur les défauts du souverain, dont les auteurs ecclésiastiques s'interdisaient de parler. Au XVe siècle, les laïcs sont devenus majoritaires parmi les chroniqueurs bourguignons et bretons. Les officiers historiographes dominent la scène, tels Georges Chastellain (1405-1475), Olivier de La Marche (vers 1425-1502) et Alain Bouchart, auteur des *Grandes Chroniques de Bretaigne* (1514).

B. *Homme de cour ou homme de bureau ?*

Dans la première catégorie, nous classons les héritiers des clercs de cour et des jongleurs de la haute époque féodale, chantres attitrés des hauts faits des barons et des saints. L'histoire, pour s'affirmer, a dû s'arracher à l'épopée. A la longue lignée des historiens courtisans, sans acception péjorative, ont appartenu Guillaume de Poitiers, Lambert d'Ardres et le scalde Snorri Sturluson, déjà mentionnés, mais aussi Jean le Trouvère, l'auteur de l'*Histoire de Guillaume le Maréchal* (après 1220), et l'illustre Jean Froissart (1337-1410), clerc de son état, chroniqueur entretenu, habile à passer d'une cour à l'autre, non sans recueillir le maximum d'informations auprès des acteurs de la guerre de Cent Ans.

L'essor des services administratifs, entraîné par le renforcement progressif des États à partir du XIIe siècle, donne naissance à *l'historien de bureau*, particulièrement bien placé pour consulter les documents originaux (ordonnances, traités, lettres et mandements, etc.). Relèvent de cette catégorie le notaire Galbert de Bruges, qui a relaté l'histoire du comte de Flandre Charles le Bon († 1127), le secrétaire de Charles VI Jean de Montreuil (1354-1418), le chancelier de la république de Florence Leonardo Bruni, auteur d'une *Histoire du peuple florentin* (1439) et le chanoine cracovien Jean Dlugosz (fin XVe siècle). Les chancelleries en sont venues à disputer aux monastères le rôle de lieux de mémoire.

Parmi les historiens de cour et de bureau, il faut faire une place à part à l'équipe constituée et animée par le roi Alphonse X de Castille (1252-1284), que l'on ne peut pas considérer comme l'auteur véritable de la *General Estoria* et de l'*Estoria de España*. Comme pour les traductions ou les traités juridiques, le souverain a donné l'impulsion, a défini les perspectives, a opéré les choix et s'est fait aider dans la réalisation. Alphonse X, nous dit la *General Estoria*, faisait un livre, non pas en l'écrivant de sa main mais en indiquant la manière de le faire. On connaît assez mal les chroniqueurs alphonsins, à l'exception du franciscain Juan Gil de Zamora. Leurs méthodes de travail sont conformes aux habitudes de l'époque. L'*Estoria de España*, publiée par Menendez-Pidal sous le titre de *Primera Crónicà General*, repose sur une trame empruntée au *De Rebus Hispaniae* de l'évêque Rodrigue de Tolède, sur un art consommé du délayage et sur le pillage de différents auteurs anciens, dont Isidore de Séville. L'épopée elle-même est mise à contribution pour relater les exploits du Cid. Malgré ses faiblesses, la *Crónicà* a constitué un jalon essentiel. Avant elle, il n'existait que de brèves annales écrites en castillan. Après elle, la coutume s'est instaurée de rédiger les chroniques en langue vernaculaire.

C. *Grand reporter ou historien ?*

Le côté « grand reporter » est très accusé chez Villehardouin et chez Froissart. Le premier a rédigé la *Conquête de Constantinople* en s'appuyant sur des notes personnelles précises et détaillées. Il reproduit certains documents à la lettre, comme le pacte franco-vénitien de 1201. Sa chronologie est exacte, ses itinéraires sont calculés rigoureusement, en journées. La narration reste, en toute circonstance, très sèche, y compris pour relater la prédication enflammée de Foulques de Neuilly. Ce récit très sobre cache en fait un plaidoyer *pro domo*, tendant à faire croire que seule une série de hasards a abouti au détournement de la quatrième croisade.

Froissart fait figure de prince des reporters, pour avoir fréquenté les cours d'Angleterre, de Bretagne et de Gascogne, et pour avoir beaucoup voyagé, en Italie, en Brabant, en Béarn (1388-1389) et autres lieux. Partout, il a pris soin de collecter des témoignages, de procéder à des interviews en règle et de recueillir des confidences. Retenons la méthode utilisée avec Espan du Lion : il le faisait parler tout en chevauchant de Pamiers à Orthez ; le soir, à l'auberge, il couchait ses paroles par écrit. Voilà qui nous vaut d'entendre des « voix qui nous parlent du passé », dont celles, inoubliables, de deux routiers, le Bascot de Mauléon et Aymerigot Marchès. Sous le charme, le lecteur en viendrait à oublier que Froissart a remanié les faits et accumulé les erreurs, au point de faire garder des forteresses par des prisonniers, voire par des morts !

D'autres auteurs méritent davantage le titre d'historien. Tel le polonais Jean Dlugosz, qui a mené une enquête sérieuse dans les archives du chapitre et de la chancellerie de Cracovie et dans celles de plusieurs couvents, pour écrire son *Histoire de Pologne* entre 1455 et 1480. Tel le chanoine breton Pierre Le Baud, auquel des lettres d'Anne de Bretagne ouvrirent les archives des évêchés et des monastères répartis de Dol à la pointe Saint-Matthieu. Tel enfin l'humaniste Robert Gaguin, auteur d'un *Compendium de Francorum origine et gestis* (1495) où il exalte la monarchie des Valois et où il proclame la supériorité culturelle de la France sur l'Italie, en accord avec les conceptions d'un cénacle étroit de religieux, d'universitaires et d'officiers bien en cour auprès de Charles VIII.

3. Les faiblesses du genre historique

A. Les limites de l'information sont patentes. La plupart des auteurs utilisent un très petit nombre d'ouvrages, toujours les mêmes. Bernard Guenée a recensé vingt livres majeurs, constamment cités, dont quinze antérieurs au VIIIe siècle et cinq proprement médiévaux. Une misère ! Le moine normand Orderic Vital (1075-après 1141), qui a utilisé plus de quarante ouvrages, ferait presque figure de savant. Plus encore que par l'étroitesse de leur bibliographie, due à la reproduction et à la circulation très lentes des manuscrits, les auteurs médiévaux nous désarçonnent par leur art de piller leurs devanciers en toute bonne conscience et sans préavis. Pour composer les livres II, III et IV de son *Historiale*, le dominicain Vincent de Beauvais, proche de Louis IX, a froidement recopié le cistercien Hélinand de Froidmont, citations comprises.

La collecte des témoignages oraux, facile à opérer pour les trente ans écoulés, ne remontait pas au-delà de soixante-dix à quatre-vingts ans. Les plus anciens informateurs d'Alain Bouchart, vers 1500, étaient des Bretons qui avaient connu Jeanne d'Arc. Orderic Vital a mis à contribution les vieux chevaliers normands retirés au monastère de Saint-Évroul.

Autre faiblesse criante : on ne sait, à la notable exception du notaire romain Cola di Rienzo au XIVe siècle, ni déchiffrer les inscriptions ni interpréter les monuments et les monnaies. On lit avec peine les anciennes chartes, on tronçonne et on résume les documents ; les dossiers sont aussi rares que désordonnés. La conception de l'authentique est à cent lieues de la nôtre : est authentique ce qui est approuvé et garanti par une autorité. Autrement dit, un faux disposant de garanties solides peut acquérir le statut de document vrai. L'humaniste Enea Silvio Piccolomini, futur pape Pie II, a été parmi les premiers à se soucier de la qualité des témoignages en tant que tels. Il faut, écrit-il en 1453, se demander « qui est l'auteur, quelle vie il a menée, quelle est sa religion et quelle est sa valeur personnelle. Il faut aussi considérer avec quels autres récits il concorde, desquels il diffère », et examiner si ce témoignage est plausible, vraisemblable.

B. La maîtrise du temps et de la simple chronologie laisse à désirer. Bien qu'ils s'appuient tous les deux sur la Bible, Isidore de Séville et Bède le Vénérable ne s'accordent pas sur la création d'Adam et Ève, placée par l'un en 5228 avant Jésus-Christ et par l'autre en 3952. Le XIe siècle a toutefois vu s'opérer un progrès important : l'adoption du repère commun de la naissance du Christ comme année zéro. En conséquence, une comptabilité cumulative des années s'est superposée, sans l'abolir, au système ancien, où l'on se contentait de mentionner l'indiction et l'année du règne de tel ou tel souverain. Ouvrons Raoul Glaber, qui écrit en 1048 : « l'an 1002 de l'Incarnation du Verbe est le premier du règne d'Henri, roi des Saxons, et l'an mille du Seigneur fut le treizième du règne de Robert, roi des Francs ». C'est exact dans chacun des cas. Les chroniques n'en continuent pas moins à fourmiller d'erreurs. Au XIVe encore, il restera banal de se tromper de plusieurs années à propos des papes et des souverains du haut Moyen Age.

C. La conception courante de l'espace reste très grossière. On ne se représente pas la terre comme une sphère, mais comme un disque plat ou comme un monde carré *(orbis quadratus)* entouré d'eau. Les mappemondes les plus courantes comportent un T inscrit dans un O. Le T, dont le jambage figure la Méditerranée, sépare l'Asie, l'Europe et l'Afrique ; le O représente l'océan circulaire. Jusqu'au XIIIe siècle inclus, les cartes restent prisonnières de la théologie (Jérusalem est placée au centre du monde, le Paradis terrestre est localisé en Orient) et encombrées de mythologie. Au siècle suivant, des progrès sont accomplis, bien visibles dans les portulans italiens et dans l'Atlas catalan de Charles V. Le contour des côtes se précise, la localisation des villes gagne en exactitude, la nomenclature s'étoffe singulièrement. Encore faut-il que les chroniqueurs prennent acte de cet éveil de la géographie. Un manuel d'histoire générale comme le *Brevis Tractatus* d'Étienne de Conty († 1413) fournit un tableau de la Chrétienté latine vers 1400. Les ressources des différents pays sont sommairement énumérées, des villes comme Barcelone ou Cracovie ont droit à des notices fondées sur « les dires de plusieurs nobles et aussi de marchands ». A cette époque, les *Mémoires (Ricordanze)* des marchands italiens témoignent d'une représentation plus précise de l'espace, mesuré en journées de voyage, et d'une évaluation plus exacte du temps. Les deux catégories mentales se confortent mutuellement, mais il s'agit d'une conquête très tardive.

D. Les chiffres avancés par la plupart des chroniqueurs avant le XIVe siècle restent parfaitement fantaisistes et n'ont de valeur que rhétorique ou symbolique. Les nombres parfaits (telles les vingt-huit villes accordées à la Bretagne romaine) voisinent avec les évaluations superlatives. Prenons l'exemple de la conquête de l'Angleterre par les Normands. Guillaume de Poitiers (fin XIe siècle) attribue généreusement 50 000 chevaliers à Guillaume le Conquérant. L'auteur de la *Chronique de Saint-Maixent* (vers 1126) ne lui en accorde pas plus de 14 000 et Ferdinand Lot, au début du XXe siècle, a estimé que le vainqueur d'Hastings (1066) était entouré de 7 000 combattants, pas plus. Combien de navires lui a-t-il fallu pour faire franchir la Manche à son corps expéditionnaire ? Si Wace et Orderic Vital sont en parfait désaccord (696 vaisseaux pour l'un, 3 000 pour l'autre), en revanche l'estimation de Guillaume de Poitiers (1 000 embarcations) est considérée comme plausible par Raymonde Foreville. De tels exemples sont trop rares pour que l'on puisse faire confiance aux évaluations des chroniqueurs médiévaux. Le récent plaidoyer de Jean Flori en faveur de la relative « cohérence entre les données numériques fournies » par ces auteurs, et en faveur de leur relative prudence, n'emporte pas vraiment la conviction (*Le Moyen Age*, 1993/3-4, p. 399-422). Notre défiance doit même s'exercer aux dépens de deux « marchands-écrivains » de Florence, Giovanni Villani (vers 1280-1348) et Buonaccorso Pitti (1354-1430), que l'on aurait tendance à placer parmi les premiers adeptes de l'histoire nombrée. En fait, ils se gargarisent de chiffres, qu'ils aiment gonflés et superlatifs, *ad majorem urbis gloriam*. Selon Jean Favier, on peut faire confiance à Villani sur le prix du poivre, mais pas sur le nombre des notaires ou des chevaliers.

E. Les historiens médiévaux font preuve d'un très faible souci de rechercher les causes des événements et de parvenir à une concaténation rigoureuse des faits. Loin d'avoir les penchants de Polybe ou de Tacite pour « l'analyse logique » du passé, les chroniqueurs s'en remettent le plus souvent à Dieu qui « fait les mutations des royaumes et des principautés », nous rappelle Pierre Le Baud en bon disciple de saint Augustin. Il ne faut d'ailleurs pas toujours se laisser prendre à ces proclamations de modestie. Quand Villehardouin avance que Dieu, en 1204, a puni Byzance de ses trahisons antérieures, il lave habilement de leurs responsabilités ceux qui ont manigancé le détournement de la croisade. Il faut aussi observer que certains historiens ne s'abritent pas derrière des faux-semblants et des explications passe-partout. Un Guibert de Nogent et un Réginon de Prüm veulent « expliquer les actions humaines et les causes des événements ». Comme l'a souligné Bernard Guenée, les explications peuvent se situer à deux niveaux : invoquer les causes premières, d'ordre théologique ou moral, n'interdit nullement de faire jouer les causes secondes ou naturelles. Le naufrage de la Blanche-Nef (1120) procède d'un châtiment divin, mais résulte bel et bien de la présence d'un écueil dans la Manche. Le Mont-Granier s'est effondré en 1248 pour punir les Savoyards de leurs péchés et parce que la terre avait tremblé plus au Nord. A la fin du Moyen Age, les explications de type providentiel et les analyses à double détente connaissent une certaine défaveur, observable chez Commynes. On voit renaître une conception « à l'antique » de la causalité historique quand Robert Gaguin estime, en 1478, qu'il faut, pour satisfaire à l'histoire, connaître « les faits, les dates, les projets et les résultats ».

Avant le retour en grâce de l'explication historique, a régné la narration à l'état pur. Un texte primesautier et scintillant, une suite de faits mal reliés les uns aux autres, des événements surgis du néant ou presque, dépourvus d'antécédents véritables. Aucun historien n'a, plus que Froissart, tablé sur le prestige du « c'est arrivé », cher à Roland Barthes. Le récit, largement emprunté à Jean le Bel, qu'il nous a laissé de la jacquerie de 1358 est exemplaire à cet égard (on en trouvera un commentaire dans l'édition précédente). Observons toutefois, en toute équité, que la relation de la révolte des paysans anglais en 1381 fait une certaine place à l'examen de la cause principale du mouvement : la rude condition imposée aux serfs du Kent, de l'Essex et du Sussex. Froissart nous fait entendre les récriminations des vilains *(on les tenoit en trop grant servitude)*, leurs revendications économiques *(se il labouroient ou faissoient aucuns labourages pour leurs seigneurs, ils en voloient avoir leur salaire)* et nous fait connaître leur aspiration fondamentale : ne plus être considérés comme des bêtes, être reconnus comme des hommes, comme des fils de Dieu, au même titre que leurs seigneurs.

F. *Les incertitudes de l'écriture*

Certains chroniqueurs, peu soucieux de se tenir au plus près de la vérité simple et nue, usent d'un style ronflant, surchargé de comparaisons et encombré de métaphores, tel Suger dans la *Vie de Louis VI le Gros*, composée entre 1138 et 1145. L'abbé de Saint-Denis, ancien « ami d'enfance » et conseiller du souverain capétien, est un conteur-né, doté d'un grand sens du pittoresque, mais il n'a pas l'obsession de la chronologie, et il prend rarement la peine d'indiquer en quelle année les faits se déroulent. Il use d'un style confus, ampoulé, « baroque » avant l'heure. Il compare, par exemple, Hugues du Puiset, l'adversaire implacable de Louis VI, à « un chien longtemps enchaîné qui, une fois détaché, s'abandonne sans frein à la fureur contenue [...] et, rejetant sa chaîne, mord et déchire ». Trois quarts de siècle plus tôt, Guillaume de Poitiers, traitant du Conquérant, avait emprunté successivement le ton du prédicateur (« En vérité on ne pourra jamais dire qu'il entreprit de guerre qui ne fût conforme à la justice ») et celui du rhéteur antique, en prêtant à son héros une belle harangue sur le champ de bataille d'Hastings. Notons toutefois que les dissertations prolixes et les narrations confuses sont rachetées par du « pris sur le vif ». Suger, par exemple, a retracé très clairement les différentes étapes de la chute de la forteresse du Puiset, de la basse-cour au donjon, le dernier réduit.

G. *Versions officielles et choix partisans*

Comment les historiens pourraient-ils se dispenser de flatter les princes qui les entretiennent ? Selon R. Foreville, Guillaume de Poitiers a composé une œuvre de courtisan et une œuvre à thèse, pour magnifier le Conquérant et pour proclamer son bon droit dans sa querelle avec Harold, présenté comme un usurpateur méprisable. Le chapelain du duc de Normandie expose une version officielle de la conquête, que l'on retrouve, résumée, dans la Tapisserie de Bayeux, achevée avant 1082. On peut d'ailleurs observer des concordances frappantes entre le texte de l'historien et la légende de la célèbre « bande dessinée ». De plus, Guillaume de Poitiers fait du vainqueur d'Hastings un prince chrétien exemplaire : adepte de la guerre juste, défenseur des faibles, adversaire de l'hérésie, bienfaiteur des communautés monastiques, conquérant avisé et respectueux des droits et des biens du peuple vaincu. On l'a compris, l'historien nous fait entendre la voix de son maître.

Peu de princes ont entretenu ou encouragé autant d'historiographes que les ducs de Bourgogne, pour vanter leurs mérites, célébrer leurs exploits et légitimer leurs acquisitions territoriales. Olivier de La Marche (vers 1425-1502) admirait fort Georges Chastellain (1405-1475), qu'il se représentait « occupé en songneuse labeur et estude », amassant « plusieurs rapportz, opinions, advis et ramentevances à luy [...] envoyées de toutes pars ». A cinq siècles de distance, Jean Dufournet ne partage pas cet enthousiasme. Il estime en effet que Chastellain s'est livré à une apologie à peu près constante de Philippe le Bon, qu'il a fait prévaloir le moral et le religieux sur le politique, et les jugements de valeur sur la narration. Ne lésinant pas sur l'hyperbole, il lui arrive quand même de se montrer un brin désenchanté sur les grandesses de son époque. Non content d'utiliser des versions quasi officielles de certains événements, il ne s'interdit pas de recourir à des procédés narratifs stéréotypés. Pour relater les sièges de places-fortes, il use par exemple d'un modèle de récit farci de formules toutes faites.

Le cas de Philippe de Commynes est très particulier. Né en 1447 dans une famille d'officiers des ducs de Bourgogne, il entra en 1464 au service du futur Charles le Téméraire, dont il devint le chambellan. Après l'avoir diligemment servi, il se rallia en 1472 à Louis XI, qui le combla d'honneurs. Après la mort du roi, en 1484, il soutint le parti des états généraux contre la régente Anne de Beaujeu, ce qui lui valut quelques mois d'emprisonnement. Il revint en grâce sous Charles VIII et se vit confier quelques missions diplomatiques. C'est à partir de 1488-1490 qu'il écrivit ses *Mémoires*, conçus simplement comme des matériaux préparatoires à une œuvre en latin, envisagée par l'archevêque de Vienne Angelo Cato. Selon Jean Dufournet, la trahison de 1472 pèse de tout son poids sur l'œuvre. Obsédé par sa déloyauté, Commynes veut persuader ses lecteurs que la traîtrise constitue « un fait universel » et que les princes apparemment les plus fidèles ne peuvent échapper au soupçon. Il veut également prouver qu'il a eu raison de quitter Charles le Téméraire, mauvais soldat, chef cruel, « prince de l'échec », au profit de Louis XI, dont il dresse un portrait favorable, en soulignant sa sagacité intellectuelle.

4. Irremplaçables chroniques

A. Certains auteurs ont la capacité de nous mettre en prise directe avec le vécu et de nous présenter des tranches de vie d'une couleur et d'une netteté incomparables. Le moine normand Orderic Vital († après 1141) nous a laissé un portrait inoubliable d'Hugues d'Avranches, comte de Chester († 1101) : « Il n'était pas seulement riche, nous dit-il, mais prodigue. Il n'emmenait pas seulement avec lui sa mesnie *(familia)*, mais toujours son armée. Il ne tenait aucun compte de ses recettes ni de ses dons. Il dévastait lui-même sa terre chaque jour et il attachait plus de prix aux oiseleurs et aux chasseurs qu'aux laboureurs et aux hommes de prière. » Gros mangeur, il était devenu obèse au point de pouvoir à peine se déplacer. Adonné aux plaisirs charnels, il avait engendré une foule de rejetons. Au siècle suivant, Joinville, doté d'une étonnante mémoire visuelle, a décrit en ethnographe les mœurs des Bédouins, présentés dans leur radicale altérité de nomades : « Ils vivent du lait de leurs bêtes et ils achètent aux riches hommes, dans le plat pays, la pâture des prairies où paissent leurs troupeaux. » Au temps des crises, Froissart, en ancêtre de l'histoire orale, nous fait entendre le message du pauvre prêtre John Ball, l'un des guides les plus écoutés de la révolte anglaise de 1381. Quoique très attaché à l'ordre aristocratique, le chroniqueur a accordé quelques lignes aux thèses égalitaires du « fol prêtre » du Kent : « Bonnes gens, les coses ne poent bien aler en Engletière ne iront jusques à tant que li bien iront tout de commun et que il ne sera ne villains ne gentils hommes… Et, se venons tout d'un père et d'une mère, Adam et Ève, en quoi poent il dire ne monstrer qu'il sont mieux signeur que nous, fors parce que il nous font gaaignier et labourer ce que il despendent *(dépensent)* ? » Cette admirable protestation contre les injustices dues au système féodal sourd d'un texte hostile avec la force d'une parole fondatrice.

B. Les chroniqueurs ont le sens des forces profondes à l'œuvre dans l'histoire. On peut leur pardonner de se tromper sur les dates, les lieux et les individus, dans la mesure où ils sauvegardent l'essentiel : les aspirations premières, le dynamisme créateur et les antagonismes fondamentaux des sociétés. Helmold de Bosau a célébré avec élan l'avancée des colons allemands entre l'Elbe et l'Oder. Snorri Sturluson a donné de la christianisation de la Norvège une version cohérente, caractérisée par le passage de la contrainte légale à la coercition physique. Qu'un spécialiste comme Régis Boyer ne veuille retenir que les aspects pacifiques et légaux de cette conversion n'enlève rien à la force du texte. Oláfr, nous dit le scalde, « continua pourtant de la même manière, convertissant tout le peuple à la vraie foi et infligeant de grands châtiments à ceux qui ne voulaient pas céder à sa parole ». Guillaume de Poitiers et Orderic Vital ont parfaitement perçu l'attraction exercée en 1066 par la Normandie sur une chevalerie française en mal de prouesse et de fiefs. Et de nous décrire l'afflux de Bretons, de Poitevins, de Bourguignons et autres Cisalpins désireux de participer à la guerre outre-mer ! Trois siècles et demi plus tard, Thomas Basin ne s'est pas trompé en voyant dans les braves gens de Normandie, sujets naturels d'un roi naturel (Charles VII), les véritables dépositaires du sentiment national français. Leur aspiration première à bouter les Anglais hors de France contraste avec les calculs mesquins des seigneurs, désireux de rétablir au plus vite leur domination sur les ruraux.

C. Les textes des XIVe et XVe siècles dressent devant nos yeux un décor éblouissant, une splendide tapisserie, que les auteurs du XIXe siècle, à commencer par Barante, ont pris pour la réalité de cette époque. Les chroniqueurs bourguignons contemporains de Philippe le Bon et de Charles le Téméraire se sont fait une spécialité de ce type d'évocations. Sous leur plume, se succèdent les pas d'armes, les tournois, les banquets, les fêtes et les entrées princières au symbolisme hermétique. Olivier de La Marche consacre la moitié de son récit du règne du Téméraire, long de 250 pages, au mariage du duc avec Marguerite d'York. Il lui faut

60 pages pour relater le fameux banquet du faisan, tenu à Lille en 1454. Il s'exprime en fait en ancien panetier, maître d'hôtel et maître de cérémonies du grand-duc d'Occident. Ayant pour premier souci d'*embausmer le souvenir des belles, nobles et solennelles choses*, il se comporte en imagier et compose une enluminure parlée pleine de fioritures. Il apporte ainsi sa contribution à la défense des valeurs traditionnelles, en parfait déclin à cette époque. On peut en dire autant de Froissart, qui écrivait un siècle plus tôt. Très lié aux couches dominantes, il usait de leur vocabulaire et il nous restitue donc assez bien le système de valeurs aristocratiques. Dans cette société, le jugement d'autrui et l'appréciation que l'on portait sur soi-même importaient plus que tout. On pouvait avoir de sa valeur une juste conscience *(se faire fort de quelque chose)* ou une estimation exagérée *(se glorifier, s'outrecuider)*, fruit d'un orgueil susceptible de dégénérer en un luxe ostentatoire *(le bobant)*. Auquel cas, il pouvait être bon de savoir *s'humilier*, entendons de savoir accepter librement une discipline et traiter ses inférieurs avec respect. *Volens nolens*, Froissart nous révèle l'influence de la police chrétienne des sentiments et des passions sur une société adonnée à la jactance, à l'arrogance et au luxe le plus dispendieux.

D. *Commynes ou le « moment machiavélien » de l'historiographie française*

Est-il meilleure conclusion à cette brève synthèse que de souligner l'apport de Commynes, dont le style se dépouille de tout artifice, en vif contraste avec l'écriture ampoulée d'un Chastellain, et dont le récit s'organise autour de son expérience personnelle ? Officier laïc, attaché à fournir une relation limitée et précise des événements, il rompt avec les ambitions démesurées des clercs, adeptes des grandes fresques universelles. Soucieux d'expliquer, convaincu que le secret de l'histoire réside dans la psychologie des acteurs principaux et dans les tractations accomplies en coulisse, il renonce au grand spectacle historique ponctué par les interventions tonitruantes de la Providence. Portant sur les grands de ce monde et sur leurs machinations un regard désenchanté, il a esquissé une typologie des princes, qu'il a répartis en quatre catégories : les êtres pleins de *mauvaistié* et de *cruauté*, comme Alphonse de Naples et Richard III d'Angleterre ; les *bestiaux*, politiquement incapables, tels François II de Bretagne et Edouard IV d'Angleterre ; les dépourvus d'intelligence et de vertu, à l'instar de Charles de Bourgogne et de Frédéric III d'Allemagne ; enfin les sages, comme Laurent de Médicis, Francesco Sforza et Mathias Corvin, êtres d'exception dans un milieu où sévissent l'incompétence, l'égoïsme, le mensonge et la cruauté.

La carte politique de l'Europe s'apparente, pour Commynes, à un échiquier sur lequel les différents États se neutralisent mutuellement. Le phénomène est patent en Italie où le mémorialiste s'est rendu à deux reprises, en 1478 et en 1494-1495. Dès 1478, il observe avec beaucoup de lucidité que « Dieu a donné à chacun son contraire pour maintenir l'équilibre dans le monde ». Aux Aragon s'opposent les Anjou, aux Vénitiens les Florentins, à ces derniers les Siennois, eux-mêmes contrés par les Pisans. Il en résulte pour la péninsule un équilibre instable. Ses habitants, « jaloux et avaricieux plus qu'autres », ont des talents innés pour l'intrigue. Divisés en factions rivales, toujours prêts à changer de camp, ils aiment les négociations secrètes et n'hésitent pas à pratiquer le double jeu. En précurseur de Machiavel, Commynes a entrepris avec délectation de démêler cet « opaque écheveau de subtiles intrigues et de manœuvres retorses » (J. Dufournet).

Documents

Les Grandes Chroniques de France

– 1226 – *Coment Saint Loys fu couronné en la cité de Rains*

Au moys après que le roy Loys fu trespassé, Saint Loys son fils, qui n'avoit pas douze ans accomplis, fu mené à Rains ; et manda l'en l'évesque de Soissons pour l'enfant coronner, pour ce qu'il n'avoit adonc point d'archevesque à Rains. L'évesque de Soissons vint à Rains à grant compaignie de prélas et du clergié, et enoingt et sacra l'enfant, et luy mist la couronne en la teste ; et dist les prières et les paroles qui afièrent à dire à tel dignité.

Quant l'enfant fu couronné, il s'en vint à Paris là où il fu receu à moult grant joie du peuple et des gens du pays. La royne Blanche sa mère le fist moult bien endoctriner et enseignier, car elle l'avoit en garde par raison de tutele et de bail ; et luy quist gens de conseil les plus preudeshommes et les plus sages que on peust trouver, qui resplendissoient de droicture et de loyauté pour les besoingnes du royaume gouverner, autant clers comme lais. Ce fu fait le premier dimenche de l'avent Nostre-Seigneur.

– 1227 – *Du descord qui fu entre les barons et le roy de France*

L'an après ensuivant, par le conseil Pierre Mauclerc, duc de Bretaingne et Hue le conte de la Marche, descort mut entre le roy et les barons de France. Et maintenoient les barons contre le roy, que la royne Blanche, sa mère, ne devoit point gouverner si grant chose comme le royaume de France, et qu'il n'appartenoit pas à femme de telle chose faire. Et le roy maintenoit contre ses barons qu'il estoit assez puissant de son royaume gouverner, avec l'aide des bonnes gens qui estoient de son conseil. Pour ceste chose murmurèrent les barons, et se mistrent en aguait comme il pourroient avoir le roy par devers eux, et tenir en leur garde et en leur seigneurie.

Si comme le roy chevauchoit parmi la contrée d'Orlians, il luy fu annoncié que les barons le faisoient espier pour prendre. Si se hasta moult d'aler à Paris, et chevaucha tant qu'il vint à Montlehery. D'illec ne se voult départir pour la doubtance des barons ; si manda à la royne, sa mère, que elle luy envoyast secours et aide prochainement. Quant la royne oï ces nouvelles, si manda tuit les plus puissans hommes de Paris et leur pria qu'il voulsissent aidier à leur jeune roy : et il respondirent qu'il estoient aprestés du faire, et que ce seroit bon de mander les communes de France, si que il fussent tant de bonne gent que il peussent le roy jetter hors de péril. La royne envoya tantost ses lettres par tout le pays, et si manda que l'on venist en l'aide à ceux de Paris, pour délivrer son fils de ses ennemis. Et s'assemblèrent de toutes pars à Paris les chevaliers d'entour la contrée et les autres bonnes gens.

(Éd. Paulin Paris, 1853, t. IV, p. 230-231, 233-234.)

La Saga de saint Oláfr de Snorri Sturluson

Chapitre LVIII (Oláfr roi)

Le roi avait coutume de se lever de bon matin, de s'habiller, de se laver les mains, puis d'aller à l'église entendre matines, ensuite d'aller aux réunions y concilier les gens ou dire ce qui lui semblait bon. Il convoquait puissants et faibles et tous ceux qui avaient de la sagesse. Il se faisait souvent réciter les lois que Hákon Adalsteinsfóstri avait instituées dans le Thrándheimr. Il arrangeait les lois, sur l'avis des hommes les plus sages, y ajoutant ou en retranchant là où cela lui paraissait convenable. Pour le droit chrétien, il l'institua sur les directives de l'évêque Grimkell et des autres clercs et mit toute son ardeur à extirper les anciennes coutumes païennes où il estimait voir sacrilège. Puis il se fit que les boendr approuvèrent ces lois qu'instituait le roi. Voici ce que dit Sigvatr :

52. Toi qui élèves le coursier des vagues,
Tu as pouvoir d'instituer le droit du pays
Celui qui durera
Parmi la troupe de tous les hommes.

Le roi Oláfr était un homme de bonnes mœurs, bien modéré, peu bavard, libéral et avide de biens. Étaient alors chez le roi le scalde Sigvatr, comme on l'a déjà dit, et d'autres Islandais. Le roi Oláfr s'informa minutieusement de la façon dont le christianisme était observé en Islande. Il estima qu'il s'en fallait de beaucoup que ce fût bien, car ils dirent du christianisme qu'il était permis par les lois de manger du cheval et d'exposer les enfants comme faisaient les païens et qu'il y avait encore d'autres choses qui tenaient du sacrilège. Ils parlèrent aussi au roi de maint homme d'importance qui vivait alors en Islande. C'était alors Skapti Thórodsson qui récitait les lois dans le pays. Sur divers pays, il s'enquit des coutumes des gens, auprès des hommes qui le savaient le mieux, interrogeant surtout sur le christianisme et sur la façon dont on le respectait dans les Orcades, dans les Shetland et dans les Féroe, et il s'entendit dire qu'il s'en fallait grandement que ce fût bien. Tels étaient les propos qu'il avait souvent en bouche, sinon, il parlait des lois ou du droit des pays.

(Éd. R. Boyer, Paris, Payot, 1992.)

4

Historiens et géographes de la Renaissance

Au XVIe siècle, le goût de l'histoire est déjà très répandu en France. On voit paraître plusieurs milliers d'ouvrages, selon Henri Hauser (*Les Sources de l'histoire de France au XVIe siècle,* Paris, 1912). Pour sa part, G. Huppert a recensé près de sept cents livres d'histoire publiés entre 1550 et 1610. Ils représentaient, estime-t-il, trente pour cent de l'édition parisienne au début du XVIIe siècle. Le besoin d'une culture à base historique se manifeste de deux façons différentes. Sur un mode général, on aime les abrégés, les exposés synthétiques, sortes de « modèles réduits de l'immensité ». Ces ouvrages ambitionnent d'échafauder un savoir unitaire, en dégageant des lignes de force. En réalité, ils mettent en scène l'histoire comme une sorte de « grand spectacle ». On brosse des paysages d'histoire, où les dates-repères correspondent aux lieux marquants en géographie. Sur cette scène interviennent des personnages, acteurs d'un drame « vrai ». Sur un mode plus concret, on aime tout ce qui se rattache au quotidien, les annales, les journaux, les mémoires. Les différents milieux ont leurs besoins spécifiques : la narration militaire pour les nobles, l'histoire religieuse pour les clercs, l'histoire politique pour les parlementaires. L'histoire se fractionne, elle comporte désormais différents territoires. Sur un autre plan, on voit fleurir les histoires régionales.

1. Questions de méthode

L'une des grandes innovations introduites par les historiens du XVIe siècle a consisté à ne plus se satisfaire de la narration des *res gestae* et à pratiquer une première forme de questionnement sur la méthode historique, avec parfois l'ambition d'évoquer la totalité du réel et d'en exposer les lois de fonctionnement.

Il importe tout d'abord de dégager quelques tendances générales, à commencer par le refus du dogmatisme scolastique, entraîné par la découverte de la relativité des choses et des systèmes politiques, que l'on cherche à ramener à des lois. On veut aussi arracher l'histoire à la fable, en recherchant et en critiquant les traces laissées par le passé, pour parvenir à une reconstruction des faits aussi certaine que possible. En témoigne l'enquête du juriste Étienne Pasquier, avocat au Parlement de Paris, dans *Les Recherches de la France* (1560 et s.). Une fois les faits établis (l'histoire n'est-elle pas « la vérité des choses singulières » ?), il faut les regrouper dans des ensembles pour parvenir à une bonne exposition, à un ordre logique de la narration, qui requiert une analyse des causes. Selon Jean Wolf, dans le *Recueil de l'art historique* publié en 1579, après avoir élaboré le fait en toute sûreté, il faut le replacer dans une chaîne de raisons historiques et logiques. Certains historiens nourrissent des ambitions plus vastes ; ils veulent bâtir une histoire universelle d'une ou des civilisations, en en considérant tous les aspects. L'histoire véritable devra comprendre « le Naturel, les mœurs, coutumes et façons de faire du peuple dont elle parle » (Huppert, p. 148). Il faudra parvenir à « la représentation du Tout » (La Popelinière), ne rien laisser en dehors de l'explication rationnelle.

Les ambitions de Jean Bodin (1530-1596), originaire d'Angers, avocat au Parlement de Paris, procureur du roi à partir de 1588, magistrat aussi soucieux de politique que d'histoire, peuvent ainsi se formuler : unifier rationnellement la diversité du réel. Il les exprime dans sa *Méthode pour une connaissance aisée de l'histoire* (1566 – *Methodus ad facilem historiarum cognitionem*).

L'historien s'attache aux faits singuliers, mais pour les resituer dans l'universel et pour les ramener à des lois, définies comme des « rapports dérivant de la nature des choses ». Cette tâche est difficile, sinon impossible, parce que l'histoire des hommes est une innovation perpétuelle : « Chaque jour, de nouvelles lois, de nouvelles mœurs, de nouvelles institutions, de nouveaux rites naissent. » Science ouverte, aux développements imprévisibles, l'histoire s'oppose aux sciences fermées qui peuvent se ramener à des principes et à des lois.

Apparemment, l'histoire se présente comme un chaos. Il faut savoir en déceler l'ordre, et la découper de façon cohérente en projetant « sur la masse informe des faits les cadres rationnels de l'esprit » (Dubois). Cette exigence de rationalité se combine avec celle d'universalité, toutes les civilisations participant d'un temps unique.

Pour Bodin, l'historien est donc une sorte de démiurge, qui ordonne un réel divers par essence. Le climat contribue beaucoup à cette diversité, dans la mesure où il commande l'humeur interne, donc les mentalités. Le soleil, surtout, a une influence déterminante. Selon Bodin, les Méridionaux *(australes)* sont froids, secs, durs, glabres, faibles, petits, ils ont la voix grêle ; les Nordiques, au contraire, sont chauds, humides, velus, robustes ; ils ont la chair tendre et la peau blanche, la voix grave. Des différences psychologiques en procèdent. Les faits de civilisation s'enracinent ainsi dans les données naturelles.

Nous sommes ici aux antipodes de l'érudition. Bodin aime user de catégories abstraites. Il veut classer les hommes et les choses, concevant à cette fin un *Tableau du droit universel*, régi par la règle des contraires, au nom de laquelle, « si le Méridional est noir, le Septentrional est blanc ; si celui-ci est grand, l'autre est petit », etc. (*Methodus*, V, 333). Poussant encore plus loin la systématisation, il recherche quelle influence les nombres ont exercée sur la constitution des empires. Il spécule sur les dates des batailles, sur l'âge des héros à leur décès. Aristote, Érasme et Luther ne sont-ils pas morts dans leur soixante-troisième année ?

Ce délire arithmétique le conduit à considérer 496 comme un chiffre déterminant dans le cours de l'histoire. Ne s'est-il pas écoulé 496 ans d'Auguste à Romulus Augustule, de Constantin à Charlemagne, de Syagrius à Hugues Capet ? Ces écarts constants, ces régularités arithmétiques, permettent de prévoir l'avenir. Le monde subit la loi des chiffres (sans se ramener exactement à une équation comme le disent certains commentateurs). Il revient à l'intellectuel de mettre à jour cet ordre caché. Toujours au nom de cet ordre, les révolutions humaines sont mises en relation avec les révolutions astrales et climatiques.

A côté de ces analyses laborieuses, Bodin a des anticipations géniales. Il a, par exemple, pressenti que le tabou de l'inceste incitait à étendre les alliances matrimoniales. Il a voulu bâtir une science politique, prolongeant Polybe et annonçant Montesquieu (cf. *La République,* véritable somme politique). Il a pressenti obscurément que des lois commandaient le comportement de l'homme en société.

Lancelot de La Popelinière (1540 ?-1608) se lance, quant à lui, en quête de *L'Idée de l'histoire accomplie* (1599). Il donne de l'histoire une définition traditionnelle : « un Narré général, éloquent et judicieux des plus notables actions des hommes, et autres accidens y représentés, selon les temps, les lieux, leurs causes, progrès et événements ». Moyennant quoi, il trace à la connaissance historique un programme très vaste et très neuf : « Quelles furent les différences entre les peuples, Gaulois, Romains et Germains, en Gaule mesme ? Quelle (différence) entre les Français et les Germains ? Quand, comme(nt) et par qui la religion chrestienne entra, fut reçue, augmentée, débatue et se maintint ès Gaules... ? Quelle estoit la Noblesse, son auctorité, pouvoir, exercice, devoir et fonctions entre toutes ces nations ? Par quelles loix, coustumes, formes de vivre, de justice et police, tant en paix qu'en guerre, ces peuples se maintenoient sous la déplorable patience de nos vieux pères ? »

François Hotman (1524-1590) nourrissait des vues aussi larges. Jurisconsulte, professeur de droit romain, calviniste convaincu, grand voyageur, il avait une expérience étendue. Il dut sa célébrité à *Franco-Gallia* (1573), où il se montrait hostile aux interventions du pouvoir royal dans le domaine spirituel. Sur un plan historique, on retiendra la nouveauté du projet formulé dans le premier chapitre et le souci clairement exprimé de donner à l'enquête sur le passé une utilité dans le présent : « Ayant proposé d'escrire des coustumes, et de la police de nostre France Gauloise, autant comme il pourra servir pour l'usage de nostre chose publique, et pour la commodité du temps d'aujourdhuy, il me semble qu'il sera bon de commencer à déduire, quel fut l'ancien estat de la Gaule, avant qu'elle fust assujettie et réduite en forme de Province par les Romains. » Le résultat ne paraît pas à la mesure des ambitions. Quoique fondé sur les bons auteurs (César, Tacite, etc.), le tableau de la Gaule s'avère anachronique, le vocabulaire politique de l'Ancien Régime se trouvant, sans autre forme de procès, appliqué aux tribus gauloises : chaque année, nous dit Hotman, se tenait une « assemblée générale de tout le pays, où se délibéroyent les affaires d'estat et concernans le bien universel de la chose publique ». Ne nous laissons pas arrêter par la discordance entre les mots et les choses. Retenons la nouveauté du questionnement (plus loin Hotman se demande quelle langue parlaient les Gaulois) et l'acuité d'un sens critique qui tourne en ridicule la légende de l'origine troyenne des Francs.

2. De lointaines annonces de l'histoire nouvelle

De façon très large, on peut estimer que les anticipations du XVIe siècle entretiennent quelques liens avec l'exaltation issue des grandes découvertes, avec le sentiment de vivre dans un monde dont tous les éléments sont interdépendants, un monde en mutation... Le décloisonnement intellectuel accompagne l'ouverture économique. Il serait parfaitement naïf de vouloir désigner, parmi les auteurs du XVIe siècle, un ancêtre de Fernand Braudel (en la personne de Jean Bodin) et un frère aîné d'Emmanuel Le Roy Ladurie (en la personne d'André Thevet ?), mais il n'est sans doute pas vain d'insister sur les rapprochements opérés en ce siècle entre l'histoire et d'autres branches du savoir, comme l'économie politique (encore au stade des balbutiements) et la géographie.

A. *Histoire et économie politique*

La référence en la matière est évidemment constituée par « La Response de Jean Bodin à M. de Malestroit », publiée en 1568. Le juriste angevin y traite, sujet neuf entre tous, de « la vie chère au XVIe siècle », pour reprendre une expression d'Henri Hauser. Il voit à la cherté trois causes principales : l'abondance de l'or et de l'argent provenant du Nouveau Monde ; les monopoles des marchands, des artisans et des salariés, qui poussent à la hausse des marchandises et des gages ; enfin la « disette » résultant d'exportations excessives, surtout à destination de l'Espagne. Sans entrer dans le détail d'une argumentation serrée (p. 9-17) nous citerons seulement cette opinion d'Henri Hauser : « Bodin, en son style obscur et parfois incorrect... a, sur le rôle réel de la monnaie, sur le mécanisme des échanges internationaux, sur l'influence des métaux précieux, des idées aussi nettes qu'un économiste moderne... Il voit dans la division géographique du travail une loi providentielle ou naturelle, destinée à promouvoir les échanges et à procurer la paix » (p. LIII et LIV).

B. *Histoire et géographie : une union prometteuse*

Le monde germanique a donné l'exemple en la matière. On estime généralement que son premier grand historien fut un humaniste de Sélestat, Beatus Rhenanus († 1547), auteur en 1531 d'une *Histoire de l'Allemagne* où il cite des textes en haut allemand et où il fait preuve d'un grand sens de la critique documentaire, acquis au contact des œuvres de Pline, de Tacite et de Tite-Live dont il fut l'éditeur. On s'accorde aussi à reconnaître en Sébastien Münster (1489-1552) le premier géographe, le Strabon de l'Allemagne. Cordelier passé au luthéranisme, il enseigna la théologie et l'hébreu à Bâle à partir de 1528. Esprit encyclopédique, il publia en 1544 une énorme *Cosmographie,* première forme de géographie universelle. Cette description de l'ensemble des continents commence par un livre de géographie générale sur les cercles (polaires, tropicaux, etc.), sur les volcans et sur les glaciers, assez exactement décrits (voir Numa Broc, *La Géographie de la Renaissance,* p. 71). L'ouvrage comporte des vues cavalières des différents pays, telles les îles britanniques, traversées par deux fleuves principaux, Humber et Tamise. Münster aime aussi les parallèles (par exemple entre une Gaule « féconde pour la multitude des pluies » et une Espagne contrainte à « user d'arrosements en tirant des eaux des grands fleuves par fossés ». Il possède l'art de percevoir les qualités propres des différentes régions, comme la Scanie, la Laponie ou la Moscovie : « Le pays est tout plat sans montagnes ; toutefois il y a beaucoup de bois et quasi partout marécageux, ennobli de plusieurs belles rivières... » (Broc, p. 80.) Il estime que la langue permet, mieux que les fleuves ou les montagnes, d'individualiser les nations. Cette perception des faits linguistiques semble très nouvelle.

Concernant l'Allemagne, les notices consacrées par Münster aux différentes régions associent des observations géographiques et des renseignements historiques, les deux savoirs s'appelant mutuellement. Certaines évocations régionales versent toutefois dans un encyclopédisme confus, où se mêlent l'étymologie, la topographie, l'énumération des villes principales et le catalogue des « merveilles ». Ne faut-il pas à la fois distraire, instruire et édifier ? De fait, la *Cosmographie,* description raisonnée du globe, fut lue à la fois comme une encyclopédie et comme un ouvrage d'édification.

Tout en restant tributaire des Anciens et des voyageurs du Moyen Age, Sébastien Münster a innové en lançant une vaste enquête destinée à collecter des informations auprès des princes, des villes et des savants. Il a favorisé par là l'essor de la topographie et des chroniques en Allemagne, où on a vu se multiplier les cartes et les vues cavalières des villes.

Parmi les successeurs français de Münster, on peut placer Belleforest, Thevet et Bodin. Le Gascon François de Belleforest, historien du roi, polygraphe, rédigea une *Histoire générale de France,* suivie d'une *Histoire universelle du monde* et d'une *Cosmographie* (1575) adaptée de Münster, augmentée de considérations sur la gloire et la chute des royaumes. Il sut mettre à contribution les érudits de province.

André Thevet, autre cordelier, cosmographe et historiographe du roi, composa aussi une *Cosmographie universelle* en 1575, non sans avoir voyagé au Moyen-Orient et en Amérique. Il fournit, par pays, des notices toponymiques, historiques et géographiques, cite ses sources, épingle au besoin les erreurs de Münster. Estimant que la géographie doit être réservée aux voyageurs, les seuls à avoir l'expérience du monde, Thevet se lance dans une violente polémique avec Belleforest le sédentaire. Non dépourvu de naïveté, Thevet sait être vivant quand il consigne ses observations (par exemple, sur la baie de Rio, sur le tabac, sur les mœurs des Tupinambas, cf. Broc, p. 91).

Bodin, enfin, se révèle aussi systématique en géographie qu'en histoire : les mœurs et les institutions varient, nous dit-il, selon les lieux ; aux trois grandes zones climatiques correspondent trois genres de peuples (Broc, p. 93). Dans ce partage, la montagne apporte ses correctifs (il y a des neiges sous l'équateur) et ses bienfaits. Comme le déterminisme de Bodin n'a rien de rigide, on ne peut pas vraiment en faire le « père » de l'environnementalisme contemporain.

Bodin, toujours, a vu dans la géographie une sorte de « mémoire artificielle » de l'histoire, puisqu'elle incite à greffer des informations et des souvenirs sur des lieux. A sa façon, il a prétendu échafauder une science totale, englobant tout ce qui relève de la nature et de l'activité humaine. Loin de se limiter à la chronologie, il en a vu le déploiement dans l'espace. Il a été, en fait, un *géographistorien,* produit achevé du mariage (d'amour ou de raison ?) entre les deux disciplines. Convaincu du lien existant entre tous les hommes, renforcé par les grandes découvertes, il a pressenti la notion braudélienne d'économie-monde (cf. F. Lestringant, *Jean Bodin cosmographe,* Colloque d'Angers, 133-147).

C. Les auteurs du XVIe siècle nous fournissent aussi les premiers exemples, encore balbutiants, de l'histoire-problème, ce genre cultivé avec prédilection par les maîtres des *Annales ESC.* Pour témoin, ce beau passage de

Franco-Gallia ou *La Gaule française,* où Hotman se demande de quel langage usaient les Gaulois :

> « Mais l'opinion qui a le plus d'apparence de vérité, c'est celle, à mon jugement, de ceux qui écrivent que les Gaulois avaient un langage à part, et non guère différent de celui des anciens Anglais. Et y a deux raisons qui me le font croire. La première, pour autant que César écrit que c'était pour lors la coutume, que ceux qui voulaient avoir une parfaite connaissance de la discipline des druides passaient ordinairement en Angleterre. Or avaient-ils une maxime entre eux, de ne mettre rien par écrit, et ne se servaient de livres, ni d'écritures en façon quelconque. Au moyen de quoi, il fallait qu'ils parlassent le même langage, ou à tout le moins approchant de celui qui était en usage en Gaule. L'autre, pour ce que C. Tacite, en la vie d'Agricola, écrit qu'il n'y avait pas grande différence entre le langage des Anglais et des Gaulois. Et si on peut fonder quelque jugement sur de simples conjectures, celle de Beatus Rhenanus ne me semble pas trop impertinente, lequel a opinion que le patois vulgaire de ceux que nous appelons Bretons bretonnants, est encore quelque reste du demeurant de notre langage ancien. Quant aux raisons auxquelles il se fonde, il vaut mieux les chercher au livre, où il les déduit lui-même, que les réitérer ici. Voilà tout ce que nous pouvons vraisemblablement dire du vieux langage de nos premiers Gaulois. Mais celui dont nous usons aujourd'hui, il est assez aisé à voir que c'est une langue ramassée et composée de plusieurs autres. Et pour en dire nettement et au vrai ce qui en est, il faut départir notre langage français en quatre ; et de ces quatre parts, il en faudra premièrement ôter justement la moitié, et la rapporter aux Romains, en reconnaissant que c'est d'eux que nous la tenons, comme ceux qui ont tant soit peu goûté la langue latine le savent bien. Car outre ce que les Gaulois assujettis par les Romains s'accommodaient, ou de nature ou par nécessité, à leurs manières de

faire et à leur langue, on sait assez d'autre part que les Romains étaient fort curieux de loger leur langue latine où ils avaient planté leurs armes, afin qu'elle fût reçue partout (ainsi que le témoigne Valère le Grand) et pour cet effet, ils faisaient dresser collèges et Universités, par toutes les bonnes villes, comme à Autun, à Besançon, à Lyon et ailleurs, ce qu'on peut apprendre de Tacitus et du poète Ausonius. »

(Pages 20-21, texte modernisé par nos soins.)

On notera la nouveauté de la question posée et l'art d'argumenter en se fondant sur les auteurs (dont Beatus Rhenanus), tout en restant prudent. Le raisonnement se taille une bonne place dans l'analyse historique. Hotman pressent la notion moderne d'acculturation des Gaulois par les Romains, mais sa vision de l'origine du français reste, faut-il s'en étonner, bien naïve.

3. L'essor de l'histoire régionale
Le cas du Breton Bertrand d'Argentré

Après une éclipse de près de soixante-dix ans, le juriste Bertrand d'Argentré, petit-neveu de Pierre Le Baud, renoue avec la grande tradition des chroniques bretonnes en publiant, en 1582, une *Histoire de Bretagne* qui lui a été commandée par les États de la province.

La sénéchal de Rennes, éditeur de la *Nouvelle Coutume de Bretagne* (1580) est un homme cultivé, un géographe, un linguiste, un humaniste ! Il se démarque des vulgaires chroniqueurs, dénonce leurs erreurs sans ménagements. Il s'est livré à une vaste enquête sur les hauts faits des Bretons, y compris en Italie et en Écosse. Il a fait le tri entre les fables et les documents authentiques, largement cités. Il ne manque pas de sens critique. Il n'en commet pas moins des erreurs étymologiques, administratives, géographiques, etc.

Très attaché à son pays, il en célèbre le particularisme comme ses devanciers du Moyen Age : une terre, décrite avec un certain sens géographique ; une langue qui serait d'origine gauloise, idée puisée chez Hotman et chez Beatus

Rhenanus ; un peuple dont les ducs ont longtemps garanti l'indépendance.

Tout en acceptant fort bien l'intégration de sa province dans le royaume de France, il verse dans la celtomanie, dans le délire gaulois du XVIe siècle. Il en fait un usage « subversif », dans la mesure où il utilise la matière celtique dans le sens provincial, face à ceux qui l'utilisent dans le sens royal. Il en vient ainsi à heurter les légistes français, méfiants à l'égard des thèses de ce nostalgique de la féodalité. D'où sa condamnation par le Parlement de Paris en 1582. Elle est réitérée en 1588, bien qu'il ait retouché son ouvrage. Jusqu'au XVIIIe siècle, les œuvres de d'Argentré seront invoquées pour la défense des privilèges du duché. (Voir dans *L'Histoire littéraire et culturelle de la Bretagne*, tome I, les contributions de J. Kerhervé et de J. Meyer.) L'histoire continue de rendre d'éminents services à la politique, sur la lancée du Moyen Age.

Conclusion

Nous terminerons sur quelques questions :

N'est-il pas arbitraire de distinguer l'histoire et la géographie dans la production du XVIe siècle ? Certains auteurs, comme Thevet auprès d'Henri II, ne sont-ils pas à la fois cosmographes et historiographes ?

Peut-on ramener cette histoire (au sens large du terme) à une « élaboration de la classe culturelle » dominante, identifiée aux gens de robe, *i.e.* aux avocats, aux juges et aux officiers, tous passés par les collèges d'humanités et par les facultés de droit, où ils ont découvert la critique philologique et historique ?

L'appétit d'histoire de ces gens de loi vient-il seulement de leur formation juridique et de leur conscience nationale, avivée par la blessure des guerres de religion ? Ne faut-il pas faire aussi une place à l'influence italienne, en particulier à celle du juriste florentin Guichardin (1483-1540, auteur d'une *Storia d'Italia*, entre 1537 et 1540), reconnu par Bodin comme le père de l'histoire ?

5

Les philosophies de l'histoire

Les philosophies de l'histoire ont pris forme au XVIIIe siècle, à l'époque des Lumières. Alors naissent les idées du devenir de la matière, de l'évolution des espèces, du progrès des êtres humains. Des penseurs comme Voltaire, Kant ou Condorcet croient à un mouvement ascendant de l'humanité vers un état idéal. Au XIXe siècle, sous l'impact de la Révolution française et d'autres révolutions en Europe, fleurissent des philosophies de l'histoire. Qu'elles soient religieuses ou athées, optimistes ou pessimistes, elles ont toutes en commun de découvrir un sens à l'histoire. Les doctrines de Hegel et de Comte représentent des modèles du genre : elles organisent les périodes, apprécient les changements ou les permanences, interprètent l'évolution générale du monde à l'aide d'un principe unique – la marche de l'Esprit ou la loi des trois états. D'une certaine manière, Marx, qui fait du matérialisme historique une théorie scientifique liée à une pratique révolutionnaire, ne sort pas entièrement du cadre de la philosophie de l'histoire dans la mesure où, pour lui, l'évolution de l'humanité demeure orientée vers une fin. Au XXe siècle, les historiens de l'école méthodique, puis de l'école des Annales ont instruit le procès des philosophies de l'histoire et, globalement, ont obtenu gain de cause. Au lendemain de la Seconde Guerre, R. Aron est obligé d'admettre que « l'incertitude de la documentation, l'immensité des visions, la prétention à soumettre la complexité du réel à un schéma rigide, tous ces défauts que l'on prête aux systèmes classiques passent pour caractéristiques de la philosophie de l'histoire ». Dès lors, les historiens professionnels ne s'autorisent plus qu'une réflexion d'ordre épistémologique sur la démarche de la connaissance historique. Cependant, en plein XXe siècle, il existe encore des philosophies de l'histoire : ce sont les interprétations cycliques du destin des civilisations telles que les formulent O. Spengler ou A. Toynbee; ou bien les prolongements de la pensée marxiste, comme les théories que G. Lukács exprime dans *Histoire et Conscience de classe*.

1. Kant et les Lumières

La pensée téléologique – qui postule un sens à l'histoire – prend naissance dans un texte de Platon : le *Phédon*. Dans son dialogue, Platon fait énoncer par Socrate les propositions suivantes : « *a)* il y a de l'ordre dans l'univers; *b)* tout est ordonné en vue du meilleur résultat; *c)* une intelligence ordonnatrice applique au monde cette conception; *d)* le meilleur se situe au niveau intellectuel et non matériel; *e)* il existe un Vrai, un Bien, un Beau en soi ». Toutes proportions gardées, Bossuet esquisse une téléologie – à vrai dire une théologie – de l'histoire lorsqu'il affirme « que Dieu a fait l'enchaînement de l'univers... et a voulu que le cours des choses humaines eût sa suite et ses proportions; ...que la divine Providence préside au destin des Empires, à leur essor et à leur chute » *(Discours sur l'histoire universelle)*. De même, Leibniz s'interroge sur la tendance vers le mieux : il souligne la contradiction entre l'existence d'un dieu créateur, absolument sage et tout-puissant, et la manifestation constante du mal – les guerres, les épidémies et autres catastrophes; pourtant, il conclut à la rationalité du choix divin : « Si nous étions en mesure de comprendre l'harmonie universelle, nous verrions que ce que nous sommes tentés de blâmer a été digne d'être choisi »... « Nous vivons dans le meilleur des mondes possibles » *(Essais de Théodicée)*.

Cependant, la philosophie des Lumières est souvent anhistorique. A cet égard, l'œuvre de J.-J. Rousseau est significative. En principe, une théorie de l'histoire est ébauchée dans le *Discours sur l'origine de l'inégalité.* J.-J. Rousseau part d'une considération morale : « Quand on observe la constitution naturelle des choses, l'homme semble évidemment destiné à être la plus heureuse des créatures; quand on raisonne d'après l'état actuel, l'espèce humaine paraît la plus à plaindre. Il y a grande apparence que la plupart de ses maux sont son ouvrage. » Ce constat établi, le philosophe va, par une démarche régressive, dépouiller l'homme de tout ce qui lui est venu de l'extérieur pour remonter jusqu'à l'état de nature. A ce stade (qui est une fiction et non une réalité), l'homme vit dans une situation non conflictuelle, en état d'équilibre et d'harmonie. C'est au moment où l'équilibre est rompu entre les facultés et les besoins que l'homme entre dans l'histoire, qu'il doit travailler. « A mesure que le genre humain s'étendit, les peines se multiplièrent avec les hommes... Des années stériles, des hivers longs et rudes, des étés brûlants exigèrent d'eux une nouvelle industrie. » Dès lors, l'humanité évolue vers une société de plus en plus organisée; peu à peu, la propriété apparaît; des inégalités se creusent entre les riches et les pauvres; et des institutions juridiques viennent sanctionner des rapports de forces. Tel est, à grands traits, le passage de l'état naturel à l'état civil. Dans la réflexion de Rousseau, l'histoire n'est qu'une abstraction (le négatif de la nature) qui est mise au service d'une démonstration morale.

La pensée de Kant mêle une téléologie issue de la tradition chrétienne et une réflexion éthique propre à l'ère des Lumières. Ainsi Kant réconcilie l'héritage de Bossuet et le legs de Rousseau, comme le montre ce passage : « L'histoire de la nature commence par le bien, car elle est l'œuvre de Dieu; l'histoire de la liberté commence par le mal, car elle est l'œuvre de l'homme. En ce qui concerne l'individu qui, faisant usage de sa liberté, ne songe qu'à soi-même, il y a eu perte lors de ce changement. En ce qui concerne la nature, soucieuse d'orienter la fin qu'elle réserve à l'homme en vue de son espèce, ce fut un gain. L'individu a donc raison d'inscrire à son compte comme sa propre faute tous les maux qu'il endure... mais, en même temps, comme membre d'une espèce, il a raison d'admirer la sagesse de l'ordonnance... » *(Conjectures sur les débuts de l'histoire humaine)*. A la différence de Rousseau, qui conçoit une histoire fictive, Kant veut penser « l'histoire réelle »... « comprise de façon empirique ». Mais l'histoire du philosophe n'est pas exactement celle de l'historien; elle reste une histoire du sens de la vie humaine. Pour Kant, la philosophie de l'histoire s'affirme comme une partie de la Morale.

Kant a exprimé sa réflexion sur l'histoire dans une série d'opuscules, notamment *L'Idée d'une Histoire Universelle d'un point de vue cosmopolitique* (1784). L'hypothèse de Kant est que, dans le cours absurde des affaires humaines, dans l'accumulation des faits de l'histoire empirique, il existe une finalité. Toutefois, cette finalité, aucune intelligence suprême ne l'a conçue; aucune société humaine ne l'a voulue; elle correspond à un « plan de la nature ». Paradoxalement, la nature réalise ses fins à travers les hommes : « Les individus et même les peuples entiers ne songent guère qu'en poursuivant leurs buts particuliers en conformité avec leurs désirs personnels et souvent au préjudice d'autrui, ils conspirent à leur insu au dessein de la nature » (p. 60). Le pouvoir dont l'homme est doté pour venir à bout de ses projets, c'est la raison. Donc le plan prévu pour l'homme n'est pas qu'il atteigne l'état de nature mais qu'il parvienne à l'état de culture (à cet égard Kant s'oppose à Rousseau). Il convient de noter que la nature est plutôt avare de ses dons : si elle confie la raison à l'humanité c'est qu'elle n'a, pour celle-ci, aucune fonction précise.

Lorsque Kant parle de l'homme, il signifie l'espèce et non l'individu. En effet, la nature a besoin d'une lignée interminable de générations pour parvenir à ses fins. Aussi la mort n'est-elle qu'un accident pour l'individu mais ne touche pas le développement de l'espèce. Bien plus, en limitant sa vie, la nature oblige l'individu à faire un effort, à s'appliquer au travail. La conscience de sa finitude contraint l'individu à sortir de sa torpeur, le pousse à agir. Kant souligne nettement que l'individu est au service de l'espèce : « Ce qui, dans les sujets individuels, nous frappe par la forme embrouillée et irrégulière, pourra néanmoins être connu dans l'ensemble de l'espèce, sous l'aspect d'un développement continu, bien que lent, des dispositions originelles » (p. 59). Le philosophe précise encore : « Chez l'homme – en tant que seule créature raisonnable sur la terre –, les dispositions naturelles qui visent à l'usage de sa raison n'ont pas dû recevoir leur développement complet dans l'individu, mais seulement dans l'espèce » (proposition 1). A travers l'œuvre de Kant, le postulat de la vie éternelle de l'espèce humaine affirmé dans la philosophie de l'histoire joue le même rôle que le postulat de l'immortalité de l'âme dans la philosophie morale.

La nature a donné à l'homme « l'impulsion à l'humanité », mais non son humanité. « En munissant l'homme de la raison, la nature indiquait clairement son plan... L'homme ne devait pas être gouverné par l'instinct ni secondé par une connaissance innée; il devait tout tirer de lui-même » (proposition 3). Par conséquent, la nature a laissé à l'homme le soin d'inventer sa vie matérielle, de satisfaire ses besoins et d'assurer ses loisirs, mais aussi d'extraire de lui-même « son intelligence, jusqu'à la bonté de son vouloir ». Dans ces conditions, l'homme doit vivre en société. C'est alors qu'il se trouve placé dans une situation contradictoire : d'une part, un désir le pousse à vivre avec d'autres hommes, à nouer des liens sociaux; d'autre part, une pulsion le conduit à s'isoler, à se retrouver seul. Ce que Kant appelle « l'inclination à entrer en société doublée de la répulsion à le faire ». En réalité, l'antagonisme entre la sociabilité et l'insociabilité est le moyen dont la nature se sert pour mener à bien le développement de toutes les dispositions de l'humanité. La discorde au niveau de l'espèce n'est pas vraiment négative, elle apparaît plutôt comme un facteur de progrès. La destinée de l'homme n'est pas le bonheur à tout prix. Dans cette perspective, l'hostilité entre les individus les oblige à sortir d'un état de béatitude plus ou moins primitive et à s'engager dans la mise en œuvre de tâches difficiles mais grandioses.

Le problème essentiel auquel la raison va être confrontée dans l'histoire est la réalisation de la société civile, « administrant le droit de façon universelle ». Kant observe : « On peut envisager l'histoire de l'espèce humaine, en gros, comme la réalisation d'un plan caché de la nature pour produire une constitution politique parfaite » (proposition 8). Il s'agit donc d'édifier une organisation civile telle que les lois puissent régler les antagonismes et instituer les libertés. Or cette entreprise complexe se heurte à deux obstacles. Le premier écueil est la question de l'autorité. Étant donné la dualité de la nature humaine partagée entre l'aspiration au bien et l'attirance pour le mal, il faut imposer aux hommes « un maître qui batte en brèche les volontés particulières », nécessairement égoïstes. Cependant, ce maître, qui est lui-même un homme, doit se comporter comme un chef juste, respectant les autres hommes. On l'imagine, il n'est pas facile de découvrir un individu pourvu de qualités si exceptionnelles. Le second écueil est le problème de l'entente entre les nations. Les peuples se déchirent, s'agressent, se font des guerres, souvent meurtrières pour les personnes et désastreuses pour les biens. Toutefois, Kant ne s'en émeut pas : il interprète les conflits « comme autant de tentatives pour établir de nouvelles relations entre États ». Des affrontements insensés auxquels les hommes se livrent finira par sortir « une communauté civile universelle »... « qui administrera le droit international de façon que le plus petit État pourra attendre la garantie de sa sécurité... d'une force unie et d'un accord des volontés ».

Comme on peut le supposer, les notions d'un souverain juste, arbitrant entre les intérêts particuliers, et d'une « société des nations », garantissant la sécurité des États, sont des « idéaux » au sens kantien, des objectifs moraux que l'humanité doit se fixer, s'employer à réaliser. Pour l'immédiat, l'espèce humaine n'a pas encore atteint la « constitution parfaite »; elle est seulement « en marche vers l'ère des Lumières ». Le temps de l'*Aufklärung* n'est certes pas le paradis retrouvé; il ressemble davantage à un « âge de maturité », où l'espèce humaine commence à se libérer des tutelles, y compris de la domination divine. De la marche vers les Lumières, Kant perçoit des signes annonciateurs : l'extension des libertés économiques, civiles, religieuses en Angleterre, en Allemagne ou en Autriche à la fin du XVIIIe siècle; et, au même moment, la Révolution en France. Le philosophe célèbre cet événement historique en termes enthousiastes : « Un tel phénomène dans l'histoire du monde ne s'oubliera jamais, car il a découvert au fond de la nature humaine une possibilité de progrès moral qu'aucun homme politique n'avait jusqu'à présent soupçonné » (*Le Conflit des facultés*, 1798).

2. Hegel et la dialectique

Georg W. F. Hegel est né à Stuttgart, en 1770, d'un père fonctionnaire des Finances. Il fait des études secondaires à Stuttgart, entreprend des études de théologie à Tübingen, mais renonce à devenir pasteur. Il reste marqué toute sa vie par sa formation religieuse luthérienne. Hegel vit de ses activités de précepteur à Berne et à Francfort entre 1793 et 1800; il enseigne à l'université d'Iéna de 1801 à 1806; fait office de rédacteur à la *Gazette de Bamberg* en 1806-1807; dirige le lycée de Nuremberg de 1808 à 1816. Il est marié, père de famille. Pendant cette ascension dans la carrière enseignante, Hegel assimile les œuvres philosophiques de ses contemporains – Kant, Fichte et Schelling. Comme toute « l'élite » intellectuelle allemande, Hegel est influencé par la pensée des Lumières, admire la Révolution française et attend beaucoup de sa diffusion à travers l'Europe grâce aux conquêtes napoléoniennes. Le choc de la bataille d'Iéna (octobre 1806), qui éveille chez Fichte un nationalisme prussien virulent, n'ébranle pas chez Hegel la confiance dans les « idées françaises ». Passé la tourmente des guerres, Hegel obtient une chaire de philosophie à Heidelberg en 1817; puis il remplace Fichte à la chaire de philosophie de Berlin, de 1818 à 1831. Là, il accède à la notoriété, s'entoure de disciples – Von Henning, E. Gans, B. Bauer, etc. –, fait figure de théoricien de l'État prussien. Il meurt, emporté par une épidémie de choléra, en 1831.

Indéniablement, Hegel appartient au monde de l'*Aufklärung;* il croit à la puissance de la raison. S'adressant à ses élèves, il leur recommande « d'avoir confiance en la science, d'avoir foi en la raison ». Pourtant, Hegel reste attaché à la religion; il voit dans la philosophie qu'il professe un développement du protestantisme; c'est pourquoi il se propose d'élever la foi luthérienne du sentiment subjectif à la certitude rationnelle. Quelles que soient les influences qui l'ont marquée, l'œuvre de Hegel apparaît comme une tentative grandiose pour constituer un système dans lequel tout l'Univers puisse être pensé. L'entreprise du professeur de Berlin se présente sous la forme d'une vaste déduction embrassant toutes les connaissances possibles. Trois sections se distinguent : 1) la Logique qui traite de l'Idée abstraite, de la formation des catégories intellectuelles; 2) la Philosophie de la Nature qui examine la diffusion de l'Idée hors de soi, dans le monde naturel; 3) la Philosophie de l'Esprit, qui s'intéresse à la prise de conscience de l'esprit à travers l'histoire universelle. Du vivant de Hegel, trois ouvrages seulement ont été publiés : *La Phénoménologie de l'Esprit* (1807); *La Logique,* 3 volumes (1812-1817); et *La Philosophie du Droit* (1821). Après la mort du maître, certains de ses disciples – Gans, Marheineke et d'autres – ont transcrit ses notes de cours, les ont remaniées et ont fait paraître, sous le nom de Hegel, dix-huit volumes, dont *L'Esthétique, La Philosophie de la Religion, Les Leçons sur la Philosophie de l'Histoire* (entre 1838 et 1845).

La pensée de Hegel s'affirme comme un idéalisme absolu qui suppose une identité entre le sujet et l'objet, entre le connaître et l'être. En ce sens, Hegel retrouve le « réalisme » de l'Antiquité ébranlé un moment par le « nominalisme » du Moyen Age. On peut apprécier ce pur idéalisme dans ce passage des *Leçons sur la Philosophie de l'Histoire :* « L'esprit a justement en lui-même son centre; il n'a pas l'unité hors de lui mais il l'a trouvée, il est en soi et avec soi... L'esprit se sait lui-même; il est le jugement de sa propre nature; il est aussi l'activité par laquelle il revient à soi, se produit ainsi, se fait ce qu'il est en soi. D'après cette définition, on peut dire de l'histoire universelle qu'elle est la représentation de l'esprit dans son effort pour acquérir le savoir de ce qu'il est » (Introduction, p. 27). Dans ces conditions, la philosophie de l'histoire ne saurait dire ce que le monde doit être, *a fortiori* produire ce monde. « La philosophie de l'histoire ne signifie pas autre chose que sa considération réfléchie... » La seule idée qu'apporte la philosophie est que la raison gouverne le monde et que, par la suite, « l'histoire du monde est le mouvement par lequel la substance spirituelle entre en possession de sa réalité ». Il est difficile d'imaginer une construction plus abstraite : l'Histoire de l'Esprit se confond avec l'Histoire de l'Univers.

Hegel, prolongeant Bossuet, accentuant Kant, demeure résolument dans une perspective téléologique : il n'admet pas que le monde soit livré au hasard : « Nous devons chercher dans l'histoire un but universel, le but final du monde, non un but particulier de l'esprit subjectif ou du sentiment humain. Nous devons le saisir avec la raison car la raison ne peut trouver de l'intérêt dans aucun but fini particulier mais seulement dans le but absolu. » La réalisation profane de la fin de l'univers s'opère par la marche de l'Esprit. « Il s'agit donc du but final que poursuit l'humanité, que l'Esprit se propage dans le monde et qu'il accomplit poussé par une force infinie. Son but est de parvenir à la conscience de lui-même, de rendre le monde adéquat à lui-même. » Et l'évolution de l'Esprit va dans le sens d'un progrès. La nature ne connaît qu'un retour cyclique des saisons; la raison se dirige vers une fin ultime : « Dans la nature, la résurrection n'est que la répétition du même, une histoire monotone qui suit un cycle identique. Il n'y a rien de nouveau sous le soleil. Il en va autrement du soleil de l'Esprit. Sa marche, son mouvement n'est pas une auto-répétition. L'aspect changeant que revêt l'Esprit est essentiellement un Progrès » (*La Raison dans l'Histoire,* édition 10/18, p. 48, 92 et 95).

Hegel introduit la dimension de la temporalité. Dans la tradition médiévale, le temps était conçu comme une dégradation ontologique. Dans la conception hégélienne, le temps devient une catégorie d'intelligibilité. « L'Esprit se manifeste nécessairement dans le temps; aussi longtemps qu'il ne saisit pas son concept pur... » (*Phénoménologie de l'Esprit,* II, p. 305). L'Esprit, acteur principal de l'histoire, ne prend pas conscience de lui-même directement, mais par un mouvement dialectique, par une opération à rythme ternaire. Le mouvement dialectique comporte trois moments : la thèse (l'être); l'anti-thèse (le non-être); la synthèse (le devenir). Dans sa marche, l'Esprit se pose en soi, se développe hors de soi, pour revenir à soi; à travers ces mutations, l'Esprit parvient à une forme nouvelle, réussit à constituer une unité supérieure : « L'Esprit qui se forme mûrit lentement et silencieusement jusqu'à sa nouvelle figure, désintègre fragment par fragment l'édifice de son monde précédent... Cet émiettement continu qui n'altérait pas la physionomie du tout est brusquement interrompu par le lever du soleil qui, dans un éclair, dessine encore une fois la forme du nouveau monde » (*Phénoménologie de l'Esprit*, p. 12). Hegel ne se borne pas à énoncer un idéalisme pur, fait courant au XVIIIe siècle; il invente le mouvement dialectique, qui va dominer la pensée du XIXe siècle.

Hegel s'inspire de Kant lorsqu'il perçoit un « plan caché », échappant à la conscience de l'espèce humaine. La liberté, réalisation par l'esprit de sa propre essence, est la finalité absolue de l'histoire. Par quel moyen la liberté progresse-t-elle dans l'histoire? Les actions des hommes dérivent de leurs intérêts égoïstes, plus souvent que de leurs vertus. En apparence, l'histoire est tragique car la violence des passions semble déterminer le cours des affaires humaines – les guerres, les luttes sociales, les conflits étatiques, etc. En réalité, à travers les actions des hommes, l'Esprit réalise des fins rationnelles : « Deux éléments interviennent : l'un est l'idée; l'autre, les passions humaines; l'un est la chaîne; l'autre est la trame du grand tapis que constitue l'histoire universelle... se présentant ainsi sous forme d'essence de la volonté de la nature... le besoin, l'instinct, la passion, l'intérêt particulier existent immédiatement pour soi... Cette masse immense de vouloir, d'intérêt, d'activité constitue les instruments et les moyens du génie de l'Univers pour accomplir sa fin, l'élever à la conscience et la réaliser... » (*Leçons sur la Philosophie de l'Histoire*, p. 32). A la limite, l'histoire universelle apparaît comme un processus, lent, obscur, douloureux par lequel l'humanité passe de l'inconscient au conscient.

C'est alors que Hegel avance l'idée d'une « ruse de la Raison ». Dans le cours de l'histoire, il résulte des actions des hommes quelque chose d'autre que ce qu'ils ont projeté, que ce qu'ils savent ou ce qu'ils veulent. Les individus croient réaliser leurs propres buts, défendre leurs intérêts; et ils ne font qu'accomplir, sans s'en rendre compte, un destin plus vaste qui les dépasse. La Raison, par une ruse, tire parti de l'instinct collectif pour faire avancer l'humanité sur la voie de la perfection. Un cas historique fera mieux comprendre le mécanisme. A la fin de la République romaine, César est mû par la passion du pouvoir; il accède aux principales magistratures, au commandement des légions, au gouvernement des provinces (thèse). Ses ennemis – Pompée, Crassus, etc. –, qui ont également des ambitions personnelles, dressent sur sa route des obstacles; il en résulte de violentes guerres civiles (anti-thèse). César triomphe de ses rivaux, s'impose comme le seul maître à Rome et instaure le principat, sur le modèle d'une monarchie hellénistique (synthèse). Pendant cet affrontement, qui met à feu et à sang tout le monde méditerranéen, les protagonistes ont été mus par des forces profondes, sans avoir clairement conscience de leurs buts. César a créé l'Empire sans l'avoir voulu explicitement. A l'occasion, on note comment Hegel conçoit le rôle des « grands hommes ». D'après lui, les individus hors du commun – Alexandre, César, Napoléon, etc. – sont ceux « que le temps réclame », ceux dont les ambitions et les actions correspondent le mieux aux circonstances historiques (*Leçons sur la Philosophie de l'Histoire*, p. 36).

En définitive, Hegel laisse entrevoir le but final vers lequel la Raison guide l'humanité. Le philosophe, protégé de la monarchie prussienne, a exposé surtout sa théorie de l'État dans *La Philosophie du Droit* (1821). La famille, la société civile, l'État se présentent comme les trois stades d'une ascension vers l'absolu. La famille est bien soudée par des liens naturels, mais ne connaît que ses intérêts particuliers. La société civile, afin de satisfaire les besoins matériels des hommes, est tenue d'organiser des institutions économiques, sociales et juridiques – qui ne peuvent toutes être parfaites. L'État permet d'accéder à un niveau supérieur : l'administration, qui s'appuie sur la « classe universelle » (les fonctionnaires), réussit à concilier les intérêts privés et les fins générales. « L'État est la réalité où l'individu possède sa liberté et en jouit... L'État, c'est la vie vraiment morale car c'est l'unité du vouloir général... Dans l'histoire universelle, il ne peut être question que de peuples qui forment un État. En effet, il faut savoir qu'un État est la réalisation de la liberté, c'est-à-dire du but final absolu » (*Leçons sur la Philosophie de l'Histoire,* p. 40-41). La conclusion hégélienne paraît bien décevante : la longue marche de l'Esprit, rythmée par les mouvements de la dialectique, aboutit à la création d'un État moderne, bureaucratique, qui est censé incarner la morale, la liberté et la raison, être la forme ultime du Progrès.

3. A. Comte et le Positivisme

Auguste Comte est né à Montpellier en 1798. Il fait des études secondaires dans sa ville natale, se rend dans la capitale, entre à l'École polytechnique en 1814, en est renvoyé pour indiscipline en 1816. Le jeune homme doit gagner sa vie en donnant des leçons de mathématiques; puis il devient secrétaire de Saint-Simon. C'est à cette époque, entre 1817 et 1824, qu'A. Comte « s'émancipe des croyances religieuses », adhère aux idées rationalistes et glisse, peu à peu, vers des idées « socialistes ». Dès lors, pendant un quart de siècle, A. Comte édifie sa grande œuvre : *Le Cours de philosophie positive* qui, en une soixantaine de leçons, traite de la formation des sciences et de l'évolution des sociétés. La publication des six volumes du « cours », en raison des corrections, des compléments, des prolongements, s'étale de 1830 à 1852. Dans sa vie privée, A. Comte connaît de graves difficultés : il a des relations pénibles avec son épouse, Caroline Massin; il souffre de troubles mentaux qui le conduisent à une tentative de suicide suivie d'un internement temporaire; enfin, il s'éprend, sans succès, de Clotilde de Vaux, et son amour déçu tourne à l'exaltation mystique. A. Comte achève sa réflexion par deux ouvrages à tonalité religieuse : *Le Catéchisme positiviste,* en 1852, et *Le Système de politique positive,* en 1853-1854. Le nouveau prophète de la « religion de l'humanité » meurt à Paris en 1857.

Auguste Comte peut, légitimement, être considéré comme « l'inventeur » de la sociologie. Son maître – et employeur – H. de Saint-Simon a affirmé la possibilité d'une science de l'homme, conçue comme une physiologie élargie de l'organique au social, dans *Le Catéchisme des Industriels* (1823). A. Comte reprend l'idée d'une science de la société – la « Physique sociale » – qui serait analogue aux autres branches de la physique, ou, plus largement, aux sciences de la nature. La Physique sociale doit être « la science de l'espèce... perçue comme une immense et éternelle unité sociale ». A partir de la 47e leçon de « philosophie positive », A. Comte dénomme ce nouveau secteur du savoir : la « Sociologie », et la définit comme « la vraie science de la nature humaine... et la clef de voûte de la philosophie positive ». Si l'on en croit G. Gurvitch, A. Comte est bien le père de la sociologie : en effet, l'apôtre du positivisme a mis en évidence le caractère irréductible de la réalité sociale; il a cherché à déterminer la position de la sociologie parmi les autres sciences humaines et par rapport aux sciences de la nature; il a pu enrichir la sociologie des acquis de l'histoire et de l'ethnographie; enfin, il a perçu la difficulté méthodologique d'une science où le sujet et l'objet peuvent se confondre, où un homme se livre à l'étude des autres hommes.

Donc, selon A. Comte, la Sociologie est « l'étude positive de l'ensemble des lois fondamentales propres aux phénomènes sociaux ». Ladite science se scinde en deux branches selon qu'il s'agit d'établir des « lois statiques » – qui concernent l'existence de la société – ou de déterminer des « lois dynamiques » – qui se rapportent au mouvement de la société. La « Statique sociale » serait la théorie de l'Ordre; la « Dynamique sociale » serait la théorie du Progrès. C'est à ce niveau que, dès la première édition du cours de philosophie positive, A. Comte découvre la « loi des trois états ». « En étudiant le développement total de l'intelligence humaine dans ses diverses sphères d'activité, depuis son premier essor le plus simple jusqu'à nos jours, je crois avoir découvert une grande loi fondamentale à laquelle il est assujetti par une nécessité invariable et qui me semble pouvoir être solidement établie, soit sur les preuves rationnelles fournies par la connaissance de notre organisation, soit sur les vérifications historiques résultant d'un examen attentif du passé. Cette loi consiste en ce que chacune de nos conceptions principales, chaque branche de nos connaissances, passe successivement par trois états théoriques différents : l'état théologique, ou fictif; l'état métaphysique, ou abstrait; l'état scientifique, ou positif... »

> Dans *l'état théologique*, l'esprit humain, dirigeant essentiellement ses recherches vers la nature intime des êtres, les causes premières et finales de tous les effets qui le frappent, en un mot vers les connaissances absolues, se représente les phénomènes comme produits par l'action directe et continue d'agents surnaturels plus ou moins nombreux, dont l'intervention arbitraire explique toutes les anomalies apparentes de l'univers. Dans *l'état métaphysique*, qui n'est au fond qu'une simple modification générale du premier, les agents surnaturels sont remplacés par des forces abstraites, véritables entités (abstractions personnifiées) inhérentes aux divers êtres du monde, et conçues comme capables d'engendrer par elles-mêmes tous les phénomènes observés, dont l'explication consiste alors à assigner pour chacun l'entité correspondante. Enfin, dans *l'état positif*, l'esprit humain, reconnaissant l'impossibilité d'obtenir des notions absolues, renonce à chercher l'origine et la destination de l'univers et à connaître les causes intimes des phénomènes, pour s'attacher uniquement à découvrir, par l'usage bien combiné du raisonnement et de l'observation, leurs lois effectives, c'est-à-dire leurs relations invariables, de succession et de similitude. L'explication des faits, réduite alors à ses termes réels, n'est plus désormais que la liaison établie entre les divers phénomènes particuliers et quelques faits généraux dont les progrès de la science tendent de plus en plus à diminuer le nombre (*Cours de philosophie positive*, Première leçon, t. I, éd. 1864, p. 8-10).

En principe, la « loi des trois états » correspond à une certaine structure de l'intelligence humaine. A. Comte observe : « Chacun de nous, en contemplant sa propre histoire, ne se souvient-il pas qu'il a été successivement...

théologien dans son enfance, métaphysicien dans sa jeunesse, et physicien dans sa virilité? » (*Cours,* t. I, p. 11). En fait, la « loi des trois états » caractérise surtout le mode de constitution des sciences. Chaque branche de la connaissance passe par les trois états et ne devient science qu'à l'état positif. Par ailleurs, l'émergence progressive de l'état positif dans le savoir permet de classer les sciences par ordre d'apparition chronologique, de généralité décroissante et de complexité croissante. Les cinq sciences fondamentales, auxquelles se rattachent des sciences appliquées, se classent dans l'ordre hiérarchique suivant : la mathématique, l'astronomie, la physique, la chimie, la biologie. Vient le moment, selon A. Comte, d'adjoindre à la liste une sixième science : la sociologie (ou physique sociale). Avec cette nouvelle science positive, l'homme découvre qu'il est un animal social; et il est en mesure d'appréhender les institutions religieuses, morales, éducatives, politiques, juridiques, etc., qui règlent le fonctionnement des sociétés humaines.

A première vue, la « loi des trois états » se présente comme une théorie de la connaissance; à la considérer de plus près, elle se révèle aussi comme une philosophie de l'histoire. En effet, alors que Hegel envisage la marche de l'Esprit selon les trois temps de la dialectique, Comte imagine la progression de l'esprit humain par étape, selon le rythme également ternaire mais différent dans son essence des trois états. Dans ses derniers écrits, A. Comte semble bien appliquer directement la loi des troits états à l'évolution des sociétés occidentales. Au Moyen Age, l'esprit théologique aurait imposé la reconnaissance d'une autorité sacralisée, une confusion des pouvoirs spirituels et des pouvoirs temporels, une stricte hiérarchie sociale influençant toute l'organisation des institutions féodales. Aux temps modernes, de la Renaissance au siècle des Lumières, l'esprit métaphysique aurait entrepris une critique radicale des modes de pensée et des organisations sociales, mais en se fondant sur des entités abstraites, tels les Droits de l'Homme, l'État constitutionnel, etc. Au XIXᵉ siècle, alors que la société européenne est engagée dans l'âge industriel, l'esprit positif devrait promouvoir les sciences et les techniques et instaurer un nouvel ordre où les pouvoirs seraient partagés entre des savants philosophes et des capitaines d'industrie. La « loi des trois états » permet donc d'interpréter l'aventure humaine, dans ses grandes lignes, du moins en Occident.

Après avoir fondé une Sociologie, une science d'observation, A. Comte a l'ambition d'édifier une Politique, une méthode d'action. Ce qu'il expose dans le *Système de politique positive,* publié en 1853-1854. En effet, la connaissance scientifique des faits sociaux donne le moyen d'agir sur eux, de les modifier, de les ordonner de manière rationnelle. Cependant, la mise en œuvre d'une politique positive implique la fondation d'une religion positive. À ce stade, A. Comte emprunte une idée à son maître Saint-Simon, selon laquelle seule une nouvelle religion, adaptée à l'âge industriel, peut donner satisfaction à l'altruisme inhérent à la nature humaine. Dès lors, A. Comte verse dans le délire mystique : il célèbre la « Religion de l'Humanité », dont le dogme repose sur une trinité curieuse : le Grand Milieu (l'Espace), le Grand Fétiche (la Terre), le Grand Être (l'Humanité); dont le culte suppose l'existence de prêtres, de temples, de sacrements et s'oriente vers l'adoration de la Femme (qui ressemble singulièrement à Clotilde de Vaux). La pensée d'A. Comte, marquée initialement par un certain rationalisme, s'achève dans une religiosité exaltée. Le cas n'est pas isolé. Au milieu du XIXe siècle, la plupart des socialistes utopiques – H. de Saint-Simon et ses disciples, Ch. Fourier, V. Considérant, P. Leroux, etc. – mêlent étroitement les analyses concrètes dévoilant les mécanismes de la société capitaliste industrielle et les rêves les plus débridés concernant l'organisation harmonique de systèmes économiques, politiques et religieux, visant tous à assurer le bonheur des hommes.

4. Spengler et la destinée organique

Oswald Spengler est né en 1880, en Allemagne centrale, dans la région du Harz. Il acquiert une formation scientifique, ce qui lui permet d'enseigner les mathématiques dans divers collèges secondaires, notamment à Hambourg. Pendant ces années de la Belle Époque, il accumule une somme de connaissances livresques et commence à rédiger son *Esquisse d'une morphologie de l'histoire universelle.* La Première Guerre mondiale ralentit l'élaboration de l'ouvrage qui n'est publié qu'en 1918, à l'heure même de la défaite de l'Allemagne, sous un titre à la fois attirant et inquiétant : *Le Déclin de l'Occident.* Le premier volume se présente comme une réflexion théorique sur les fondements de la science et de l'art à travers l'ensemble des civilisations (le livre compact, difficile d'accès, ne compte pas moins de 875 pages dans l'édition française). Le second volume, d'un poids moins écrasant, d'une lecture plus aisée, traite exclusivement des problèmes de l'Allemagne contemporaine. L'œuvre connaît immédiatement un succès de librairie : son tirage atteint près de cent mille exemplaires, c'est-à-dire qu'il déborde la seule communauté scientifique pour toucher une fraction assez large de l'opinion publique. Par la suite, O. Spengler fait paraître des pamphlets politiques – par exemple, « Prussianité et Socialisme », en 1920 – et des articles, en prise sur l'actualité, réunis sous la désignation d'« Écrits historiques et philosophiques ». Sous la République de Weimar, l'ancien professeur de mathématiques fait figure de « maître penseur » de la droite monarchiste, nationaliste, antirépublicaine et antisocialiste. Il ne cache pas certaines sympathies pour les nazis jusqu'à leur arrivée au pouvoir en 1933, mais s'écarte d'eux après la « nuit des longs couteaux » en 1934. O. Spengler meurt à Munich en 1936.

Dans *Le Déclin de l'Occident,* l'auteur fait usage d'une méthode constamment comparatiste : il brasse pêle-mêle toutes les civilisations apparues sur la planète et tous les domaines des activités humaines. Qu'on en juge par ce passage, choisi au hasard : « Une mosquée n'a pas de façade, c'est pourquoi l'orage iconoclaste des Moslim et des Chrétiens pauliciens qui sévit aussi sur Byzance au temps de Léon III a dû bannir de l'art plastique celui du portrait pour ne laisser depuis qu'un fonds solide d'arabesques humaines. En Égypte, la face d'une statue est, comme le pylône en tant que façade du temple, une apparition grandiose émergeant de la masse pierreuse du corps, comme on en voit sur le sphinx hyksos de Tanis, portrait d'Amenemhet III. En Chine, elle ressemble à un paysage plein de sillons et de petites cicatrices chargées de signification » (édition française, t. I, p. 251). En moins de dix lignes, l'érudit compare les formes des mosquées, des temples, des statues, glisse de l'Islam à Byzance, de l'Égypte pharaonique à la Chine impériale. Une telle approche esthétique fait songer au Musée imaginaire d'André Malraux qui juxtapose ainsi les œuvres d'art à travers le temps et l'espace. La réflexion par analogie, telle qu'elle est pratiquée dans cette œuvre, prête le flanc à la critique, dans la mesure où elle repose inévitablement sur des connaissances de seconde main, qui ne sont pas toujours très sûres. Mais, comme l'a fait remarquer L. Febvre, la volonté de synthèse, même si elle pèche par l'excès de son ambition, change agréablement de la minutie stérile des monographies trop spécialisées, qu'affectionnent les universitaires « positivistes », en Allemagne et en France à la fin du XIXe siècle et au début du XXe siècle.

O. Spengler annonce, en un sens, le structuralisme. Son postulat initial est que la science n'est pas universelle. Pour en faire la démonstration, il est tenu de segmenter l'humanité en blocs absolument étrangers les uns aux autres. Dans cette perspective, les civilisations fonctionnent comme des structures closes, qui ne communiquent pas entre elles au plan des idées rationnelles. Cependant, au sein d'une civilisation particulière, les éléments se répondent : les mentalités collectives, les expressions artistiques, les techniques productives, les institutions politiques, toutes les créations culturelles et matérielles ont entre elles des affinités. C'est ainsi qu'on retrouve dans le monde germanique : « La profonde interdépendance psychique entre les théories physicochimiques les plus modernes et les représentations ancestrales des Germains; la concordance parfaite entre le style de la tragédie, la technique dynamique et la circulation monétaire de nos jours; l'identité d'abord bizarre, puis évidente entre la perspective de la peinture à l'huile, l'imprimerie, le système de crédit, les armes à feu, la musique contrapuntique... » Dans ces conditions, chaque civilisation formant une entité homogène, fermée sur elle-même, irréductible aux autres, l'histoire universelle se trouve placée sous le signe de la discontinuité. La vision, qui avait dominé la pensée du XIXe siècle, d'une histoire continue, linéaire, progressive, est directement remise en cause. Avec une ironie méprisante, O. Spengler rejette au magasin des accessoires inutiles les périodisations traditionnelles – Antiquité, Moyen Age, Temps modernes – sur lesquelles repose l'enseignement de l'histoire dans les universités.

Après Hegel, Marx et d'autres « phares » de la philosophie allemande, Spengler entend fournir une interprétation globale de l'histoire. Selon Hegel, l'histoire s'éclaire par la marche rationnelle de l'Esprit du monde vers la liberté. Selon Marx, l'histoire se comprend par le jeu des contradictions entre les niveaux des infrastructures et des superstructures jusqu'à l'avènement d'une société sans classes. Pour Spengler, « les hommes sont les esclaves de la volonté de l'histoire, les organes auxiliaires exécutifs d'une destinée organique ». En effet, dans la conception spenglérienne, la toute-puissante nature soumet les vivants à d'irrésistibles pulsions. L'organique règne à l'état brut. Comme les gros arbres en viennent à étouffer les petits pour accéder à la lumière, les êtres humains doivent manifester leur « volonté de puissance », imposer leur force face à leurs semblables moins bien pourvus en énergie naturelle, plus résignés à se laisser dominer ou anéantir. Et les sociétés sont animées comme des végétations extraordinaires : elles ont un printemps qui porte l'espoir, voit fleurir la création; un été qui permet la maturation, assure le progrès; un automne qui fait s'épanouir les fruits d'une culture; un hiver, enfin, qui correspond à la dégénérescence et à la mort. L'auteur du *Déclin de l'Occident* en vient à affirmer : « L'humanité, pour moi, c'est une grandeur zoologique. » Le vitalisme de Spengler, qui peut nous surprendre aujourd'hui, n'a pas dû étonner ses contemporains. A la fin du XIXe siècle et au début du XXe siècle, un courant de pensée influent, illustré par Schopenhauer, Bergson et d'autres, tend à édifier des systèmes philosophiques en s'inspirant des résultats des sciences naturelles. L'« organique spenglérien » appartient à cet univers mental.

Selon O. Spengler, « la civilisation est le destin inévitable d'une culture ». En d'autres termes, chaque société prend naissance sous forme d'une « culture » puis se dégrade sous forme d'une « civilisation ». Spengler insiste sur l'exemple fameux de la Grèce et de Rome. Du VIe au IVe siècle avant Jésus-Christ autour de la mer Égée, les Grecs ont inventé une philosophie – avec Anaxagore, Platon, Aristote –, une littérature – avec Eschyle et Sophocle, Thucydide, Xénophon et Isocrate –, une sculpture – avec Scopas, Praxitèle, Lysippe –, une architecture avec les temples du Parthénon, de Delphes, d'Éphèse, d'Épidaure, etc. L'épopée d'Alexandre a étendu l'hellénisme à tout le Proche-Orient. C'est alors que, du IIIe au Ier siècle avant Jésus-Christ, les Romains, dotés de talents militaires et parfaitement incultes par ailleurs, ont conquis et soumis, par le fer et par le feu, l'ensemble des royaumes hellénistiques. Toutefois, les Romains n'ont pas détruit comme de simples barbares; ils ont emprunté les modèles culturels des Grecs – l'organisation de la cité, la mythologie religieuse, les techniques de l'architecture, de la sculpture, de la peinture –, et les ont imposés, sans les renouveler, à tout le monde méditerranéen. La culture grecque s'achève en civilisation romaine. Depuis vingt siècles, de Polybe à Mommsen, les historiens sont à peu près d'accord sur l'évolution générale du « monde hellénistique et romain ». Spengler ne verse aucun élément nouveau au dossier. Son originalité tient au fait qu'il applique le mécanisme propre au monde gréco-romain à toutes les sociétés, à Babylone, à l'Égypte, à l'Inde, à la Chine... et à l'Occident chrétien... qui seraient passés inéluctablement de la « culture » à la « civilisation ».

Si toutes les sociétés doivent parcourir le même cycle « organique », elles sont vouées à la décadence puis à la disparition. Spengler énonce, par conséquent, une philosophie de l'histoire radicalement pessimiste. Il affirme : « Je ne vois pour l'humanité ni progrès ni but, si ce n'est dans la cervelle des Homais progressistes de l'Occident. Je ne vois même pas un esprit et bien moins encore une unité d'efforts et de sentiments... dans cette masse de populations. » Face au chaos, le philosophe s'efforce de demeurer impavide : « Et même quand des peuples entiers périssent et que de vieilles civilisations tombent en ruine, la terre continue toujours de tourner et les planètes de suivre leur cours. » Or, le terme irrévocable existe aussi pour la civilisation occidentale : « La France et l'Angleterre ont accompli, l'Allemagne est en train d'accomplir ce pas de géant vers l'anorganique, vers la fin » (édition française, t. I, p. 12). L'ouvrage, qui proclame le « déclin de l'Occident », vient à son heure, au moment de l'armistice de Rethondes et du traité de Versailles. L'Allemagne, puissance en pleine ascension à la Belle Époque, a perdu la guerre mondiale; elle se retrouve avec une armée vaincue, un territoire occupé et partiellement amputé, une monnaie dépréciée, un régime politique bouleversé. Les insurrections communistes et les putschs nationalistes menacent à tout instant de jeter bas la République des sociaux-démocrates. Le livre de Spengler, qui, en d'autres temps, aurait pu dormir dans l'ombre des bibliothèques, rencontre une large audience auprès d'un public allemand avide de justifier son propre désastre par une théorie générale des catastrophes.

5. Toynbee et le cycle des civilisations

Arnold Toynbee est un historien et un essayiste, né dans les dernières années du XIXe siècle en Grande-Bretagne. En août 1914, alors qu'il enseigne à Oxford, il prend conscience que lui, Toynbee, se trouve plongé dans la Première Guerre mondiale comme Thucydide a été confronté à la guerre du Péloponnèse. Il décide, pour la vie, d'être à la fois acteur et spectateur, « d'avoir toujours un pied dans le présent, un autre dans le passé ». De fait, pendant des décennies, Toynbee travaille pour le compte du Foreign Office à un annuaire des Affaires étrangères; il effectue des missions, rédige des études sur « l'Afrique arabe et l'Afrique noire », « la culture de la Chine et du Japon », « le rôle des villes dans l'histoire », etc. Dans le même temps, Toynbee élabore une immense synthèse concernant la naissance, la croissance et la décadence des civilisations. L'œuvre monumentale, intitulée *A Study of History*, est publiée en douze volumes, s'échelonnant de 1934 à 1961. La série n'a jamais été traduite en français. Sur le tard, par souci de toucher un plus vaste public, l'auteur donne un treizième volume, qui résume les précédents. Cette fois, le livre est traduit dans notre langue, sous le titre *L'Histoire* (Paris, Elsevier, 1975, 575 pages). Dans une préface, R. Aron signale que *A Study of History* est « l'œuvre la plus célèbre et la plus controversée de l'historiographie contemporaine »... et « qu'elle est refusée avec un mélange d'indignation, d'envie et de mépris par la majorité des historiens professionnels ».

En effet, Toynbee conteste franchement la démarche suivie par les historiens français, des « positivistes » traditionnels aux novateurs des *Annales*. L'essayiste britannique considère que la hiérarchisation des tâches au plan intellectuel reflète fâcheusement la division du travail dans la société industrielle. Or, il se trouve que l'école historique française fonctionne à trois niveaux : d'abord, de nombreux historiens se consacrent à la collecte laborieuse des « matières premières » – vestiges archéologiques, recueils d'inscriptions, rapports, correspondances, journaux, séries statistiques, documents en tout genre; ensuite, la plupart des chercheurs élaborent des études à caractère monographique sur un personnage, un groupe social, une région, un secteur d'activité, dans des limites chronologiques étroites; enfin, certains « maîtres », qui prétendent à un plus grand savoir, juxtaposent les observations des monographies pour confectionner des ouvrages de synthèse. Selon Toynbee, il résulte d'une telle méthode : 1) que les connaissances sont souvent déterminées par la seule importance des sources (ainsi, on est bien informé sur l'Égypte ptolémaïque parce que l'aridité des bords de la vallée du Nil a permis de préserver une masse de papyrus, tandis qu'on ignore presque tout de la Syrie séleucide parce que les conditions de conservation des documents étaient moins favorables dans le Croissant fertile); 2) que les historiens, fréquemment, se contentent de vues partielles, réduites à l'horizon de leur spécialité. Pour Toynbee, ce qui compte, c'est la vision d'ensemble; il préfère le « grand large », la réflexion planétaire, en chevauchant les siècles et les continents, afin « de prendre au piège de l'esprit l'univers tout entier ».

Toynbee pratique donc, à la suite de Spengler, une histoire comparatiste, reposant sur une documentation de seconde main et usant, parfois abusant, du raisonnement par analogie. L'essayiste britannique, comme le maître penseur allemand, préfigure le « structuralisme » dans les sciences humaines. Dans *A Study of History*, l'évolution des sociétés cesse d'être continue, linéaire, orientée. Toynbee ne s'intéresse qu'à l'unité historique, la plus large dans l'espace, la plus longue dans le temps, à savoir « la civilisation ». Ce qu'il définit comme : « La tentative de créer un état de société dans lequel tous les hommes puissent vivre ensemble, en harmonie, tels les membres d'une seule et même famille. » A certains égards, la vision de Toynbee n'est pas très éloignée de celle de Marx. Lorsque l'historien britannique écrit : « Les composantes de la société ne sont pas les êtres humains, mais les relations qui existent entre eux », on pourrait traduire, dans la terminologie marxiste : « La société est enserrée par un réseau de rapports sociaux de production. » Quoi qu'il en soit, l'auteur de *A Study of History* perçoit les civilisations comme des entités closes, compartimentées les unes par rapport aux autres; il dénombre environ trente-quatre « grandes civilisations » de 3 000 avant Jésus-Christ jusqu'à nos jours : par exemple, l'Égypte pharaonique, la Mésopotamie (de Sumer à Assur), la Chine impériale, le Pérou des Incas, l'Empire ottoman, etc. Une « grande civilisation » peut avoir des « satellites » : ainsi, autour de la civilisation chinoise, les satellites coréen, japonais et vietnamien. Et les civilisations ne se succèdent pas inévitablement, elles peuvent coexister. Au XXe siècle, cinq grandes civilisations se partagent la planète : l'Occident, l'Union soviétique et ses dépendances, l'Islam, l'Inde et l'Extrême-Orient.

Toynbee s'interroge sur la naissance des civilisations. C'est là qu'il introduit son modèle le plus original : le mécanisme du *« challenge and response »*, du défi et de la riposte. Une civilisation peut apparaître lorsqu'elle se heurte à un obstacle, lorsqu'elle affronte une épreuve; elle naît de la difficulté et non de la facilité. Souvent, le défi vient du milieu naturel. Quand, à la fin de la glaciation, les riches prairies du Sahara et du Proche-Orient firent place à des déserts, des communautés d'éleveurs refusèrent de disparaître, s'enfoncèrent dans les vallées malsaines du Nil et de l'Euphrate et se mirent à drainer, à endiguer, à irriguer les marécages pour les transformer en champs cultivés. C'est ainsi qu'émergèrent les civilisations de l'Égypte et de Chaldée. De même, les Mayas durent défricher la forêt vierge avant de bâtir les cités du Yucatan; les Incas installèrent leurs temples et leurs palais sur les hauts plateaux, très inhospitaliers, des Andes; les Prussiens mirent en valeur les terres froides et humides du Brandebourg. Parfois, la sommation peut être d'ordre humain. Les Achéens, encore barbares, submergèrent les Crétois, plus raffinés, surmontèrent l'obstacle de l'espace maritime et édifièrent la brillante civilisation hellénique autour du bassin de l'Égée. Les Turcs subirent le choc effroyable de l'invasion des Mongols, parvinrent à survivre et, un demi-siècle plus tard, amorcèrent la construction de l'Empire ottoman. Si l'on suit Toynbee, « plus grande est la difficulté, plus puissant devient le stimulant ». Mais on peut se demander si la loi du *« challenge and response »* joue en toutes circonstances. La civilisation chrétienne occidentale qui a fleuri autour de Paris et de Londres s'est établie sur des terres fertiles, bénéficiant d'un climat tempéré, et n'a pas souffert d'invasions douloureuses. Dans ce cas, si l'on connaît la « riposte », on cherche vainement le « défi ».

Passé le moment décisif de la naissance, toute civilisation s'engage dans un processus de croissance. Quelquefois le défi est trop difficile à relever et la civilisation « avorte » ou « reste en suspens » : ainsi, les Esquimaux ont tenté de vaincre un milieu polaire trop inhumain et n'ont réussi qu'à maintenir des structures rigides de survie; les Polynésiens de l'île de Pâques n'ont pu dominer l'immensité du Pacifique, sont demeurés isolés et ont disparu; les Celtes ont dû faire front à trop d'assauts conjugués – des Romains, des Germains, des Vikings – et leurs institutions ne sont pas parvenues à maturité. Quand le stimulant est suffisant, sans être excessif, la civilisation prend son essor : elle maîtrise de mieux en mieux le milieu naturel et accroît les productions matérielles; elle élabore des institutions civiles, militaires, religieuses de plus en plus complexes; elle crée en abondance des œuvres littéraires et artistiques. Le mouvement est lancé par des personnalités exceptionnelles –

Confucius, saint Paul, Mahomet, Lénine, etc., ou par des élites inventives – les aristocrates grecs, les junkers prussiens, les bolcheviks, etc. Dans la période de croissance, on peut distinguer trois variantes principales : 1) le modèle hellénique, caractérisé par le passage d'unités politiques restreintes, les États-cités, à un Empire mondial (en l'occurrence, la Méditerranée hellénistique et romaine); 2) le modèle chinois marqué par l'alternance, dans la longue durée, de décadences et de renaissances d'un État à vocation universelle; 3) le modèle juif, lié au phénomène de la « diaspora », où le groupe humain, privé d'un territoire national, cherche à préserver son identité grâce à la stricte observance d'une religion et d'une manière de vivre.

Après la naissance, puis la croissance, vient la décadence. Comme on l'a souligné ironiquement, Toynbee est « un grand massacreur de civilisations ». Alors que, selon Spengler, une civilisation dépérit parce qu'elle est victime d'un vieillissement biologique, d'après Toynbee, une civilisation décline parce qu'elle le veut bien, parce qu'elle se laisse aller. Athènes, Venise ou Constantinople se sont enlisées, ont renoncé à se défendre parce qu'elles ne songeaient plus qu'à leur gloire passée. Il est dangereux pour une civilisation de s'endormir sur ses lauriers. Les signes précurseurs de la dégénérescence sont des troubles sociaux, des guerres civiles ou la formation d'empires militaires – ceux des Achéménides, des Romains, des Gouptas. Au stade ultime, deux agents peuvent se charger de l'exécution : soit un prolétariat intérieur, soit un prolétariat extérieur, ou les deux ensemble. Ainsi, du IIIe au Ve siècle après Jésus-Christ, les révoltes des chrétiens, des Bagaudes et d'autres couches populaires à l'intérieur des provinces, et les invasions des Goths, des Alamans, des Vandales et d'autres barbares franchissant les frontières, ont additionné leurs effets pour provoquer la chute de l'Empire romain. A notre époque, au XXe siècle, l'affaiblissement de l'Europe occidentale est attesté par les saignées et les destructions des deux grandes guerres et par les chocs des luttes ouvrières, qui annoncent des révolutions socialistes, voire communistes (curieusement, l'auteur ne dit mot des atroces menées fascistes). En définitive, Toynbee, comme Spengler, constate le recul de la Vieille Europe et la montée en puissance des États-Unis et de l'Union soviétique.

On l'a vu, Spengler a publié *Le Déclin de l'Occident* au lendemain de la défaite du Second Reich allemand. Or, Toynbee rédige *A Study of History*, du début des années 1930 à la fin des années 1950, à l'époque où la Grande-Bretagne perd son Empire colonial. Ce ne sont pas de simples coïncidences. Les deux auteurs tirent de leurs propres expériences la conviction que « les civilisations sont mortelles ». Cependant, tandis que Spengler sombre dans un nihilisme fortement teinté de racisme et de xénophobie, Toynbee ne s'abandonne pas au pessimisme et se tourne vers le déisme. A la fin de son œuvre, Toynbee s'intéresse aux religions universelles – le bouddhisme, l'islam, le christianisme – qui survivent aux empires, font naître de nouvelles civilisations, permettent d'accéder à des réalités spirituelles supérieures. Certes, l'Église sur terre ne sera jamais la transposition parfaite de la Cité de Dieu. Mais le but de la religion est de sauver les âmes, non les institutions. Toynbee conclut : « Le sens de l'histoire est de faire du monde une province du royaume de Dieu... Les hommes ne sont que des pions, réduits à l'impuissance, dans le jeu que Dieu joue sur cet échiquier des jours et des nuits, qu'il fait mouvoir en tous sens, immobilise et retire, et qu'il remet, un par un, dans leur boîte. » *A Study of History*, qui se présente, au départ, comme une philosophie de l'histoire appréhendée de manière empirique, débouche, en fin de parcours, sur une théologie de l'histoire, fondée sur un providentialisme d'aspect archaïque.

6

L'histoire érudite de Mabillon à Fustel de Coulanges

Les limites fixées à ce chapitre ont quelque chose de nécessairement arbitraire, mais les arguments ne manquent pas pour les justifier. Pour l'amont, nous nous appuierons sur l'autorité de Marc Bloch qui voyait dans l'année 1681, marquée par la publication du *De Re Diplomatica* de Dom Mabillon, « une grande date en vérité dans l'histoire de l'esprit humain », parce qu'en cette occasion « la critique des documents d'archives fut définitivement fondée ». Et de saluer ce moment où le « doute s'est fait examinateur » et où nous fûmes délivrés du vieillard Ouï-dire. Rien ne nous interdirait toutefois de remonter plus haut dans notre enquête. Dès le XVIe siècle, une érudition méthodique naît à côté de l'autre, « confuse et brouillonne ». Elle s'appuie sur des textes plus sûrs, use de dictionnaires, se préoccupe d'épigraphie et de numismatique, ruine de vieilles légendes comme celle de l'origine troyenne des Francs. Elle s'interroge déjà sur le « métier d'historien », en la personne de Jean Bodin, soucieux de remonter des faits à leurs causes, plus encore en la personne de Lancelot de la Popelinière, pour lequel un simple récit ne saurait tenir lieu d'*histoire accomplie*. Il s'assigne pour tâche « moins de raconter que de comprendre et de faire comprendre ». Concernant la limite aval, c'est l'autorité de Fustel de Coulanges lui-même que nous pouvons invoquer. N'écrivait-il pas en 1872 : « L'histoire que nous aimons, c'est cette vraie science française d'autrefois, cette érudition si calme, si simple, si haute de nos bénédictins, de notre Académie des Inscriptions...

qui semèrent, pour ainsi dire, toute l'érudition d'aujourd'hui »?

Nous voulons essayer de montrer dans les pages qui suivent que les origines de l'*école méthodique des historiens professionnels,* souvent appelée « positiviste », s'éclairent davantage si l'on se tourne vers les érudits des années 1700 que si l'on se penche sur les écrits d'Auguste Comte. Au second, cette école a sans doute emprunté quelques formules; mais elle a hérité des premiers les procédures de la critique textuelle et la pratique du doute méthodique dans l'examen des témoignages. L'on ne saurait de surcroît ignorer une certaine parenté institutionnelle entre les cercles érudits du XVIIIe siècle et les sociétés savantes du XIXe. Il reste qu'entre 1680 et 1880, des historiens ont été tentés par des perspectives plus larges que celles de l'érudition silencieuse. Ils ont aspiré à traiter des mœurs et des civilisations en général. Voltaire est représentatif à cet égard : soucieux de narration exacte comme les érudits, il est, en tant que philosophe, ouvert à tout ce qui est humain. Il faudra faire ici une place à ceux qui ont pressenti les exigences de l'histoire globale.

1. Obstacles au développement d'une histoire méthodique (XVIIe et XVIIIe siècles)

Certaines de ces entraves sont *héritées,* tel le carcan intellectuel constitué par l'histoire providentialiste, dont les schémas de pensée sont empruntés aux théologiens médiévaux, tel le fonctionnement circulaire de la pensée symbolique, encore bien vivante au XVIe siècle : « Le monde s'enroulait sur lui-même; la terre répétant le ciel, les visages se mirant dans les étoiles, et l'herbe enveloppant dans ses tiges les secrets qui servaient à l'homme » (M. Foucault). Le savoir est ainsi prisonnier de « grandes figures circulaires ». L'effort de l'esprit consiste à faire le « relevé des signatures » mises sur les choses et à procéder à leur « déchiffrement ».

Il est d'autres entraves propres à la pensée classique, qui est peu favorable à l'histoire. Elle « vise au permanent et à l'universel », alors que l'histoire « semble le lieu du contingent et du particulier ». On comprend ainsi que la notion d'*Ordre* prenne la relève de celle de *Similitude* comme catégorie fondamentale de la pensée. Or, l'ordre s'accommode mal du changement, loi impérieuse de l'histoire. De surcroît, les sciences de la nature ont le vent en poupe et leur prestige dessert l'histoire, considérée comme parente pauvre, science déposée dans les livres, totalement dépendante de la mémoire selon Pascal.

En conséquence, l'histoire est annexée par les belles-lettres. En fonction de ce préjugé littéraire, on cherche à faire œuvre belle plutôt qu'exacte et minutieuse. Au point que des historiens de renom méprisent l'érudition et font peu de cas des pièces originales. Le genre historique a ainsi ses rhéteurs, pour qui l'histoire n'est « qu'une suite d'événements merveilleux... drames de toute espèce, guerres, rébellions, émeutes, procès, amours » (P. Hazard); ses compilateurs, à l'image de Rollin, dénoncé par Voltaire dans ses *Nouvelles Considérations sur l'Histoire,* en 1744, qui pille différents auteurs pour composer son *Histoire ancienne,* en reprenant des « sottises célèbres dont les historiens anciens regorgent »; ceux qui mettent « l'histoire en pilules », résumant l'histoire civile, naturelle, politique, etc., de tous les peuples, tel le père Buffier qui prétend que le seul mot *Rabismaf* permet de se souvenir de la succession des rois d'Aragon et de leurs conquêtes. D'autres mettent l'histoire de France en vers. Ainsi à propos de Pharamond, fondateur présumé de l'État franc en 480 après Jésus-Christ : « De succéder aux rois les femmes il priva, Par la salique loi, qui fut toujours suivie. » D'autres composent des nomenclatures et des abrégés chronologiques, remplis de dates inexactes et d'événements incertains. Ils sont surtout soucieux de composer des *Dissertations pour être lues* et proclament, tel l'abbé Goyer en 1755 : « L'érudition, les recherches épineuses nous fatiguent, et nous aimons mieux courir légèrement sur des surfaces que de nous enfermer pesamment dans des profondeurs. »

Il est aussi un danger qui menace l'histoire, c'est sa subordination à la théologie ou à la philosophie. Ce préjugé utilitaire conduit à attendre de l'histoire des leçons et à la confondre quelque peu avec la morale. « Il faut qu'elle montre la défaite du vice et le triomphe de la vertu, les bons toujours récompensés, les méchants toujours punis » (P. Hazard). Les philosophes du XVIIIe siècle ne se libèrent pas de cette conception. Ils lisent l'histoire avec de nouveaux préjugés, antipapistes et anticléricaux. Le Moyen Age à leurs yeux est plus une erreur à réfuter qu'un fait historique à comprendre. Selon Bolingbroke, « l'histoire est la philosophie nous enseignant par des exemples comment nous devons nous conduire dans toutes les circonstances de la vie publique et privée » (1751). La subordination de l'histoire à la politique est également très visible pendant ces deux siècles, qu'il s'agisse de défendre l'absolutisme royal ou, à l'inverse, de soutenir les prétentions des Parlements. Les philosophes adressent en priorité leur message aux princes « condamnés à ne jamais voir les hommes que sous le masque », en espérant par là les inciter à travailler au bonheur de leurs peuples.

2. Les précurseurs de la démarche critique (fin du XVIIe siècle)

Marc Bloch a présenté brillamment cette « génération qui vit le jour vers le moment où paraissait le *Discours de la Méthode* », celle de Mabillon et de Spinoza, nés en 1632, celle aussi de Le Nain de Tillemont et de Richard Simon, nés respectivement en 1637 et en 1638. Des cartésiens? Sans doute pas exactement, mais plutôt des esprits que la philosophie cartésienne a influencés « par une sorte d'osmose », au point que le « pyrrhonisme de l'histoire » faisait figure de mode intellectuelle entre 1680 et 1690, quand ils publièrent leurs œuvres principales. Un maître-mot qualifie leur démarche, celui de *critique;* il désigne cette attitude de l'esprit qui « consiste à ne pas croire légèrement et à savoir douter en plusieurs rencontres ». Cette critique s'étend à tous les domaines de l'activité intellectuelle; faisant « table rase de la créance », cessant de s'appuyer sur les autorités traditionnelles, elle cherche à « parvenir par là à de nouvelles certitudes (ou à de grandes probabilités), désormais dûment éprouvées ». Elle prend pour cible, par exemple, la traditionnelle croyance au *miracle*, que la raison ne peut admettre dans la mesure où il va à l'encontre des lois de la nature. Survient tout d'abord l'affaire des comètes de 1680-1681, considérées par les gens crédules comme des présages envoyés d'en haut. Bayle y dénonce la survivance de superstitions païennes. Puis c'est Fontenelle qui s'attaque au problème des oracles et des sibylles en 1686. Ces oracles, dit-il, procèdent de la fourberie humaine et non d'une intervention divine. Ce sont des impostures, rendues possibles par l'ignorance des foules. Et de relater l'histoire de *la dent d'or*, que certains crurent donnée par Dieu à un enfant de Silésie pour consoler les chrétiens affligés par les Turcs (en 1593). Il s'avéra finalement que « c'était une feuille d'or appliquée à la dent avec beaucoup d'adresse ». Fontenelle en retire cette règle de conduite, avec une froide ironie : « Assurons-nous bien du fait, avant que de nous inquiéter de la cause. »

L'Écriture sainte ne pouvait être épargnée par cette critique générale du miracle. Côté protestant, un maître d'Oxford va jusqu'à assimiler l'Écriture sainte aux fables de l'Orient (en 1695); côté juif, Spinoza suggère d'interpréter la Bible comme la nature et de s'interroger sur « les diverses fortunes qu'ont pu subir les livres des Prophètes... la vie, les études de l'auteur de chaque livre »; côté catholique, Mabillon et l'abbé Fleury ruinent un certain nombre de légendes. Mais c'est surtout l'oratorien Richard Simon qui opère la *rupture critique :* « Ceux qui font profession de critiques ne doivent s'arrêter qu'à expliquer le sens littéral de leurs auteurs, et éviter tout ce qui est inutile à leur dessein » (*Histoire Critique du Vieux Testament*, 1678). D'origine modeste, Richard Simon est entré chez les oratoriens en 1662. Attiré par l'érudition, il étudie l'hébreu, se plonge dans les livres orientaux, va directement aux sources. Fort de cette expérience, il veut faire reconnaître les droits de la critique. Celle-ci doit tout d'abord établir le degré de sûreté et d'authenticité des textes étudiés : « Premièrement, il est impossible d'entendre parfaitement les livres sacrés, à moins qu'on ne sache auparavant les différents états où le texte de ces livres s'est trouvé selon les différents temps et les différents lieux. » Ensuite, elle exclut les considérations esthétiques et morales, tout comme les *a priori* théologiques, s'affirmant pleinement maîtresse de ses propres opérations. Enfin, la critique s'appuie avant tout sur la philologie, qui se voit conférer le statut de science reine. Ce souci de bonne compréhension des textes annonce la *critique interne* qui sera définie par les maîtres du XIXe siècle. Procédant de ce travail méthodique, des réponses très neuves sont apportées par Richard Simon au problème de l'inspiration divine des textes sacrés. Ils présentent, dit-il, des traces d'altérations; leur chronologie est incomplète et ne mentionne pas des souverains signalés par des auteurs profanes. Si l'on considère le cas du Pentateuque, il faut reconnaître qu'il a été faussement attribué à Moïse, car c'est quelqu'un d'autre qui a procédé à la mise par écrit. « Dira-t-on, par exemple, que Moïse soit l'auteur du dernier chapitre du Deutéronome, où sa mort et sa sépulture sont décrites? » Il décèle de même des incohérences dans le récit de la Création. L'esprit critique l'emporte chez lui sur l'esprit de foi.

Malgré cela, Richard Simon ne cessera jamais de se considérer comme fidèle à l'orthodoxie. De fait, il ne nie pas l'inspiration des Livres sacrés et l'étend même à ceux qui ont remanié les textes. Il n'en est pas moins poursuivi par les autorités religieuses et civiles : exclusion de l'Oratoire en 1678; saisie de son ouvrage à la suite d'un arrêt du Conseil du Roi; mise à l'index en 1683; attaques de Bossuet, etc. Il n'en continue pas moins son œuvre, publiant en 1690 une *Histoire critique du Texte du Nouveau Testament.* La grammaire, estime-t-il, doit s'imposer à la théologie pour parvenir à bien expliquer le Nouveau Testament, après en avoir établi le sens littéral. De plus en plus suspecté par les autorités, Richard Simon s'éteint chrétiennement en 1712. Retenons surtout de son œuvre qu'elle met à mal la tradition, fondée sur le *on a toujours cru, il a été constamment enseigné,* et qu'elle affirme avec vigueur les devoirs et les droits de la critique, dont les principes sont les mêmes, qu'il s'agisse de l'*Iliade* ou du Pentateuque. On retrouve une attitude d'esprit voisine chez certains historiens, mais avec moins de hardiesse.

Au premier rang de ceux-ci, Dom Mabillon (1632-1701), bénédictin de la Congrégation de Saint-Maur établie à

Saint-Germain-des-Prés, auquel on doit les *Acta sanctorum ordinis sancti Benedicti* (neuf volumes, 1688-1701) et surtout le *De re diplomatica* (1681), qui a fondé la science de la diplomatique en fournissant les moyens de distinguer les diplômes authentiques de ceux qui ont été forgés de toutes pièces, remaniés ou interpolés. Voici précisément un passage du *Librorum de re diplomatica supplementum* (Paris, 1704) où Mabillon traite de l'interpolation avec beaucoup de sagacité :

> Par quels moyens se fait l'interpolation? Il y a une grande différence entre les documents faux et les documents interpolés *(interpolare = altérer, falsifier)*. Rien ne peut en effet excuser les falsifications, mais l'interpolation est la plupart du temps excusable. Elle peut se produire par adjonction, par changement ou par erreur. Prenons le cas de ceux qui rassemblaient les chartes authentiques d'une église ou d'un monastère en un seul ouvrage qu'on appelle cartulaire : si quelque part ils rencontraient seulement la mention des années de règne des papes, des rois ou des empereurs apposée au bas des anciens documents, ils ajoutaient d'eux-mêmes les années de l'incarnation ou même l'indiction, pour que la date d'un document donné fût connue avec plus d'exactitude. En cette affaire, ils péchaient souvent contre les règles de la chronologie, mais non contre les lois de la justice. Pareille pratique constitue l'interpolation par adjonction. Une autre catégorie procède d'une modification apportée au document, ainsi lorsqu'un mot est traduit par un autre ou se trouve témérairement retouché, ce qui arrive parfois aux chercheurs inexpérimentés qui se croient experts, tels ceux qui lisaient *fevum* dans les anciens documents et lui substituaient d'aventure le mot de *feodum,* qui n'était pas encore en usage en ces temps anciens. Enfin, l'interpolation provient surtout d'une erreur du scribe, ou insuffisamment exercé dans la difficile lecture d'un document authentique, ou victime d'une erreur oculaire, ou sautant une ligne, ou transcrivant un ou des mots pour un ou plusieurs

> autres. Et de là procèdent les différentes lectures des documents transmis de main en main; leur diversité ne doit pas nuire à l'autorité des documents authentiques. *(Traduit du latin.)*

Quiconque a la moindre expérience du travail d'archives, et tout particulièrement de l'étude des documents médiévaux, ne peut que souscrire à ces pertinentes remarques. N'est-ce pas une règle d'or de la discipline que de faire la guerre aux erreurs et aux falsifications?

Digne contemporain de Mabillon, Le Nain de Tillemont (1637-1698), ancien élève des Solitaires de Port-Royal, publie d'abord l'*Histoire des Empereurs... qui ont régné durant les six premiers siècles de l'Église* (1691 et s.) et ensuite les *Mémoires pour servir à l'histoire ecclésiastique des six premiers siècles, justifiés par les citations des auteurs originaux avec une chronologie où l'on fait un abrégé de l'histoire ecclésiastique et avec des notes pour éclaircir les difficultés des faits et de la chronologie* (1693 et s.). Titre long, suivant la coutume de l'époque, mais combien significatif : il n'est point d'histoire fiable sans matériaux de bon aloi, validés par un examen scrupuleux dont témoigne un apparat critique naissant. L'auteur expose ensuite, dans la préface, les grandes lignes de sa démarche. Loin de rechercher l'effet littéraire, il prône un style simple et ne craint pas l'abondance des détails : « Dans la vue qu'on a de fournir des mémoires à ceux qui voudront entreprendre quelque travail sur celui-ci, il a été bon de leur ramasser tout ce qui se trouve dans les auteurs, afin qu'ils puissent juger eux-mêmes ce qu'il est à propos de dire et de taire. » Car l'ouvrage n'est pas destiné à un large public, mais à « ceux qui veulent s'instruire des choses à fond, soit simplement pour connaître la vérité et s'en nourrir, soit pour composer ensuite quelque ouvrage plus important ». L'agencement de ce livre le destine aux érudits : loin d'être une narration continue, il est divisé « par titres où l'on ne voit qu'une chose à la fois », telle la biographie d'un saint, tel le récit d'une persécution, sans établir de liaison avec les autres événements religieux. Voilà qui annonce certaine histoire-tiroirs qui se donnera pour mission d'étudier séparément les différentes catégories de faits, étant entendu que la chronologie doit régner en maîtresse dans chacune des petites cases ainsi définies. Le Nain de Tillemont ne vise à rien d'autre qu'à « représenter la vérité toute simple de ce qui s'est passé dans les premiers siècles et l'établir autant que cela lui est possible par le témoignage des auteurs les plus anciens » (considérés comme les plus sûrs parce que les plus proches des faits relatés). En conséquence, les sources ont été soumises à un tri sévère : à côté des pièces authentiques, Le Nain de Tillemont en a retenu quelques autres présentant « un air d'antiquité qui fait présumer qu'au moins le fond vient de pièces originales », mais il ne leur accorde pas une confiance sans réserve (« on a eu soin de distinguer celles-ci des premières et de marquer ou dans le texte ou dans les notes le jugement qu'on en doit faire »). Enfin, il traite sans égards des documents plus tardifs, issus d'une époque « où la vérité de l'histoire était altérée par diverses traditions populaires et souvent par des fictions inventées à dessein ». Il apparaît qu'à ses yeux la qualité maîtresse de l'historien réside dans un certain art de distinguer le vrai du faux. C'est une sorte de flair acquis par l'expérience. Comment discerner, demande-t-il, les vraies des fausses vies des saints? En lisant les vraies, « on se forme un goût pour discerner ce qui a cet air d'antiquité et de vérité d'avec ce qui sent la fable et la tradition populaire ». On apprend ainsi peu à peu à juger « de ce qui peut avoir été écrit dans un temps et de ce qui n'en peut être que fort éloigné ». L'historien est en train de devenir un homme de métier.

3. L'essor de l'érudition (fin du XVIIe et début du XVIIIe siècle)

Ce phénomène ayant été fort bien étudié sur le plan institutionnel par les auteurs précédents (tels Ehrard et Palmade aux p. 38 et s.), on se contentera de signaler les créations d'académies et de bibliothèques, qui permettent la naissance d'une vie scientifique collective, et de mentionner les travaux des jésuites bollandistes spécialisés dans la publication des vies de saints *(Acta Sanctorum)*, ceux des oratoriens (édition et révision du recueil de la *Gallia Christiana*) et surtout ceux des bénédictins de la Congrégation de Saint-Maur. Fidèles à l'enseignement de Dom Mabillon, ils se lancent dans de grandes entreprises d'édition de documents anciens. Après les *Monuments de la Monarchie Française* (1729-1733) de Bernard de Montfaucon, viennent *L'Histoire littéraire de la France* (à partir de 1733) et le *Recueil des Historiens des Gaules et de la France* commencé par Dom Bouquet en 1738, sans oublier *L'art de vérifier les dates des faits historiques, des chartes, des Chroniques, et autres anciens monuments, depuis la Naissance de Notre-Seigneur* (première édition, 1750). Une province comme la Bretagne bénéficie également de cette érudition bénédictine, dont témoignent par exemple les *Mémoires pour servir de Preuves à l'Histoire de Bretagne* (Paris, 1742) de Dom P.-H. Morice et *Les Vies des saints de Bretagne* de Dom Alexis Lobineau, du couvent de Saint-Melaine de Rennes (1666-1727). Hors des cloîtres, l'érudition officielle est née avec l'*Académie royale des Inscriptions et Belles-Lettres* (1663) qui a d'abord une fonction précise au service du pouvoir monarchique : « rédiger les devises des médailles et les inscriptions des monuments » à la gloire de Louis XIV. Elle devient très vite une pépinière d'érudits et commence la publication de *Mémoires* en 1717, ainsi que celle du *Recueil des Ordonnances des Rois de France*. Tous ces travaux, si importants soient-ils pour la naissance de la science historique, sont en général peu considérés par les contemporains. Voici, à titre d'exemple, comment le président de Brosses raconte une visite qu'il fit à l'illustre Muratori dans sa bibliothèque de Modène : « Nous trouvâmes ce bon vieillard avec ses quatre cheveux blancs et sa tête chauve, travaillant... dans cette galerie glaciale, au milieu d'un tas d'antiquités, de vieilleries italiennes; car je ne puis me résoudre à donner ce nom d'antiquité à tout ce qui concerne ces vilains siècles d'ignorance. »

Il nous revient plus particulièrement d'examiner les *procédures* de cette histoire érudite, qui nous semblent annoncer par bien des traits les règles qu'imposera l'école méthodique après 1876. Première caractéristique : le culte des pièces originales, chartes, ordonnances royales, bulles pontificales, etc., ainsi que celui des sceaux et des armoiries, liés l'un et l'autre à l'obsession d'éclairer les origines des pouvoirs et des institutions. En second lieu, le souci de bien interpréter ces documents requiert la publication d'instruments de travail adaptés, tels le glossaire de latin médiéval de Du Cange (1678), la *Paléographie grecque* de Montfaucon ou le *Grand Dictionnaire historique* de Moreri (vingt éditions de 1674 à 1759). Désormais, l'opération historique se définit avant tout comme un travail sur les textes, s'inspirant des méthodes de la grammaire et de l'exégèse. Elle vise essentiellement, troisième caractère marquant, à bâtir une *chronologie exacte,* par la confrontation systématique des témoignages. Reportons-nous à la Préface de l'*Art de vérifier les dates* (p. I) :

> L'importance de cet Art qui apprend à fixer l'ordre des temps et des événements est si généralement reconnue, qu'il est inutile d'en relever ici les avantages. Personne n'ignore que la Chronologie et la Géographie sont comme les deux yeux de l'Histoire, que, guidée par leurs lumières, elle met dans ses récits l'arrangement et la clarté convenables, et que sans elles l'ensemble des faits, dont la connaissance est venue jusqu'à nous, n'est qu'un chaos ténébreux qui surcharge la mémoire sans éclairer l'esprit. Combien d'erreurs en effet, par la privation de ces deux sciences, se sont introduites dans l'Histoire tant ecclésiastique que profane! Elles sont innombrables. Mais grâce aux travaux des Chronologistes (il faut en dire autant de ceux des Géographes) qui depuis plus d'un siècle se sont appliqués à puiser l'Histoire dans les sources, grand nombre de ces erreurs ont été corrigées ou du moins reconnues. Il s'en faut bien cependant que leurs savantes et pénibles recherches aient dissipé tous les nuages et aplani toutes les difficultés. Elles ont laissé en souffrance quantité de questions épineuses dont la solution dépend moins de la sagacité de l'esprit que du secours de l'art. C'est donc rendre un service essentiel à la République des Lettres que d'établir des règles générales et sûres pour vérifier les dates

> des monuments historiques, marquer les époques des événements, et concilier entre eux, lorsqu'ils peuvent l'être, les Auteurs qui ne sont point d'accord les uns avec les autres, et quelquefois aussi semblent ne pas l'être avec eux-mêmes.

La mission est tracée pour les historiens à venir : ils croiront l'histoire achevée quand ils auront constitué des chaînes de faits ininterrompues. Cette chronologie, il faut l'agencer hiérarchiquement, en s'attachant d'abord aux institutions et aux pouvoirs les plus éminents, pour prendre ensuite en compte les pouvoirs de moindre rang. D'abord la suite des Conciles qui « donne les époques des triomphes que l'Église a remportés sur les hérésies, et celles des changements qu'elle a faits dans sa discipline ». Ensuite, seulement « on passe à l'histoire civile. Les Empereurs romains ouvrent la scène... De l'Orient... on passe dans l'Occident, dont on parcourt successivement, d'abord toutes les Monarchies, ensuite les Principautés subalternes qui en relèvent. La France est parmi les Monarchies occidentales le premier objet que l'on traite, et celui sur lequel on s'arrête avec le plus de complaisance. L'intérêt que la patrie inspire n'est pas le seul motif de cette prédilection, et l'on conviendra que, tout préjugé mis à part, il n'est aucun Royaume de l'Europe qui mérite plus que la France l'attention et la curiosité du Lecteur » (p. IV à VI). Un tel agencement préfigure directement celui des manuels d'histoire événementielle des années 1880-1940; il n'y manque rien, même pas le chauvinisme national! Ces suites de faits, réparties suivant des cadres *a priori*, sont fondées sur les sources les plus sûres : « Dans le choix des Auteurs, on ne s'est laissé entraîner ni par la prévention, ni par la grande réputation que plusieurs se sont justement acquise. On a partout cherché la vérité; et partout où l'on a cru l'apercevoir, on s'est fait un devoir indispensable de la suivre » (p. IX). Servir la vérité, traquer l'erreur, en rejetant tout préjugé et en s'éclairant du « flambeau de la critique », tel est le quatrième trait majeur de l'histoire érudite. C'est au nom de la vérité que Dom Morice se montre fort critique à l'égard du chroniqueur Alain Bouchart dans la préface de l'*Histoire ecclésiastique et civile de Bretagne* (Paris, 1750) : « l'Auteur a admis les fables, qui avaient cours de son temps... A l'égard des faits on peut dire qu'il traite légèrement ce qu'il y a de vrai, et s'arrête beaucoup à ce qui est faux » (p. VII). Notre bénédictin est le digne contemporain de Voltaire, qui se moque des « sottises célèbres dont les historiens anciens regorgent », et de Diderot qui souligne : « Qui dit histoire dit un narré fidèle, un récit exact et sincère des événements, appuyé sur le témoignage de ses propres yeux, sur des actes certains et indubitables, ou sur le rapport de personnes dignes de foi. » C'est pratique courante, désormais, que de soumettre les témoignages à une série de questions de bon sens, qui constituent les premiers éléments d'une méthode historique : « Quels sont les témoins? Que valent-ils? Sont-ils instruits? Sont-ils contemporains des faits relatés? » On conseille de ne retenir que ce qui est vraisemblable. Le doute, voire la suspicion, gagnent et s'étendent, en particulier pour ce qui touche aux périodes reculées. Un mémoire présenté à l'Académie des Inscriptions en 1723 avance que « nous ne savons rien de sûr au sujet de Romulus » et des origines romaines en général. L'incertitude touche aussi le Moyen Age et, plus largement, s'étend à l'ensemble des faits merveilleux relatés par les historiens du passé. Mais il arrive que cette activité critique s'arrête à mi-chemin. Ainsi Dom Lobineau récuse-t-il certains des miracles prêtés à saint Samson de Dol par son biographe mérovingien (« l'on ne doit pas s'arrêter à ce que dit l'auteur... on a même de la peine à croire celui (le miracle) d'un horrible serpent qu'on dit qu'il chassa »), mais c'est pour en reconnaître d'autres qui se situent sur le plan spirituel. Il a seulement pris quelque distance envers la légende primitive, sans la ruiner totalement. Les historiens du XIXe siècle iront bien au-delà dans le sens de la suspicion à l'encontre des faits irrationnels. Il reste à mentionner une dernière particularité de l'érudition des temps classiques : on se consacre le plus souvent à des travaux précis, sans se « lancer dans les espaces infinis et les temps illimités ». On cultive volontiers l'histoire nationale ou provinciale, voire la monographie, dont l'*Histoire de Charles XII* de Voltaire constitue un bon exemple. Cette tendance aux études parcellaires s'épanouira pleinement au XIXᵉ siècle où l'histoire s'enracinera dans le sol national et le terroir villageois.

4. Voltaire et l'élargissement des perspectives historiques

Voltaire (1694-1778) s'est progressivement converti à l'histoire. Sa renommée de poète était déjà solidement établie lorsqu'il se lança dans l'*Histoire de Charles XII* (1731). C'est en composant ses grandes épopées, *Œdipe* (1718) et *La Henriade* (1723), qu'il avait pris goût à l'étude du passé. Il ne faisait en cela qu'épouser le mouvement de son temps. A l'issue du règne de Louis XIV, beaucoup avaient le sentiment d'avoir vécu une grande époque et voulaient en dresser des tableaux pour la postérité. Les malheurs de 1709-1710, d'autant plus douloureusement ressentis que la France était devenue du fait de la centralisation monarchique « un tout régulier dont chaque ligne aboutit au centre » (René Pomeau), n'avaient fait qu'aviver ce sentiment. Par-delà ces raisons conjoncturelles, on portait une attention plus aiguë à la vie en société et aux systèmes politiques. Participant de cet engouement, Voltaire aborde ce champ d'étude nouveau pour lui en littérateur et en moraliste. L'histoire doit à ses yeux étudier les motifs et les passions qui guident les actions humaines. Elle doit présenter des héros de haut-relief, tel Charles XII de Suède, choisi parce qu'il fut « excessivement grand, malheureux et fou »; des héros affrontés, qui puissent donner lieu à de belles antithèses, comme celle qu'il développe entre le conquérant suédois et le tsar Pierre le Grand, son adversaire à Poltava en 1709 : « Charles XII, illustre par neuf années de victoires; Pierre Alexiowitz par neuf années de peines prises pour former des troupes égales aux troupes suédoises; l'un glorieux d'avoir donné des États, l'autre d'avoir civilisé les siens... le monarque suédois libéral par grandeur d'âme, le moscovite ne donnant jamais que par quelque vue. » L'historien doit avoir le souci de plaire, en écrivant brièvement et sans encombrer son récit de détails inutiles. Certes, son information doit être solide : « On a composé cette histoire sur des récits de personnes connues, qui ont passé plusieurs années auprès de Charles XII et de Pierre le Grand, empereur de Moscovie, et qui, s'étant retirées dans un pays libre, longtemps après la mort de ces princes, n'avaient aucun intérêt à déguiser la vérité. » De fait, Voltaire s'est documenté consciencieusement; en dehors des ouvrages historiques, il a consulté des livres de géographie, des mappemondes, ce qui n'empêche pas son tableau de la Pologne de n'être qu'une série de lieux communs. Dans cette masse d'informations, il a opéré un tri sévère : « Parmi les événements de sa vie, on n'a choisi que les plus intéressants. On est persuadé que l'histoire d'un prince n'est pas tout ce qu'il a fait, mais ce qu'il a fait de digne d'être transmis à la postérité. » C'est un délice que de lire les répliques de Voltaire aux remarques peu amènes que M. de La Motraye avait faites sur son ouvrage. A son contradicteur qui regrette de ne point voir relater l'histoire de prisonniers russes libérés par les Suédois après qu'on leur eut « coupé en deux endroits la ceinture de leurs hauts-de-chausses, qu'ils étaient obligés de soutenir des deux mains », Voltaire répond de cinglante façon : « Il reste à savoir si c'est une faute bien considérable d'avoir omis l'aventure des culottes des Moscovites. » Malgré de multiples élagages, le récit des guerres occupe une place essentielle dans l'ouvrage et l'auteur le regrettera quelques années plus tard : « J'ai honte d'avoir parlé de tant de combats, de tant de maux faits aux hommes... J'aurais mieux fait d'éviter tous ces détails de combats donnés chez les Sarmates et d'entrer plus profondément dans le détail de ce qu'a fait le czar pour le bien de l'humanité. Je fais plus de cas d'une lieue en carré défrichée que d'une plaine jonchée de morts. »

C'est avec *Le Siècle de Louis XIV*, entrepris en 1732, presque achevé en 1739 et publié en 1751 à Berlin, que Voltaire va faire droit aux faits de civilisation, comme il l'annonce dans sa lettre à l'abbé Dubos du 30 octobre 1738, qui est très révélatrice de la genèse de l'œuvre : « Ce ne sont point les annales de son règne; c'est plutôt l'histoire de l'esprit humain, puisée dans le siècle le plus glorieux à l'esprit humain. » Il reste que les événements diplomatiques et militaires continuent d'y occuper une place essentielle. Voltaire indique à son correspondant la suite des chapitres de son ouvrage : il y en a vingt pour les « grands événements », un pour la vie privée de Louis XIV, deux pour la « police » du royaume, commerce compris, deux pour les affaires ecclésiastiques, cinq ou six pour l'histoire des arts. Dans cette même lettre s'exprime un grand souci d'aller à l'essentiel et de le dire avec une extrême concision : « J'ai pour la vie privée de Louis XIV les Mémoires de M. Dangeau, en quarante volumes dont j'ai extrait quarante pages. » Voltaire est à l'affût des confidences des « vieux courtisans, valets, grands seigneurs, et autres »; il fait plus encore la chasse aux documents inédits, tel le *Mémorial écrit de la main de Louis XIV* qu'il souhaiterait pouvoir consulter, tels les Mémoires des intendants où il puise des informations sur *le dedans du royaume.* Il conçoit son ouvrage sur le mode d'une série de tableaux, au risque de ne pas respecter toujours les enchaînements chronologiques et de présenter parfois l'effet avant la cause. Il ne fait en cela que se plier aux règles classiques de la « peinture d'histoire ». Il recherche un certain effet de perspective dans l'ensemble du livre (au premier plan, le tumulte des guerres, au second, les splendeurs de la Cour; au fond, les querelles religieuses) et dans chacun de ses tableaux en particulier : « Les principaux personnages sont sur le devant de la toile; la foule est dans l'enfoncement. » Peintre, il est aussi dramaturge, ramenant l'histoire au déroulement d'une intrigue. Exposition, nœud et dénouement se succèdent dans la première partie du *Siècle;* et déjà l'*Histoire de Charles XII* était agencée sur le mode d'une tragédie en cinq actes. Voltaire entretient sciemment le suspense : « Mon secret est de forcer le lecteur à se dire lui-même... La Hollande sera-t-elle détruite? Louis XIV succombera-t-il? » Tout cela n'était pas dénué d'arrière-pensées intéressées : il s'agissait d'acquérir la considération de l'État en composant de grands tableaux historiques et en tenant la chronique des faits contemporains. Voltaire se vit effectivement confier en 1745 la fonction d'historiographe du roi, mais pour peu de temps.

C'est alors qu'il a jeté les fondements d'une histoire

universelle dite *Essai sur les Mœurs et l'Esprit des Nations*, élaborée de 1740 à 1756, que Voltaire a le plus clairement exprimé son ambition de renouveler le genre historique. *Les Nouvelles Considérations sur l'Histoire* (1744) s'ouvrent en effet sur une véritable profession de foi, où certains ont vu le premier manifeste de l'histoire totale. L'histoire n'est pas un genre immuable, nous dit Voltaire d'entrée de jeu. La façon de la concevoir est liée au mouvement scientifique général. L'éveil du sens critique est en train de ruiner un certain nombre de légendes tenaces. Le merveilleux médiéval, donc chrétien, n'est guère plus épargné que la mythologie antique dans cette vaste entreprise de démystification. Il faut aussi s'attaquer à l'histoire moderne, entendons contemporaine. Foin des interminables récits de batailles et de fêtes, foin des commérages de la cour qui encombrent tant d'ouvrages, place aux faits riches d'enseignements et aux « connaissances d'une utilité plus sensible et plus durable »! A quoi donc s'attacher pour bâtir « l'histoire des hommes » et non celle « des rois et des cours »? Il faut tenter d'évaluer les bienfaits et les méfaits des guerres et des conquêtes coloniales. Il faut surtout jeter les bases d'une science démographique, pour trancher un débat qui agite fort les esprits : est-il vrai que la terre se dépeuple, comme le soutient Montesquieu dans les *Lettres Persanes?* Après avoir avancé de nombreuses preuves du contraire, Voltaire dénonce le caractère passéiste et moralisant de la thèse de la dépopulation. Il attend la confirmation de ses vues des premiers balbutiements de la démographie, et en particulier de l'application de la règle du Hollandais Kersseboom (1691-1771), selon lequel il suffit de multiplier le nombre des naissances par trente-quatre pour obtenir le chiffre total de la population. Avec les années, les critères s'affinent. Vers 1760, l'abbé Expilly estime qu'il faut multiplier le nombre annuel moyen des naissances par vingt-cinq pour connaître le nombre des habitants. En Anjou, les intendants retiennent le coefficient de 23 2/3 qui, selon un spécialiste contemporain, permet d'obtenir une première approximation vraisemblable. Voltaire formule ensuite d'autres exigences. La première de celles-ci reste prisonnière des catégories anciennes de l'histoire-tribunal : « Il recherchera quel a été le vice radical et la vertu dominante d'une nation. » La seconde est très neuve, puisqu'il pressent la nécessité de parvenir à une « pesée globale » de la richesse commerciale et industrielle de chaque pays, en utilisant des sources jusque-là inexploitées comme les registres des exportations. Il définit enfin le grand objet de l'histoire à venir, soit « les changements dans les mœurs et dans les lois ». Cet objet s'est notablement déplacé depuis Bossuet, car il ne s'agit plus d'évoquer les actions des grands hommes ni les grands *coups* de la Providence, mais les éléments régulateurs de la société civile dans son ensemble. L'histoire doit désormais s'ouvrir à tout ce qui est humain, et donc à la diversité des civilisations. Ailleurs, dans l'*Essai sur les Mœurs et l'Esprit des Nations,* Voltaire dénonce le judéo-centrisme de Bossuet (« il paraît avoir écrit uniquement pour insinuer que tout a été fait dans le monde pour la nation juive ») et lui reproche d'avoir « oublié entièrement les anciens peuples de l'Orient, comme les Indiens et les Chinois qui ont été si considérables avant que les autres nations fussent formées ». Il faut concilier, dit-il dans le même ouvrage, la connaissance de la nature humaine qui « se ressemble d'un bout de l'univers à l'autre » et celle de la diversité des coutumes, car « la culture produit des fruits divers ». Telles sont les voies qui permettent « d'écrire l'histoire moderne en vrai politique et en vrai philosophe ». Entendons que la connaissance de l'homme et l'administration de la cité y ont à gagner.

Le programme exposé, dans sa radicale nouveauté, surgit l'inévitable question : qu'en fut-il de la pratique de Voltaire historien? Fut-il fidèle aux principes qu'il affichait? Qui contesterait son souci de démystifier ses contemporains sur un certain nombre de légendes pieusement entretenues? N'a-t-il pas ruiné, par exemple, la version héroïque du passage du Rhin par les armées de Louis XIV qu'avaient forgée Boileau et Bossuet? N'a-t-il pas procédé à de patientes recherches documentaires, suivant en cela la règle cartésienne des « dénombrements entiers »? N'a-t-il pas eu, au degré suprême, l'art d'associer le récit et les connaissances utiles? Il reste près des faits, on l'a vu, en recherchant toujours le détail signifiant. Il continue de sacrifier largement à la chronique militaire et diplomatique : dans l'*His-*

toire de l'Empire de Russie sous Pierre le Grand (1759), la moitié du développement est encore consacrée aux guerres du tsar; dans le *Précis du Siècle de Louis XV*, seule la conclusion évoque « les progrès de l'esprit humain ». Mais Voltaire a ouvert une voie d'avenir en s'intéressant aux problèmes démographiques et économiques. Si limitées que nous paraissent ses informations sur le commerce et sur l'industrie, elles n'en étaient pas moins plus fournies que celles de la plupart des contemporains. Voici comment il salue l'œuvre accomplie par Colbert : « Depuis l'an 1663 jusqu'en 1672, chaque année de ce ministère fut marquée par l'établissement de quelque manufacture. Les draps fins, qu'on tirait auparavant d'Angleterre, de Hollande, furent fabriqués dans Abbeville. Le roi avançait aux manufacturiers deux mille livres par chaque métier battant, outre des gratifications considérables. On compte, dans l'année 1669, quarante-quatre mille deux cents métiers de laine dans le royaume. Les manufactures de soie perfectionnées produisirent un commerce de plus de cinquante millions de ce temps-là... Les tapisseries de Flandre cédèrent à celles des Gobelins. Le vaste enclos des Gobelins était rempli alors de plus de huit cents ouvriers; il y en avait trois cents qu'on y logeait... Seize cents filles furent occupées aux ouvrages de dentelle : on fit venir trente principales ouvrières de Venise, et deux cents de Flandre; et on leur donna trente-six mille livres pour les encourager » (*Le Siècle de Louis XIV*, chap. XXIX). Premiers et timides débuts de l'*histoire nombrée!* Reste une règle d'or de l'histoire critique que Voltaire a plus difficilement tenue : il faut « dépouiller tout esprit de parti ». Ouvrons l'histoire de Russie précitée. Les jugements *a priori* du philosophe des Lumières s'y étalent : ce ne sont que moines ignorants et oisifs, moniales stériles, obligations religieuses qui entravent l'activité productive, tel le jeûne du Carême. Voltaire a-t-il su au moins être pleinement libre à l'égard des grands de ce monde qu'il côtoyait, qui le protégeaient et parfois le surveillaient? En fait, il a écrit en homme libre qui savait faire des concessions. Ainsi a-t-il accepté de soumettre au visa de la censure son histoire de la Russie, qui faisait silence sur certains épisodes troubles du règne de Pierre le Grand. Il s'en est expliqué cyniquement : « Ils m'ont donné de bonnes pelisses, et je suis très frileux. »

De l'œuvre de Voltaire se dégage une philosophie de l'histoire qui s'inscrit parfois à l'encontre des principes professés. Ainsi en est-il du thème des « surprises de l'histoire », de l'événement qui dément les prévisions en un domaine où « le vraisemblable n'arrive pas toujours » et où tous les renversements sont possibles. Il y a toujours une part de contingence dans le devenir humain, et les impondérables peuvent y avoir de grandes conséquences. D'où une tendance accusée à valoriser le petit fait. Façon de s'en prendre à la croyance en un sens de l'histoire fixé par Dieu de toute éternité et de ruiner ainsi le providentialisme à la Bossuet. Autant qu'aux petits hasards, Voltaire a attaché une importance essentielle aux grands hommes. Les quatre époques majeures qu'il distingue dans l'histoire humaine ont pour emblèmes de grands souverains : la Grèce de Philippe et Alexandre, Rome sous César et Auguste, la Florence des Médicis et la France de Louis XIV. L'action d'individus exceptionnels peut en effet déclencher de grands changements. Au premier rang de ces héros, Pierre le Grand qui sort la Russie de la barbarie comme il fait surgir Pétersbourg des marais de la Neva, qui développe la civilité chez ses sujets, qui taxe les habits longs ou le port de la barbe et, par cette réforme vestimentaire, rend ses sujets plus aptes à accueillir les Lumières. En France, de même, « tout est sauvage » jusqu'à Louis XIV qui y répand « l'honnêteté », sous forme de discipline sociale imposée à tous. En ce sens, Voltaire reste très proche de la conception héritée des « humanistes » selon laquelle les sociétés sont modelées par leurs guides. Agents d'une culture uniformisante, ils forgent les nations en « forçant la nature ». Qui nierait les virtualités réactionnaires de cette philosophie politique qui prône volontiers l'usage de la contrainte (par des despotes éclairés, il est vrai), et qui de surcroît s'accommode des inégalités sociales en les fondant sur l'ordre naturel : « Le manœuvre, l'ouvrier doit être réduit au nécessaire pour travailler : telle est la nature de l'homme. Il faut que ce grand nombre d'hommes soit pauvre. » Malgré cela, Voltaire a été avant tout considéré par ses contemporains comme l'ennemi du passé, comme celui qui prônait l'avènement d'une cité meilleure.

Sa postérité historiographique nous semble avoir été double. Par sa sagacité critique, par sa défiance envers les phénomènes irrationnels, par son exigence de clarté et de concision, ainsi que par son souci d'une composition ordonnée et équilibrée, il nous paraît annoncer certains maîtres de l'histoire historisante de la fin du XIXe siècle. Il n'est pas jusqu'à la valorisation du petit fait qui ne trouve un écho chez ces derniers, tel Charles Seignobos affirmant qu'une part importante des événements « résulte d'accidents dus au hasard ». En revanche, les principes énoncés par le père putatif de l'histoire totale ont trouvé un large écho dans la première moitié du XIXe siècle. Chez Guizot tout d'abord, à l'entrée de son *Cours d'histoire moderne* en 1828 : « Ne semble-t-il pas, en effet, Messieurs, que le fait de la civilisation soit le fait par excellence, le fait général et définitif auquel tous les autres viennent aboutir, dans lequel ils se résument? Prenez tous les faits dont se compose l'histoire d'un peuple, qu'on est accoutumé à considérer comme les éléments de sa vie; prenez ses institutions, son commerce, son industrie, ses guerres, tous les détails de son gouvernement : quand on veut considérer ces faits dans leur ensemble, dans leur liaison, quand on veut les apprécier, les juger, qu'est-ce qu'on leur demande? On leur demande en quoi ils ont contribué à la civilisation de ce peuple, quel rôle ils y ont joué, quelle part ils y ont prise, quelle influence ils y ont exercée... » Chez Chateaubriand ensuite, dans la préface de ses *Études Historiques* (1831) : « Souvent l'historien n'était qu'un voyageur racontant ce qu'il avait vu... Maintenant, l'histoire est une encyclopédie; il y faut tout faire entrer, depuis l'astronomie jusqu'à la chimie, depuis l'art du financier jusqu'à celui du manufacturier, depuis la connaissance du peintre, du sculpteur et de l'architecte jusqu'à celle de l'économiste, depuis l'étude des lois ecclésiastiques, civiles et criminelles, jusqu'à celle des lois politiques. » Enfin Michelet aimait à saluer « Notre maître Voltaire », sans partager son « matérialisme ». L'*Essai sur les Mœurs* lui semblait avoir ouvert la phase conquérante de l'histoire.

5. Les prémices de l'institution historique (années 1800-1870)

Les historiens de la première moitié du XIXe siècle, qu'ils fussent romantiques ou libéraux, ont été très sévèrement jugés par Gabriel Monod lors du lancement de *La Revue historique* en 1876. Parmi les raisons de l'infériorité de la production française à l'égard de l'allemande, il invoquait « le génie de la nation », mais surtout l'absence de traditions scientifiques. « Nous y avons gagné peut-être en originalité, du moins au point de vue de la forme littéraire; nous y avons perdu au point de vue de l'utilité scientifique des travaux de nos historiens. » Et il dénonçait ensuite les effets néfastes des passions politiques et religieuses, ainsi que le péché très répandu de procéder à des « généralisations précipitées ». Ces réticences sont bien compréhensibles. Un bon connaisseur de l'histoire romantique nous dit que celle-ci semble marquer à certains égards un recul de l'esprit critique. « Entre le roman et le drame, l'histoire hésite sur sa voie propre » (P. Moreau). On affiche un goût un peu suspect de la couleur locale : « S'il est permis d'être minutieux, c'est dans tout ce qui touche à la vérité de couleur locale qui doit être le propre de l'histoire » (Augustin Thierry). On cultive le tableau de genre plutôt que la reconstitution véridique. L'engouement pour le Moyen Age verse bientôt dans les excès du style Viollet-le-Duc. Il reste toutefois que l'activité érudite a redémarré aux lendemains de la Révolution, chez les bénédictins de Solesmes qui renouent avec les traditions des mauristes, à l'Académie des Inscriptions où l'on reprend les collections interrompues, et aussi à l'École des chartes fondée en 1821. Cette « effervescence d'histoire » s'amplifie sous la monarchie de Juillet : « La société d'histoire de France commence ses travaux; l'école archéologique d'Athènes s'organise en 1846; la province travaille dans ses sociétés savantes, dans ses académies. » Louis-Philippe est féru d'archéologie, Guizot dirige la publication des documents de l'histoire de France, cependant que Mérimée exerce à partir de 1833 les fonctions d'inspecteur général des monuments historiques. Il entreprend une prospection méthodique dans les provinces françaises, dont il consigne les résultats dans ses notes de voyage (1835-1840). Tous ces travaux contribuent à faire droit, à côté des élans de l'imagination, aux vertus traditionnelles de l'historien, comme le souci scrupuleux d'exactitude et la prudence dans le jugement. Selon Pierre Moreau, Augustin Thierry lui-même « n'avance aucune interprétation des faits sans la corriger par l'interprétation voisine ou inverse ». Cette « oscillation hésitante » qu'il décèle chez l'auteur des *Temps Mérovingiens* n'annonce-t-elle pas les « prudences tremblotantes » de l'école positiviste? Dans la paix des bibliothèques et des dépôts d'archives, de laborieux érudits rassemblent les matériaux des synthèses à venir, tel ce Guigniaut que Jules Simon qualifie de « savant à désespérer les Allemands » : « Il savait tout ce que nous n'avions pas besoin de savoir, et c'était aussi ce qu'il nous enseignait... » Son opinion sur l'existence d'Homère « était enveloppée de tant de parenthèses, de notes marginales et de notes au bas de la page, que nous renoncions à l'éclaircir ». Il s'agit d'une charge, mais elle comporte sa part de vérité. Deux écoles se différencient nettement après 1830, incarnées par Sainte-Beuve et Michelet : « L'un chemine au bord du fleuve, un parapluie d'une main, un microscope de l'autre. Michelet voyage en ballon, avec une longue-vue : ils ne peuvent guère se rencontrer. » L'école du microscope voit grossir notablement les rangs de ses adeptes entre 1830 et 1870, par la multiplication des sociétés savantes.

CRÉATIONS DANS L'ENSEMBLE DE LA FRANCE

	1830-1849	*1850-1870*
Sociétés historiques et archéologiques	23	17
Sociétés à curiosités multiples	25	28

Académies, sociétés historiques et sociétés des antiquaires prolifèrent à partir de 1830, tout particulièrement autour de Paris, Toulouse, Caen et Poitiers. Les unes sont strictement historiques et archéologiques, les autres se targuent de curiosités multiples, comme les sociétés polymathiques et les sociétés d'émulation. Mais, chez ces dernières aussi, la part des travaux historiques va croissant. On a pu mettre en courbe l'essor de l'histoire dans le département de la Marne après 1860, accompagné d'un déclin corrélatif de l'agronomie et des sciences. Sur dix-neuf sociétés actives dans les années 1840-1870, il en est treize où l'histoire est le genre le plus pratiqué. D'abord un quart puis un tiers des travaux en relèvent. A défaut de pouvoir jauger la production de tous ces cénacles érudits dispersés à travers la France, Ch. O. Carbonell a cherché à apprécier l'importance respective des différents domaines de l'histoire à travers les 1884 titres publiés entre 1870 et 1874. Il peut paraître intéressant de faire le point avant la naissance de ce qu'on a appelé *l'école méthodique des historiens professionnels,* autour de *La Revue historique,* créée en 1876. L'histoire religieuse jouit d'une prééminence très affirmée, puisqu'elle couvre le cinquième de la production, voire le quart si l'on tient compte des monographies et des éditions de textes. Un historien sur six est prêtre ou religieux. Cette production relève davantage de l'hagiographie que de l'histoire; au mieux l'on affiche quelques velléités scientifiques, mais l'on fait preuve le plus souvent d'une « crédulité méthodique » envers les sources. Un autre secteur important de la production historique est constitué par les éditions de textes (250 ouvrages au total), qu'il s'agisse de cartulaires, de livres de comptes, de chroniques ou de mémoires. Beaucoup de livres paraissent « accompagnés de documents inédits, appuyés sur des pièces justificatives », en signe d'un véritable culte des sources écrites. Malgré l'inégale valeur de ces publications, on passe en une trentaine d'années de l'édition passive à l'édition critique, comme en témoigne la place croissante des notes infra-paginales. Les monographies locales connaissent également une grande vogue : il en paraît 400 entre 1870 et 1875; en général, leur ampleur est fonction du nombre d'habitants de la ville ou de la bourgade étudiée (de 16 pages pour un village de 171 habitants à 925 pour Paris, cas extrêmes!). Ces ouvrages sont souvent très hétéroclites, véritables fourre-tout documentaires, bourrés de petits faits, oublieux de la démographie et de l'économie, tout à la gloire des héros éponymes de la cité. A en croire l'abbé Goudé, par exemple, Chateaubriant « depuis sa naissance n'avait d'autre vie que celle qui lui venait de ses barons ». Quant à l'archéologie et à l'histoire de l'art, elles couvrent un dixième de la production, soit quelque 180 brochures et ouvrages dont les huit neuvièmes sont consacrés au sacro-saint territoire national, avec une préférence très accusée pour les monuments religieux du Moyen Age. L'absence d'une méthode uniforme se fait sentir dans ces travaux, puisque les envolées lyriques et les considérations ésotériques les plus échevelées y voisinent avec des analyses pseudo-savantes à forte dose d'esbroufe terminologique (« les doubles arceaux en retraits d'ogive », etc.) et avec de plates énumérations dues à des esprits scrupuleux. Un dernier caractère de l'historiographie française des années 1870 mérite d'être souligné : le très petit nombre d'ouvrages consacrés à des pays autres que la France. Paraissent seulement 5 histoires universelles, 41 études sur l'Europe et 9 sur les colonies, contre 168 consacrées à l'histoire nationale! Un européocentrisme outrancier s'y étale. Pour témoin, ce jugement émis par Riancey dans une *Histoire du Monde* dont les perspectives sont en fait plus étroites que celles de l'*Essai sur les Mœurs :* « la tyrannie musulmane » trouve « son principe dans la lâcheté et dans le sensualisme incurable des hommes dégénérés qui habitent ces régions ». Si l'on ajoute à cette myopie bien française et à cette autosatisfaction de l'homme occidental la grande misère qui affecte la philosophie de l'histoire, il faut reconnaître que le tableau est peu flatteur. On retiendra surtout certaines pesanteurs : l'attrait exercé par les problèmes de portée locale, l'emprise persistante de l'Église sur l'historiographie et, plus largement, l'accaparement à peu près total de l'histoire par les classes dominantes. Malgré toutes ces faiblesses, cependant, se constitue un milieu porteur pour des recherches approfondies (éditions de documents, revues, colloques, etc.). L'institution historique française des années 1870-1875 entretient quelques missions à l'extérieur, mais s'appuie avant tout sur quelque 500 « monographes et archéologues locaux qui, comme la machine de Wells, remontent le temps sans jamais changer de place » (Ch. O. Carbonell).

Il reste à nous demander dans quelle mesure ce milieu

encore étroit des historiens français, chez qui se fait sentir le besoin d'un « discours de la méthode », subit l'influence des trois vénérables patriarches que sont Taine, Renan et Fustel de Coulanges. Encore un mythe, nous dit Ch. O. Carbonell avec sa vivacité coutumière! Ces trois grands personnages des années 1860-1870 sont en fait très peu représentatifs, très peu « maîtres d'école », nous dit-il. Leurs ouvrages majeurs, l'*Histoire de la littérature anglaise* (1863), *La Cité Antique* (1863), et la *Vie de Jésus* (1864) ont été lus, mais ils n'ont pas influencé particulièrement la corporation historienne. Taine a prôné une histoire expérimentale et s'est voulu le Claude Bernard de la science historique dans la préface des *Essais de critique et d'histoire* (1866). La méthode en quatre étapes qu'il a préconisée n'est pas sans annoncer la démarche que recommanderont Langlois et Seignobos en 1898 : *a)* l'analyse qui consiste à rechercher les faits et à les isoler; *b)* le classement des faits, en considérant chaque classe de faits à part (religion, art, philosophie, industrie, commerce, agriculture, etc.); *c)* la définition des faits, sous forme d'une « phrase abréviative » résumant l'opération accomplie; *d)* l'étude des dépendances entre les différentes définitions, ainsi entre « un précepte de versification chez Boileau, une loi de Colbert sur les hypothèques, une sentence de Bossuet sur la royauté de Dieu », pour voir dans quelle mesure elles forment système. En revanche, d'autres idées-maîtresses de Taine rencontrent moins d'écho chez les historiens de métier, telle l'affirmation selon laquelle des lois, que la raison découvrira progressivement, gouvernent les hommes. Ce sont les lois de la nature, qui s'appliquent également à l'histoire. De ce fait, tout est connaissable sur le même mode : « Les naturalistes ont prouvé... Par une méthode semblable, les historiens... » Expliquer la genèse d'une œuvre littéraire par la race, le milieu et le moment n'est, à tout prendre, qu'un problème de mécanique, avec cette différence que la mesure des grandeurs ne peut avoir la même précision qu'en physique. Plus que tout autre, Taine incarne l'ambition scientiste : « Je crois tout possible à l'intelligence humaine. Je crois qu'avec des données suffisantes, celles que pourront fournir les instruments perfectionnés et l'observation poursuivie, on pourra tout savoir de l'homme et de la vie. » Les problèmes mentaux eux-mêmes relèvent d'un traitement scientifique : « Le vice et la vertu sont des produits comme le vitriol et le sucre. » Il ne semble pas que beaucoup d'historiens contemporains, attachés au primat du psychologique, aient partagé ce *réductionnisme* intrépide. Renan avait également proclamé très haut sa foi dans *L'Avenir de la Science* (1848) et dans une science exacte des choses de l'esprit. Il n'est pas sûr que la *Vie de Jésus* soit tout à fait conforme à ce programme. Dans la préface de cet ouvrage, rédigée en 1867, l'auteur reconnaît qu'il ne se limite pas aux connaissances solidement établies. A n'avancer, dit-il, « que des choses certaines, il faudrait se borner à quelques lignes ». Plus tard, dans les colonnes de *La Revue historique,* on ne se fera pas faute de lui reprocher, tout en l'admirant, sa « prédilection pour les époques à demi connues par des documents de provenance douteuse, dont l'érudition et la critique ne suffisent pas à reconstituer la véritable image ». En revanche, le scepticisme qui le gagne à la fin de sa vie et l'amène à ne voir dans l'histoire qu'« une pauvre petite science conjecturale » nous semble annoncer la prudence résignée de la génération suivante.

Quant à Fustel de Coulanges (1830-1889), il a toujours considéré avec réserve les ambitions scientistes : « L'histoire ne résout pas les questions : elle nous apprend à les examiner. » Vu le caractère mesuré, « thucydidéen », de ses propos, n'aurait-il pas, lui, inspiré une école? Ch. O. Carbonell répond à nouveau par la négative : *La Cité Antique,* où prévaut l'esprit de système, est un cas unique en des années où les monographies pullulent. Fustel est surtout considéré comme un professeur de morale civique, qui dénonce les querelles d'écoles entre historiens français alors que l'érudition allemande a « armé l'Allemagne pour la conquête ». Il faut, nous semble-t-il, pondérer cette appréciation de Ch. O. Carbonell. Fustel de Coulanges nous paraît avoir notablement contribué à fixer les procédures de l'histoire érudite. D'abord par le fait de considérer le passé comme un objet séparé de l'historien, qui peut être observé avec « un regard plus calme et plus sûr » que le présent, ce qui permet de distinguer plus facilement l'illusion de la vérité. Et aussi par des mises en garde répétées contre les élans de l'imagination et les emportements de la subjectivité : « L'histoire est une science; elle n'imagine pas; elle voit seulement »; ou encore : elle exige « un esprit absolument indépendant et libre surtout à l'égard de soi-même ». Enfin, par l'énoncé de la règle d'or selon laquelle l'histoire doit se fonder essentiellement sur la critique des documents écrits. Ce credo qu'il a pratiqué pendant trente-cinq ans, malgré l'hostilité des esprits systématiques et des demi-érudits, il l'expose une dernière fois, un an avant sa mort, dans le premier chapitre de *La Monarchie franque* (1888). Hors des documents écrits, point de salut : « Lois, chartes, formules, chroniques et histoires, il faut avoir lu toutes ces catégories de documents sans en avoir omis une seule. Car aucune d'elles, prise isolément, ne donne une idée exacte de la société. Elles se complètent ou se rectifient l'une l'autre. » L'historien ne doit penser que d'après les documents et écrire sous leur dictée : « Son unique habileté consiste à tirer des documents tout ce qu'ils contiennent et à n'y rien ajouter de ce qu'ils ne contiennent pas. Le meilleur des historiens est celui qui se tient le plus près des textes, qui les interprète avec le plus de justesse, qui n'écrit et même ne pense que d'après eux. » Ouvrons *La Cité Antique,* œuvre de la maturité. D'emblée frappe la perspective systématique : « On se propose de montrer ici d'après quels principes et par quelles règles la société grecque et la société romaine se sont gouvernées. » Loin de nous infliger de laborieuses analyses avant de nous faire goûter aux joies de la synthèse, l'auteur commence par exposer en toute clarté son idée maîtresse : « L'histoire de la Grèce et de Rome est un témoignage et un exemple de l'étroite relation qu'il y a toujours entre les idées de l'intelligence humaine et l'état social d'un peuple. Regardez les institutions des anciens sans penser à leurs croyances, vous les trouverez obscures, bizarres, inexplicables... Mais en regard de ces institutions et de ces lois, placez les croyances; les faits deviendront aussitôt plus clairs, et leur explication se présentera d'elle-même. » Voilà énoncée une loi de l'histoire, selon laquelle le fait religieux explique le fait social. D'où l'intérêt de connaître les plus vieilles croyances. En l'absence de textes sacrés (« mais où sont les hymnes des anciens Hellènes? »), il est possible de découvrir des traces des cultes anciens chez les Grecs du temps de Périclès et chez les Romains du temps de Cicéron. Avec la perspicacité d'un ethnologue, l'auteur examine la discordance entre les rites, très archaïques, et les croyances, plus récentes, du citoyen romain du premier siècle avant Jésus-Christ : « Qu'on regarde de près les rites qu'il observe ou les formules qu'il récite, et on y trouvera la marque de ce que les hommes croyaient quinze ou vingt siècles avant lui. » Puisque la religion a donc été le principe constitutif de la famille ancienne, et ensuite de la cité, le mariage en a été la cérémonie par excellence. Pour la jeune fille, il s'agit d'abandonner le foyer paternel pour adopter une autre religion domestique. En des pages limpides, Fustel de Coulanges décrit le mariage romain. Loin de se satisfaire de l'analyse minutieuse du rituel, toujours conduite en s'appuyant sur des textes et sans recourir à la documentation figurée, il s'interroge sur le sens de ces pratiques. Il raisonne assez largement en fonction de la vraisemblance. Ainsi lorsqu'il se demande pourquoi le mari « enlève » sa femme pour la faire entrer dans la nouvelle demeure : « Pourquoi ce rite? Est-ce un symbole de la pudeur de la jeune fille? Cela est peu probable... Ne veut-on pas plutôt marquer fortement que la femme qui va sacrifier à ce foyer n'y a par elle-même aucun droit, qu'elle n'en approche pas par l'effet de sa volonté, et qu'il faut que le maître du lieu et du dieu l'y introduise par un acte de sa puissance? » Les raisonnements de l'historien s'efforcent de combler les vides de la documentation. Il ne se contente pas d'écrire sous la dictée des sources. Décidément, Fustel de Coulanges répugne à se laisser enfermer dans les règles prudentes qu'il a énoncées, à l'inverse de Voltaire dont les ouvrages historiques ne répondaient pas toujours au programme ambitieux qu'il avait tracé pour la discipline.

Documents

I. Une vision stéréotypée de l'histoire dans la première moitié du XVIIe siècle. Desmarets de Saint-Sorlin (1595-1676) présente ainsi dans ses *Jeux historiques des rois de France, reines renommées,* certains des souverains qui ont fait la France :

« *Ny bons ni mauvais*

26e Charles le Chauve Empereur. Il fit des guerres sans raison.
27e Louis le Bègue Empereur. Il ne régna que deux ans et laissa sa femme grosse de Charles le Simple.
60e François 2e. Il mourut fort jeune.

Cruels

6e Childebert cruel et avare.
7e Clotaire tua de sa main ses neveux.
8e Cherebert.
8e Chilpéric. Il estrangla sa femme.
14e Childéric 2e. Il fit fouetter un gentilhomme qui le tua. »

(Cité, avec illustrations, dans l'*Histoire Générale de l'Enseignement et de l'Éducation en France,* tome II, *De Gutenberg aux Lumières,* par F. Lebrun, M. Venard, et J. Quéniart, Paris, 1981, p. 520.)

II. Le Nain de Tillemont, *Mémoires pour servir à l'histoire ecclésiastique des six premiers siècles, Notes sur Saint Irénée,* édition de 1701, p. 620-621.

NOTE II. *Que saint Irénée n'a été fait Évêque qu'après la mort de saint Pothin.*

Le P. Halloix semble pencher à croire que S. Pothin, plusieurs années avant sa mort, avait ordonné S. Irénée évêque pour l'assister dans sa vieillesse et lui succéder. C'est avancer une chose contraire à l'ordre commun de l'Église, sans aucun fondement positif, toutes les raisons sur lesquelles il s'appuie n'étant, comme il l'avoue lui-même, que des probabilités et des convenances, qu'on peut appeler imaginaires. Et il a contre lui l'expression d'Eusèbe et de S. Jérôme, qui disent que S. Irénée reçut l'épiscopat de Lyon après la mort de S. Pothin. Mais il a même contre lui celle des Martyrs de Lyon, qui écrivant au pape Éleuthère, ou immédiatement avant la mort de S. Pothin, ou peut-être lorsqu'il était déjà mort, disent que la qualité qu'avait S. Irénée était celle de prêtre; d'où Eusèbe a conclu qu'il était alors prêtre de Lyon, sans se mettre en peine de ce qu'on dit que le mot de prêtre est quelquefois pris pour Évêque.

NOTE III. *Si S. Irénée était seul Évêque dans les Gaules.*

Ce que dit Eusèbe que S. Irénée gouvernoit les Églises des Gaules... donne assurément quelque lieu à ce que croit le P. Quesnel, qu'il n'y avoit alors que luy d'Évêque dans les Gaules : et ce Père remarque encore qu'Eusèbe après avoir dit que la question de la Pâque avait été jugée par les Évêques du Pont, ajoute aussitôt, *et par les Églises des Gaules,* changeant le mot d'Évêques en Églises. Il est encore favorisé par la vie de S. Saturnin, qui dit que lorsque ce saint vint à Toulouse vers l'an 250, il n'y avait encore que peu d'Églises dans les Gaules. On peut opposer à cela ce que dit Eusèbe, que les Évangélistes après avoir annoncé la loi dans un pays, y mettaient aussitôt des pasteurs; ce qui dans l'usage des anciens ne marque guère que les chefs d'Églises, c'est-à-dire les Évêques. Or on voit par l'histoire, que dès le temps de Saint Pothin, il y avait des Chrétiens à Vienne et à Autun, et Eusèbe, comme nous venons de voir, reconnaît plusieurs Églises dans les Gaules du temps de S. Irénée.

7

Michelet et l'appréhension « totale » du passé

Michelet constitue une référence obligée, rituelle, pour les tenants de la « Nouvelle Histoire », voué qu'il était à la « résurrection du passé intégral ». On en fait volontiers le porte-parole d'une histoire *autre, différente,* apte à faire parler les « silences » et ménageant une large place aux pulsions irrationnelles. Être un « ressusciteur », recréer la vie même, constitue l'ambition suprême de tout historien au terme de ses cheminements érudits. En nos temps d'*histoire éclatée,* où règnent l'analyse sérielle, les courbes et les graphiques, Michelet constitue un modèle d'autant plus fascinant. Ne s'agirait-il pas là d'un mythe pieusement entretenu? Avant de trancher, il nous faut préciser les contours du projet historique de Michelet, en suivre la mise en œuvre dans ses écrits et faire état d'un certain nombre d'obstacles, les uns idéologiques et les autres inconscients, à une saisie globale du passé.

1. Le projet-testament de Michelet

Pour l'analyser, nous nous appuierons principalement sur la célèbre *Préface à l'Histoire de France,* que l'on trouvera en fin de chapitre. Elle fut rédigée par Michelet entre le 22 février et le 12 septembre 1869, à la demande de son éditeur, qui voulait rééditer l'*Histoire de France,* dont le dix-septième et dernier tome était en vente depuis 1867. Michelet y affirme hautement son ambition d'avoir voulu être, dès le début de sa carrière, le ressusciteur de la totalité nationale en gestation à travers les siècles. Cette proclamation appelle quelques correctifs et quelques éclaircissements.

A. Cette *Préface* est *écrite au terme* et non à l'orée de la carrière de Michelet. Elle vise à placer toute son œuvre sous le signe de la réalisation d'un projet unique. C'est un texte longuement mûri, qui a connu plusieurs ébauches préalables, entre autres : « Matériaux de la préface ajournée : ma vie, mon enseignement, mes livres. » C'est le texte d'une vie, dont nous rappellerons seulement quelques moments cruciaux. Né à Paris en 1798 d'un père artisan-imprimeur, Michelet fait ses études au collège Charlemagne et à la Sorbonne. Dès 1821, il est agrégé de lettres; bientôt professeur à l'École normale, il rédige des manuels d'histoire. Il accède à la notoriété à partir de 1830 : professeur de la fille de Louis-Philippe, il devient chef de la section historique des Archives nationales, puis maître de conférences à la Sorbonne, enfin professeur au Collège de France et membre de l'Institut (1838). Il rédige des *Précis d'Histoire.* A partir de 1842, il se situe dans le courant de la petite bourgeoisie libérale et anticléricale; pénétré des idéaux de 1789, il adhère aux aspirations révolutionnaires de 1848. Son hostilité au parti de l'ordre et au prince-président lui vaut de voir son cours suspendu en 1851. Pendant toutes ces années, il a poursuivi inlassablement sa monumentale *Histoire de France,* en publiant d'abord *Le Moyen Age* (6 volumes, 1833-1844), puis *La Révolution* (7 volumes, 1847-1853).

De 1852 à sa mort, en 1874, il vit pauvrement à Nantes et à Paris. Il se lance dans une œuvre littéraire aux accents prophétiques, dont témoignent *La Femme* (1859), *La Sorcière, La Bible de l'Humanité* (1864). Il achève son *Histoire de France* par *La Renaissance* et *Les Temps Modernes* (1857-1867).

B. Toute l'œuvre de l'historien, diverse à vrai dire, est placée dans la *Préface* de 1869 sous le signe d'une seule pulsion fondatrice. C'est l'« éclair de juillet » (par. 1), lumineuse révélation de la France, qui aurait porté un labeur de quarante ans. Bel échantillon d'idéologie petite-bourgeoise, tout comme l'évocation du « brillant matin de juillet » (par. 10)! La transposition des valeurs chrétiennes semble évidente. C'est l'illumination mystique, où « tout se simplifie par la flamme ». Cette œuvre « conçue d'un moment » (par. 1) a en fait connu des changements de faciès, dont témoignent les visions successives du Moyen Age, dont nous parlons plus loin. Les grands élans romantiques des paragraphes 7 et 8 nous touchent plus que cette mystique républicaine. Ainsi cette « passion » de l'historien en quête de « la vie même ». Ainsi cette « violente volonté » de tout refaire, analogue à celle de Géricault. Michelet ira « saisissant et s'appropriant tout », entendons la matière historique, pour confesser à la fin de ses jours : « J'ai trop bu le sang des morts. » Bureaucrate par son régime de travail, jamais il ne laissera s'apaiser en lui les « passions » ni les « furies ».

C. Michelet veut *se démarquer radicalement* de la *pratique historique dominante,* mais avec révérence et dans le respect des règles confraternelles, d'où les multiples coups de chapeau à l'institution historique en germe : « des hommes éminents l'avaient étudiée » (par. 2); « l'illustre Sismondi », ce « persévérant travailleur » (par. 3); « cette noble pléiade historique qui, de 1820 à 1830 », jette un si grand éclat (par. 5). Et malgré toutes ces sommités, la France n'avait en 1830 que « des annales, et non point une histoire » (par. 2)! Aux illustres représentants de l'histoire libérale, Augustin Thierry, Guizot, Mignet, Thiers et autres, Michelet reproche un certain nombre de faiblesses. Tout d'abord les limites de leur information. Sismondi « n'entre guère dans les recherches érudites » (par. 3); ses confrères laissent le meilleur « enfoui aux sources inédites » (par. 24). Parle ici l'ancien chef de la section historique des Archives nationales, ces « cimetières de l'histoire » qui stimulaient son imagination : « Je ne tardai pas à m'apercevoir, dans le silence apparent de ces galeries, qu'il y avait un mouvement, un murmure qui n'était pas de la mort... Tous vivaient et parlaient... Et, à mesure que je soufflais sur leur poussière, je les voyais se soulever. » Cette ignorance des « sources primitives, la plupart inédites » (par. 4), s'est prolongée jusqu'en 1830-1836 pour Michelet lui-même, dont la documentation était surtout livresque au temps où il écrivait son *Précis d'Histoire Moderne* (1828) et son *Introduction à l'Histoire Universelle* (1831).

Il formule un deuxième grief à l'égard de ses éminents confrères : ils n'ont pas le sens des totalités historiques. Ils privilégient le politique (par. 2) aux dépens d'autres instances de la réalité. Ils n'ont que des points de vue fractionnés, qui les amènent à isoler des objets d'étude (la race, les institutions, etc.) sans saisir les interrelations entre les différents domaines (par. 5). Ainsi perd-on de vue l'« harmonie supérieure », en langage moderne le souci du global. « Trop peu matérielle, Trop peu spirituelle » (par. 22 et 23), cette histoire néglige le substrat matériel des sociétés tout comme les élaborations de l'« âme nationale », pour se localiser dans un entre-deux politico-institutionnel.

Troisième reproche : cette « noble pléiade » est victime d'*a priori* idéologiques. Ainsi l'« admirable » Thierry, rivé à la théorie de la *« perpétuité des races »* (par. 14), reprise de certains historiens du XVIIIe siècle, qui l'amène à mettre l'accent sur les dominations successives des Gaulois, des Romains, des Francs, etc. Pareille interprétation exprime une montée du sentiment national, liée au mouvement romantique, et amène à retraduire les oppositions de classes sous forme de conflits raciaux, une aristocratie franque s'opposant par exemple à un tiers état gaulois! Mais l'œuvre de Thierry reste belle, dans la mesure où elle échappe à cette vision systématique et où elle fait droit aux élans d'un « cœur ému » par l'invasion étrangère et vibrant des idéaux patriotiques (par. 14). Cette « respiration en dessous » se retrouve dans les écrits de Michelet dont la thématique sous-jacente, passionnelle, est souvent plus attachante que les idées explicitement affirmées.

D. L'ambition totalisante de l'historien est ici affirmée plus nettement que jamais. La « totalité vécue » que veut reconstituer Michelet se situe à un niveau plus profond que le « global » des historiens actuels. Il s'agit de l'appréhension d'une *unité vivante* et pas seulement d'instances interreliées.

Tous les paliers de réalité habituellement distingués sont subsumés dans une *harmonie supérieure* (par. 5). « Le premier je la vis (la France) comme une âme et une personne » (par. 2). L'historien accède à l'Un, non divin mais national. La métaphore, très traditionnelle, de l'organisme (par. 6) explicite la notion d'harmonie supérieure. La vie implique la solidarité des organes, leur mutuelle influence, etc.

L'ambition de l'historien consiste donc à *retrouver la vie historique* (par. 7) par deux démarches complémentaires :

a) *la suivre en toutes ses voies,* ce qui implique une information étendue, un travail minutieux de reconstitution;

b) *rétablir... l'action réciproque de ces forces diverses dans un puissant mouvement,* où l'on voit affleurer une philosophie vitaliste, puisée chez Vico et chez certains historiens allemands, selon laquelle un principe vital est à l'œuvre dans l'histoire de l'humanité.

Ainsi parvient-on à cerner plus précisément le *problème historique* de Michelet (par. 9), soit *la résurrection de la vie intégrale,* y compris dans son ventre chaud, dans « ses organismes intérieurs profonds ». « Il y faut et la tiédeur et la palpitation », dit-il ailleurs. Pareil projet relève de la passion, d'une volonté d'étreindre la matière vivante historique, et aussi d'une certaine relation entretenue avec les morts, plutôt que d'un choix rationnel. Pour saisir ainsi l'histoire par le dedans, il faut parvenir à une autre sphère de la perception du passé, où le récit historique cesse d'être un puzzle inerte pour devenir vie et mouvement. Michelet nous fournit un substitut laïque de la résurrection des morts : « Ce mouvement immense s'ébranla sous mes yeux » (par. 11).

Cette vie vraie qu'il fait renaître, il en précise les caractères (par. 12) : ce n'est ni une chaleur de laboratoire, ni des mouvements convulsifs artificiellement imprimés à un cadavre (le galvanisme), mais avant tout une lente croissance, une continuité. La vie végétale en fournit le modèle. Elle s'enracine dans un *substrat* géographique et climatique (par. 16), qui n'est pas seulement le théâtre des actions historiques, mais un ensemble de conditions écologiques modelant les êtres vivants (« tel le nid, tel l'oiseau »). Malgré cette belle proclamation, les acteurs de Michelet « marchent » quelque peu « en l'air » dans les espaces nuageux de la mystique républicaine, telle cette France qui est « fille de sa liberté » (par. 20).

Cette dernière expression nous conduit à évoquer *le travail de soi sur soi* (par. 18) de toute société qui, selon Michelet, constitue le mouvement même de l'histoire, dont il a une perception essentiellement dynamique. Il évoque aussi *le grand travail des nations* (par. 17), quelque chose comme un enfantement continu de leur propre personnalité, ce qui permet de faire bonne justice du fatalisme racial. C'est une opération de mixage et de broyage, où tous les éléments originels sont fondus pour donner naissance à un organisme original. Il s'agit d'un fait moral, d'une conscientisation progressive et non seulement de progrès juxtaposés. Cette idée est reprise dans le paragraphe 19, qui manifeste peut-être plus clairement que la pensée de Michelet se rattache à ce qu'on pourrait appeler un « vitalisme évolutionniste », où le principe vital usurpe les attributs de Dieu. *Ainsi va la vie historique,* sur le mode de la fusion et de l'amalgame, aboutissant à l'élaboration de personnalités nationales différenciées. Le modèle en la matière est, on s'y attend, donné par la France, porte-drapeau de la liberté dans le monde.

E. Le rapport entretenu par l'historien avec son œuvre est formulé en des termes très neufs. L'auteur est profondément impliqué dans l'opération qu'il accomplit. L'objectivité n'est, aux yeux de Michelet, qu'un faux problème. Loin de vouloir s'effacer, l'historien doit être présent, avec ses passions et ses émotions, à tous les niveaux de son travail. Cette présence est comparable à celle de l'artiste dans son œuvre (par. 26). Rien de pire que l'historien qui s'efface, tel Barante. C'est avec toute sa personnalité qu'on « perce les mystères » du passé (par. 27). Seule une relation amoureuse avec l'objet permet de parvenir à une « seconde vue » (par. 28). On notera l'attachement assez trouble de Michelet pour « le grand, le sombre, le terrible XIVe siècle », temps de pestes et de guerres, avec lesquelles entrent en résonance les phantasmes propres de l'auteur.

Toute la vie de Michelet « a passé » (par. 25) dans cette *Histoire de France,* un livre sorti de son « orage (trouble encore) de jeunesse » (par. 29), une folie, un labeur écrasant auquel il s'est attelé comme à la résolution d'un problème (voir le par. 9). « Il a été mon seul événement » (par. 25), cette phrase sonne comme un aveu : l'historien ne vit pas dans son présent, mais par procuration, avec les personnages du passé. Pour Michelet, l'histoire s'est arrêtée en 1789, plus exactement en 1790 lors de la Fête de la Fédération.

Réciproquement, ce livre est le produit de toute une vie de labeur, d'où son homogénéité, sa cohérence profonde (par. 13) : il a crû lentement, comme une plante, à partir d'une méthode unique. Il se présente comme un ensemble harmonique, riche d'échos multiples. Ces affirmations masquent bien des variations, de fond si ce n'est de forme.

Opérant une inversion de la relation entre l'auteur et son œuvre, voici enfin ces lignes étonnantes sur l'historien enfanté par son texte (par. 29). « Ce fils a fait son père. » L'explication est fournie aussitôt : « il m'a rendu bien plus en force et en lumière », etc. On a le sentiment que Michelet a résolu ses problèmes intérieurs au fil des pages, pour parvenir à un état de paix, une fois sa tâche de ressusciteur accomplie. Voilà qui sonne comme un défi à l'histoire objective, qui est en train de préciser ses procédures dans les années 1860-1870.

Ce texte célèbre peut être lu à deux niveaux, et avec chaque fois des appréciations opposées. C'est par bien des traits un monument d'idéologie petite-bourgeoise. Un simple regroupement lexical autour de *France* est accablant : « lumière, âme, personne, fille de sa liberté, a fait la France », etc. Mais c'est aussi l'expression d'une relation vitale entre l'auteur et son œuvre. Autour du terme-foyer *livre* se regroupent : « vie, lenteur, méthode, forme, couleur, harmonique, seul événement, m'a créé », etc. L'œuvre de Michelet est sauvée par cette passion dont il brûle. Roland Barthes l'a décrit comme un mangeur d'histoire, animé d'une véritable furie de travail, se pliant à une discipline monacale pour tenter de satisfaire cet appétit insatiable. Sa manducation de l'histoire a quelque chose de rituel (« j'ai trop bu le sang des morts »), mais aussi d'animal :

« il broute l'histoire », nous dit Barthes. C'est à ce niveau que les écrits de Michelet retrouvent leur palpitation et leur attrait.

2. Échec à la globalité

La grandiose ambition énoncée dans la *Préface* de 1869 a été mise en échec, tout au long de la carrière de Michelet, pour au moins deux séries de raisons. L'auteur de l'*Histoire de France* regarde le passé avec les lunettes de l'idéologue et subit le poids de son inconscient, ce qui détermine chez lui une approche sélective de la matière historique.

Sans faire reproche à Michelet de manquer à une objectivité qu'il n'a jamais prônée, nous retiendrons d'abord deux exemples de l'influence déterminante que ses *choix idéologiques* et *politiques* ont exercée sur sa vision du passé. *Sa conception du Moyen Age,* tout d'abord, fluctue en fonction de son histoire personnelle et de ses engagements successifs, comme Jacques Le Goff l'a admirablement montré : *a)* De 1833 à 1844, sous l'influence du courant romantique, il échafaude tout d'abord un « beau Moyen Age », à la fois matériel et spirituel, dans le sein duquel s'accomplit « le grand mouvement progressif, intérieur, de l'âme nationale ». Temps des pierres vivantes qui « s'anime(nt) et se spiritualise(nt) sous l'ardente et sévère main de l'artiste », temps des enfances de la France où se succèdent le Barbare débordant de sève originelle, les Pastoureaux des Croisades populaires et Jeanne d'Arc. Le Christianisme est encore considéré par Michelet comme une force positive, qui a travaillé à la libération des humbles. Il célèbre l'union de la Religion et du Peuple, dont il découvre les souffrances et les luttes (les Jacques, les travailleurs flamands). *b)* A partir de 1855 domine « le sombre Moyen Age », « mon ennemi le Moyen Age », dira-t-il en raturant les ouvrages précédents. Il n'en avait vu que l'idéal jusque-là, il en découvre la réalité, « l'état bizarre et monstrueux ». Son anticléricalisme de plus en plus virulent le conduit à ce reniement. L'art lui-même ne trouve plus grâce à ses yeux. L'Église, loin d'être la protectrice du peuple, n'est qu'une institution répressive, dont il réhabilite les victimes (Abélard comme les Albigeois). Elle interdit la fête et fait régner l'ignorance. *c)* Avec *La Sorcière* (1862), Michelet découvre un Moyen Age *underground,* où Satan est le maître du jeu. Satan, « nom bizarre de la liberté, jeune encore, militante d'abord, négative, créatrice plus tard, de plus en plus féconde ». Il voit dans la sorcière la mère de la science moderne, par sa connaissance de la nature, du corps et de la médecine. Un siècle, le XIVe, est plus que tout autre paré de couleurs diaboliques; il exerce une sombre fascination sur Michelet. *d)* Ultime changement de cap pour ce dernier : vieillissant, de plus en plus hanté par le triomphe du machinisme et du capital sous le Second Empire, il revient au Moyen Age de sa jeunesse, période de vie foisonnante et de créativité.

Sa vision d'ensemble de l'histoire, ensuite, s'ordonne suivant une *bipolarité* pour le moins schématique. Des principes antithétiques s'affrontent, dans une sorte de substitut de la psychomachie des auteurs médiévaux : Grâce et Justice, Fatalité et Liberté, Christianisme et Révolution. Tous les excès qui se produisent au long du déroulement de l'histoire sont curieusement associés à l'action de la Grâce, ennemie de la Justice, source de l'arbitraire et de la tyrannie. Parmi ses agents, l'on trouve aussi bien les Jésuites que Bonaparte, alors que les Vaudois et la Sorcière, par exemple, sont les hérauts de la Justice. Sur cette opposition binaire s'en greffe une autre : l'antithèse entre Christianisme et Révolution. La seconde usurpe les attributs du premier : n'a-t-elle pas sa Cène (la Fête de la Fédération en 1790), sa Passion, et son grand prêtre (Michelet lui-même)? Il est en effet conscient du caractère sacré de son travail d'historien : « Je portais tout ce passé comme j'aurais porté les cendres de mon père ou de mon fils. »

Mage de l'histoire républicaine, Michelet a été l'objet de la part de Maurras de très vives attaques, pas toutes injustifiées, loin s'en faut : « Son procédé le plus familier consiste à élever jusqu'à la dignité de Dieu chaque rudiment d'idée générale qui passe à sa portée... Michelet fit de la pensée avec son cœur, il fit penser son cœur sur tous les sujets, l'histoire des hommes, celle de la nature, la morale, la religion... Cette mixture, réchauffée et dorée au foyer de l'imagination et de la passion les plus belles, donne une pâte consistante, comme un humble corpus de philosophie populaire. »

Le poids de l'inconscient est révélé par une analyse thématique en profondeur, telle que l'a conduite Roland Barthes. A ses yeux, l'œuvre de Michelet constitue « un réseau organisé d'obsessions », ce qui se manifeste par exemple par le retour perpétuel des mêmes thèmes, telles les identifications du Barbare et de la poussée de sève, de la Monarchie et du sang clos, du Jésuite et de la sécheresse. On notera que ces thèmes mettent en jeu une certaine attitude envers la vie ou la matière et se raccordent très étroitement au système de valeurs de Michelet.

Pour illustrer cette interprétation psychanalytique, formulée d'éblouissante façon par Roland Barthes, nous nous pencherons sur quelques-unes des obsessions majeures de Michelet, sans en épuiser le registre, des plus fournis. D'abord apparaît le goût de l'homogène et de la continuité, aussi bien dans la matière que dans la durée. Ainsi la France est-elle le produit d'une fusion, opérée lors de la Fête de la Fédération de 1790, qui a effacé les particularités provinciales pour donner naissance à la patrie commune, elle-même solidement enracinée dans un sol. Ce principe national, comme le principe démocratique, a connu au fil des siècles une croissance lente et continue, de type végétal. L'histoire à la Michelet n'est pas un enchaînement mécanique de causes et d'effets, mais une « chaîne d'identités », ce qui vaut à Louis le Débonnaire, à Robert le Pieux, à Godefroy de Bouillon et à Jeanne d'Arc d'être tous présentés comme des (pré)figures du Peuple! Qui ne ferait aussitôt le rapprochement avec les manuels destinés à l'enseignement public sous la IIIe et la IVe République, dans lesquels nombre de figures historiques se répondent à travers les siècles (Charlemagne et Jules Ferry, etc.)! Cette *histoire-plante,* cette suite d'identités, s'accommode très bien d'un certain évolutionnisme, les figures successives d'un même principe se situant à des stades de croissance différents.

Michelet était également obsédé par le désir d'entrer en relation avec les morts et de parvenir à retrouver leur « substance corruptible ». Les documents étaient à ses yeux des voix qu'il fallait savoir écouter. A leurs auteurs, il voulait rendre pleinement justice, en accomplissant à leur égard un « geste réparateur », qui consistait à dévoiler le sens profond de leur existence et à leur rendre une vie pleine.

> J'ai parlé ailleurs de l'office qu'occupa Camoëns sur le rivage meurtrier de l'Inde : Administrateur du bien des décédés.
>
> Oui, chaque mort laisse un petit bien, sa mémoire, et demande qu'on la soigne. Pour celui qui n'a pas d'amis, il faut que le magistrat y supplée. Car la loi, la justice est plus sûre que toutes nos tendresses oublieuses, nos larmes si vite séchées.
>
> Cette magistrature, c'est l'Histoire. Et les morts sont, pour dire comme le Droit Romain, ces *miserabiles personae* dont le magistrat doit se préoccuper.
>
> Jamais dans ma carrière, je n'ai perdu de vue ce devoir de l'Historien. J'ai donné à beaucoup de morts trop oubliés l'assistance dont moi-même j'aurai besoin.
>
> Je les ai exhumés pour une seconde vie. Plusieurs n'étaient pas nés au moment qui leur eût été propre. D'autres naquirent à la veille de circonstances nouvelles et saisissantes qui sont venues les effacer, pour ainsi dire, étouffer leur mémoire (exemple, les héros protestants morts avant la brillante et oublieuse époque du XVIIIe siècle, de Voltaire et de Montesquieu).
>
> L'histoire accueille et renouvelle ces gloires déshéritées; elle donne vie à ces morts, les ressuscite (*Histoire du XIXe siècle,* tome II, « Le Directoire », Préface (p. 11), cité par R. Barthes).

Pas de résurrection possible sans rendre aux défunts leur « complexion », leur circulation sanguine et le grain de leur peau. Pour autant, les portraits de Michelet n'ont rien de laborieux, ils sont rapidement esquissés, un ou deux adjectifs suffisant souvent à évoquer l'essence d'un individu à défaut de nous restituer son anatomie. On voit défiler ainsi, en une sorte de musée Grévin, le sec Louis XV, le pâle et gras Louis XVI, le jaune et cireux Napoléon, cependant que Robespierre-chat contraste avec Marat-crapaud :

> La créature de ténèbres vint s'étaler au soleil, souriant de sa vaste bouche... Sa seule présence à la tribune souleva tout le monde : elle en paraissait souillée. Cette figure large et basse qui dépassait à peine de la tête et de la poitrine et s'étalait en largeur, ces mains grasses, épaisses, qu'il plaquait sur la tribune, ces yeux proéminents, ne donnaient point l'idée de l'homme, mais bien plutôt du crapaud... (*Histoire de la Révolution,* tome IV, livre VIII, chap. 3).

Quant aux femmes, les unes sont sucrées, les autres sont beurrées ou évoquent la crème tournée (Mme de Pompadour) ou « une eau dormante, comme un marais suspect » (la duchesse d'Orléans)! Chacun de ces personnages présente un attrait ou suscite une répulsion liés à sa chair, non sans rapport avec les convictions politiques propres de Michelet (la Monarchie n'est-elle pas synonyme de l'enflure, du sang clos?). Ces acteurs historiques entretiennent des relations de type passionnel ou érotique, dignes des meilleures évocations romanesques. Quand il relate le mariage de Napoléon et Marie-Louise, Michelet laisse libre cours à sa débordante imagination et à ses phantasmes.

> Ce fut un sacrifice humain. Marie-Louise, sous son éclat sanguin, et sous sa fraîcheur de vingt ans, était comme une morte. On la livrait au Minotaure, au grand ennemi de sa famille, à l'assassin du duc d'Enghien. N'allait-il pas la dévorer?... Sa peau jaune de Corse, par la graisse était devenue d'un ton blanchâtre, tout fantasmagorique. La fille du Nord, une rose (une rose un peu vulgaire, telle que Prud'hon l'a peinte), était effrayée du contact (*Histoire du* *XIX*e *siècle,* tome III, livre IV, chap. 8).

On l'a pressenti à plusieurs remarques dans les lignes qui précèdent : Michelet est hanté par le sang, qui est à ses yeux la « substance cardinale de l'histoire ». Roland Barthes a dressé une suggestive classification des sangs des héros micheletistes. L'excès de sang affecte la brave sœur Marie Alacoque, propagandiste de la dévotion au Sacré Cœur de Jésus à la fin du XVIIe siècle.

> Les Visitandines, comme on sait, attendaient la visite de l'Époux, et s'intitulaient *Filles du Cœur de Jésus.* Cependant, il ne venait pas. L'adoration du cœur (mais du cœur de Marie) avait surgi en Normandie avec fort peu d'effet. Mais dans la vineuse Bourgogne, où le sexe et le sang sont riches, une fille bourguignonne, religieuse visitandine de Paray, reçut enfin la visite promise, et Jésus lui permit de baiser les plaies de son cœur sanglant.
>
> Marie Alacoque (c'était son nom) n'avait pas été énervée, pâlie de bonne heure par le froid régime des couvents. Cloîtrée tard, en pleine force de vie, de jeunesse, la pauvre fille était martyre de sa pléthore sanguine. Chaque mois, il fallait la saigner. Et, avec cela, elle n'en eut pas moins, à vingt-sept ans, cette extase suprême de la félicité céleste. Hors d'elle-même, elle s'en confessa à son abbesse, femme habile qui prit une grande initiative. Elle osa dresser contrat de mariage entre Jésus et Alacoque qui signa de son sang. La supérieure signa hardiment pour Jésus. Le plus fort, c'est qu'on fit les noces. Dès lors, de mois en mois, l'épouse fut visitée de l'Époux (*Histoire de France,* tome XIII, chap. 15).

En revanche, Charles XII de Suède et Saint-Just ne bénéficient que d'un sang « pâle et durci », et Robespierre d'un sang fade, qui contraste avec celui, ô combien généreux!, des femmes de Thermidor qui assistent à son exécution : elles « offraient un spectacle intolérable. Impudentes, demi-nues sous prétexte de juillet, la gorge chargée de fleurs, accoudées sur le velours, penchées à mi-corps sur la rue Saint-Honoré, avec les hommes derrière, elles criaient d'une voix aigre : “ A mort, à la guillotine ” ». Michelet le visionnaire est assailli par des phantasmes de sang répandu, lors de la Saint-Barthélemy et des massacres de Septembre tout spécialement, et de sang pourri, comme celui des lépreux et des pestiférés du « terrible XIVe siècle ».

Doit-on estimer en conclusion que, vu sa perception sélective et souvent partisane du passé, Michelet s'est contenté d'entretenir un rêve de « résurrection de la vie intégrale »? Malgré ses limites, il a partiellement atteint son projet. Il a eu incontestablement le sens des grandes forces collectives à l'œuvre dans l'histoire. Son héros par excellence, c'est le Peuple, terme magique par lequel les contradictions se résolvent et les oppositions se résorbent, qu'elles soient d'âges, de sexes ou de classes. Ce Peuple est masculin et féminin à la fois, androgyne, parce qu'il associe intelligence et intuition. Il est enfant par ses aspirations et ses élans incontrôlés, vieillard par sa sagesse, fruit de l'expérience. C'est un « potentiel de chaleur », une matrice, un sein.

> En nationalité, c'est tout comme en géologie, la chaleur est en bas. Descendez, vous trouverez qu'elle augmente; aux couches inférieures elle brûle.
>
> Les pauvres aiment la France, comme lui ayant obligation, ayant des devoirs envers elle. Les riches l'aiment comme leur appartenant, leur étant obligée. Le patriotisme des premiers, c'est le sentiment du devoir; celui des autres, l'exigence, la prétention d'un droit.
>
> La paysan, nous l'avons dit, a épousé la France en légitime mariage; c'est sa femme, à toujours; il est un avec elle. Pour l'ouvrier, c'est sa belle maîtresse; il n'a rien, mais il a la France, son noble passé, sa gloire. Libre d'idées locales, il adore la grande unité. Il faut qu'il soit bien misérable, asservi par la faim, le travail, lorsque ce sentiment faiblit en lui; jamais il ne s'éteint (*Le Peuple,* I, chap. 8).

Ayant connu une émergence progressive au cours de l'histoire, le Peuple a vocation à rassembler tout le monde. Être peuple, en effet, c'est d'abord un état d'esprit : « Je suis né peuple, j'avais le peuple dans le cœur. » Il faut s'y plonger, vibrer avec lui, surtout en relatant les années 1789-1792. Le premier, Michelet a accordé une importance décisive à l'intervention des masses dans l'histoire. Un souffle puissant traverse son récit de la Révolution, comme un grand vent de fraternité démocratique. Aimant le Peuple, il en apprécie justement, et sans complaisance excessive, le comportement. Relatant les massacres de Septembre, il analyse de façon assez convaincante la psychologie des marchands en faillite qui alimentent les rangs des tueurs, et celle de la foule, désireuse de purger Paris de sa vermine contre-révolutionnaire, mais toujours prête à s'attendrir lorsque le tribunal prononce un acquittement. Peuple versatile, compatissant et oublieux à la fois... Quand il narre les débuts de l'insurrection royaliste de Vendée en 1793, Michelet « sent » le comportement des ruraux avec beaucoup de justesse et ne dissimule pas la rigueur de la loi de réquisition, mais il dénonce en même temps la propagande et les manipulations du clergé obscurantiste, et célèbre avec émotion les martyrs républicains.

> Le clergé, depuis quatre ans, malgré sa violence et sa rage, n'entraînait pas encore les masses. Plus furieux que convaincu, il ne trouvait pas les machines simples et fortes qu'il fallait pour atteindre, remuer la fibre populaire. Les bulles proclamées, commentées, n'y suffisaient pas; le pape qui est à Rome semblait loin de la Vendée. Les miracles agissaient peu. Tant simple que fût ce peuple, il y a à parier que plusieurs avaient des doutes. Ces fourberies troublaient les uns, refroidissaient les autres. Cathelineau imagina une chose naïve et loyale, qui fit plus d'impression que tous ces mensonges. C'était qu'aux processions où l'on portait la croix, les paroisses dont les curés avaient prêté le serment ne portassent leur Christ qu'enveloppé de crêpes noirs.
>
> L'effet fut immense. Il n'y avait pas de bonne

femme qui ne fondît en larmes, en voyant le Christ, ainsi humilié, qui souffrait la Passion une seconde fois!... Quel reproche à la dureté, à l'insensibilité des hommes qui pouvaient endurer cette captivité de Notre-Seigneur!... Et les hommes s'accusaient aussi. Ils se renvoyaient les reproches. C'était entre les villages une occasion de rivalité et de jalousie. Ceux qui avaient cette honte de ne montrer leur Christ à visage découvert étaient conspués par les autres comme des villages de lâches qui souffraient la tyrannie...

La loi de la réquisition avait singulièrement irrité encore la haine du paysan contre Cholet, contre les villes en général, les municipalités. Par cette loi, la Convention imposait aux officiers municipaux la charge terrible d'improviser une armée, personnel et matériel, tout compris, les hommes et les choses. Elle leur donnait le droit de requérir non les recrues seulement, mais l'habillement, l'équipement, les transports. On disait que la République allait requérir les bestiaux... Toucher à leurs bœufs! grand Dieu!... C'était pour prendre les armes.

La loi de la réquisition autorisait les communes à s'arranger en famille pour former le contingent. S'il y avait un garçon trop nécessaire à sa famille, la municipalité le laissait, et elle en prenait un autre. C'est justement cet arbitraire qui multipliait les disputes. Par cette loi imprudente, la Convention se trouva avoir appelé tout un peuple à discuter. Les municipaux ne savaient à qui entendre. Républicains ou royalistes, ils étaient presque également injuriés, menacés. Un municipal royaliste, que les paysans voulaient assommer, leur disait : « Y songez-vous?... mais jamais vous n'en trouverez qui soit plus aristocrate. »

Ces haines atroces éclatèrent le 10, à Machecoul. Au bruit du tocsin qui sonnait, une énorme masse rurale fond sur la petite ville. Les patriotes sortirent intrépidement, deux cents hommes contre plusieurs mille. La masse leur passa sur le corps. Elle entra d'un flot, remplit tout. C'était dimanche; on venait se

> venger et s'amuser. Pour amusement, on crucifia de cent façons le curé constitutionnel. On le tua, à petits coups ne le frappant qu'au visage. Cela fait, on organisa la chasse aux patriotes (*Scènes de la Révolution Française,* coll. 10/18, p. 186-187).

Chantre du Peuple, de ses souffrances et de ses triomphes, Michelet a su faire place dans son histoire à l'environnement géographique et climatique, au corps et à ses échanges avec le milieu. Il s'est intéressé aux conditions de vie concrètes des masses et pas seulement à l'entité Peuple. Le budget d'une famille, son alimentation, le vêtement avec ses connotations sociales, tout a retenu son attention. Celle-ci s'est portée également sur tout ce qui était refoulé jusque-là dans les marges de la société et de l'analyse historique : l'irrationnel, l'hérésie, les diableries, les exclus et les laissés-pour-compte, la culture populaire... En ce sens, il peut être considéré comme le précurseur direct de toute une lignée d'historiens actuels [1], qui se sont consacrés à faire resurgir le refoulé des sociétés passées.

Document

Préface à l'histoire de France, 1869

Cette œuvre laborieuse d'environ quarante ans fut conçue d'un moment, de l'éclair de juillet. Dans ces jours mémorables, une grande lumière se fit, et j'aperçus la France.

Elle avait des annales, et non point une histoire. Des hommes éminents l'avaient étudiée surtout au point de vue politique. Nul n'avait pénétré dans l'infini détail des développements divers de son activité (religieuse, économique, artistique, etc.). Nul ne l'avait encore embrassée du regard dans l'unité vivante des éléments naturels et géographiques qui l'ont constituée. Le premier je la vis comme une âme et une personne.

1. Les travaux de C. Ginzburg, *Le Fromage et les Vers* (1980) et *Les Batailles nocturnes* (1980), sont parmi les plus significatifs de ce courant historiographique.

L'illustre Sismondi, ce persévérant travailleur, honnête et judicieux, dans ses annales politiques, s'élève rarement aux vues d'ensemble. Et, d'autre part, il n'entre guère dans les recherches érudites. Lui-même avoue loyalement qu'écrivant à Genève il n'avait sous la main ni les actes ni les manuscrits.

Au reste, jusqu'en 1830 (même jusqu'en 1836), aucun des historiens remarquables de cette époque n'avait senti encore le besoin de chercher les faits hors des livres imprimés, aux sources primitives, la plupart inédites alors, aux manuscrits de nos bibliothèques, aux documents de nos archives.

Cette noble pléiade historique qui, de 1820 à 1830, jette un si grand éclat, MM. de Barante, Guizot, Mignet, Thiers, Augustin Thierry, envisagea l'histoire par des points de vue spéciaux et divers. Tel fut préoccupé de l'élément de race, tel des institutions, etc., sans voir peut-être assez combien ces choses s'isolent difficilement, combien chacune d'elles réagit sur les autres. La race, par exemple, reste-t-elle identique sans subir l'influence des mœurs changeantes? Les institutions peuvent-elles s'étudier suffisamment sans tenir compte de l'histoire des idées, de mille circonstances sociales dont elles surgissent? Ces spécialités ont toujours quelque chose d'un peu artificiel, qui prétend éclaircir, et pourtant peut donner de faux profils, nous tromper sur l'ensemble, en dérober l'harmonie supérieure.

La vie a une condition souveraine et bien exigeante. Elle n'est véritablement la vie qu'autant qu'elle est complète. Ses organes sont tous solidaires et ils n'agissent que d'ensemble. Nos fonctions se lient, se supposent l'une l'autre. Qu'une seule manque, et rien ne vit plus. On croyait autrefois pouvoir par le scalpel isoler, suivre à part chacun de nos systèmes; cela ne se peut pas, car tout influe sur tout.

Ainsi ou tout, ou rien. Pour retrouver la vie historique, il faudrait patiemment la suivre en toutes ses voies, toutes ses formes, tous ses éléments. Mais il faudrait aussi, d'une passion plus grande encore, refaire et rétablir le jeu de tout cela, l'action réciproque de ces forces diverses dans un puissant mouvement qui redeviendrait la vie même.

Un maître dont j'ai eu, non le génie sans doute, mais la violente volonté, Géricault, entrant dans le Louvre (dans le Louvre d'alors où tout l'art de l'Europe se trouvait réuni), ne parut pas troublé. Il dit : « C'est bien! je m'en vais le refaire. » En rapides ébauches qu'il n'a jamais signées, il allait saisissant et s'appropriant tout. Et, sans 1815, il eût tenu parole. Telles sont les passions, les furies du bel âge.

Plus compliqué encore, plus effrayant était mon problème historique posé comme *résurrection de la vie intégrale,* non pas dans ses surfaces, mais dans ses organismes intérieurs et profonds. Nul homme sage n'y eût songé. Par bonheur, je ne l'étais pas.

Dans le brillant matin de juillet, sa vaste espérance, sa puissante électricité, cette entreprise surhumaine n'effraya pas un jeune cœur. Nul obstacle à certaines heures. Tout se simplifie par la flamme. Mille choses embrouillées s'y résolvent; y retrouvent leurs vrais rapports, et (s'harmonisant) s'illuminent. Bien des ressorts, inertes et lourds, s'ils gisent à part, roulent d'eux-mêmes, s'ils sont replacés dans l'ensemble.

Telle fut ma foi du moins, et cet acte de foi, quelle que fût ma faiblesse, agit. Ce mouvement immense s'ébranla sous mes yeux. Ces forces variées, et de nature et d'art, se cherchèrent, s'arrangèrent, malaisément d'abord. Les membres du grand corps, peuples, races, contrées, s'agencèrent de la mer au Rhin, au Rhône, aux Alpes, et les siècles marchèrent de la Gaule à la France.

Tous, amis, ennemis, dirent « que c'était vivant ». Mais quels sont les vrais signes bien certains de la vie? Par certaine dextérité, on obtient de l'animation, une sorte de chaleur. Parfois le galvanisme semble dépasser la vie même par ses bonds, ses efforts, ses contrastes heurtés, des surprises, de petits miracles. La vraie vie a un signe tout différent, sa continuité. Née d'un jet, elle dure, et croît placidement, lentement, *uno tenore.* Son unité n'est pas celle d'une petite pièce en cinq actes, mais (dans un développement souvent immense) l'harmonique identité d'âme.

La plus sévère critique, si elle juge l'ensemble de mon livre, n'y méconnaîtra pas ces hautes conditions de la vie. Il n'a été nullement précipité, brusqué; il a eu, tout au moins, le mérite de la lenteur. Du premier au dernier volume, la méthode est la même; telle elle est en un mot dans ma Géographie, telle en mon Louis XV, et telle en ma Révolution. Ce qui n'est pas moins rare dans un travail de tant d'années, c'est que la forme et la couleur s'y soutiennent. Mêmes qualités, mêmes défauts. Si ceux-ci avaient disparu, l'œuvre serait hétérogène, discolore, elle aurait perdu sa personnalité. Telle quelle, il vaut mieux qu'elle reste harmonique et un tout vivant.

Lorsque je commençai, un livre de génie existait, celui de Thierry. Sagace et pénétrant, délicat interprète, grand ciseleur, admirable ouvrier, mais trop asservi à un maître. Ce maître, ce tyran, c'est le point de vue exclusif, systématique, de la perpétuité des races. Ce qui fait, au total, la beauté de ce grand livre, c'est qu'avec ce système, qu'on croirait fataliste, partout on sent respirer en dessous un cœur ému contre la force fatale, l'invasion, tout plein de l'âme nationale et du droit de la liberté.

Je l'ai aimé beaucoup et admiré. Cependant, le dirai-je? Ni le matériel, ni le spirituel, ne me suffisait dans son livre.

Le matériel, la race, le peuple qui la continue, me paraissaient avoir besoin qu'on mît dessous une bonne forte base, la terre qui les portat et les nourrit. Sans une base géographique, le peuple, l'acteur historique, semble marcher en l'air comme dans les peintures chinoises où le sol manque. Et notez que ce sol n'est pas seulement le théâtre de l'action. Par la nourriture, le climat, etc., il y influe de cent manières. Tel le nid, tel l'oiseau. Telle la patrie, tel l'homme.

La race, élément fort et dominant aux temps barbares, avant le grand travail des nations, est moins sensible, est faible, effacée presque, à mesure que chacune s'élabore, se personnifie. L'illustre M. Mill dit fort bien : « Pour se dispenser de l'étude des influences morales et sociales, ce serait un moyen trop aisé que d'attribuer les différences de caractère, de conduite à des différences naturelles indestructibles. »

Contre ceux qui poursuivent cet élément de race et l'exagèrent aux temps modernes, je dégageai de l'histoire elle-même un fait moral énorme et trop peu remarqué. C'est le puissant *travail de soi sur soi,* où la France, par son progrès propre, va transformant tous ses éléments bruts. De l'élément romain municipal, des tribus allemandes, du clan celtique, annulés, disparus, nous avons tiré à la longue des résultats tout autres et contraires même, en grande partie, à tout ce qui les précéda.

La vie a sur elle-même une action de personnel enfantement, qui, de matériaux préexistants, nous crée des choses absolument nouvelles. Du pain, des fruits, que j'ai mangés, je fais du sang rouge et salé qui ne rappelle en rien ces aliments d'où je le tire. Ainsi va la vie historique, ainsi va chaque peuple se faisant, s'engendrant, broyant, amalgamant des éléments, qui y restent sans doute à l'état obscur et confus, mais sont bien peu de chose relativement à ce que fit le long travail de la grande âme.

La France a fait la France, et l'élément fatal de race m'y semble secondaire. Elle est fille de sa liberté. Dans le progrès humain, la part essentielle est à la force vive, qu'on appelle l'homme. *L'homme est son propre Prométhée.*

En résumé, l'histoire telle que je la voyais en ces hommes éminents (et plusieurs admirables) qui la représentaient me paraissait encore faible en ses deux méthodes :

Trop peu matérielle, tenant compte des races, non du sol, du climat, des aliments, de tant de circonstances physiques et physiologiques.

Trop peu spirituelle, parlant des lois, des actes politiques, non des idées, des mœurs, non du grand mouvement progressif, intérieur, de l'âme nationale.

Surtout peu curieuse du menu détail érudit, où le meilleur, peut-être, restait enfoui aux sources inédites.

Ma vie fut en ce livre, elle a passé en lui. Il a été mon seul événement. Mais cette identité du livre et de l'auteur n'a-t-elle pas un danger? L'œuvre n'est-elle pas colorée des sentiments, du temps, de celui qui l'a faite?

C'est ce qu'on voit toujours. Nul portrait si exact, si conforme au modèle, que l'artiste n'y mette un peu de lui. Nos maîtres en histoire ne se sont pas soustraits à cette loi. Tacite, en son Tibère, se peint aussi avec l'étouffement de son temps, « les quinze longues années » de silence. Thierry, en nous contant Klodowig, Guillaume et sa conquête, a le souffle intérieur, l'émotion de la France envahie récemment et son opposition au règne qui semblait celui de l'étranger.

Si c'est là un défaut, il nous faut avouer qu'il nous rend bien service. L'historien qui en est dépourvu, qui entreprend de s'effacer en écrivant, de ne pas être, de suivre par-derrière la chronique contemporaine (comme Barante a fait pour Froissart), n'est point du tout historien. Le vieux chroniqueur, très charmant, est absolument incapable de dire à son pauvre valet qui va sur ses talons, ce que c'est que le grand, le sombre, le terrible XIVe siècle. Pour le savoir, il faut toutes nos forces d'analyse et d'érudition. Il faut un grand engin qui perce les mystères, inaccessibles à ce conteur. Quel engin, quel moyen? La personnalité moderne, si puissante et tant agrandie.

En pénétrant l'objet de plus en plus, on l'aime, et dès lors on le regarde avec un intérêt croissant. Le cœur ému à la seconde vue, voit mille choses invisibles au peuple indifférent. L'histoire, l'historien se mêlent en ce regard. Est-ce un bien? Est-ce un mal? Là s'opère une chose que l'on n'a point décrite et que nous devons révéler :

C'est que l'histoire, dans le progrès du temps, fait l'historien bien plus qu'elle n'est faite par lui. Mon livre m'a créé. C'est moi qui fus son œuvre. Ce fils a fait son père. S'il est sorti de moi d'abord, de mon orage (trouble encore) de jeunesse, il m'a rendu bien plus en force et en lumière, même en chaleur féconde, en puissance réelle de ressusciter le passé. Si nous nous ressemblons, c'est bien. Les traits qu'il a de moi sont en grande partie ceux que je lui devais, que j'ai tenus de lui.

Michelet, *Préface à l'Histoire de France*, pour l'édition de 1869.
(Texte rapporté par J. Ehrard et G. Palmade, *L'Histoire*,
Armand Colin, 1965, p. 261 à 265.)

8

L'école méthodique

L'école historique, que l'on dit « méthodique » ou que l'on appelle, plus fréquemment mais plus abusivement, « positiviste », apparaît, s'épanouit, se prolonge pendant la période de la Troisième République en France. Ses principes majeurs sont exposés dans deux textes-programmes : le manifeste, écrit par G. Monod, pour lancer *La Revue historique* en 1876; et le guide, rédigé à l'intention des étudiants par Ch.-V. Langlois et Ch. Seignobos en 1898. L'école méthodique veut imposer une recherche scientifique écartant toute spéculation philosophique et visant à l'objectivité absolue dans le domaine de l'histoire; elle pense parvenir à ses fins en appliquant des techniques rigoureuses concernant l'inventaire des sources, la critique des documents, l'organisation des tâches dans la profession. Les historiens « positivistes » participent à la réforme de l'enseignement supérieur et occupent des chaires dans les nouvelles universités; ils dirigent de grandes collections – E. Lavisse : *Histoire de France;* A. Rambaud : *Histoire générale;* L. Halphen et Ph. Sagnac : *Peuples et Civilisations;* ils formulent les programmes et élaborent les ouvrages d'histoire destinés aux élèves des collèges secondaires et des écoles primaires. Or, les manuels scolaires, très explicitement, encensent le régime républicain, alimentent la propagande nationaliste et approuvent la conquête coloniale. Donc ce courant de pensée, simultanément, fonde une discipline scientifique et sécrète un discours idéologique. Devant ce « monstre intellectuel », on est saisi d'un doute sur la capacité de tout savoir en sciences humaines à s'abstraire du milieu social dont il est issu. L'école méthodique continue à dominer l'enseignement et la recherche en histoire dans les universités jusqu'aux années 1940; et inscrit une évolution mythique de la collectivité française – sous forme d'une galerie de héros et de combats exemplaires – dans la mémoire de générations d'écoliers jusqu'aux années 1960.

1. « La Revue historique »

En 1876, la fondation de *La Revue historique*, par G. Monod et G. Fagniez, marque la constitution d'une école historique désireuse d'accueillir tous les travailleurs sérieux, dans le cadre d'un certain éclectisme idéologique. L'avant-propos, ouvrant le premier numéro, ne cache pas les ambitions de ce qui doit devenir « un recueil périodique, destiné à favoriser la publication des recherches originales sur les diverses parties de l'histoire et à fournir des renseignements exacts et complets sur les études historiques dans les pays étrangers aussi bien qu'en France ». En réalité, *La Revue historique* entend couvrir principalement l'histoire européenne depuis la mort de Théodose (395) jusqu'à la chute de Napoléon Ier (1815), d'une part, sous forme d'articles d'érudition, d'autre part, à l'aide de comptes rendus de lectures. Dans le comité de patronage, où figurent les collaborateurs les plus actifs, deux générations coexistent : celle des « anciens », qui ont atteint leur maturité sous le Second Empire et sont connus pour leurs œuvres de philosophes et d'historiens, tels Duruy, Renan, Taine, Boutaric, Fustel de Coulanges; celle des « jeunes loups », qui vont donner leur pleine mesure dans les premières décennies de la Troisième République, comme Monod, Lavisse, Guiraud, Bémont, Rambaud. Sur les cinquante-trois fondateurs, trente et un sont des enseignants – au Collège de France, à l'École des Hautes Études, dans les facultés des Lettres –, dix-neuf sont des archivistes et des bibliothécaires. Le cercle est plutôt étroit. La volonté est évidente de créer une revue destinée à des professionnels intégrés dans le milieu des universités, en contact avec les dépôts d'archives.

La Revue historique se dresse contre son aînée de dix

ans : *La Revue des Questions historiques*. G. Monod ne masque pas l'analogie mais aussi l'opposition entre les deux publications : « Le succès de *La Revue des Questions historiques*, les heureux résultats qu'elle a produits, le profit que nous avons nous-même retiré de sa lecture ont été un encouragement pour nous de l'imiter. Mais, en même temps, elle s'écarte assez sensiblement de l'idéal que nous nous proposons... Elle n'a pas été fondée simplement en vue de la recherche désintéressée et scientifique, mais pour la défense de certaines idées politiques et religieuses » (Manifeste, 1876, p. 322). En effet, *La Revue des Questions historiques* a été constituée par des aristocrates – le marquis de Beaucourt, le comte Henri de l'Épinois, le comte Hyacinthe de Charencey – et des roturiers – Léon Gautier, Marius Sepet, etc. – qui partageaient un goût de l'érudition, un attachement à la foi catholique et un penchant pour la réaction politique. Dans cette revue, la plupart des articles traitent de la monarchie et de l'Église de France, en mettant l'accent sur le retour aux traditions et sur le respect des hiérarchies sociales. Le directeur de la publication est d'ailleurs un conseiller politique du comte de Chambord. A tous égards, *La Revue des Questions historiques* traduit la pensée de la droite ultramontaine et légitimiste qui triomphe à l'époque de l'« ordre moral ».

En principe, *La Revue historique* ne se réclame d'aucune religion, d'aucune doctrine, d'aucun parti. Pourtant, si l'on considère de près l'équipe de ses rédacteurs, on voit qu'elle se rattache à un groupe assez homogène sur les plans social et politique. Gabriel Monod, le chef de file de la revue, descend d'une famille de pasteurs genevois et ne compte pas moins de quatorze ministres de ce culte parmi ses cousins germains. De nombreux collaborateurs de la publication sont eux aussi protestants, ainsi Rodolphe Reuss, Xavier Mossmann, Pierre Vaucher, Charles Bayet, Arthur Giry, Camille Jullian, Georges Parrot, Paul Meyer, Alfred Leroux et d'autres. A leurs côtés, se trouvent quelques israélites, par exemple Gustave Bloch et James Darmesteter, et surtout des libres penseurs, francs-maçons, tels Ernest Lavisse, P. Guiraud ou Ernest Havet. Les catholiques sont rares. Le codirecteur, G. Fagniez, qui appartient à la religion dominante en France, tente d'assurer une ouverture, de maintenir un pluralisme doctrinal; mais dès 1881, il démissionne en raison des attaques virulentes de *La Revue historique* contre l'Église catholique, et – trahison! – il passe à l'Action française et à *La Revue des Questions historiques.* Or ce sont des intellectuels protestants ou libres penseurs, formés à l'École normale supérieure et à l'École des Chartes, comme la plupart des membres de *La Revue historique,* qui ont créé l'École alsacienne et l'École des Sciences politiques, qui ont peuplé l'École pratique des Hautes Études, qui ont occupé les directions du ministère de l'Instruction publique dans les années 1870. C'est le même « lobby » protestant et franc-maçon qui fait adopter les lois Ferry instituant l'enseignement primaire laïque, gratuit et obligatoire au début des années 1880.

G. Monod, dans son Manifeste de 1876, brosse un tableau de l'historiographie française... depuis le XVIe siècle. *La Revue historique* se veut le point d'aboutissement d'une tradition, qui prend sa source dans la réflexion des humanistes de la Renaissance – J. J. Scaliger, J. Bodin –, se prolonge par la quête érudite des bénédictins de Saint-Maur – D. Mabillon, D. Montfaucon –, continue avec l'abondante production des romantiques – De Barante, A. Thierry, J. Michelet. Au milieu du XIXe siècle, la discipline historique repose sur de solides institutions, telles l'École des chartes, l'École pratique des Hautes Études, la Société de l'histoire de France, les nombreuses sociétés savantes. G. Monod se montre plus original lorsqu'il reconnaît la dette des historiens français envers les historiens allemands. « C'est l'Allemagne qui a contribué pour la plus forte part au travail historique de notre siècle... Publication de textes, critiques des sources, élucidation patiente de toutes les parties de l'histoire examinées une à une et sous toutes les faces, rien n'a été négligé. Qu'il nous suffise de citer les noms de Lassen, de Bœck, de Niebuhr, de Mommsen, de Savigny, d'Eichhorn, de Ranke, de Waitz, de Pertz, de Gervinus; de rappeler la collection du " Corpus Inscriptionum ", celle des " Monumenta Germaniae ", celle des " Jahrbücher des Deutschen Reichs ", celle des " Chroniken der Deutschen Staedte "... » (Manifeste, p. 315-316.) Certes, le directeur de *La Revue historique,* qui a séjourné dans les universités d'outre-Rhin, se contente d'apprécier l'acquis de l'érudition allemande; mais, ce faisant, il prouve un certain courage en bravant le chauvinisme français quelques années après Sedan.

G. Monod et ses amis estiment modestement qu'en France l'histoire en est à ses débuts : « Malgré tous les progrès accomplis, nous sommes encore dans une période de préparation, d'élaboration des matériaux qui serviront plus tard à construire des édifices plus vastes » (Manifeste, p. 320). Néanmoins, les rédacteurs de *La Revue historique* entendent procéder selon une méthode scientifique : « Sans être un recueil de pure érudition, notre revue n'admettra que des travaux originaux et de première main qui enrichissent la science, soit par les recherches qui en seront la base, soit par les résultats qui en seront la conclusion, mais, tout en réclamant de nos collaborateurs des procédés d'exposition strictement scientifiques, où chaque affirmation soit accompagnée de preuves, de renvois aux sources et de citations, tout en excluant les généralités vagues et les développements oratoires, nous conserverons à *La Revue historique* un caractère littéraire. » (Avant-propos, p. 295.) Et la discipline doit être insérée dans l'enseignement supérieur : « Tous ceux qui se livrent à l'investigation scientifique sont solidaires les uns des autres; ils travaillent à la même œuvre, exécutent des parties diverses d'un même plan, tendent au même but. Il est utile, il est indispensable qu'ils se sentent unis tous ensemble et que leurs efforts soient coordonnés pour être plus puissants. » (Manifeste, p. 321.) A grands traits, les principes définis dans le texte inaugural de G. Monod – à savoir le travail sur archives, la référence aux sources, l'organisation de la profession – se retrouveront exposés, vingt-trois ans plus tard, dans le manuel de Ch.-V. Langlois et Ch. Seignobos.

Dans la période de sa maturité, entre 1880 et 1900, G. Monod exerce un véritable magistère moral sur la « profession historienne » : il est seul directeur de *La Revue historique,* codirecteur de *La Revue critique,* professeur à l'ENS, président de la 4e section de l'EPHE, responsable de diverses commissions universitaires et sociétés savantes.

Dans *La Revue historique*, le directeur se charge personnellement du « bulletin critique » consacré à la bibliographie française; il oriente insensiblement ses comptes rendus vers les questions contemporaines; en vient à donner des leçons de morale et de politique. Au niveau des déclarations d'intention, *La Revue historique* se dit neutre et impartiale, vouée « à la science positive », « fermée aux théories politiques et philosophiques ». Quant aux actions concrètes, *La Revue historique* prend fait et cause pour la République opportuniste; approuve l'action des gouvernements Waddington, Freycinet, Ferry, Gambetta; applaudit la mise en œuvre des lois scolaires; soutient l'instauration des libertés publiques entre 1879 et 1884. Aux obsèques de Gambetta, G. Monod défile précédé d'une bannière portant l'inscription : « L'Histoire est la science maîtresse! » A la même époque, *La Revue historique* participe à la réinterprétation de la Révolution française de 1789-1793, qui devient le mythe fondateur d'une Troisième République, garantissant la vie démocratique et assurant la défense aux frontières. C'est alors que le 14 juillet est intronisé jour de fête nationale. Plus tard, G. Monod condamne la vague boulangiste, l'accès de fièvre militariste qui menace les institutions républicaines entre 1885 et 1889. Dans les années 1890, le directeur de *La Revue historique* parle moins de politique intérieure dans ses chroniques non parce qu'il est pris d'un scrupule de neutralité mais parce qu'il prête plus d'attention à la politique étrangère.

De la même manière, *La Revue historique* qui refuse officiellement tout « credo dogmatique » s'engage résolument dans le combat anticlérical. Quoique les protestants soient très nombreux au comité de rédaction, l'histoire de la religion réformée ne tient pas une grande place dans la revue. Si l'on consulte les quarante premiers numéros, sur un ensemble de quatre-vingt-trois études, neuf articles seulement abordent des thèmes concernant le protestantisme (ainsi l'hérésie des Patarins à Florence – n° 4 –, la biographie de Michel Servet – n° 10 –, etc.). En revanche, l'histoire du christianisme est traitée largement. Les auteurs paraissent favorables à l'Église des premiers siècles, tolérants avec l'Église du Moyen Age; mais ils se montrent agressifs envers l'Église catholique, issue du concile de Trente, pratiquant la Contre-Réforme. Un exemple : Ch.-L. Livet critique furieusement les réductions des jésuites au Paraguay « qui n'ont qu'un but, l'augmentation des richesses de l'ordre; qu'un moyen, l'abaissement des indigènes » (*RH,* t. 18, p. 325). Toutefois, dans *La Revue historique,* après les attaques violentes visant à détruire l'influence d'une Église catholique demeurée conservatrice et légitimiste à la fin des années 1870 et dans les années 1880, les analyses deviennent plus nuancées au temps du « ralliement » de l'Église à la République dans les années 1890. G. Monod va jusqu'à écrire : « Nul ne peut se défendre en contemplant l'Église catholique d'un sentiment d'admiration et de vénération pour l'institution la plus considérable en son influence, la plus imposante par sa durée que le monde ait vue » (*RH,* 1895, n° 1).

Enfin, *La Revue historique* affiche un souci éthique, à résonance nationale. G. Monod estime qu'une solidarité lie les hommes du présent aux hommes du passé : « L'historien sait que la vie est un perpétuel changement; mais que ce changement est toujours une transformation d'éléments anciens, jamais une création nouvelle de toutes pièces. Il donne aux générations présentes le vif sentiment, la conscience profonde de l'heureuse et nécessaire solidarité qui les unit aux générations antérieures » (Manifeste, p. 323). Ce genre de sympathie intuitive joue d'autant plus que le spécialiste se consacre à l'histoire nationale. « L'étude du passé de la France est une tâche primordiale... par laquelle nous pouvons rendre à notre pays l'unité et la force morale » (Avant-propos, 1876). Il s'agit, après la grave défaite de 1870, « de réveiller dans l'âme de la nation la conscience d'elle-même par la connaissance approfondie de son histoire ». Les révolutions sont considérées comme bonnes ou mauvaises selon les cas : est célébré le soulèvement de 1789, qui permet la déclaration des Droits de l'Homme et l'abolition des privilèges seigneuriaux; est dénigrée l'insurrection de 1871, qui conduit à des luttes fratricides sous les yeux des ennemis. Dans l'appréciation de l'évolution intérieure, *La Revue historique* marque sa préférence pour un « juste milieu », éloigné de tous les excès. Dans l'estimation de la situation extérieure, *La Revue historique* glisse, au fil des ans, d'un farouche nationalisme à un sage pacifisme. Vers 1880, G. Monod dénonce « le crime de l'invasion prussienne », pleure sur l'annexion de l'Alsace-Lorraine et n'est pas loin d'appeler à la revanche; vers 1890, il commence à plaider en faveur d'une réconciliation franco-allemande, seul moyen de régler les différends en évitant les atrocités d'une guerre.

2. Le discours de la méthode

Un quart de siècle après la fondation de *La Revue historique,* ses collaborateurs ont investi les chaires d'histoire dans les universités récemment créées ou réformées. C'est alors que deux d'entre eux, Charles-Victor Langlois et Charles Seignobos, définissent les règles applicables à la discipline dans une *Introduction aux études historiques* – Hachette, première édition, 1898, 308 pages. Charles-Victor Langlois est un médiéviste, qui s'est intéressé aux fonds des Archives nationales et du Public Record Office, a rédigé des ouvrages sur l'Inquisition et sur le duché de Bretagne, a participé à la première série de l'*Histoire de France,* dirigée par Ernest Lavisse, en rédigeant le tome III : *Saint Louis, Philippe le Bel et les derniers Capétiens (1226-1328)* – 1901. Charles Seignobos est un moderniste qui est l'auteur d'une collection de manuels destinés à l'enseignement secondaire (de la classe de 6e à la classe terminale), d'une *Histoire de l'Europe au XIXe siècle* – 1897; qui a également contribué à la seconde série d'Ernest Lavisse, l'*Histoire de la France contemporaine,* en écrivant le tome VII : *Le Déclin de l'Empire et l'établissement de la République (1859-1875),* et le tome VIII : *L'Évolution de la Troisième République (1875-1914)* – 1921; qui a enfin élaboré avec P. Milioukov, L. Eisenemann et d'autres spécialistes, une *Histoire de la Russie* (des origines à la révolution bolchevique), trois volumes, 1932. Ch.-V. Langlois et Ch. Seignobos, professeurs en Sorbonne, membres de l'Institut, ont le mérite par rapport à leurs collègues de se soucier de problèmes épistémologiques. Leur « bréviaire » a vocation de former des générations d'historiens. De fait, l'ouvrage exprime exactement le point de vue de « l'école méthodique » qui domine la production française entre 1880 et 1930.

Ch.-V. Langlois et Ch. Seignobos apportent une contribution décisive à la constitution d'une histoire scientifique; ils considèrent avec indifférence, parfois avec mépris, la théologie de l'histoire, à la manière de Bossuet; la philosophie de l'histoire, selon Hegel ou Comte; et l'histoire-littérature, à la mode de Michelet. « Le procédé le plus naturel d'explication consiste à admettre qu'une cause transcendante, la Providence, dirige tous les faits de l'histoire vers un but connu de Dieu. Cette explication ne peut être que le couronnement métaphysique d'une construction scientifique, car le propre de la science est de n'étudier que les causes déterminantes. L'historien, pas plus que le chimiste ou le naturaliste, n'a à rechercher la cause première ou les causes finales. En fait, on ne s'arrête plus guère aujourd'hui à discuter, sous sa forme théologique, la théorie de la Providence en histoire. Mais la tendance à expliquer les faits historiques par des causes transcendantes persiste dans des théories plus modernes où la métaphysique se déguise sous des formes scientifiques. Les historiens du XIXe siècle ont subi si fortement l'action de l'éducation philosophique que la plupart introduisent, même à leur insu, des formules métaphysiques dans la construction de l'histoire » (p. 247). L'école méthodique réalise une véritable « rupture épistémologique » en écartant le providentialisme chrétien, le progressisme rationaliste, voire le finalisme marxiste.

Selon Ch.-V. Langlois et Ch. Seignobos, « l'histoire n'est que la mise en œuvre de documents » (p. 275). La formule suppose une théorie de la connaissance – une relation entre le sujet (l'historien) et l'objet (le document) – qui n'est pas explicitée. En réalité, il s'agit de la « théorie du reflet », empruntée à Von Ranke (à laquelle il sera fait allusion ultérieurement). D'emblée, l'école méthodique néglige le rôle essentiel des questions posées par l'historien à ses sources et prône l'effacement du même historien derrière les textes. Qu'est-ce qu'un document pour Ch.-V. Langlois et Ch. Seignobos? « Parmi les pensées et les actes des hommes, il en est très peu qui laissent des traces visibles et ces traces lorsqu'il s'en produit sont rarement durables; il suffit d'un accident pour les effacer. Or toute pensée et tout acte qui n'a pas laissé de traces, directes ou indirectes, ou dont les traces visibles ont disparu, est perdu pour l'histoire » (p. 1). On ne peut qu'accepter cette évidence, d'une extrême banalité. Toutefois, les deux auteurs précisent que les « traces laissées par les pensées et les actes d'autrefois » sont des documents écrits, des témoignages volontaires – des chartes, des décrets, des correspondances, des manuscrits divers; ils ne songent pas aux documents non écrits – par exemple, des sites archéologiques, reflétant la vie économique, la structure sociale ou l'organisation militaire – ni aux témoignages involontaires – par exemple, des manuels de confesseurs exprimant des mentalités religieuses. La conception très étroite du document limite l'ambition de la discipline : « La quantité des documents qui existent, sinon des documents connus, est donnée; le temps, en dépit de toutes les précautions qui sont prises de nos jours, la diminue sans cesse; elle n'augmentera jamais... Les progrès de la science historique sont limités par là même » (p. 275).

Donc, « l'histoire dispose d'un stock de documents limité » (p. 275). Pour Ch.-V. Langlois et Ch. Seignobos, la tâche prioritaire est de dresser l'inventaire des matériaux disponibles. « Chercher, recueillir les documents est une des parties principales, logiquement la première du métier d'historien. En Allemagne, on lui a donné le nom d'*heuristique* » (p. 2). Poursuivant l'entreprise amorcée par les érudits du XVIIIe et du début du XIXe siècle, les tenants de l'école méthodique de la fin du XIXe et du début du XXe siècle s'emploient à « protéger les documents contre les oublis, les pertes, les incendies et autres destructions; et à les conserver dans des dépôts, tels que le British Museum de Londres et les Bibliothèques nationales de Paris, Bruxelles, Florence ou Saint-Petersbourg » (p. 11). Les mêmes historiens sont préoccupés de classer les fonds d'archives : « L'heuristique serait aisée si seulement de bons inventaires descriptifs de tous les dépôts de documents avaient été composés... et si des répertoires généraux (avec des tables alphabétiques, systématiques, etc.) en avaient été faits; enfin, s'il était possible de consulter quelque part la collection complète de tous ces inventaires et de leur index » (p. 11). Les vœux de Ch.-V. Langlois et de Ch. Seignobos sont partiellement réalisés, du moins dans leur pays. Au moment où ils écrivent, des spécialistes, souvent sortis de l'École des chartes, confectionnent le catalogue des Archives nationales, le catalogue de la Bibliothèque nationale, les fichiers des Archives départementales. Dans le même temps, la Société de l'Histoire de France conduit un énorme travail de publication, en transformant des sources manuscrites en ouvrages imprimés (un exemple, entre cent : Les lettres des ambassadeurs milanais en France sous Louis XI et François Sforza, de 1461 à 1466, quatre volumes, édités en 1916).

Le document étant sauvé, enregistré, classé, il convient de le soumettre à une série d'opérations analytiques. Le premier traitement est la *critique externe* (d'érudition). Choisissons un cas, pour faire la démonstration : « L'hommage de Gaston Phébus au Prince Noir pour le Marsan et le Gabardan » (cité par R. Boutruche, *Seigneurie et Féodalité,* t. 1, 1959, p. 337-338). Si l'on suit la procédure de l'école méthodique, on doit d'abord retrouver la source – en la circonstance, l'acte est conservé au Public Record Office, sous la cote E.36/189 f°s 14 V et 15; ensuite, examiner s'il s'agit d'un original, d'une copie, d'un faux – la technique de la paléographie permet de constater l'authenticité du document; enfin, marquer des points de repère, signaler les partenaires – Gaston Phébus, Comte de Foix, Vicomte de Béarn, d'une part; Édouard, Prince d'Aquitaine, fils du Roi d'Angleterre, d'autre part –, indiquer la date – le 12 janvier 1364 – et le lieu – la maison des Frères Prêcheurs à Agen : « L'analyse du texte doit conduire à la confection d'une fiche sur une feuille détachée, mobile, avec mention de la provenance... La mobilité des fiches permet de les classer à volonté en une foule de combinaisons diverses » (p. 81). Le système des fiches donne à l'historien le moyen de travailler en profondeur, en manipulant plus aisément ses matériaux, et il mène à la pratique des références infra-paginales par lesquelles chaque lecteur d'un ouvrage d'histoire, à condition qu'il soit lui-même érudit, peut retourner à la source et vérifier le bien-fondé des affirmations de son collègue.

Le second traitement est la *critique interne* (ou herméneutique). Il s'agit de reprendre la fiche, portant les précisions fournies par la critique d'érudition, et de la compléter en résumant les données essentielles inscrites dans le document. D'après Ch.-V. Langlois et Ch. Seignobos, il faut effectuer : « 1) l'analyse de contenu de l'acte et la critique positive d'interprétation pour s'assurer de ce que l'auteur a voulu dire; 2) l'analyse des conditions dans lesquelles l'acte est produit et la critique négative nécessaire pour contrôler les dires de l'auteur » (p. 118-119). L'herméneutique impose fréquemment de recourir à une étude linguistique, afin de déterminer la valeur des mots ou des phrases. Ainsi, dans les œuvres rédigées en latin, la signification des termes peut varier selon les époques. La langue de Cicéron n'est pas celle de Grégoire de Tours qui ne correspond pas à celle de saint Bernard. Et il vaut mieux éviter les contresens. Par ailleurs, l'herméneutique oblige à s'interroger sur les intentions des personnes qui ont produit les documents. Prenons un autre cas, à titre d'illustration. Pendant l'été 1534, dans un discours prononcé à Toulouse, Étienne Dolet déclare : « Je vous demande de croire que je ne fais nullement partie de cette secte impie et obstinée des luthériens... » (cité par L. Febvre, *La Religion de Rabelais*, 1942, p. 51). Étienne Dolet est-il sincère? On peut supposer qu'il ment puisque, à cette époque, il risque le bûcher s'il est reconnu coupable d'hérésie. On peut aussi penser qu'il dit la vérité et qu'il professe simplement un évangélisme érasmien. Tel est le genre de questions que formule la critique interne.

Lorsque les opérations analytiques sont accomplies, la voie est ouverte aux *opérations synthétiques*. Il est conseillé de procéder par étapes. Le premier stade consiste à comparer plusieurs documents pour établir un fait particulier. Par exemple, si l'on cherche à préciser tel épisode de la conjuration de Catilina, on peut confronter le récit de Cicéron et la version de Salluste. « Plusieurs faits qui, pris isolément, ne sont qu'imparfaitement prouvés, peuvent se confirmer les uns les autres de façon à donner une certitude d'ensemble » (p. 175). Le second stade conduit à regrouper les faits isolés dans des cadres généraux. On rassemble les faits concernant les conditions naturelles – la géographie, le climat, etc.; les productions matérielles – l'agriculture, l'industrie, le commerce, etc.; les groupes sociaux – les familles, les clans, les professions, les classes, etc.; les institutions politiques – le gouvernement, la justice, l'administration, etc. Le troisième stade vise à manier le raisonnement, soit par déduction, soit par analogie, pour lier les faits entre eux et pour combler les lacunes de la documentation. Par exemple, si l'on ignore presque tout des actes des Rugues, des Bastarnes, des Alains, des Suèves, on imagine qu'ils se comportent, plus ou moins, comme des peuples barbares mieux connus, tels les Ostrogoths, les Visigoths et les Francs. Le quatrième stade contraint à pratiquer un choix dans la masse des événements. « Une histoire où aucun fait ne serait sacrifié devrait contenir tous les actes, toutes les pensées, toutes les aventures de tous les hommes à toutes les époques. Ce serait une connaissance complète que personne n'arriverait à connaître, non faute de matériaux, mais faute de temps » (p. 227-228). Le dernier stade amène l'historien à tenter quelques généralisations, à risquer quelques interprétations, sans entretenir l'illusion « de percer le mystère des origines des sociétés » (p. 275). Tout se passe comme si, au niveau de la synthèse, l'école méthodique avait peur de conclure.

Dans leur manuel, Ch.-V. Langlois et Ch. Seignobos proposent, étant donné la complexité des opérations en histoire, d'instaurer une division du travail touchant l'ensemble de la profession. D'abord, il doit exister une catégorie d'experts, maîtrisant parfaitement les techniques de l'érudition. Ce sont des archivistes et des bibliothécaires, « des ouvriers en catalogues descriptifs et en index, ...des restaurateurs et des éditeurs de textes » (p. 96). Ensuite, il est bon que des « jeunes chercheurs », observant les règles de la méthode (critique de documents, mise en fiches, etc.), se consacrent exclusivement à des monographies, « en vue d'élucider un point spécial, un ensemble limité de faits » (p. 263). Ainsi, l'historien novice, sous le contrôle d'un tuteur expérimenté, commence sa carrière par une monographie – d'un village, d'une entreprise, d'une bataille, d'une personnalité, d'une œuvre d'art, etc. Enfin, il revient aux professeurs titulaires de l'enseignement supérieur de « consacrer tout leur temps à étudier ces monographies, afin de les combiner d'une façon scientifique en des constructions générales » (p. 277). Les « maîtres » se cantonnent eux-mêmes dans leur spécialité; lorsqu'ils veulent réaliser une synthèse, ils se partagent les chapitres d'un ouvrage ou les volumes d'une collection (par exemple, la série de l'*Histoire de France* dirigée par E. Lavisse). Dès la fin du XIXe siècle, l'organisation « rationnelle » de la recherche en histoire s'accorde avec l'institution du « mandarinat » dans l'Université.

3. Lavisse et l'histoire de France

Ernest Lavisse, né en 1842, fils d'un boutiquier, marchand de « nouveautés » à Nouvion-en-Thiérache, fait des études secondaires au collège de Laon, songe à entrer à Saint-Cyr, puis se décide pour l'École normale supérieure. Le jeune homme lit passionnément des auteurs « républicains » – V. Hugo et J. Michelet – et il fréquente des hommes politiques hostiles à l'Empire – L. Gambetta, Ch. Floquet, G. Clemenceau, etc. A sa sortie de la rue d'Ulm, il est nommé professeur au lycée Henri-IV. C'est alors qu'Ernest Lavisse a la chance d'être remarqué par Victor Duruy, le ministre de l'Instruction publique, qui en fait son chef de cabinet (sans le titre) et le recommande comme précepteur du prince impérial. En 1868, à vingt-six ans, le brillant « normalien » est déjà installé dans les allées du pouvoir et rêve d'accéder à l'avenir aux plus hautes responsabilités. Deux ans après, en 1870, le désastre de Sedan précipite la chute du Second Empire... et, accessoirement, ruine les ambitions de l'éventuel « conseiller du prince ». Paradoxalement, la défaite de la France incite Ernest Lavisse à se rendre en Allemagne. Il séjourne trois ans dans les universités d'outre-Rhin, en tire des leçons profitables concernant le métier d'historien, et revient avec une thèse intitulée : « La Marche de Brandebourg; essai sur les origines de la monarchie prussienne » (1875). Par la suite, il continue à s'intéresser au passé germanique en publiant des études sur

L'Histoire de la Prusse (1879), *Trois Empereurs d'Allemagne* (1888) et *Le Grand Frédéric* (1891).

Dans le dernier quart du XIXe siècle, au temps où les politiciens « opportunistes » gèrent les affaires de la République française, Ernest Lavisse gravit, avec éclat, les échelons d'une carrière universitaire : il est maître de conférences en 1878, professeur en Sorbonne en 1888, directeur de l'École normale supérieure en 1904. Son rayonnement dépasse largement les salles de cours : il est élu membre de l'Académie française en 1893, devient rédacteur en chef de *La Revue de Paris* en 1894, est accueilli dans les salons les plus renommés et fait courir le Tout-Paris à ses conférences. Tel le décrit Jules Isaac : « Partout il en imposait par une certaine majesté naturelle, olympienne, qui l'apparentait à un Mounet-Sully ou à un Victor Hugo... Conférencier, il subjuguait l'auditoire par une merveilleuse diction qui donnait vie et relief à ses moindres remarques. Combien de fois, quittant la salle où je venais de l'entendre, me suis-je dit : le grand orateur, le grand acteur qu'eût fait cet homme! » L'influence d'Ernest Lavisse s'étend au-delà des cercles de l'Université, au ministère de l'Instruction et aux maisons d'édition. « Aux abords de la soixantaine, il régnait sur tout, présidait à tout : rue des Écoles, en Sorbonne, aux Études historiques...; boulevards Saint-Germain et Saint-Michel, chez Hachette et chez Armand Colin, grandes puissances de la librairie, aux publications spécialisées, voire scolaires...; rue de Grenelle, au Conseil supérieur de l'Instruction publique; sans compter je ne sais combien de commissions et de cérémonies » (cité par J. Isaac, *Expériences de ma vie,* 1959, p. 265-267).

Ernest Lavisse, qui se laisse volontiers couvrir d'éloges, de titres et de décorations, n'en perd pas pour autant le goût des mesures concrètes. En 1896, il est l'un des rédacteurs de la loi Poincaré qui réforme l'enseignement supérieur, en réglementant les cours pour les étudiants, en créant le diplôme d'Études supérieures, en aménageant le concours de l'agrégation et en consolidant le réseau des universités provinciales. Après 1904, à son poste de directeur, il modifie le fonctionnement de l'École normale supérieure. Ce notable intellectuel prend rang, avec les animateurs de *La Revue historique*, parmi les chefs de file de l'école méthodique. Toutefois, à la différence de G. Monod et de ses amis libéraux et républicains, E. Lavisse garde des sympathies bonapartistes – il entretient une correspondance avec le prince impérial. On ne le voit pas s'engager dans les grandes batailles pour la République : lors de la crise boulangiste, il ne se montre guère; au moment de l'affaire Dreyfus, il évite de prendre position. En réalité, Ernest Lavisse est moins un républicain qu'un nationaliste. Il a été profondément humilié par l'effondrement français de 1870-1871, au point d'aller chercher chez l'adversaire allemand des modèles pour mieux l'imiter, afin de mieux le vaincre. Et il reste proche des milieux militaires par ses liens familiaux – son frère est général. Quand le conseiller au ministère de l'Instruction publique suggère une réforme de l'enseignement supérieur, inspire les programmes de l'enseignement secondaire, rédige une série de manuels destinée à l'école primaire, c'est qu'il entend « forger des générations de jeunes patriotes ». Quand le familier des salons bonapartistes donne son adhésion aux institutions républicaines, c'est qu'il estime que « fortifier la démocratie est un moyen d'armer la France ».

Dans cette perspective, vers 1890, Ernest Lavisse conçoit la nécessité d'une vaste reconstitution du passé national; il recrute une équipe d'historiens connus, presque tous pourvus de chaires dans les universités; et il ouvre le chantier d'une collection monumentale, en neuf tomes (et dix-sept volumes), qui vont paraître au cours des années 1900. Voici la liste des ouvrages composant l'*Histoire de France de l'époque gallo-romaine à la Révolution* :

t. I. P. Vidal de la Blache : *Tableau de la Géographie de la France*, 1903;

t. II. 1. C. Bayet, C. Pfister, A. Kleinclausz : *Le Christianisme, les Barbares, les Mérovingiens et les Carolingiens*, 1903; 2. A. Luchaire : *Les Premiers Capétiens (987-1137)*, 1901;

t. III. 1. A. Luchaire : *Louis VII, Philippe Auguste, Louis VIII (1137-1226)*, 1901; 2. Ch.-V. Langlois :

Saint Louis, Philippe le Bel et les Derniers Capétiens (1226-1328), 1901;
t. IV. 1. A. Coville : *Les Premiers Valois et la Guerre de Cent Ans (1328-1422)*, 1902; 2. Ch. Petit-Dutaillis : *Charles VII, Louis XI, Charles VIII (1422-1492)*, 1902;
t. V. 1. H. Lemonnier : *Charles VIII, Louis XII et François Ier. Les Guerres d'Italie (1492-1547)*, 1903; 2. *La Lutte contre la Maison d'Autriche. La France sous François Ier et Henri II (1519-1559)*, 1904;
t. VI. 1. J. Mariéjol : *La Réforme, la Ligue et l'Édit de Nantes (1559-1598)*, 1904; 2. *Henri IV et Louis XIII (1598-1643)*, 1905;
t. VII. 1. E. Lavisse : *Louis XIV, la Fronde, le Roi, Colbert (1643-1685)*, 1905; 2. *Louis XIV, la Religion, les Lettres et les Arts, la Guerre (1643-1685)*, 1906;
t. VIII. 1. A. de Saint-Léger, A. Rebelliau, Ph. Sagnac, E. Lavisse : *Louis XIV et la Fin du règne (1685-1715)*, 1908; 2. H. Carré : *la Régence et le Règne de Louis XV (1715-1774)*, 1909;
t. IX. 1. H. Carré, Ph. Sagnac, E. Lavisse : *Le Règne de Louis XVI (1774-1789)*, 1911; 2. *Tables analytiques*, 1911.

Le plan général de la collection fait apparaître certains principes souvent implicites qui guident les travaux des historiens de l'école méthodique. Premièrement, le titre lui-même – l'*Histoire de France* – atteste que l'étude privilégie comme objet un État-Nation dont on suppose qu'il existe depuis le temps de Clovis jusqu'à l'époque de Louis XVI – *a fortiori* jusqu'aux gouvernements de Gambetta, Ferry ou Clemenceau. Deuxièmement, la périodisation est articulée en fonction des règnes – par exemple, au tome III. 1, Louis VII, Philippe Auguste, Louis VIII servent de jalons entre 1137 et 1226. Certes, un tel découpage chronologique se situe dans la tradition des vieilles annales, mais il laisse entendre que chaque souverain pèse de manière décisive sur le cours des événements. Dans le même ordre d'idées, les hommes illustres – Sully, Richelieu, Colbert et d'autres – semblent jouer des rôles primordiaux. Troisièmement, l'accent est mis sur les faits politiques, militaires et diplomatiques – par exemple, au tome V. 1, les guerres d'Italie (les batailles de Marignan, Pavie, etc.) sont décrites avec un luxe de détails qui comblerait d'aise un officier d'état-major. En revanche, les faits économiques, sociaux et culturels sont parfois traités avec moins d'attention et toujours placés en position subordonnée, envisagés dans le cadre d'une stratégie politique – par exemple, au tome VII. 1, où il est fait allusion aux débuts du règne de Louis XIV (1661-1685), c'est sous la rubrique « le gouvernement économique » que sont examinés les finances, l'agriculture, l'industrie et le commerce. En définitive, une démonstration court à travers l'ensemble des ouvrages; et Lavisse dévoile sa thèse en conclusion : la monarchie capétienne, bien qu'elle ait penché vers l'absolutisme, a construit une administration, a supprimé les particularismes, a rassemblé les provinces; au bout du compte, « elle a renforcé l'unité française ».

L'œuvre est incomplète, puisque la formation de l'État-Nation ne s'interrompt pas à la fin de l'Ancien Régime. C'est pourquoi l'entreprise est prolongée par une *Histoire de la France contemporaine, de la Révolution à la Paix de 1919*. Cette fois, Ernest Lavisse se contente d'accorder son patronage et abandonne la direction effective à son disciple, Charles Seignobos. La nouvelle série comprend neuf volumes, qui sont publiés en moins de trois ans, dans l'immédiat après-guerre. Ernest Lavisse a le plaisir de voir les derniers ouvrages achevés avant de disparaître en 1922. La collection présente l'ordre suivant :

t. I. PH. Sagnac : *La Révolution (1789-1792)*, 1920;
t. II. G. Pariset : *La Révolution (1792-1799)*, 1920;
t. III. G. Pariset : *Le Consulat et l'Empire (1799-1815)*, 1921;
t. IV. S. Charlety : *La Restauration (1815-1830)*, 1921;
t. V. S. Charlety : *La Monarchie de Juillet (1830-1848)*, 1921;
t. VI. Ch. Seignobos : *La Révolution de 1848 et les débuts du Second Empire (1848-1859)*, 1921;
t. VII. Ch. Seignobos : *Le Déclin de l'Empire et*

l'établissement de la Troisième République (1859-1875), 1921;
t. VIII. Ch. Seignobos : *L'Évolution de la Troisième République (1875-1914)*, 1921;
t. IX. H. Bidou, A. Gauvain, Ch. Seignobos : *La Grande Guerre (1914-1918)*, 1922.

Dans cette *Histoire de la France contemporaine*, on retrouve les axiomes qui conditionnent les réflexions des historiens de la Belle Époque. La trame du temps est découpée à grands traits, selon les régimes (la Restauration, la monarchie de Juillet, la Deuxième République, etc.); à traits plus fins, selon les gouvernements (Waldeck-Rousseau, Combes, Rouvier, Clemenceau, etc.). Le récit enchaîne les événements, en respectant une causalité linéaire et en multipliant les précisions (la relation de la « Grande Guerre » n'omet aucune attaque, aucune contre-attaque sur tous les fronts, de juillet 1914 à novembre 1918). Et « la politique demeure au poste de commandement » : les combinaisons ministérielles, les débats parlementaires, les élections législatives tiennent infiniment plus de place que les découvertes scientifiques, les activités industrielles ou les mœurs paysannes.

4. Les manuels scolaires

En 1875, les lois constitutionnelles sont adoptées, qui définissent les procédures de désignation et les règles de fonctionnement des deux chambres et du gouvernement. De 1877 à 1879, les élections successives portent des majorités de gauche à la Chambre des députés puis au Sénat. Mac Mahon doit « se soumettre » d'abord, et « se démettre » ensuite. La République triomphe. Dès lors, pendant cinq ou six ans, les ministères « opportunistes » accordent l'amnistie aux Communards (1880), instaurent les libertés publiques – presse, réunion, etc. – (1881), légalisent les syndicats (1884); et ils imposent l'école laïque (mars 1880), gratuite (juin 1881) et obligatoire (mars 1882). Les dirigeants politiques « opportunistes » – L. Gambetta, J. Ferry,

Ch. de Freycinet, W. Waddington, L. Say, etc. – sont encouragés, conseillés, guidés dans leur œuvre scolaire par les responsables du ministère de l'Instruction publique – P. Bert, F. Buisson, F. Pécaut, J. Steeg et d'autres – et par les animateurs de la Ligue de l'Enseignement – J. Macé et ses amis. Contrairement à une idée courante, les lois Ferry n'ont pas « scolarisé » les Français. Mais les mesures prises ont permis de construire un réseau de bâtiments, couvrant toutes les communes (d'ailleurs à la charge des municipalités); de former, dans les écoles normales, un corps homogène d'instituteurs et d'institutrices laïcs; et d'extirper l'analphabétisme en intégrant le tiers de la population enfantine, qui échappait encore à l'éducation. Toutefois, les républicains « bourgeois » ont maintenu un fossé profond entre l'école primaire, destinée au peuple, et le collège secondaire, réservé à l'élite.

L'histoire « méthodique » participe à l'œuvre scolaire de la Troisième République. En effet, les inspirateurs des lois Ferry – F. Buisson, P. Bert, J. Macé, etc. – et les collaborateurs de *La Revue historique* – G. Monod, E. Lavisse, A. Rambaud, etc. – appartiennent aux mêmes milieux; ils fréquentent tous les couloirs du ministère de l'Instruction publique, les écoles normales supérieures, les temples protestants ou les loges maçonniques. Hauts fonctionnaires ou notables universitaires, ils ont les mêmes objectifs : instruire les nouvelles générations dans l'amour de la République, afin de consolider l'assise sociale du régime; refouler l'obscurantisme clérical en enlevant à l'Église le contrôle sur les esprits; préparer la revanche contre l'ennemi héréditaire, contre le Reich allemand. Ce sont ces idées-force qui, à travers les instructions ministérielles, orientent les programmes et modèlent les manuels d'histoire, de géographie et d'instruction civique. Le plus célèbre est le « Petit Lavisse » qui est publié pour la première fois en 1884 (sur 240 pages, avec 100 gravures). Pour la circonstance, le professeur en Sorbonne a condensé à l'extrême les éléments qui vont figurer dans sa vaste série universitaire de l'*Histoire de France.* Le « Petit Lavisse » connaît un immense succès : il est imprimé à des centaines de milliers d'exemplaires, édité maintes fois (la 75e édition est atteinte dès 1895). L'auteur soumet l'ouvrage à de constants remaniements jusqu'à la version définitive de 1912 (sur 272 pages, avec 142 gravures). Les autres manuels ne menacent guère le quasi-monopole de diffusion du « Lavisse »; et en diffèrent peu par la forme ou le contenu, tels les « cours d'histoire » d'Aulard et Debidour (1894), de Calvet (1899), de Brossolette (1904), de Gautier et Deschamps (1905), de Guiot et Mane (1906), de Rogie et Despiques (1908), etc.

Dans des livres destinés à des enfants de sept à douze ans, le discours idéologique est d'autant plus évident que, par nécessité, le trait est forcé, la langue est simplifiée. L'école méthodique expose ses principes en toute candeur, sans aucun masque. En outre, le groupe républicain, qui crée l'école laïque, gratuite et obligatoire, affirme clairement que l'histoire n'est pas neutre; qu'elle doit servir un projet politique. En 1884, F. Buisson, directeur de l'enseignement primaire, salue la sortie du « Petit Lavisse » en ces termes : « Le voilà, le livre d'histoire vraiment national et vraiment libéral que nous demandions pour être un instrument d'éducation, voire d'éducation morale. » En 1912, dans la préface à la dernière édition de son manuel, E. Lavisse se montre encore plus explicite : « Si l'écolier n'emporte pas avec lui le vivant souvenir de nos gloires nationales, s'il ne sait pas que ses ancêtres ont combattu sur mille champs de bataille pour de nobles causes; s'il n'a pas appris ce qu'il a coûté de sang et d'efforts pour faire l'unité de notre patrie et dégager ensuite, du chaos de nos institutions vieillies, les lois qui nous ont faits libres; s'il ne devient pas un citoyen pénétré de ses devoirs et un soldat qui aime son fusil, l'instituteur aura perdu son temps. » La tâche du maître d'école est parfaitement définie : pendant le cours d'histoire, il doit former des républicains conscients et de vaillants soldats.

Si l'on parcourt les manuels d'histoire, publiés entre 1884 et 1914, on y perçoit aisément quelques postulats fondamentaux. La première notion est celle d'une « France éternelle » de « nos ancêtres les Gaulois » jusqu'aux citoyens de la Troisième République. Les habitants de ce beau pays appartiennent à une collectivité qui devient progressivement nationale. Rien ne les distingue vraiment entre eux : les particularismes régionaux sont effacés; les inégalités sociales sont estompées. Les « autres », les individus différents, sont identifiés aux étrangers, aux ennemis, aux agresseurs. La longue marche vers la formation de l'État-Nation se déroule comme une succession d'événements exceptionnels où s'illustrent des héros vertueux. Le manuel d'histoire a l'aspect d'une galerie de tableaux : Vercingétorix à Alésia, Clovis brisant le vase de Soissons, Charlemagne face aux écoliers, Philippe Auguste à Bouvines, Saint Louis sous le chêne de Vincennes, les bourgeois de Calais, Jeanne d'Arc au bûcher, François Ier à Marignan, Richelieu au siège de La Rochelle, Louis XIV à Versailles, le Maréchal de Saxe à Fontenoy, la prise de la Bastille, Bonaparte au pont d'Arcole, etc. Une ligne de partage sépare les « bons », qui ont renforcé l'autorité de l'État et rassemblé les provinces – par exemple, Du Guesclin, Louis XI ou Richelieu – et les « mauvais », qui se sont lancés dans des guerres ruineuses et ont laissé perdre des provinces ou des colonies – par exemple, Charles VIII et Louis XII, peut-être Louis XIV, certainement Louis XV. C'est ainsi qu'on lit dans le « Petit Lavisse » : « Henri IV et son ami Sully tâchèrent de rendre les Français aussi heureux que possible » (p. 104)... « Le mauvais roi Louis XV ne fit aucune attention aux plaintes contre les injustices. Il disait que cela lui était égal » (p. 128).

Le second choix consiste à faire l'apologie du régime républicain. L'héritage de la Révolution est récupéré, avec franchise pour la période 1789-1792, avec hésitation pour la période 1792-1794. La reconstitution privilégie les épisodes modérés : on met en avant la réunion des états généraux, la déclaration des Droits de l'Homme, la fête de la Fédération; et on glisse sur les affrontements à la Convention, sur les brutalités de la Terreur, ou on les cache derrière les exploits des soldats de l'An II. De toute manière, la Révolution de 1789 apparaît comme une rupture radicale qui fait émerger la souveraineté de la Nation, instaure le respect de la Loi, introduit la liberté de conscience et la liberté du travail (manuel Gautier-Deschamps). Si l'on examine un tableau mural composé par Ch. Dupuy à l'intention des enfants des écoles, l'histoire de la France au

XIXe siècle peut s'interpréter selon un schéma bipolaire : « Révolution de 1789 : la liberté et l'égalité sont conquises; Premier Empire : la France subit le despotisme; Restauration et monarchie de Juillet : la royauté est de nouveau essayée; Deuxième République : la liberté est un instant reconquise; Second Empire : la liberté est encore perdue; Troisième République : le peuple est enfin maître de ses destinées. » Les régimes absolutistes sont affectés d'un signe –, sont « péjorés »; les régimes républicains sont pourvus d'un signe +, sont « méliorés ». En fin de compte, la Troisième République est présentée comme « le meilleur des mondes » : « elle a établi la France à son rang de grande nation; imposé le service militaire égal pour tous; créé l'enseignement laïque, gratuit et obligatoire; restauré les libertés publiques – presse, réunion, association; séparé l'Église de l'État; et constitué un empire colonial » (manuel Gautier-Deschamps). La Troisième République garantit une organisation sociale harmonieuse qui ne saurait être dépassée; la Commune est décrite comme un accès de folie, presque incompréhensible; et la perspective d'un régime socialiste n'est jamais évoquée.

La troisième option est une exaltation permanente de la Mère-Patrie. A la première génération, de 1880 à 1898, la propagande nationaliste est effrénée, en proportion de l'humiliation ressentie après la défaite de 1870-1871. Le journal *L'École,* en mai 1882, recommande les dictées patriotiques, les récits héroïques et les chants martiaux – comme *L'Écolier-Soldat :*

> Pour être un homme, il faut savoir écrire
> Et tout petit, apprendre à travailler.
> Pour la Patrie, un enfant doit s'instruire
> Et dans l'école apprendre à travailler.
> L'heure a sonné, marchons au pas,
> Jeunes enfants, soyons soldats *(bis).*

Ce chant est enseigné au niveau de l'école maternelle et du cours élémentaire! Dans un tel climat, les manuels d'histoire sélectionnent les faits d'armes illustrant la défense du territoire contre l'envahisseur, de la révolte de la Gaule jusqu'au combat de Valmy. Et Jeanne d'Arc devient l'héroïne nationale, le symbole de la résistance : « Jeanne d'Arc, c'est la figure la plus touchante qui ait jamais paru sur terre. Aucun peuple n'a dans son histoire une Jeanne d'Arc » (manuel Gautier-Deschamps). A la seconde génération, de 1899 à 1914, le nationalisme devient plus nuancé. Avec le temps, la blessure de Sedan se cicatrise. L'opinion publique, qui compte sur les alliances que la France a nouées avec la Russie et la Grande-Bretagne, se sent moins menacée, donc moins agressive. Et le mouvement socialiste, à vocation internationaliste, commence à influencer certaines couches sociales, notamment les instituteurs. Dès lors, les manuels cherchent à montrer aux enfants que la guerre peut être une épreuve sanglante; qu'il est préférable de recourir à la négociation; qu'il est bon de préserver la paix. Au panthéon des gloires nationales, à côté des héros guerriers – Roland, Bayard ou Hoche –, apparaissent des héros civils – Hugo ou Pasteur. Toutefois, la guerre défensive demeure légitime : « La guerre, ce fléau, cet assassinat, deviendrait pourtant chose sainte si l'étranger, menaçant nos frontières, avait l'intention de nous ravir l'indépendance » (manuel Guiot et Mane).

La dernière orientation tend à justifier la colonisation. Les gouvernements opportunistes, qui ont édifié les institutions républicaines, ont aussi engagé les conquêtes coloniales en Tunisie, au Tonkin, à Madagascar; et leurs successeurs, modérés ou radicaux, ont continué à prendre pied au Soudan, au Dahomey, au Congo, plus tard au Maroc. Les manuels scolaires reprennent les arguments officiels pour expliquer les opérations militaires. Voici un exemple où la volonté de simplifier sombre dans le ridicule : « En 1881, Jules Ferry décida de châtier les Kroumirs, peuplade turbulente qui envahissait sans cesse notre Algérie. En les poursuivant nos soldats furent amenés à occuper la Tunisie... qui nous resta » *(sic)* (manuel Brossolette). Dans l'esprit des dirigeants de la Troisième République, la constitution d'un empire colonial permet de trouver une compensation à la perte de l'Alsace-Lorraine et de donner à la France un rang de grande puissance, à l'égal de la Grande-Bretagne et de l'Allemagne. Cependant, la perspective n'est pas absente de tirer parti des produits exotiques – phosphates de Tunisie, arachides du Sénégal, bois du Gabon, caoutchouc d'Indochine, etc. Les manuels scolaires confirment le mobile de l'exploitation économique : « Jules Ferry voulut que la France eût de belles colonies qui augmenteraient sa richesse commerciale » (manuel Gautier-Deschamps). Toujours, l'entreprise coloniale est couverte du voile d'une mission civilisatrice : « Les peuples indigènes sont à peine policés et parfois tout à fait sauvages » (manuel Lemonnier-Schrader-Dubois). Les Français, détenteurs de la culture, viennent arracher les primitifs à la barbarie. Les livres d'histoire et de géographie montrent des éducateurs installant des écoles, des médecins organisant des hôpitaux, des administrateurs supprimant des coutumes inhumaines. Une image clé représente Savorgnan de Brazza en train de libérer les esclaves au Congo. En définitive, la bonne conscience est entière à l'égard du fait colonial : « La France veut que les petits Arabes soient aussi bien instruits que les petits Français. Cela prouve que la France est bonne et généreuse pour les peuples qu'elle a soumis » (manuel Lavisse, p. 166).

5. L'objectivité en histoire

C'est à tort que l'on a qualifié et que l'on qualifie encore l'école historique, qui s'est imposée en France entre 1880 et 1930, de courant « positiviste ». En effet, la véritable histoire positiviste a été définie par L. Bourdeau dans *L'Histoire et les Historiens; essai critique sur l'histoire considérée comme science positive,* publié en 1888. En bon disciple d'A. Comte, L. Bourdeau se place sur un plan philosophique. L'histoire, d'après lui, est « la science des développements de la raison »; elle a pour objet « l'universalité des faits que la raison dirige ou dont elle subit l'influence ». L'histoire, prenant modèle sur la sociologie, doit étudier le mouvement de la population, l'organisation de la parenté, la forme de l'habitat, le mode d'alimentation; plus généralement, toutes les activités humaines, dans toutes leurs dimensions. En revanche, cette discipline peut négliger les événements singuliers et les personnages illustres : « Il faut que les aristocrates de la gloire s'effacent de plus en plus devant l'importance des foules... Occupons-nous des masses » (ce genre de conception, visant la « totalité », refusant « l'événementiel », ne déplairait pas à l'école des *Annales*). Fidèle à la pensée d'A. Comte, L. Bourdeau fixe à l'histoire scientifique le but de « rechercher les lois qui président au développement de l'espèce humaine ». Ces lois peuvent être classées en trois groupes : 1) les lois d'ordre, qui montrent la similitude des choses; 2) les lois de rapport, qui font que les « mêmes causes entraînent les mêmes effets »; 3) la loi suprême, qui règle le cours de l'histoire. En somme, il s'agit d'une philosophie de l'histoire, résolument déterministe, prétendant à la fois reconstituer le passé et prévoir l'avenir.

Or le programme de L. Bourdeau se situe à l'opposé du projet commun à G. Monod, E. Lavisse, Ch.-V. Langlois, Ch. Seignobos et leurs amis. Dans le manifeste ouvrant *La Revue historique* en 1876, G. Monod emploie bien la formule « science positive », mais dans un sens fort éloigné de la doctrine comtiste : « Notre Revue sera un recueil de science positive et de libre discussion; toutefois, elle ne quittera pas le domaine des faits et restera fermée aux théories politiques et philosophiques. » Lors de la parution de l'ouvrage de L. Bourdeau, G. Monod semble très réticent à son égard; il affirme alors : « L'histoire ne sera jamais qu'une science descriptive opérant sur des éléments toujours fuyants, en mutation et en devenir perpétuels. Tout au plus, pourrait-on la comparer à la météorologie. » (*RH,* 1888, nº 3, p. 385.) Pourtant, quelques années après, lorsqu'un débat s'engage sur le rôle des sciences sociales dans les nouvelles universités, G. Monod révise son jugement au sujet de L. Bourdeau : « Les livres de cet auteur n'ont pas toute la réputation qu'ils méritent... Leur heure viendra quand on sera convaincu en France, comme on l'est déjà aux États-Unis, que la science sociale est non seulement la base solide de l'histoire mais la partie essentielle de l'histoire. On s'étonne que la France soit le pays où les vues géniales d'A. Comte sur la sociologie aient jusqu'ici porté le moins de fruits » (*RH,* 1896, nº 2, p. 92). G. Monod se montre conciliant parce qu'il est soucieux de lier l'histoire aux autres sciences humaines au niveau de l'enseignement supérieur. Il n'est pas suivi par ses proches. Ch.-V. Langlois et Ch. Seignobos refusent toute référence à la « philosophie positive » et s'en tiennent à un empirisme rigoureux dans leur *Introduction aux études historiques,* en 1898.

En réalité, les tenants de l'école méthodique n'ont pas puisé leur inspiration chez le Français Auguste Comte, mais chez l'Allemand Leopold Von Ranke. Au lendemain de la guerre 1870-1871, plusieurs jeunes historiens français – G. Monod, E. Lavisse, C. Jullian, Ch. Seignobos et d'autres – sont allés compléter leur formation dans des centres de recherche et d'enseignement au-delà du Rhin. Ils ont pensé que la victoire de l'Allemagne s'expliquait par la parfaite organisation de ses institutions militaires, civiles, intellectuelles; qu'il convenait d'observer puis d'imiter ces réalisations exemplaires pour assurer le redressement de la France. C'est ainsi qu'ils se sont imprégnés des œuvres des érudits allemands, des Mommsen, Sybel, Treitschke, Waitz, Delbrück, etc.; et qu'ils ont pris modèle sur les programmes, les méthodes et les structures des universités allemandes. En 1896, Camille Jullian admet la valeur du système germanique tout en contestant une prétendue infériorité française : « L'Allemagne l'emporte par la solidarité et la cohésion...; il nous manquera toujours cet esprit de discipline qu'ils ont là-bas... Cependant, l'histoire en Allemagne s'effrite et s'émiette...; elle n'est plus supérieure à l'histoire en France. » On assiste à un phénomène curieux en matière de diffusion des idées. L'école française emprunte à l'école allemande une doctrine scientiste fondant une pratique historique, sans oser en signaler les origines, ni parfois en énoncer les principes, par un réflexe de « pudeur nationaliste ».

Il faut donc remonter à la source. Au milieu du XIXe siècle, les thèses de L. Von Ranke ont remis en cause les philosophies de l'histoire, volontiers « spéculatives », « subjectives » et « moralisatrices »; et ont avancé des formules « scientifiques », « objectives » (ou « positives ») qui ont influencé deux ou trois générations d'historiens d'abord en Allemagne, ensuite en France. Les postulats théoriques de Von Ranke s'enchaînent de la manière suivante : 1re règle :

Il incombe à l'historien non de « juger le passé ni d'instruire ses contemporains mais simplement de rendre compte de ce qui s'est réellement passé ». 2e règle : Il n'y a aucune interdépendance entre le sujet connaissant – l'historien – et l'objet de la connaissance – le fait historique. Par hypothèse, l'historien échappe à tout conditionnement social; ce qui lui permet d'être impartial dans sa perception des événements. 3e règle : L'histoire – l'ensemble des *res gestae* – existe en soi, objectivement; elle a même une forme donnée, une structure définie, qui est directement accessible à la connaissance. 4e règle : La relation cognitive est conforme à un modèle mécaniste. L'historien enregistre le fait historique, de manière passive, comme le miroir reflète l'image d'un objet, comme l'appareil photographique fixe l'aspect d'une scène ou d'un paysage. 5e règle : La tâche de l'historien consiste à rassembler un nombre suffisant de faits, reposant sur des documents sûrs; à partir de ces faits, de lui-même, le récit historique s'organise et se laisse interpréter. Toute réflexion théorique est inutile, voire nuisible, car elle introduit un élément de spéculation. Selon Von Ranke, la science positive peut parvenir à l'objectivité et connaître la vérité de l'histoire.

L'école méthodique, appliquant à la lettre le programme de Von Ranke, fait vraiment progresser l'historiographie en France. Pourtant, à observer son œuvre, on éprouve une sensation de malaise. Car la contradiction est évidente entre les principes déclarés et les réalisations effectives. En 1876, G. Monod proclame sa neutralité : « Le point de vue strictement scientifique auquel nous nous plaçons suffira à donner à notre recueil l'unité de ton et de caractère... Nous ne professerons aucun credo dogmatique; nous ne nous enrôlerons sous les ordres d'aucun parti... » En 1898, Ch.-V. Langlois et Ch. Seignobos écartent toute spéculation « sur la cause première et les causes finales », toute réflexion sur la nature des sociétés; et estiment, avec une certaine naïveté, que « l'histoire sera constituée... lorsque tous les documents auront été découverts, purifiés et mis en ordre ». Or, dans le même temps, *La Revue historique* prend position en faveur des gouvernements opportunistes; cherche querelle à l'Église catholique, monarchiste et ultramontaine;

défend l'école laïque, gratuite et obligatoire. E. Lavisse, à travers sa monumentale *Histoire de France*, crée le mythe d'un État-Nation, qui prend forme entre le temps des Gaulois et le temps des Mérovingiens, se consolide grâce aux mesures administratives et aux conquêtes militaires des Capétiens et aboutit à une constitution idéale : la République démocratique, modérée et centralisatrice. Surtout, les manuels scolaires, directement inspirés par les notables universitaires, n'hésitent pas à faire l'éloge de la Troisième République, pour élargir à l'avenir sa clientèle électorale, donc renforcer son assise sociale; ils excitent en permanence le sentiment patriotique, en célébrant le culte des héros nationaux, afin de préparer la nouvelle génération à la revanche contre l'ennemi héréditaire, le Barbare germanique; et ils justifient, sous couvert d'une mission civilisatrice, l'expansion coloniale de la France. Dans ces conditions, la science historique, qui prétend à l'impartialité, à l'objectivité, se révèle être un discours idéologique qui sert les intérêts d'un régime politique ou manifeste les aspirations d'une communauté nationale.

Reposant sur des fondements peu stables et s'accommodant de graves contradictions, l'école méthodique n'a pas tardé à être attaquée de toutes parts. Dès les années 1920, dans *La Revue de Synthèse*, puis, au cours des années 1930, dans *Les Annales*, L. Febvre, M. Bloch et leurs amis s'en prennent aux héritiers d'E. Lavisse, à Ch. Seignobos, L. Halphen, Ph. Sagnac et d'autres qui occupent alors des fonctions importantes dans les universités. Le groupe des *Annales* adresse à l'histoire traditionnelle – dite « historisante » – quatre reproches principaux : 1) L'histoire historisante ne prête attention qu'aux documents écrits, aux témoignages volontaires (décrets, lettres, rapports, etc.), alors que les documents non écrits, les témoignages involontaires (vestiges archéologiques, séries statistiques, etc.) renseignent également sur les activités humaines. 2) L'histoire historisante met l'accent sur l'événement, le fait singulier, survenant dans un temps court (par exemple, le combat de Fontenoy), tandis qu'il est plus intéressant d'appréhender la vie des sociétés, laquelle se dévoile par des faits ordinaires, répétés, se déroulant sur un temps long (par exemple, la culture du blé). 3) L'histoire historisante privilégie les faits politiques, diplomatiques et militaires (ainsi l'assassinat de Henri IV, la paix de Westphalie ou la bataille d'Austerlitz) et néglige, à tort, les faits économiques, sociaux et culturels (ainsi l'innovation du moulin à vent, les droits seigneuriaux ou la religiosité janséniste). 4) L'histoire historisante, « celle des vaincus de 1870 », a des « prudences tremblotantes » : elle craint de s'engager dans un débat, risque rarement une interprétation, renonce à l'avance à toute synthèse. Néanmoins, l'école des *Annales* ne pose pas la question de l'objectivité en histoire; elle ne remarque pas la discordance, l'incompatibilité entre le vœu de la neutralité scientifique et le parti pris politique des historiens de l'école méthodique.

La pensée « relativiste » – ou « présentiste » –, qui s'exprime notamment en Grande-Bretagne et aux États-Unis dans les années 1930 à 1940, mène une critique plus radicale de l'historiographie « positiviste » en contestant les présupposés théoriques de Von Ranke. Ch. Beard considère que la prétention scientiste traduit un choix idéologique : « Qu'est devenu cet historisme qui permettait à l'historien de s'imaginer qu'on peut connaître l'histoire telle qu'elle s'est réellement déroulée? Cette philosophie – car ce courant est une philosophie, même s'il niait la philosophie – a essuyé un échec » (*The American Historical Review*, 1937, vol, LXIII, nº 3, p. 81). La tendance relativiste estime entièrement fausse la théorie positiviste de la connaissance selon laquelle le sujet renvoie simplement l'image de l'objet; elle fait valoir que, dans son travail, l'historien n'a jamais une position passive, contemplative, mais toujours une attitude active, constructive. Ch. Oman affirme : « L'histoire n'est pas une affaire purement objective; elle est la manière dont l'historien saisit et met en relation une série d'événements » (*On the Writing of History*, 1939, p. 7). R. G. Collingwood croit aussi que l'historien opère une sélection délibérée dans la masse des faits historiques; et qu'il est amené, nécessairement, à décrire le passé en fonction du présent : « La pensée historique est une activité de l'imagination... On tend à reconstituer le passé par rapport au présent... En matière d'histoire, aucun acquis n'est définitif. Un témoignage, valable à un moment donné, cesse de l'être dès que se modifient les méthodes et dès que changent les compétences des historiens » (*The Idea of History,* 1946, p. 247-248). C. Becker pousse à la limite la logique du présentisme : « Chaque siècle réinterprète le passé de manière à ce que celui-ci serve ses propres fins... Le passé est un genre d'écran sur lequel chaque génération projette sa propre vision de l'avenir; et, aussi longtemps que l'espoir vivra dans le cœur des hommes, les " histoires nouvelles " se succéderont. » (*Everyman his own Historian,* 1935, p. 169-170.) Un tel relativisme conduit à douter de la possibilité de fonder une science de l'histoire.

Le matérialisme historique renvoie dos à dos le « positivisme », assuré d'atteindre à l'objectivité, et le « présentisme », soucieux de montrer le rôle de la subjectivité. Dès 1846, dans les manuscrits de *L'Idéologie allemande,* K. Marx s'est interrogé sur le processus de la connaissance; à ce propos, il a mis en évidence deux mécanismes fondamentaux. D'une part, l'individu qui prend conscience est socialement déterminé : « Ce sont les hommes qui sont les producteurs de leurs représentations, de leurs idées... mais les hommes réels, agissants, tels qu'ils sont conditionnés par un développement déterminé de leurs forces productives et des relations qui y correspondent. » D'autre part, la connaissance est une activité non abstraite mais concrète; elle est liée à une « praxis » : « Le principal défaut jusqu'ici de tous les philosophes... est que, pour eux, la réalité, le monde sensible ne sont saisis que sous la forme d'objet ou d'intuition mais non en tant qu'activité humaine concrète, non en tant que pratique » (« Thèses sur Feuerbach »). En conséquence, le sujet connaissant ne saurait être spontanément impartial puisqu'il appartient à un groupe professionnel, à une classe sociale, à une communauté nationale dont il peut, consciemment ou inconsciemment, exprimer les opinions, défendre les intérêts. Ce qui explique, par exemple, que les positions idéologiques des historiens de l'école méthodique reflètent, confirment, soutiennent les orientations politiques des milieux bourgeois, républicains et libéraux. A la différence des présentistes, qui se contentent d'une reconstitution du passé subjective et temporaire, les marxistes espèrent parvenir à une compréhension, scientifique et objective, de l'évolution des sociétés humaines, en tenant compte des déterminations sociales de la connaissance, en utilisant les concepts du matérialisme historique... et en se plaçant « du point de vue de classe du prolétariat ».

Document

G. Monod : Les principes de « La Revue historique »

Nous prétendons rester indépendants de toute opinion politique et religieuse, et la liste des hommes éminents qui ont bien voulu accorder leur patronage à la *Revue* prouve qu'ils croient ce programme réalisable. Ils sont loin de professer tous les mêmes doctrines en politique et en religion, mais ils pensent avec nous que l'histoire peut être étudiée en elle-même, et sans se préoccuper des conclusions qui peuvent en être tirées pour ou contre telle ou telle croyance. Sans doute les opinions particulières influent toujours dans une certaine mesure sur la manière dont on étudie, dont on voit et dont on juge les faits ou les hommes. Mais on doit s'efforcer d'écarter ces causes de prévention et d'erreur pour ne juger les événements et les personnages qu'en eux-mêmes. Nous admettrons d'ailleurs des opinions et des appréciations divergentes, à la condition qu'elles soient appuyées sur des preuves sérieusement discutées et sur des faits, et qu'elles ne soient pas de simples affirmations. Notre *Revue* sera un recueil de science positive et de libre discussion, mais elle se renfermera dans le domaine des faits et restera fermée aux théories politiques ou philosophiques.

Nous ne prendrons donc aucun drapeau; nous ne professerons aucun credo dogmatique; nous ne nous enrôlerons sous les ordres d'aucun parti; ce qui ne veut pas dire que notre *Revue* sera une « Babel » où toutes les opinions viendront se manifester. Le point de vue strictement scientifique auquel nous nous plaçons suffira à donner à notre recueil l'unité de ton et de caractère. Tous ceux qui se mettent à ce point de vue éprouvent à l'égard du passé un même sentiment : une sympathie respectueuse, mais indépendante. L'historien ne peut en effet comprendre le passé sans une certaine sympathie, sans oublier ses propres sentiments, ses propres idées pour s'approprier un instant ceux des hommes d'autrefois, sans se mettre à leur place, sans juger les faits dans le milieu où ils se sont produits. Il aborde en même temps ce passé avec un sentiment de respect, parce qu'il sent mieux que personne les mille liens qui nous rattachent aux ancêtres; il sait que notre vie est formée de la leur, nos vertus et nos vices de leurs bonnes et de leurs mauvaises actions, que nous sommes solidaires des unes et des autres. Il y a quelque chose de filial dans le respect avec lequel il cherche à pénétrer dans leur âme; il se considère comme le dépositaire des traditions de son peuple et de celles de l'humanité.

En même temps, l'historien conserve néanmoins la parfaite indépendance de son esprit et n'abandonne en rien ses droits de critique et de juge. Les traditions antiques se composent des éléments les plus divers, elles sont le fruit d'une succession de périodes différentes, de révolutions même, qui, chacune en son temps et à son tour, ont eu toutes leur légitimité et leur utilité relatives. L'historien ne se fait pas le défenseur des unes contre les autres; il ne prétend pas biffer les unes de la mémoire des hommes pour donner aux autres une place imméritée. Il s'efforce de démêler leurs causes, de définir leur caractère, de déterminer leurs résultats dans le développement général de l'histoire. Il ne fait pas de procès à la monarchie au nom de la féodalité, ni à 89 au nom de la monarchie. Il montre les liens nécessaires qui rattachent la Révolution à l'Ancien Régime, l'Ancien Régime au Moyen Age, le Moyen Age à l'Antiquité, notant sans doute les fautes commises et qu'il est bon de connaître pour en éviter le retour, mais se rappelant toujours que son rôle consiste avant tout à comprendre et à expliquer, non à louer ou à condamner...

...Notre époque plus que toute autre est propre à cette étude impartiale et sympathique du passé. Les révolutions qui ont ébranlé et bouleversé le monde moderne ont fait évanouir dans les âmes les respects superstitieux et les vénérations aveugles, mais elles ont fait comprendre en même temps tout ce qu'un peuple perd de force et de vitalité quand il brise violemment avec le passé. En ce qui touche spécialement la France, les événements douloureux qui ont créé dans notre Patrie des partis hostiles se rattachant chacun à une tradition historique spéciale, et ceux qui plus récemment ont mutilé l'unité nationale lentement créée par les siècles, nous font un devoir de réveiller dans l'âme de la nation la conscience d'elle-même par la connaissance approfondie de son histoire. C'est par là seulement que tous peuvent comprendre le lien logique qui relie toutes les périodes du développement de notre pays et même toutes ses révolutions; c'est par là que tous se sentiront les rejetons du même sol, les enfants de la même race, ne reniant aucune part de l'héritage paternel, tous fils de la vieille France, et en même temps tous citoyens au même titre de la France moderne.

C'est ainsi que l'histoire, sans se proposer *d'autre but et d'autre fin que le profit qu'on tire de la vérité*, travaille d'une manière secrète et sûre à la grandeur de la Patrie en même temps qu'au progrès du genre humain.

La Revue historique, n° 258, avril-juin 1976, p. 322-324 [extraits] (Reprise du texte original du « Manifeste » de 1876 : G. Monod, « Du progrès des études historiques en France ».)

9

L'école des « Annales »

Se dressant contre la domination de l'« école positiviste », une nouvelle tendance de l'historiographie française s'exprime assez discrètement dans *La Revue de synthèse* pendant les années 1920, plus franchement dans la revue *Les Annales* au cours des années 1930. Le courant novateur néglige l'événement et insiste sur la longue durée; déplace son attention de la vie politique vers l'activité économique, l'organisation sociale et la psychologie collective; s'efforce de rapprocher l'histoire des autres sciences humaines. Ces orientations générales sont exposées dans les articles polémiques de L. Febvre *(Combats pour l'histoire)*, dans un manifeste inachevé de M. Bloch *(Métier d'historien)* ou sont traduites dans des réalisations exemplaires comme les thèses de F. Braudel *(La Méditerranée à l'époque de Philippe II)*, et de P. Goubert *(Beauvais et le Beauvaisis aux XVIIe et XVIIIe siècles)*, d'autres encore. Après la Seconde Guerre mondiale, la « nouvelle histoire » s'impose en s'appuyant sur une revue – *Les Annales ESC* – dont la notoriété grandit, sur un institut de recherche et d'enseignement – la 6e section de l'École pratique des Hautes Études – et sur un réseau de relations dans l'édition et dans la presse. Dans les années 1950 et 1960, les collaborateurs des *Annales* défrichent les terrains de la géographie historique, de l'histoire économique, de la démographie historique; dans les années 1970, ils ouvrent le domaine de l'histoire des mentalités. Au terme d'un demi-siècle d'expériences, l'esprit des *Annales* imprègne la plupart des historiens en France – sans avoir vaincu toutes les résistances universitaires – et influence certains historiens à l'étranger – en Europe occidentale, aux États-Unis, en Amérique latine.

1. Febvre et « Les Annales »

Lucien Febvre, né en 1878, acquiert une formation d'historien à Nancy, puis à Paris (à l'École normale supérieure et à la Sorbonne) à une époque où l'« école méthodique » exalte son souci de l'érudition, privilégie la dimension politique et paraît fascinée par l'événement. Le jeune homme doit se plier aux lois du genre universitaire alors dominant : il consacre sa thèse de doctorat à une affaire diplomatique et militaire; mais il essaie d'élargir sa vision à l'échelle d'une société, dans le cadre d'une région; d'où le titre : « Philippe II et la Franche-Comté » et le sous-titre : « Étude d'histoire politique, religieuse et sociale » (1911). Aussitôt après, L. Febvre rédige une *Histoire de la Franche-Comté* (1912), qui manifeste son attachement à cette province. Nommé professeur à Strasbourg en 1919, puis professeur au Collège de France en 1933, L. Febvre poursuit, à travers sa recherche et son enseignement, une œuvre de spécialiste du XVIe siècle. Dans ses principaux livres, il cultive le genre traditionnel de la biographie tout en confrontant son « héros » à la société de son temps; il glisse de la réflexion sur un personnage illustre vers l'exploration des mentalités collectives. On retrouve cette démarche dans *Un destin : Martin Luther* (1928); *Origène et Des Périers ou l'énigme du Cymbalum mundi* (1942); *Le Problème de l'incroyance au XVIe siècle : la religion de Rabelais* (1942); *Autour de l'Heptaméron, amour sacré, amour profane* (à propos de Marguerite de Navarre) (1944). Le « seizièmiste » déploie aussi son talent dans de nombreux articles, tels : « G. Budé et les origines de l'humanisme français » (*Revue de synthèse*, 1907); « La guerre des paysans en Allemagne » (*Annales*, 1934); « Le capitalisme liégeois au XVIe siècle » (*Annales*, 1940); etc.

Très tôt, Lucien Febvre se joint à l'entreprise de Henri Berr. Ce philosophe est l'un des premiers à réagir contre l'« école méthodique »; il voit dans l'histoire bien autre chose qu'un exercice d'érudition, l'assise d'une science des progrès de l'humanité. Ce que dit sa thèse : « L'avenir de la philosophie : esquisse d'une synthèse des connaissances fondée sur l'histoire » (1893). En 1900, H. Berr crée *La Revue de synthèse,* qu'il va diriger pendant un demi-siècle. Sa publication devient le carrefour où se rencontrent E. Durkheim et ses disciples sociologues; P. Vidal de la Blache et ses amis géographes; F. Simiand et d'autres économistes; H. Wallon et d'autres psychologues; enfin L. Febvre et des historiens hostiles aux « positivistes ». Pour H. Berr, l'histoire, bilan des expériences humaines, a vocation de devenir la science des sciences. Pour F. Simiand, l'histoire doit plutôt se fondre dans une science sociale en lui donnant une profondeur temporelle. L. Febvre hésite entre ces deux points de vue et s'en tient à l'idée d'une unité des sciences humaines. En 1920, H. Berr lance une grande collection – « L'évolution de l'Humanité »; il y fait paraître une quarantaine de volumes pendant l'entre-deux-guerres. L. Febvre apporte sa contribution à l'œuvre collective, notamment en publiant, dans la série, *La Terre et l'Évolution humaine,* en 1922. Retenant la leçon de P. Vidal de la Blache, L. Febvre cherche à jeter un pont entre l'histoire et la géographie. Il suggère de « dégager, par comparaison et par abstraction, le rôle dans les histoires humaines d'un certain nombre de facteurs qualifiés spécialement de géographiques : la distance, l'espace, la position... » (p. 37). Ce livre, trop général, peut-être prématuré, n'en ouvre pas moins la voie à la géo-histoire, « à une véritable géographie humaine rétrospective ».

Au cours des années 1920, dans une Alsace-Lorraine redevenue française, l'université de Strasbourg rassemble des enseignants brillants et inventifs. Là, L. Febvre et M. Bloch se rencontrent, se lient d'amitié, forment le projet de rénover l'histoire; et ils dialoguent avec le géographe H. Baulig, le psychologue C. Blondel, le sociologue G. Le Bras et d'autres collègues ouverts à l'échange entre les disciplines. Parvenus à l'âge de la maturité, disposant du soutien de la maison d'édition A. Colin, M. Bloch et L. Febvre fondent la revue *Les Annales d'histoire économique et sociale* en 1929. L'éditorial du premier numéro affiche deux objectifs : 1) briser l'esprit de spécialité, promouvoir la pluridisciplinarité, favoriser l'union des sciences humaines; 2) passer du stade des débats théoriques (ceux de *La Revue de synthèse*) au stade des réalisations concrètes, notamment des enquêtes collectives sur le terrain de l'histoire contemporaine. Au comité de rédaction, figurent, outre les deux directeurs, quatre historiens : A. Piganiol, G. Espinas, H. Pirenne et H. Hauser; un sociologue : M. Halbwachs; un politologue : A. Siegfried; un géographe : A. Demangeon. Après l'élection de L. Febvre au Collège de France, en 1933, puis de M. Bloch à la Sorbonne, en 1936, la revue *Les Annales* quitte Strasbourg pour Paris, augmente le nombre de ses lecteurs, porte de rudes coups aux historiens traditionnels, éveille des vocations parmi les jeunes chercheurs. Toutefois, de 1939 à 1944, du fait de la guerre et de l'Occupation, la revue connaît des difficultés administratives et perd plusieurs de ses animateurs (en particulier M. Bloch). A la Libération, une mutation s'impose. A partir de 1946, L. Febvre conserve seul la direction; s'adjoint une nouvelle équipe – F. Braudel, G. Friedmann, Ch. Morazé et P. Leuillot; adopte un autre titre : *Les Annales. Économies, Sociétés, Civilisations;* infléchit l'orientation de l'histoire économique et sociale vers l'histoire des mentalités. Au bout du compte, L. Febvre apparaît comme le principal inspirateur d'une publication à laquelle il n'a pas donné moins de 924 articles, notes, critiques et comptes rendus entre 1929 et 1948.

A travers ses multiples articles, parus dans *La Revue de synthèse* et dans *Les Annales,* L. Febvre instruit le procès de l'« histoire historisante ». On s'en tiendra, à titre d'exemple, à l'exécution du livre de Ch. Seignobos, Ch. Eisenemann, P. Milioukov et autres collaborateurs : *Histoire de la Russie,* trois volumes, 1932 (dans un compte rendu de *La Revue de synthèse,* n° VII, 1934). D'abord, L. Febvre reproche à l'ouvrage son agencement : « L'histoire de la Russie proprement dite commence à la page 81 avec l'article de Miakotine qui introduit dans l'histoire de l'Europe orientale, aux environs du VIIe siècle, les tribus slaves. Page 81, le VIIe siècle; p. 150, déjà, Ivan le Terrible; p. 267, Pierre le Grand! Récapitulons : une histoire de 1416 pages en trois volumes; 200 pages pour dix siècles (VIIe-XVIIe) contre 1140 pages pour deux siècles et demi (1682-1932). » A première vue, on se demande pourquoi L. Febvre compte ainsi méticuleusement les pages et réclame un équilibre dans le traitement des périodes. On comprend mieux quand on sait que, dans sa préface, Ch. Seignobos justifie le survol de dix siècles d'histoire russe, des origines à Pierre le Grand, en 200 pages, « faute d'événements » et « faute de documents ». Or L. Febvre refuse de concevoir l'histoire comme l'enregistrement d'une suite d'événements à partir des seuls documents écrits. « Vous proclamez : l'histoire de dix siècles est inconnaissable. Pardon! Elle est tout ce qu'il y a de plus connaissable. Tous ceux qui s'en occupent le savent; tous ceux qui s'ingénient non pas à transcrire du document mais à reconstituer du passé avec tout un jeu de disciplines convergentes. » L. Febvre conseille donc d'utiliser des documents non écrits (par exemple, des vestiges archéologiques) et de faire appel à des sciences voisines (par exemple, la linguistique ou l'ethnologie).

Ensuite, L. Febvre souligne les *a priori* idéologiques de Ch. Seignobos et de ses amis « positivistes ». « Mais le dosage des " matières ", comme on dit en pharmacologie? Politique d'abord! Il n'y a pas qu'un Maurras pour le dire! Nos historiens font plus que le dire; ils l'appliquent. Et c'est bien un système. C'est même peut-être un contre-système. Une fois de plus, Ch. Seignobos entonne le péan en l'honneur de l'histoire-tableau... C'est ce que j'ai coutume d'appeler le " système de la commode "... Si bien rangée et en si bel ordre! Tiroir du haut, la politique : l'" intérieure " à droite, l'" extérieure " à gauche, pas de confusion. Deuxième tiroir : le coin à droite, le " mouvement de la population "; le coin à gauche, l'" organisation de la société "... Et l'Histoire de la Russie loge dans le troisième tiroir... les phénomènes économiques... si vous préférez : l'Agriculture, l'Industrie et le Commerce... En fait, nous n'avons pas une histoire de la Russie. Nous avons un Manuel d'histoire politique de la Russie de 1682 à 1932, avec une introduction de quelque deux cents pages sur la Russie d'avant Pierre le Grand... Il est évident que, dans le cadre traditionnel des règnes, M. Milioukov et ses collaborateurs ont su composer un récit très précis et suffisamment nourri des " événements " de l'histoire russe – événements économiques, sociaux, littéraires et artistiques dans la mesure où ils sont commandés par l'action politique des gouvernements. » Autrement dit, L. Febvre recommande, d'une part, de ne pas isoler les paliers de la réalité sociale, de mettre en évidence leurs interactions; d'autre part, d'inverser la hiérarchie des instances : de ne pas descendre du politique vers l'économique, mais de remonter de l'économique vers le politique.

Au terme de sa critique, L. Febvre esquisse le profil d'une autre histoire – celle des *Annales* – qui s'oppose en tous points à la tradition de l'« école méthodique ». « J'ouvre l'*Histoire de la Russie* (de Ch. Seignobos, P. Milioukov et autres). Quel spectacle! tsars falots, échappés d'*Ubu roi;* tragédies de palais; ministres concussionnaires; bureaucrates-perroquets; oukazes et prikazes à discrétion. Mais la vie forte, originale et profonde de ce pays; la vie de la forêt et de la steppe, le flux et le reflux des populations mouvantes, la grande marée au rythme irrégulier qui, par-dessus l'Oural, déferle jusqu'à l'Extrême-Orient sibérien; et la vie puissante des fleuves, les pêcheurs, les bateliers, le transit; et la pratique agricole des paysans, leurs instruments, leurs techniques, la rotation des cultures, le pâturage, l'exploitation forestière...; le fonctionnement du grand domaine, la fortune terrienne et son mode de vie; la naissance des villes, leur origine, leur développement, leurs institutions, leurs caractères; les grandes foires russes; la lente constitution de ce que nous nommons une bourgeoisie...; le rôle de la foi orthodoxe dans la vie collective russe...; les questions linguistiques; les oppositions régionales; que sais-je encore? » L. Febvre appelle de ses vœux une histoire totale, qui aborde tous les aspects des activités humaines.

L. Febvre n'investit pas toute son énergie dans un « combat » contre l'« histoire historisante », il sait aussi bâtir une œuvre modèle, dégageant des perspectives neuves. On en veut pour preuve l'ouvrage intitulé : *Le Problème de l'incroyance au* XVI*e siècle : la religion de Rabelais,* publié en 1942. Dans un premier temps, L. Febvre contredit la thèse d'A. Lefranc – cf. *Études sur Gargantua* (1912), sur

Pantagruel (1922), sur le *Tiers Livre* (1931) – qui faisait de Rabelais un incroyant, un libre penseur, un rationaliste. Le directeur des *Annales* reprend le dossier et l'examine de manière très érudite. En effet, vers 1536-1537, plusieurs poètes – J. Visagier, N. Bourbon, J.-C. Scaliger – auraient accusé Rabelais d'être un « sectateur de Lucien ». L. Febvre démontre qu'il s'agit là d'injures sans conséquence, courantes dans les milieux littéraires. Plus tard, vers 1543-1544, J. Calvin, G. Postel, des théologiens de la Sorbonne, auraient considéré Rabelais comme un « athée ». L. Febvre prouve qu'à cette époque la notion d'athéisme implique seulement une déviation par rapport à la religion officielle. Quant aux plaisanteries apparemment hérétiques qui émaillent les romans de Rabelais – par exemple, la nativité de Gargantua par la veine cave et l'oreille gauche de sa mère, allusion évidente à l'immaculée conception de Jésus –, L. Febvre rappelle que ce sont des « malices d'Église », des familiarités anodines fréquentes dans les discours des moines cordeliers; et que Rabelais a appartenu à l'ordre franciscain pendant douze ans. En définitive, L. Febvre reproche à A. Lefranc de commettre un anachronisme, de « lire un texte du XVIe siècle avec les yeux d'un homme du XXe siècle ».

Dans un second temps, L. Febvre s'emploie à définir le christianisme de Rabelais. De fait, dans *Pantagruel* (1532) et *Gargantua* (1534), la lettre de Grandgousier à son fils, la description de l'abbaye de Thélème et d'autres passages dessinent des orientations religieuses singulières. Si l'on suit le « Credo des géants », il existe un Dieu en trois personnes, la position du Fils étant privilégiée. Envers la divinité, le premier et presque le seul devoir est de lire, de méditer, de pratiquer l'Évangile. La vie religieuse est tout intérieure. Les superstitions, les ventes d'indulgences, les pèlerinages, les cultes des saints sont tournés en ridicule, donc rejetés. Le clergé ne paraît pas tenir un rôle essentiel. Tous ces signes indiquent que Rabelais « a goûté à l'Évangile », qu'il a été sensible à la prédication de Luther. Cependant, l'ancien moine cordelier ne souscrit pas au dogme luthérien de la justification par la foi. L. Febvre explique alors que la religion de Rabelais doit se comprendre par référence à la *Philosophie du Christ* d'Érasme, qui s'appuie sur la lecture du Nouveau Testament, avoue sa prédilection pour la personne du Fils, supprime la médiation de la Vierge et des saints, réduit la valeur des sacrements, atténue la tache du péché originel et proclame sa confiance en la nature humaine. Par conséquent, il faut ranger Rabelais aux côtés d'Érasme, de Lefèvre d'Étaples, de Thomas More, parmi les « évangélistes » qui espèrent une transformation sans heurts du christianisme entre 1500 et 1535; et non le classer parmi les « protestants », comme Calvin, Farel, Bèze et d'autres, qui acceptent le schisme et fondent une Église réformée entre 1535 et 1565.

Dans un troisième temps, L. Febvre s'interroge sur la possibilité de l'incroyance au XVIe siècle. Car, à cette époque, la religion a entièrement prise sur la vie quotidienne. L'Église contrôle les baptêmes, les mariages, les enterrements; impose des prescriptions alimentaires et des interdits sexuels; fixe le calendrier des jours de travail et des jours de fête; encadre les cérémonies publiques (messes, processions, divertissements); forme les intellectuels et surveille les livres. Par ailleurs, l'outillage mental fait défaut pour exprimer une pensée logique. La langue ne dispose pas d'un vocabulaire suffisant (manquent les notions de causalité, de synthèse, de déduction, etc.), ni d'une syntaxe adéquate (la phrase est désordonnée; les temps ne concordent pas; les formes foisonnent). Certes, l'univers spirituel médiéval a été ébranlé par la « renaissance » des modèles gréco-romains, par le progrès de l'imprimerie, par la découverte des continents. Toutefois, les sciences – les mathématiques, l'astronomie, la physique, la médecine – ne possèdent pas les instruments leur permettant de se constituer (un exemple : l'horloge étant rare, la mesure du temps reste incertaine). Les savants – L. de Vinci, A. Paré, M. Servet, G. Bruno, Copernic – demeurent des précurseurs, isolés et menacés. Il faut attendre le siècle suivant pour que le *Discours de la Méthode* de Descartes, la Grammaire de Port-Royal, la lunette utilisée par Galilée donnent les moyens d'énoncer un rationalisme reposant sur la science. En d'autres termes, à l'époque de Rabelais, l'athéisme est inconcevable. « Prétendre faire du XVIe siècle un siècle libertin, un siècle rationaliste... c'est la pire des erreurs... ce fut, au contraire, un siècle qui, sur toutes choses, cherchait d'abord un reflet du divin » (p. 500). Avec cette démonstration magistrale, L. Febvre engage l'histoire vers l'étude des stuctures mentales.

2 M. Bloch : Le métier d'historien

Marc Bloch, né en 1886, dans une famille de la bourgeoisie juive, passe par l'École normale supérieure, suit les cours de F. Lot, Ch. Pfister, P. Vidal de la Blache à la Sorbonne, séjourne un temps dans les universités allemandes de Leipzig et de Berlin; puis enseigne l'histoire aux lycées de Montpellier et d'Amiens jusqu'en 1914. Il vit la dure expérience de la Première Guerre en qualité d'officier. Au sortir du conflit, il soutient une thèse allégée – « Rois et Serfs » – sur les affranchissements concédés par les derniers Capétiens directs. De 1919 à 1936, M. Bloch est professeur à l'université de Strasbourg où les autorités, pour des raisons de prestige, ont dépêché des intellectuels de talent. Dans ce foyer culturel, M. Bloch noue des contacts fructueux avec des historiens – L. Febvre, A. Piganiol, Ch.-E. Perrin, G. Lefèvre – et des psychosociologues – Ch. Blondel, M. Halbwachs, G. Le Bras. Le groupe strasbourgeois accroît son audience en lançant la revue *Les Annales d'histoire économique et sociale* en 1929. Spécialiste d'histoire médiévale, M. Bloch se fait connaître par trois œuvres majeures : *Les Rois thaumaturges*, une étude sur le caractère surnaturel attribué à la puissance royale, particulièrement en France et en Angleterre (première édition, 1923); *Les Caractères originaux de l'histoire rurale française*, une analyse de l'évolution des structures agraires dans l'Occident médiéval et moderne du XIᵉ au XVIIIᵉ siècle (première édition, 1931); *La Société féodale*, une synthèse des connaissances du moment sur l'organisation sociale au Moyen Age (première édition, 1936). M. Bloch voit grandir sa réputation : il donne des conférences à Madrid, à Londres, à Oslo; il multiplie les articles et les comptes rendus dans *Les Annales;* et il succède à H. Hauser à la Sorbonne en 1936.

Alors qu'il est en pleine activité, qu'il met sur pied un institut d'histoire économique à l'université de Paris,

M. Bloch doit interrompre ses travaux. Une nouvelle fois, il est mobilisé, assiste à la « drôle de guerre » à partir de septembre 1939, puis à la débâcle de mai-juin 1940. Il échappe de peu à l'encerclement et se réfugie dans la Creuse. Là, de juillet à septembre 1940, il rédige à chaud *L'Étrange Défaite*. Ce témoignage, extrêmement lucide, met en évidence les déséquilibres de la société française; dévoile les faiblesses des militaires, des politiciens, des hommes d'affaires, des intellectuels; et permet de comprendre l'effondrement de l'armée, l'« exode » et le suicide de la République. Bien qu'il soit juif « assimilé », athée par conviction, de surcroît ancien combattant, M. Bloch n'en est pas moins menacé par les mesures antisémites des occupants allemands et de leurs collaborateurs français. En 1941 et au début de 1942, Vichy le laisse enseigner à Clermont-Ferrand, ensuite à Montpellier. Mais, en novembre 1942, quand la Wehrmacht envahit la « zone libre », l'historien doit passer dans la clandestinité. Quelques mois après, M. Bloch rejoint la Résistance dans la région lyonnaise. A la veille de la Libération, en juin 1944, il est pris, torturé et fusillé par les nazis.

Pendant son séjour dans la Creuse, en 1941, « pour retrouver un peu d'équilibre de l'âme », M. Bloch s'est efforcé de réfléchir sur la méthode en histoire, en tenant compte de l'expérience du groupe des *Annales*. Son manuscrit, resté incomplet, a été mis en forme et publié ultérieurement par L. Febvre sous le double titre : *Apologie pour l'histoire ou Métier d'Historien*. Malgré son caractère fragmentaire, le carnet de notes de M. Bloch se présente comme une réponse au manuel de Ch.-V. Langlois et Ch. Seignobos, comme un manifeste de l'école des *Annales* opposé au bréviaire de l'école méthodique. Pourtant, M. Bloch se montre légèrement moins critique que L. Febvre à l'égard de l'« histoire historisante »; il apprécie l'acquis de l'érudition au XIXe siècle : « L'école allemande, Renan, Fustel de Coulanges ont rendu à l'érudition son rang intellectuel. L'historien a été ramené à l'établi » (p. 39). Néanmoins, M. Bloch admet que l'érudition peut tourner à vide dans les ouvrages des disciples de G. Monod. « Les marges inférieures des pages exercent sur beaucoup d'érudits une attraction qui touche au vertige » (p. 40). Et M. Bloch, comme L. Febvre, condamne le manque d'ambition des historiens « positivistes »... « Très préoccupés, en raison de leur éducation première, par les difficultés, les doutes, les fréquents recommencements de la critique documentaire, ils puisèrent dans ces constatations avant tout une leçon d'humilité désabusée. La discipline à laquelle ils vouaient leurs talents ne leur parut, au bout du compte, capable ni dans le présent de conclusions bien assurées, ni dans le futur de beaucoup de perspectives de progrès » (p. XV).

Contrairement à ce que soutiennent Ch.-V. Langlois et Ch. Seignobos, M. Bloch affirme que « le stock de documents » dont dispose l'histoire n'est pas limité; il suggère de ne pas utiliser exclusivement les documents écrits et de recourir à d'autres matériaux, archéologiques, artistiques, numismatiques, etc. « Autant que du dépouillement des chroniques ou des chartes, notre connaissance des invasions germaniques dépend de l'archéologie funéraire et de l'étude des noms de lieux... Sur les croyances et les sensibilités mortes, les images peintes ou sculptées, la disposition et le mobilier des tombes ont au moins autant à nous dire que beaucoup d'écrits » (p. 27). En ce qui concerne l'Antiquité gréco-romaine, il est vrai que les documents écrits sont rares; qu'ils sont connus, classés, traduits et commentés. Ainsi toutes les œuvres des auteurs grecs – Platon, Aristote, Xénophon, Plutarque, etc. – et des auteurs latins – Cicéron, César, Tite-Live, etc. – sont réunies dans les deux ou trois cents volumes de la collection Budé. Cependant, au moment où écrit M. Bloch, la perception du monde hellénistique et romain commence à être approfondie et renouvelée par les fouilles archéologiques. Un exemple : grâce aux mises au jour de temples, de théâtres, de thermes, de marchés, de boutiques, de maisons, de rues, de places à Ostie et à Pompéi, J. Carcopino peut composer sa *Vie quotidienne à Rome* (première édition, 1938). Pour l'étude du Moyen Age occidental, M. Bloch lui-même ne s'en tient pas aux cartulaires, aux actes de chancellerie et aux vies de saints, il s'intéresse aux trésors enfouis dans les périodes de troubles; ce qui le conduit à esquisser une « Histoire monétaire de l'Europe » (cf. les quelques chapitres publiés à titre posthume en 1954). Simultanément, E. Salin éclaire le temps obscur des royaumes barbares en procédant à un inventaire des armes, des parures et des meubles abandonnés dans les tombes; cet auteur fait paraître « Le fer à l'époque mérovingienne » en 1943. Le cofondateur des *Annales,* en proposant l'extension de la documentation aux sources non écrites, pressent le développement considérable, après la Seconde Guerre, des travaux archéologiques (exemple : P.-M. Duval, *Paris, des origines au IIIe siècle,* 1961; M. de Bouärd, *Manuel d'archéologie médiévale,* 1975; R. Buchanan, *Industrial Archeology in Britain,* 1972, etc.).

M. Bloch n'entend pas seulement exploiter de nouveaux documents, il veut aussi découvrir de nouveaux domaines. Plus qu'aucun autre responsable des *Annales,* il s'oriente vers l'analyse des faits économiques. Sur ce terrain, il est influencé, sans le reconnaître explicitement, par l'œuvre de K. Marx, qui l'incite à mettre en relation les structures économiques et les classes sociales; et il est inspiré par les recherches de l'économiste F. Simiand et de l'historien H. Hauser, qui l'engagent à apprécier les fluctuations économiques sur la base des séries de prix. M. Bloch réalise sans doute son chef-d'œuvre avec *Les Caractères originaux de l'histoire rurale française, du XIe au XVIIIe siècle* (1931). Dans ce livre, il observe les formes de l'occupation du sol, les techniques de production, les modes de peuplement, les cadres seigneuriaux, les pratiques communautaires sur une très longue durée et pour l'ensemble du territoire national. La voie tracée est empruntée par les médiévistes de la génération suivante comme le montrent les ouvrages de R. Boutruche, *Seigneurie et Féodalité* (1959) ou de G. Duby, *L'Économie rurale et la Vie des campagnes dans l'Occident médiéval* (1962). En outre, M. Bloch souhaite que l'histoire économique se tourne vers le monde contemporain : « Pour comprendre les sociétés d'aujourd'hui, croira-t-on qu'il suffise de se plonger dans la lecture des débats parlementaires et des pièces de chancellerie? Ne faut-il pas encore savoir interpréter un bilan de banque : texte pour le profane plus hermétique que beaucoup de hiéroglyphes? L'historien d'une époque où la machine est reine, acceptera-t-on qu'il ignore comment sont constituées ou se sont modifiées les machines? »

(p. 28). La leçon est retenue, vingt ans plus tard, comme en témoignent les œuvres de C. Fohlen, *L'Industrie textile sous le Second Empire* (1956); B. Gille, *La Formation de la grande entreprise capitaliste, de 1815 à 1848* (1959); ou de J. Bouvier, *La Naissance du Crédit Lyonnais, de 1863 à 1882* (1961).

M. Bloch tente d'élargir le champ de l'histoire vers d'autres directions. La fréquentation d'A. Varagnac a attiré son attention sur la préhistoire; la lecture d'A. Van Gennep lui a signalé l'intérêt du folklore. Initié à l'ethnologie, il se risque à écrire *Les Rois thaumaturges* (1923). Dans cet essai novateur, il examine la dimension magique de l'autorité monarchique – notamment le pouvoir attribué au roi capétien de guérir, par simple toucher, les écrouelles. Mais il n'entreprend pas par la suite d'autres travaux d'anthropologie historique; et il laisse le soin à ses amis de baliser le terrain d'une histoire des mentalités (cf. les recueils d'articles de G. Le Bras, *Études de sociologie religieuse*, 1956; et de L. Febvre, *Au cœur religieux du XVIe siècle*, 1957). Par ailleurs, M. Bloch perçoit l'importance de la linguistique : « Des hommes qui, la plupart du temps, ne pourront atteindre les objets de leurs études qu'à travers les mots... comment leur permet-on d'ignorer les acquisitions fondamentales de la linguistique » (p. 28). Dans l'*Apologie pour l'histoire*, au fil des pages, M. Bloch s'interroge sur le sens des mots tels que « serf » (p. 81), « village » (p. 82), « Empire » (p. 82), « colon » (p. 84), « féodalité » (p. 86), « révolution » (p. 87), « liberté » (p. 88), etc. « Certains de nos aînés, comme Fustel de Coulanges, nous ont donné d'admirables modèles de cette étude de sens, de cette sémantique historique. Depuis leur temps, les progrès de la linguistique ont encore aiguisé l'outil. Puissent les jeunes chercheurs ne pas se lasser de le manier » (p. 85). En fait, les intuitions de M. Bloch n'inspireront des réalisations exemplaires en matière d'ethno-histoire et de sémantique historique que longtemps après, au tournant des années 1960 et 1970.

M. Bloch insiste sur la nécessité de donner une solide instruction aux jeunes historiens : « Il est de bon ton que l'historien possède au moins une teinture des principales techniques de son métier... La liste des disciplines auxiliaires que nous proposons à nos débutants est beaucoup trop courte » (p. 28). Donc, à l'apprentissage de l'épigraphie, de la paléographie, de la diplomatique, il convient d'adjoindre une initiation à l'archéologie, à la statistique, à l'histoire de l'art, aux langues anciennes et modernes. Et cela ne suffit pas. Pour devenir un véritable professionnel de l'histoire, il faut connaître également les sciences voisines : la géographie, l'ethnographie, la démographie, l'économie, la sociologie, la linguistique. « S'il n'est pas possible de parvenir à la multiplicité des compétences chez un même homme (l'historien)..., on peut envisager une alliance des techniques pratiquées par des érudits différents » (p. 28). Ce qui suppose l'organisation d'un travail par équipes, regroupant des spécialistes de diverses disciplines! C'est le programme que l'école des *Annales* appliquera, quelques années plus tard, en constituant la 6ᵉ section de l'École pratique des Hautes Études. Le recours permanent à la méthode comparative, le souci de donner à l'historien une formation pluridisciplinaire, la volonté d'une recherche collective s'expliquent par la conviction, enracinée chez M. Bloch, d'une unicité des sciences de l'homme. Ce qu'il exprime dans cette définition : « C'est le spectacle des activités humaines qui forme l'objet particulier de l'histoire » (p. XI)... « Il n'y a qu'une science des hommes dans le temps, qui, sans cesse, a besoin d'unir l'étude des morts à celle des vivants » (p. 15).

Métier d'historien s'ouvre sur cette question du fils de M. Bloch à son père : « Papa, explique-moi à quoi sert l'histoire? » (p. 1). La réponse est donnée plus loin dans l'ouvrage : « Un mot, pour tout dire, domine et illumine nos études : comprendre » (p. 72). L'historien doit avoir la passion de comprendre, ce qui implique qu'il renonce, autant que faire se peut, au jugement de valeur. « Les sciences se sont toujours montrées d'autant plus fécondes... qu'elles abandonnaient le vieil anthropocentrisme du bien et du mal » (p. 71). En conséquence, l'historien doit se livrer à une sorte d'ascèse, de purification, en se débarrassant de ses préjugés, de ses sentiments, de ses références intellectuelles. « Pour pénétrer une conscience, il faut presque dépouiller son propre moi » (p. 70). Donc, l'école des *Annales* partage avec l'école méthodique le désir – ou la prétention – d'atteindre à un savoir objectif. Toutefois, l'effort d'abstraction, le refus du jugement moral, l'exclusion de tout finalisme ne signifient pas pour M. Bloch une fuite devant les problèmes que pose la société de son temps. La réflexion sur *L'Étrange Défaite* de 1940 comme l'engagement dans la Résistance en 1943 témoignent que l'historien ne s'enferme pas dans une « tour d'ivoire ». Selon M. Bloch, il faut « comprendre le passé à partir du présent » (p. 11), et « comprendre le présent à la lumière du passé » (p. 13). Le perpétuel va-et-vient entre passé et présent permet d'enrichir la connaissance des sociétés anciennes et d'éclairer sur elle-même la société actuelle.

3. F. Braudel : Les temps de l'histoire

Fernand Braudel, né en 1902, fait des études d'histoire, passe l'agrégation, se retrouve en poste en Algérie, où il demeure près de dix ans, de 1923 à 1932. C'est là qu'il découvre la Méditerranée – « Une Méditerranée de l'autre rive, comme à l'envers. » Il rencontre L. Febvre, qui devient son « maître » et son ami; et qui lui conseille de transformer un sujet de thèse conventionnel : « La politique méditerranéenne de Philippe II » en une enquête originale sur « La Méditerranée à l'époque de Philippe II ». Le changement de titre suppose un bouleversement de perspective. Au cours de longues années, F. Braudel dépouille des archives dans des dépôts, d'accès plus ou moins facile, à Simancas, à Madrid, à Gênes, à Rome, à Venise et jusqu'à Dubrovnik. De 1935 à 1937, une mission au Brésil l'éloigne de ses préoccupations méditerranéennes, mais lui ouvre les horizons sud-américains. Après cet intermède heureux, une rupture douloureuse. De 1939 à 1945, la guerre mondiale lui impose une épreuve interminable. F. Braudel est capturé lors de la débâcle, puis interné dans un camp de prisonniers près de Lübeck. Pendant sa captivité en Allemagne, sans livres, sans notes, travaillant de mémoire, il met en ordre sa recherche et écrit un premier manuscrit. A son retour en France, en 1945-1946, il vérifie sa documentation, achève sa rédaction et soutient sa thèse de doctorat d'État. En réalité, *La Méditerranée* est l'œuvre d'une vie : le projet a été ébauché vers 1929; la publication initiale date de 1949; et une version remaniée, mise à jour, paraît en 1966. Il s'agit d'un grand livre, où l'innovation méthodologique prend une forme concrète, et d'un gros livre (1 160 pages dans la première édition; 1 222 pages dans la seconde édition) qui fixe le « type-idéal » de la thèse pour plusieurs générations d'historiens.

L'ouvrage, caractéristique de l'esprit des *Annales*, tourne le dos à la tradition de l'« histoire historisante ». Le personnage central n'est pas Philippe II, un homme d'État, mais la Méditerranée, un espace maritime. F. Braudel s'est imprégné des leçons de la géographie humaine : du *Tableau de la France* de P. Vidal de la Blache, des thèses régionales de R. Blanchard, de J. Sion ou d'A. Demangeon, qui rendaient compte de la formation des paysages en considérant les évolutions historiques. F. Braudel s'est aussi inspiré de l'expérience de L. Febvre, qui avait engagé le dialogue entre la géographie et l'histoire dans *La Terre et l'Évolution humaine.* Fort de ces précédents, l'auteur de *La Méditerranée* essaie d'édifier une « géo-histoire », dont il définit le programme : « Poser les problèmes humains tels que les voit étalés dans l'espace et si possible cartographiés, une géographie humaine intelligente; ...les poser dans le passé compte tenu du temps; détacher la géographie de cette poursuite des réalités actuelles à quoi elle s'applique uniquement ou presque, la contraindre à repenser, avec ses méthodes et son esprit, les réalités passées. De la traditionnelle géographie historique à la Longnon, vouée presque exclusivement à l'étude des frontières d'États et de circonscriptions administratives sans souci de la terre elle-même, du climat, du sol, des plantes et des bêtes..., faire une véritable géographie humaine rétrospective; obliger les géographes (ce qui serait relativement facile) à prêter plus d'attention au temps et les historiens (ce qui serait plus malaisé) à s'inquiéter davantage de l'espace »... (deuxième édition, tome 2, p. 295). En réfléchissant à la dialectique de l'espace et du temps, F. Braudel en vient à concevoir la pluralité des durées : « Ainsi sommes-nous arrivés à une décomposition de l'histoire en plans étagés. Ou, si l'on veut, à la distinction d'un temps géographique, d'un temps social, d'un temps individuel » (p. XV).

Premier palier : « une histoire quasi immobile, celle de l'homme dans ses rapports avec le milieu qui l'entoure; une histoire lente à couler et à se transformer, faite bien souvent de retours insistants, de cycles sans cesse recommencés » (p. XIII). Le niveau de la longue durée est présenté dans la première partie de la thèse. F. Braudel décrit les montagnes – l'Atlas, l'Apennin, le Taurus, etc. – et les montagnards qui les peuplent, avec leurs coutumes ancestrales et leurs transhumances régulières; les plaines littorales – du Languedoc, de Campanie, de la Mitidja, etc. – avec leurs eaux stagnantes, leurs habitants rongés par la malaria; les « plaines liquides » – la mer Noire, l'Égée, l'Adriatique, etc. – dont les côtes, les vents, les courants imposent les formes et les rythmes de la navigation; les îles – la Sardaigne, la Crète, Chypre, etc. – qui sont à la fois des escales pour les marins, des nids de pirates, des foyers d'émigration. L'auteur précise les limites du bassin méditerranéen : au nord, les régions tempérées occupées par des sédentaires, terres de chrétienté; au sud, les déserts arides, parcourus par les nomades, possessions de l'Islam; et il définit les traits singuliers du climat marqué par la dominance de la sécheresse, alternant un hiver doux et un été chaud. Le temps géographique paraît se confondre avec l'éternité; l'espace méditerranéen, semble-t-il, n'a pas changé entre le principat d'Auguste et le règne de Philippe II. Pourtant, l'impression de permanence doit être corrigée : au cours des siècles, le climat a pu enregistrer des variations; la végétation a subi des dégradations; les sites des villes ont parfois été déplacés; les tracés des routes ont quelquefois été modifiés. Ainsi l'observation géographique conduit à « déceler les oscillations les plus lentes que connaisse l'histoire ».

Second palier : « une histoire lentement rythmée... une histoire structurale...; on dirait volontiers une histoire sociale, celle des groupes et des groupements » (p. XIII). Le niveau de la durée cyclique est examiné dans la seconde partie de la thèse. F. Braudel dessine les axes de communication, terrestres et maritimes; mesure les distances commerciales, en fonction des vitesses moyennes des navires; cerne la dimension des marchés – la Toscane ou l'Andalousie –, le rayon d'influence des ports – Venise, Livourne ou Marseille. Il compte les hommes qui, à l'époque, sont peut-être soixante millions; apprécie leur répartition, en signalant les régions vides – par exemple, l'Algarve – et les régions pleines – par exemple, Malte; évalue la croissance démographique (la Sicile a 600 000 habitants en 1501, 1 100 000 en 1607). Il s'intéresse aux mécanismes monétaires, en montrant le tarissement de l'or du Soudan à la fin du XVe siècle; et l'afflux de l'or et de l'argent des Caraïbes et du Mexique puis de l'argent du Pérou, qui arrivent à Séville, transitent d'abord par Anvers, ensuite par Gênes, et se répandent à travers les pays méditerranéens pendant le XVIe siècle. L'abondance des métaux précieux provoque une montée des prix, selon une tendance séculaire (de 1530 à 1620), modulée par des fluctuations décennales (baisse de 1558 à 1567; hausse de 1567 à 1576; baisse de 1576 à 1588, etc.). Le mouvement des prix a une incidence sur les revenus : les négociants et les seigneurs s'enrichissent; les ouvriers et les paysans s'appauvrissent. F. Braudel, en étudiant la conjoncture en Méditerranée au XVIe siècle, rejoint C.-E. Labrousse, qui vient d'analyser l'évolution des prix en France au XVIIIe siècle. Avec de telles contributions, l'histoire économique établit ses fondements.

Troisième palier : « une histoire traditionnelle, si l'on veut, une histoire à la dimension non de l'homme mais de l'individu...; une agitation de surface, les vagues que les marchés soulèvent de leur puissant mouvement. Une histoire à oscillations brèves, rapides, nerveuses » (p. XIII). Le niveau du temps court est abordé dans la troisième partie de la thèse. F. Braudel présente les empires rivaux, l'espagnol et le turc, en décrivant leurs institutions complexes, leurs provinces diverses, leurs populations composites; et il estime les forces militaires respectives en considérant l'organisation des armées, la valeur des flottes, le réseau des fortifications. Le décor planté, l'historien met en scène l'action; il passe en revue les principaux « événements » : l'abdication de Charles Quint (1556), la paix de Cateau-Cambrésis (1559), la guerre hispano-turque (de 1561 à 1564), l'épreuve de force à Malte

(1564), la formation de la Sainte Ligue (de 1566 à 1570), la bataille de Lépante (1571), les trêves hispano-turques (de 1578, 1581 et 1583) et d'autres épisodes d'un affrontement couvrant plus d'un demi-siècle. Le récit bien documenté, bien écrit, enrichit l'histoire militaire et diplomatique. Mais son auteur ne se passionne pas pour un genre aussi traditionnel : ainsi, il retient de la bataille de Lépante moins ses péripéties que ses effets durables. « Si l'on ne s'attache pas aux seuls événements, à cette couche brillante et superficielle de l'histoire, mille réalités nouvelles surgissent et, sans bruit, sans fanfares, cheminent au-delà de Lépante. L'enchantement de la puissance ottomane est brisé...; la course chrétienne active réapparaît...; l'énorme armada turque se disloque » (p. 923). F. Braudel, en prêtant attention à l'« histoire-bataille », a fait une concession à l'école « positiviste », dont la position reste forte dans l'institution universitaire; toutefois, en digne représentant de l'école des *Annales,* il relègue l'« événementiel » à l'arrière-plan. Au « politique d'abord » d'E. Lavisse succède le « politique après » de F. Braudel.

Après avoir soutenu sa thèse, F. Braudel réalise une carrière exceptionnelle. Pendant plus de vingt ans, de 1946 à 1968, d'abord auprès de L. Febvre, puis seul aux commandes, il dirige la revue *Les Annales,* préside la 6e section de l'École pratique des Hautes Études, occupe une chaire au Collège de France, guide les recherches de nombreux historiens débutants. Au cours de cette période, il rédige une série d'articles, à caractère méthodologique, qu'il réunit et publie sous le titre : *Écrits sur l'histoire,* en 1969. D'une manière générale, F. Braudel reste fidèle aux orientations de L. Febvre et de M. Bloch : il prône l'unité des sciences humaines, essaie de bâtir une « histoire totale » et maintient la liaison entre le passé et le présent. « Après la fondation des *Annales...,* l'historien s'est voulu et s'est fait économiste, anthropologue, démographe, psychologue, linguiste... L'histoire est, si l'on peut dire, l'un des métiers les moins structurés de la science sociale, donc l'un des plus flexibles, des plus ouverts... L'histoire a continué, dans cette même ligne, à se nourrir des autres sciences de l'homme... Il y a une histoire économique..., une merveilleuse histoire géographique..., une démographie historique...; il y a même une histoire sociale... Mais si l'histoire omniprésente met en cause le social dans son entier, c'est toujours à partir de ce mouvement même du temps... L'histoire dialectique de la durée... est étude du social, de tout le social; et donc du passé et donc aussi du présent » (*Écrits*, p. 103-104 et p. 106-107). Bien qu'il se défende d'instaurer un « historicisme » – une sorte d'impérialisme de l'explication historique –, F. Braudel n'en place pas moins sa discipline en position dominante, au carrefour des sciences humaines.

En entretenant un dialogue constant avec ses collègues – le sociologue G. Gurvitch, le démographe A. Sauvy, l'ethnologue C. Lévi-Strauss –, l'historien F. Braudel cherche des points de contact entre les sciences sociales. A son avis, il existe des convergences autour des notions de « durée », de « structure » et de « modèle ». Voici quelques exemples. Tandis que G. Gurvitch discerne des temporalités multiples : « le temps de longue durée et au ralenti, le temps trompe-l'œil ou le temps surprise, le temps cyclique ou de danse sur place, le temps de battement irrégulier, le temps en retard sur lui-même, etc. », F. Braudel situe l'histoire sur trois paliers : « en surface, une histoire événementielle, qui s'inscrit dans le temps court...; à mi-pente, une histoire conjoncturelle, qui suit un rythme plus lent...; en profondeur, une histoire structurelle, de longue durée, qui met en cause des siècles » (*Écrits*, p. 112 et p. 119). Lorsque C. Lévi-Strauss oppose une histoire qui se préoccuperait d'une évolution linéaire, dans la dimension de la diachronie, à une ethnologie, qui s'intéresserait à la structure, dans la dimension de la synchronie; et qu'il affirme que ces deux disciplines « se distinguent surtout par des perspectives complémentaires : l'histoire organisant ses données par rapport aux expressions conscientes; l'ethnologie, par rapport aux conditions inconscientes de la vie sociale », F. Braudel fait valoir que « l'école des *Annales* s'est employée à saisir les faits de répétition aussi bien que les singuliers; les réalités conscientes aussi bien que les inconscientes » (*Écrits*, p. 104). Quand A. Sauvy utilise des modèles, volontiers mathématiques, pour apprécier l'optimum de population par rapport à la production totale, à la production moyenne, à la production marginale, F. Braudel invite les historiens à suivre l'exemple, à se servir des modèles « qui ne sont que des hypothèses, des tentatives d'explication... ». « La recherche doit être conduite sans fin de la réalité sociale au modèle, puis de celui-ci à celle-là et ainsi de suite, par une série de retouches, de voyages patiemment renouvelés. Le modèle est, tour à tour, essai d'explication..., instrument de contrôle, de vérification... de la vie même d'une structure donnée » (*Écrits*, p. 72).

F. Braudel entreprend une seconde œuvre monumentale, qui s'amorce par son enseignement au Collège de France à la fin des années 1950, prend la forme d'une publication limitée (un volume) au milieu des années 1960 et paraît dans une version plus ample (trois volumes) en 1980. Son titre : *Civilisation matérielle, Économie et Capitalisme du XVe au XVIIIe siècle.* Le premier volet considère « les structures du quotidien, la vie de tous les jours telle qu'elle s'impose aux hommes »; le second volet traite des « jeux de l'échange..., des mécanismes de l'économie et du commerce structurés par le capitalisme »; le troisième volet envisage le « système de domination internationale..., le fonctionnement des pouvoirs économiques et politiques ». La démarche la plus originale semble être la mise en valeur de la « vie matérielle » : « Partout, au ras du sol, se présente une vie matérielle faite de routines, d'héritages, de réussites très anciennes. La vie agricole, par exemple, largement prioritaire à travers le monde entier avant le XVIIIe siècle... remonte ses racines, en deçà même du XVe siècle, à des millénaires... Ainsi, pour le blé, pour le riz, pour le maïs, pour les fonds de cuisine, c'est-à-dire quelques-unes des plus durables parmi les habitudes anciennes des hommes. De même, les outils rudimentaires sont aussi vieux que les plantes cultivées; et, presque autant, ces outils peu compliqués qui décuplent et assouplissent la force brute des hommes : le levier, le tour, la pédale, la manivelle, le treuil... Vie matérielle, l'expression désignera donc, de préférence, des gestes répétés, des procédés empiriques, de vieilles recettes, des solutions venues de la nuit des temps... Une vie élémentaire qui, cependant, n'est pas entièrement subie ni surtout immobile » (première édition, 1967, p. 10).

4. Les productions historiques

L'école des *Annales* ouvre le chantier de l'histoire économique dès les années 1930. En effet, la grande dépression incite les contemporains à s'interroger sur l'alternance des temps d'expansion et des temps de récession dans les activités économiques; comme l'atteste le livre de F. Simiand : *Les Fluctuations économiques et la Crise mondiale* (1932). Au niveau de l'historiographie, une vraie mutation s'opère avec l'ouvrage de C.-E. Labrousse : *Esquisse du mouvement des prix et des revenus en France au XVIII*e *siècle* (1933). Dans sa première thèse, l'auteur, juriste de formation, converti à l'économie puis à l'histoire, met à contribution des séries de prix – du blé, du seigle, du vin, etc. –, enregistrés sur les marchés pendant la période de stabilité monétaire s'étendant de 1726 à 1789; grâce à ces données statistiques, soigneusement vérifiées et élaborées, il apprécie le mouvement de longue durée (le « trend » séculaire), les flux et les reflux sur vingt-cinq ans (les phases A et B de Simiand), les cycles courts de moins de dix ans (intradécennaux), les fluctuations saisonnières sur quelques mois; et il confronte l'évolution des prix des produits de l'agriculture et de l'industrie à l'évolution des revenus (la rente foncière, le profit du négociant, le salaire ouvrier). Dans sa seconde thèse, C.-E. Labrousse étudie *La Crise de l'économie française à la fin de l'Ancien Régime* (1943) : il établit que, dans la longue croissance du XVIIIe siècle, intervient une récession intercyclique de 1774 à 1791, sur laquelle se greffe une crise de subsistances en 1788-1789; à l'occasion, il bâtit le « modèle » de la crise d'Ancien Régime, à dominante agraire, où une mauvaise récolte accidentelle provoque une montée brutale des prix des céréales, qui entraîne une réduction de la consommation populaire, qui déclenche une surproduction dans l'industrie traditionnelle; et il fait voir comment les déséquilibres économiques touchent différemment les classes sociales et conduisent à des affrontements politiques. Observer que le « maximum » du prix du pain coïncide avec la prise de la

Bastille à la mi-juillet 1789, c'est découvrir une nouvelle dimension de la Révolution française.

C.-E. Labrousse n'appartient pas strictement à l'école des *Annales;* il est trop influencé par la pensée de Marx et par l'action de Jaurès; mais il accepte de collaborer avec les disciples de M. Bloch et de L. Febvre. C'est pourquoi il enseigne simultanément à la vieille Sorbonne et à la 6e section de l'École pratique des Hautes Études; et, dans ces deux institutions, il forme une génération d'historiens économistes entre 1946 et 1966. Les méthodes statistiques mises au point par C.-E. Labrousse sont appliquées dans de nombreux travaux portant sur les cycles et les crises : par exemple, la thèse d'A. Chabert, « Essai sur le mouvement des prix en France de 1789 à 1820 » (1945) ou l'enquête collective menée par C.-E. Labrousse lui-même, G. Désert, A. Tudesq, M. Agulhon et d'autres, *Aspects de la dépression en France de 1846 à 1851* (1956). Par ailleurs, l'« histoire de la conjoncture », fondée par C.-E. Labrousse, et la « géohistoire », rénovée par F. Braudel, se trouvent mêlées étroitement dans des recherches concernant les échanges commerciaux sur de vastes espaces et de longues durées, par exemple : P. Chaunu, *Séville et l'Atlantique 1504-1650* (1956); F. Mauro, *Le Portugal et l'Atlantique 1570-1670* (1957); F. Crouzet, *L'Économie britannique et le Blocus continental 1806-1813* (1958). Surtout, l'histoire économique, qui s'appuie sur des séries de prix de production et de revenus, et l'histoire démographique, qui repose sur des séries de naissances, de mariages et de décès, se rencontrent dans plusieurs thèses s'inscrivant dans un cadre régional et une durée pluriséculaire. Les plus connues sont celles de P. Goubert, *Beauvais et le Beauvaisis aux XVIIe et XVIIIe siècles* (1960); R. Baehrel, *La Basse Provence rurale du XVIe au XVIIIe siècle* (1961); P. Vilar, *La Catalogne dans l'Espagne moderne* (1962); E. Le Roy Ladurie, *Les Paysans du Languedoc du XVe au XVIIIe siècle* (1966).

C.-E. Labrousse n'entend pas limiter l'« histoire sérielle » à la seule dimension économique; il veut lui donner également une dimension sociale. Au congrès international de Rome en 1955, il dresse le plan d'une enquête sur la bourgeoisie aux XVIIIe et XIXe siècles, en suggérant de dépouiller des listes électorales, des rôles fiscaux, des inventaires après décès, des contrats de mariage; et de définir cette catégorie sociale à la fois pour sa position économique, son statut juridique et son activité professionnelle. Le programme connaît une réalisation partielle avec les œuvres d'A. Daumard, *La Bourgeoisie parisienne de 1815 à 1848* (1963) et d'A.-J. Tudesq, *Les Grands Notables en France 1840-1849* (1964); et fait l'objet de nouveaux débats lors des colloques sur *Les sources et les méthodes de l'histoire sociale* (1965), *Les niveaux de culture et les groupes sociaux* (1966), *Les ordres et les classes* (1967). En outre, l'inspiration de C.-E. Labrousse se retrouve dans des études qui s'efforcent d'utiliser l'histoire quantitative comme soubassement de l'histoire sociale. Premier cas : J. Bouvier, F. Furet et M. Gillet, dans *Le Mouvement du profit en France au XIXᵉ siècle* (1965), essaient d'atteindre à partir des archives d'entreprises, en procédant à une analyse complexe des bilans, puis en traçant des courbes de productions, de prix, de valeurs, de profits, l'évolution des revenus patronaux dans les sociétés sidérurgiques, les charbonnages et les banques. Second cas : M. Perrot, dans *Les Ouvriers en grève, de 1871 à 1890* (1971), reconstitue la statistique des grèves sur la base des documents disponibles (journaux, rapports de police, etc.) pour une période où les autorités n'enregistrent pas régulièrement les arrêts de travail; soumet les données à un traitement sur ordinateur, construit des tableaux, dessine des courbes, et parvient à rendre compte de la grève ouvrière sous tous ses aspects – ampleur, intensité, durée, résultats –, selon les âges et les sexes, selon les saisons, selon des métiers.

L'école des *Annales* découvre le domaine de l'histoire démographique au lendemain de la Seconde Guerre. En 1946, dans un article de la revue *Population,* Jean Meuvret, pour la première fois, met en relation les crises de subsistances et les accidents démographiques sous l'Ancien Régime; il montre qu'à une mauvaise récolte, entraînant une flambée des prix des céréales, par suite une disette, voire une famine, correspond une pointe de mortalité, accompagnée d'un effondrement de la nuptialité et de la natalité. Vers 1950, instruit par la double expérience de

C.-E. Labrousse et de J. Meuvret, P. Goubert commence à exploiter de manière systématique, d'une part, les « mercuriales » de prix, d'autre part, les registres paroissiaux. Sur ces livres de l'état civil ancien, l'historien pratique des comptages des actes, longs et fastidieux; d'où il tire des séries fort intéressantes de naissances, de mariages et de décès, pour un ensemble de paroisses, dans une petite province, sur plus d'un siècle. La thèse de P. Goubert, *Beauvais et le Beauvaisis de 1600 à 1730* (1960), marque un tournant historiographique; elle offre un modèle pour évaluer le mouvement de la population à l'âge préstatistique. Au même moment, un démographe, L. Henry, et un archiviste, M. Fleury, élaborent un *Manuel de dépouillement* des registres paroissiaux (première édition, 1956). Leur méthode est rigoureuse. Dans une première étape, il s'agit de reporter sur des fiches spéciales non seulement les actes – les baptêmes, les mariages et les sépultures – mais aussi les informations qu'ils contiennent – les noms, prénoms, âges, sexes, liens familiaux, origines géographiques, etc., des enfants, des parents, des témoins. Dans une seconde étape, il convient, avec d'autres fiches, de reconstituer les familles sur deux générations; ce qui permet de calculer, en moyenne, l'âge au mariage, l'âge au décès, la durée de l'union, le taux de fécondité, l'intervalle entre les conceptions, la part de l'illégimité, l'importance du célibat, du veuvage, du remariage. Le manuel Fleury-Henry donne le moyen d'apprécier la vie de la cellule familiale dans la société traditionnelle.

La démographie historique, ayant inventé ses méthodes, passe au stade des réalisations. Dès 1958, l'INED lance une enquête par sondage sur un échantillon de quarante paroisses, afin de retracer l'histoire de la population française de l'époque de Louis XIV à nos jours. En même temps, paraissent les premières monographies villageoises, choisies au hasard : E. Gautier et L. Henry, *La Population de Crulai* (1958); P. Gouhier, *La Population de Port-en-Bessin* (1962); J. Ganiage, *Trois Villages de l'Ile-de-France* (1963), etc. En 1962, une société de démographie historique s'organise à l'initiative de M. Reinhard, P. Goubert, L. Henry, L. Chevalier et J. Dupâquier; elle tient des séminaires et des colloques, met sur pied un laboratoire du CNRS, crée une revue spécialisée – *Les Annales de Démographie historique.* Dans les universités provinciales des équipes se forment autour de P. Chaunu à Caen, d'A. Armengaud à Toulouse, de J.-P. Poussou à Bordeaux, d'autres encore, qui orientent les étudiants vers l'exploitation des registres paroissiaux au niveau des mémoires de maîtrise et des 3e cycle. Parallèlement, quelques thèses exemplaires comparent les évolutions économiques et les évolutions démographiques, mettent en évidence des structures spécifiques en matière de nuptialité, de fécondité, de mortalité dans le cadre d'une région sur une longue durée. A cet égard, on peut citer E. Le Roy Ladurie, *Les Paysans du Languedoc du XVe au XVIIIe siècle* (1966), et F. Lebrun, *Les Hommes et la Mort en Anjou aux XVIIe et XVIIIe siècles* (1971). D'autres historiens s'intéressent aux populations des villes, plus difficiles à appréhender que les populations des campagnes; ainsi, M. Garden étudie *Lyon et les Lyonnais au XVIIIe siècle* (1970); J.-C. Perrot examine *Caen au XVIIIe siècle* (1975). De son côté, J. Dupâquier considère des sources longtemps négligées parce que incertaines – les dénombrements et les rôles de taille; se livre à une critique sérieuse de leur valeur documentaire; et réussit à les utiliser pour estimer la répartition de la population dans l'espace. La démonstration est faite dans sa thèse : « La Population rurale du Bassin parisien à l'époque de Louis XIV » (1979). Progressivement, grâce à de multiples monographies locales et aux grandes études régionales ou urbaines, se compose un tableau démographique de la France d'Ancien Régime.

Dans la dernière décennie, l'école des *Annales* glisse d'une démographie historique, à caractère quantitatif, vers une anthropologie historique, d'aspect plus qualitatif. Dès 1948, un franc-tireur, Philippe Ariès, a montré la voie dans une *Histoire des populations françaises et de leur attitude devant la vie depuis le XVIIIe siècle.* Cet auteur observe : « Les statistiques démographiques nous éclairent sur la manière de vivre des hommes, sur la conception qu'ils ont d'eux-mêmes, de leur propre corps, de leur existence familière... » (réédition 1971, p. 15). Suivant ce conseil, le groupe des *Annales* se tourne vers l'examen du corps, sain ou malade, et rejoint, par ce biais, une histoire de la médecine. Dans cette perspective, il faut signaler les ouvrages de J.-N. Biraben, *Les Hommes et la Peste en France et dans les pays méditerranéens* (1975), et de J. Léonard, *Les Médecins dans la France de l'Ouest au* XIX*e* *siècle* (1976). Par ailleurs, l'histoire de la population s'infléchit en direction d'une histoire de la famille qui conduit elle-même à une histoire de la sexualité abordant les problèmes des interdits religieux, des pratiques anticonceptionnelles, des relations légitimes et illégitimes. En témoignent les œuvres de J.-L. Flandrin, *Les Amours paysannes du* XVI*e* *au* XIX*e* *siècle* (Archives) (1975); F. Lebrun, *La Vie conjugale sous l'Ancien Régime* (1975); J. Solé, *L'Amour en Occident à l'époque moderne* (1976). Dans le même temps, la recherche essaie de pénétrer sur le terrain peu accessible où se touchent le biologique et le mental. On réfléchit sur l'attitude humaine face à la vie, en s'informant sur la conception, la grossesse, l'accouchement et la petite enfance : par exemple, dans les livres de Ph. Ariès, *L'Enfant et la Vie familiale dans la France d'Ancien Régime* (1960, réédition 1973); et J. Gelis, M. Laget, M.-F. Morel, *Entrer dans la vie : naissances et enfances dans la France traditionnelle* (1978); M. Laget, *Naissances* (1982). Et l'on s'interroge sur l'attitude humaine face à la mort, en enquêtant sur les coutumes funéraires, les clauses testamentaires, les représentations de l'au-delà : par exemple, dans les livres de M. Vovelle, *Mourir autrefois* (Archives) (1974); Ph. Ariès, *L'Homme et la Mort* (1977); P. Chaunu, *La Mort à Paris, du* XVI*e* *au* XVIII*e* *siècle* (1978). Toutes ces productions indiquent un déplacement de l'analyse des mécanismes démographiques à l'analyse des comportements collectifs.

Dès le début des années 1920, M. Bloch et L. Febvre avaient manifesté de l'intérêt pour la préhistoire, le folklore et l'histoire des religions. Toutefois, ce n'est qu'à la fin des années 1960 que l'école des *Annales* établit le contact entre l'histoire et l'ethnologie. E. Le Roy Ladurie, dans *Montaillou, village occitan de 1294 à 1324* (1975), reprend l'un des dossiers de l'Inquisition concernant les derniers Cathares en Languedoc; il relit les interrogatoires des suspects, pose à ces textes de nouvelles questions, se comporte comme un ethnologue transplanté dans le passé; ainsi il fait revivre une communauté rurale du Piémont pyrénéen au début du XIVe siècle, en reconstituant les travaux agricoles, les modes d'élevage, les formes de l'habitat, les gestes quotidiens, les clans familiaux, les pratiques sexuelles, les croyances religieuses, les rites magiques, les relations avec les autorités; et il découvre un système cohérent, où la vie sociale s'organise autour de la « maison », centre d'un réseau de parentés et d'alliances. N. Wachtel, dans *La Vision des vaincus* (1971), prête attention aux peuples de l'ancien Empire inca sur les hauts plateaux des Andes; il ne se contente pas de la vision des vainqueurs – les Espagnols dominateurs – qui a été présentée dans les chroniques, les correspondances et les rapports administratifs de la période coloniale; il tente de retrouver la vision des vaincus – les Indiens dominés – dont les traces subsistent dans les contes, les danses, les fêtes et autres manifestations folkloriques de l'époque actuelle; les deux approches combinées, celle de l'historien et celle de l'ethnologue, permettent de comprendre le violent traumatisme qui a affecté, au XVIe siècle, des populations indiennes décimées, simultanément, par une conquête militaire, un choc microbien et une exploitation forcenée. Les travaux prestigieux de l'ethnologue C. Lévi-Strauss, notamment sa série *Mythologiques* (1964-1972), ont incité des historiens des *Annales* à appliquer les méthodes de l'analyse structurale à des légendes médiévales, comme l'attestent les articles de J. Le Goff et E. Le Roy Ladurie, « Mélusine, maternelle et défricheuse » (*Annales*, 1971); de J. Le Goff et P. Vidal-Naquet, « Lévi-Strauss en Brocéliande » – à propos d'un poème de Chrétien de Troyes – (*Annales*, 1975). Le rapprochement de l'ethnologie et de l'histoire semble donner d'excellents résultats.

Selon une formule de M. Vovelle, l'école des *Annales* est remontée « de la cave au grenier », d'une histoire économique et d'une histoire démographique, très productives dans les années 1950 et 1960, à une histoire culturelle, en plein essor dans les années 1970. Inspirés par les leçons des historiens précurseurs – L. Febvre et Ph. Ariès –, fascinés par les résultats des voisins ethnologues ou philosophes –

C. Lévi-Strauss et M. Foucault –, les chercheurs de la nouvelle génération des *Annales* veulent explorer les structures mentales, qu'ils situent à mi-chemin de l'organisation sociale et du discours idéologique, à la frontière du conscient et de l'inconscient, dans « une prison de longue durée ». L'histoire des mentalités traite volontiers des modes de pensée des élites et des croyances populaires, des traditions religieuses et des coutumes civiles. Sont significatifs, à cet égard, les ouvrages de R. Mandrou, *Magistrats et Sorciers en France au XVIIIe siècle* (1968); M. Agulhon, *Pénitents et Francs-Maçons de l'ancienne Provence* (1968); M. Vovelle, *Piété baroque et Déchristianisation en Provence au XVIIIe siècle* (1978). L'histoire des mentalités se soucie également des formes de sociabilité, notamment de la fête, qui peut révéler brutalement des contradictions sociales refoulées. Sont caractéristiques, à ce sujet, les ouvrages de M. Vovelle, *Les Métamorphoses de la fête en Provence de 1750 à 1820* (1976); M. Ozouf, *La Fête révolutionnaire de 1789 à 1799* (1976); E. Le Roy Ladurie, *Le Carnaval de Romans à la fin du XVIe siècle* (1979). Très proche de cette élaboration d'une psychologie historique paraît la confrontation de la psychanalyse et de l'histoire. A. Besançon s'efforce d'éclairer la relation du souverain et de ses sujets en Russie à la lumière du complexe d'Œdipe dans *Le Tsarévitch immolé* (1968). M. de Certeau mêle l'histoire politique, la sociologie religieuse et la psychopathologie pour comprendre une affaire de sorcellerie au XVIIIe siècle : *La Possession de Loudun* (Archives) (1970). Cependant, l'histoire psychanalytique donne bientôt l'impression de piétiner, faute de disposer de concepts opératoires permettant d'atteindre l'inconscient collectif, tandis que l'histoire des mentalités continue sur sa lancée, parce que ses méthodes incertaines, ses limites peu précises l'autorisent à assimiler les apports des autres disciplines.

10

L'histoire nouvelle, héritière de l'école des « Annales »

L'histoire nouvelle, voilà une appellation contrôlée, lancée sur le marché en 1978 par quelques grandes figures de l'école des *Annales* (cf. le dictionnaire de *La Nouvelle Histoire,* éditions Retz, Paris, 1978, dirigé par Jacques Le Goff assisté de Roger Chartier et Jacques Revel), qui est loin de faire l'unanimité dans le monde des historiens. D'abord au sein de l'école des *Annales* elle-même, où certains se découvrent un goût subit pour l'ancienne histoire à la façon de Fustel de Coulanges, tandis que d'autres s'en prennent à l'idée reçue selon laquelle les collaborateurs de la prestigieuse revue partageraient une conception commune de la discipline, et nous rappellent, tel François Furet, que les pères fondateurs ont prôné avant tout le « vagabondage sur tous les terrains ». Ensuite chez les marxistes, qui laissent entendre que la nouveauté que l'on brandit si haut n'est souvent que la redécouverte de quelques enseignements majeurs de Marx, remis au goût du jour après avoir été mis sous le boisseau pendant des lustres. Enfin dans les gros bataillons de la corporation historienne, où l'on dénonce pêle-mêle le côté publicitaire de l'entreprise, les concessions au langage « médiatique », l'aventurisme de certaines recherches conduites en ethno-histoire ou en psycho-histoire, et surtout l'impérialisme intellectuel d'un courant qui revendique « le renouvellement de tout le champ de l'histoire » en ignorant délibérément l'apport de quelques novateurs de premier plan. Comment ne pas s'étonner, en effet, du silence gardé sur l'œuvre d'un Henri-Irénée Marrou, dans la pesante, inégale et souvent bavarde encyclopédie de *La Nouvelle Histoire?* Comment ne pas s'étonner, en sens inverse, de l'autosatisfaction affichée par certains devant le « miracle français » en matière d'histoire? A trop célébrer celui-ci, on ne pouvait que s'attirer les remarques peu amènes, mais ô combien pertinentes, d'un historien néerlandais, W. den Boer, pour lequel *Les Annales* et « l'Histoire nouvelle » ont bénéficié d'un mécanisme bien connu dans l'histoire des sciences, qu'il appelle le phénomène de concentration épique ou *principe de saint Matthieu :* « Ce dernier consiste à attribuer dans l'histoire des sciences les inventions de nombreux savants à un petit nombre seulement d'entre eux. Comme le dit l'Évangile : " car on donnera à celui qui a déjà et il aura encore davantage; mais pour celui qui n'a pas, on lui ôtera même ce qu'il a " » (*L'Histoire et ses Méthodes,* Presses Universitaires de Lille, 1981, p. 90-91). Et cet auteur ajoute : « En France ainsi que dans plusieurs pays, l'on trouvait des idées, des programmes et des spécimens semblables à ceux des *Annales* mais datant d'avant la création de ces dernières. » Marc Bloch et Lucien Febvre n'ont pas inventé grand-chose à proprement parler, mais ils ont permis à une « approche moderne de l'histoire de connaître le succès de bonne heure en France, de devenir une institution, ce qui entraîna la mise en place de postes et rendit possibles la recherche et la publication ». Il y a fort à craindre que ce discours ne s'adresse également à l'histoire nouvelle, qui continue de faire jouer à son profit le *principe de saint Matthieu* et se charge de produire elle-même sa propre historiographie, comme en témoignent deux articles parus dans *Les Annales ESC* en 1979, dus l'un à André Burguière et l'autre à Jacques Revel et traitant des... *Annales* 1929-1979! Si objectifs que soient ces deux textes, on n'y lit pas moins que l'esprit des *Annales* est devenu « le bien commun de la plupart des historiens » et que l'édition et la presse multiplient « une production qui est parfois très librement adaptée de l'histoire selon *Les Annales* », implicitement considérée comme le paradigme absolu!

Abandonnant ici tout esprit polémique et laissant à d'autres le soin de décrire, avec autant de talent que d'humour, les mœurs curieuses de la tribu des intellocrates, nous chercherons plus classiquement à décrire les appuis institutionnels dont dispose l'histoire nouvelle, à analyser les références les plus courantes de ses adeptes, à cerner les objets de leurs recherches et enfin à évoquer leur art consommé de la relecture des documents et du recyclage des matériaux anciens au service de problématiques *up to date.* Au passage, nous signalerons les infléchissements que l'histoire nouvelle a fait subir à l'esprit des premières *Annales.*

1. Une institution puissante

Depuis la mort de Lucien Febvre en 1956, l'école des *Annales* et la revue qui en est l'emblème ont acquis une position dominante dans l'historiographie française. Jusqu'en 1968, Fernand Braudel en est le guide incontesté, assumant la plupart des responsabilités; après 1968, il s'entoure d'un comité où figurent J. Le Goff, E. Le Roy Ladurie et M. Ferro; et d'un secrétariat où se succèdent R. Mandrou, A. Burguière et J. Revel. Dans les années 1960 et 1970, la revue fait paraître six numéros – environ 1 500 pages – par an, occupe le premier rang parmi les revues de sciences humaines en France et étend son audience en Europe occidentale et aux États-Unis. Il suffit de lire ses « sommaires » pour discerner ses principales orientations. *Les Annales* restent attachées aux réflexions méthodologiques (exemples : E. Le Roy Ladurie, *Histoire et Climat,* n° 1, 1959; J.-M. Gouesse, *Parenté, Famille et Mariage en Normandie,* n° 5, 1972), favorisent des dialogues entre les disciplines (exemples : *Histoire et Structures,* n° spécial, 3-4, 1971; *Histoire et Sciences,* n° spécial, 5, 1975). *Les Annales,* se voulant pluridisciplinaires, ouvrent leurs colonnes non seulement aux historiens (exemple : D. Richet, *Croissances et Blocages en France du* XV*e au* XVIII*e siècle,* n° 4, 1968), mais aussi aux sociologues (exemple : P. Bourdieu, *Les Stratégies matrimoniales,* n° 3, 1972), et aux économistes (exemple : C. Furtado, *Développement et Stagnation en Amérique latine,* n° 1, 1966). Et *Les Annales* ont des prétentions œcuméniques, entendent couvrir toutes les périodes de l'histoire et toutes les régions du monde (exemples : G. Ville, *La Fin des combats de gladiateurs à Rome,* n° 4, 1979; R. Trexler, *Les Religieuses à Florence à la fin du Moyen Age,* n° 6, 1972; C. Milsky, *La Réforme de l'écriture en Chine avant 1949,* n° 2, 1973, etc.).

Le groupe des *Annales* prend appui sur une institution universitaire. En 1947, L. Febvre a obtenu des gouvernements de la Libération la fondation d'une 6e section de l'École pratique des Hautes Études, spécialisée dans les « sciences économiques et sociales »; il a présidé cet organisme et défini ses objectifs : assurer une liaison étroite entre l'enseignement et la recherche, diffuser les connaissances dans le cadre de séminaires, stimuler les enquêtes collectives, organiser la rencontre entre les sciences humaines. En 1956, F. Braudel succède à L. Febvre et maintient les directives antérieures. A la fin des années 1950 et dans les années 1960, la 6e section de l'EPHE rassemble une trentaine de « directeurs d'études » : des historiens très proches de la revue *Annales* – J. Le Goff, E. Le Roy Ladurie, F. Furet, M. Ferro –, des historiens plus indépendants, souvent économistes ou démographes – C.-E. Labrousse, J. Meuvret, P. Vilar –, des sociologues – G. Friedmann, A. Touraine –, des « psycho-historiens » – A. Besançon, M. de Certeau. En principe, la plupart des sciences humaines sont représentées; en réalité, l'histoire accapare la majeure partie des postes. Car, selon F. Braudel, l'histoire peut « apporter un langage commun », « donner la dimension fondamentale du temps », « préserver l'unité des sciences sociales ». En 1968, F. Braudel réalise un projet qui lui est cher : la création de la Maison des Sciences de l'Homme. Le régime gaulliste accepte d'installer la 6e section de l'EPHE dans un vaste immeuble – 56, boulevard Raspail, Paris-7e –, où sont progressivement réunis les divers centres et laboratoires jusque-là dispersés à travers le quartier Latin. La MSH fournit un équipement lourd, indispensable à la recherche, avec des bureaux, des salles de conférences, une bibliothèque, des appareils de reprographie, des ordinateurs; et bien sûr, des personnels pour faire fonctionner les différents services. Peu après, la 6e section de l'École pratique des Hautes Études se transforme en École des Hautes Études en sciences sociales. L'EHESS se voit conférer le statut d'une université; ce qui facilite l'octroi de crédits, l'inscription des étudiants et la délivrance des diplômes.

Le groupe des *Annales* dispose d'autres soutiens extra-universitaires. En effet, ses responsables sont très introduits dans les maisons d'édition. P. Nora dirige la « Bibliothèque des Histoires », chez Gallimard, qui sélectionne des ouvrages unissant l'histoire aux autres sciences humaines (exemples : E. Le Roy Ladurie, *Montaillou;* M. Foucault, *Histoire de la folie*). J. Le Goff inspire la collection « Ethnologie historique », chez Flammarion, qui privilégie l'étude des mœurs, des usages, des coutumes (exemples : M. Segalen, *Mari et Femme dans la société paysanne;* A. Burguière, *Bretons de Plozevet*). J. Goy conduit la série « Science » (Section historique), chez Flammarion, où paraissent de grandes thèses en version abrégée (exemples : P. Goubert, *Cent Mille Provinciaux au* XVIIe *siècle;* A. Kriegel, *Les Origines du communisme français*). P. Nora et J. Revel orientent la collection « Archives », chez Gallimard, dans laquelle chaque thème est traité sous forme d'un montage de documents présenté par un spécialiste (exemples : G. Duby, *L'An mil;* Etiemble, *Les Jésuites en Chine;* J. Rougerie, *Procès des communards*). La revue *H. Histoire*, lancée en 1979 par Hachette, souhaite recourir à l'histoire afin de mieux comprendre l'actualité (exemples : n° 3, « Les Juifs en France »; n° 4, « Les États-Unis »); cette publication est patronnée par l'équipe des *Annales*, soucieuse de ne pas abandonner à des rivaux le marché des revues d'histoire destinées au grand public. Par ailleurs, l'équipe des *Annales* tient des positions dans les « mass media ». Ses collaborateurs rendent compte des ouvrages d'histoire dans certains journaux et hebdomadaires. E. Le Roy Ladurie et E. Todd donnent leurs avis dans *Le Monde;* F. Furet, J. et M. Ozouf font leurs commentaires dans *Le Nouvel Observateur*. En outre, J. Le Goff et D. Richet animent une émission à la radio – « Les lundis de l'histoire » – où des historiens viennent présenter leurs œuvres. A la télévision, les représentants des *Annales* ne contrôlent aucune des filières, mais ils paraissent fréquemment lors des débats historiques, politiques ou littéraires. Comme le dit J. Chesneaux, le *holding* des *Annales* est l'un des centres du pouvoir intellectuel en France.

Au début des années 1970, F. Braudel partage son héritage entre ses successeurs, notamment J. Le Goff et E. Le Roy Ladurie. La nouvelle équipe se charge de dresser un bilan à l'occasion du cinquantenaire des *Annales.* En 1974, J. Le Goff et P. Nora rassemblent, sous le titre *Faire de l'Histoire,* trois recueils d'articles qui posent de « nouveaux problèmes », esquissent de « nouvelles approches », cernent de « nouveaux objets ». En 1978, J. Le Goff publie une encyclopédie, intitulée *La Nouvelle Histoire,* où se mêlent des articles de fond (sur la notion de structure, la longue durée, l'histoire immédiate, etc.), des notes sur des hommes (H. Berr, G. Dumézil, F. Simiand, etc.), et des notes sur des termes (climat, langage, psychanalyse, etc.). Dans les deux entreprises se retrouvent à peu près les mêmes participants : Ph. Ariès, J.-P. Aron, A. Burguière, M. de Certeau, R. Chartier, M. Ferro, F. Furet, D. Julia, J. Le Goff, P. Nora, J. Revel, D. Roche, A. Schnapp, J.-C. Schmitt, P. Vidal-Naquet, M. Vovelle et quelques autres.

La production de cette constellation d'historiens, si abondante soit-elle, est loin d'embrasser tout le champ de l'histoire. En effet, peut-être en raison de l'impulsion initialement donnée par L. Febvre et F. Braudel, l'école des *Annales* s'intéresse en priorité à l'Europe occidentale et à ses dépendances, du bas Moyen Age à l'ère des Lumières. Brossant un tableau-palmarès de la production historique récente, dans le style « distribution des prix » qu'il affectionne, E. Le Roy Ladurie ne parvient ainsi à citer que des spécialistes de l'époque moderne (*L'Histoire,* n° 2, juin 1978). A l'EHESS la domination des *modernistes* et de certains *médiévistes* s'accompagne d'une quasi-exclusion des *antiquistes* et des *contemporanéistes.* C'est donc en dehors du cercle des *Annales* que s'élaborent la plupart des études concernant l'Antiquité (par exemple à l'École d'Athènes ou à l'École de Rome) et que s'effectuent la plupart des enquêtes sur le monde contemporain (par exemple à la Fondation des Sciences Politiques ou à l'Institut du Temps Présent). En outre, il existe en France une trentaine d'UER, de départements ou de laboratoires où exercent plusieurs centaines d'historiens professionnels. Leur simple existence rappelle que l'EHESS n'est, somme toute, qu'un centre de recherches parmi d'autres, mais jouissant de ce que François Furet appelle, non sans fierté, une « hégémonie de réputation ».

2. Le culte des ancêtres

Rien ne définit mieux un courant de pensée que les textes sacrés qu'il invoque. Paradoxe, ce courant de pointe a éprouvé le besoin de se doter d'une glorieuse généalogie et d'échafauder une version quasiment mythique de ses origines en vouant un véritable culte à ses pères fondateurs. Parmi les grands ancêtres vénérés par Jacques Le Goff (« L'Histoire nouvelle » dans *La Nouvelle Histoire,* p. 210-241), on ne s'étonnera pas de trouver le Voltaire de l'*Essai sur les Mœurs,* ni le Michelet de la *Préface* de 1869, invoqué de façon quasi rituelle, sans doute par nostalgie d'une histoire totale que l'on ne peut plus pratiquer aujourd'hui, mais on sera plus surpris de rencontrer Chateaubriand, fort soucieux, dans ses *Écrits historiques,* d'évoquer tous les aspects du quotidien, et Guizot, l'analyste perspicace du *fait de civilisation.*

Quant au mythe d'origine, c'est la célébration de cette année 1929, plus connue jusque-là par un certain vendredi noir, où la fondation des *Annales d'histoire économique et sociale* vient ouvrir un champ nouveau à l'histoire, où les vieilles cloisons entre faits de nature différente sont abattues et où le comparatisme triomphe. Soyons juste : la dette de Bloch et Febvre à l'égard de certains de leurs prédécesseurs (Berr, Pirenne, Simiand) est toujours mentionnée. Il n'en reste pas moins qu'en 1929 commence la geste des pères fondateurs contre les tenants de l'histoire historisante et autres « positivistes » attardés. En 1946, révolution dans la révolution, la revue-phare de l'historiographie française change de sigle et s'appelle désormais *Annales ESC.* Lucien Febvre découvre son légitime héritier, Fernand Braudel, qui doit ferrailler avec les Burgraves de l'histoire universitaire dans ce champ clos qu'est le jury de l'agrégation d'histoire, entre 1950 et 1955. Les années passent et Fernand Braudel lui-même voit grandir ses successeurs : Emmanuel Le Roy Ladurie, Jacques Le Goff, Marc Ferro.

Cette généalogie intellocratique a plusieurs fonctions. Elle est d'abord légitimante, puisqu'elle fait d'un étroit milieu d'historiens les dépositaires de l'esprit des premières *Annales*. Après Jacques Le Goff, Emmanuel Le Roy Ladurie et Georges Duby, voici venir André Burguière, Roger Chartier, Jacques Revel, Jean-Claude Schmitt... Cette généalogie constitue aussi un argument de poids dans la cohabitation conflictuelle avec les autres secteurs de la science historique. Invoquer des ancêtres vénérés par tous permet d'éviter des affrontements trop violents. Jacques Le Goff ne nous dit-il pas, avec l'esprit de conciliation qui le caractérise, que l'histoire nouvelle s'appuie *sur une longue et solide tradition* et qu'*une partie des acquis techniques de la méthode positiviste demeure valable?* Ne célèbre-t-il pas le *solide bagage* des historiens de métier et la *base institutionnelle ferme* de la discipline? Voilà de quoi apaiser les craintes des Burgraves de l'institution historique!

Cherchant plutôt à rassembler qu'à croiser le fer, réflexe fort explicable de la part d'un courant de pensée qui s'est assuré une position hégémonique, l'histoire nouvelle est « définitivement fâchée avec les vagues ». Elle s'abandonne paresseusement au culte de la personnalité, comme la Russie de Brejnev. Dans un article aussi brillant qu'excessif (« Allergico cantabile », *Annales ESC,* 1981, p. 623 et s.), Michel Morineau a relaté par le menu les déboires qui furent les siens pour avoir osé contester les tables de la foi en « saints Simiand et Hamilton » à propos de l'approvisionnement de l'Europe moderne en métaux précieux. On n'ose même pas relever les erreurs de Simiand, proclame-t-il, et l'on fait preuve d'une égale cécité à l'égard de travaux plus récents dont les erreurs grossières (qualifiées sans ménagement de bourdes) ne seraient pas absentes. Vient le *j'accuse* final : « Je dénonce un certain nombre d'erreurs graves qui se sont introduites dans plusieurs secteurs majeurs de l'histoire économique moderne; je dénonce la tolérance dont elles ont joui simplement du fait de la notoriété de leurs auteurs... je dénonce l'invasion du culte de la personnalité en histoire... » Pour se faire une opinion concernant le dernier grief, il suffit de procéder à un décompte rapide des renvois à l'œuvre de Fernand Braudel dans *La Nouvelle Histoire.* Rares sont les collaborateurs qui ont omis d'encenser l'auteur de *La Méditerranée et le Monde méditerranéen à l'époque de Philippe II.* Les étudiants d'une université de province en avaient aussitôt tiré la leçon en 1978 : ils avaient spontanément canonisé Fernand Braudel, avaient apposé sa belle effigie dans leur bibliothèque, lui avaient adressé de pressantes prières (« saint Fernand, patron de la nouvelle histoire, permets-moi de passer sans embûche mon examen d'épistémologie ») et lui avaient offert de touchants ex-voto (cartes postales, manuels d'histoire, cahiers de cours, etc.) en signe de reconnaissance.

Tentons d'être équitable à l'égard de la version idéalisée que le courant des *Annales* donne de ses débuts et de ses triomphes. L'agrandissement épique peut se comprendre de la part de ceux qui, comme Jacques Le Goff, ont toujours été placés à la pointe du combat contre les secteurs les plus conservateurs de la discipline historique. L'autosatisfaction et la perpétuelle invocation de quelques grandes figures ne peuvent, en revanche, que heurter nombre de chercheurs qui n'ont pas accès à cette méritocratie cooptée et qui se refusent à voir leur vénérable discipline subir la loi du *star system.* Cela dit, les deux *héritiers* que sont André Burguière et Jacques Revel font preuve, dans les articles plus haut mentionnés, d'une courageuse objectivité. Le premier va jusqu'à dire que Marc Bloch et Lucien Febvre faisaient eux aussi partie de l'*establishment* universitaire et que, somme toute, leur originalité tenait plus « à leur manière d'affirmer leur programme qu'au programme lui-même ». N'en déplaise à Michel Morineau, les disciples ne sont pas toujours dociles au point de crier, devant une vérité gênante : « Soufflez la lumière! »

3. Ni Jésus, ni Mao, ni Toynbee; un peu de Marx et le plus possible de science

Les nouveaux historiens se gardent de choix idéologiques nets, après avoir, pour certains d'entre eux, flirté quelque temps avec le marxisme et milité dans les rangs du parti communiste. En la matière, ils emboîtent le pas aux pères fondateurs, toujours méfiants à l'égard des systématisations réductrices, parce qu'ils avaient conscience de l'extraordinaire complexité des phénomènes sociaux et de la multiplicité des interrelations entre les différents niveaux de la réalité. Marc Bloch ne se déclarait-il pas plus frappé par les résultats économiques des phénomènes religieux que par les implications économiques du religieux? Ses disciples se gardent eux aussi de tout déterminisme strict, voire de toute « détermination en dernière instance » : ils aiment les explications plurielles, les interrelations dialectiques entre les diverses instances du réel, la mise à jour des multiples codes qui régissent la vie sociale...

En conséquence, les systèmes philosophiques globaux, qui prétendent énoncer le sens de l'histoire, ne sont guère prisés aux *Annales*. Cette défaveur touche aussi bien la théologie de l'histoire, y compris les travaux contemporains de H.-I. Marrou et P. Ricœur, que les grandes interprétations du devenir humain proposées par Vico, Hegel, Croce et Toynbee (qui ne se relève pas d'un compte rendu assassin de Lucien Febvre, lui reprochant à la fois sa vue sélective du passé et le flou de ses connaissances) et que le marxisme dogmatique lui-même, récusé pour sa conception linéaire et finaliste de l'histoire. C'est sans doute « la plus globale et la plus cohérente des visions synthétiques de l'histoire », nous disent Le Goff et Nora dans la préface de *Faire de l'Histoire*, mais ses maîtres concepts (l'idéologie comme reflet du réel, l'explication en dernière instance par l'économie) résistent mal aux acquis récents des sciences humaines.

Délaissant donc tout esprit de système, on proclame le primat de la démarche scientifique sur les options philosophiques et, sans verser dans un scientisme qui n'est plus de saison, on veut assimiler l'historien aux savants de pointe même s'« il ne peut être (encore?) Einstein » et doit toujours subir, tout particulièrement dans les journaux, revues et autres médias, « la promiscuité des vulgarisateurs de bas étage » (Le Goff, Nora).

Comme le physicien ou le naturaliste, l'historien doit procéder en échafaudant des hypothèses, qu'il soumet ensuite à vérification et qu'il rectifie en conséquence. Car il n'y a pas de fait historique en soi, qu'il suffirait d'extraire des documents et de raccorder à d'autres faits pour constituer une suite chronologique « naturelle », mais il y a « de l'inventé et du fabriqué, à l'aide d'hypothèses et de conjectures, par un travail délicat et passionnant », pour reprendre une sourate de Lucien Febvre. Comme ses confrères des autres disciplines, l'historien construit son objet d'analyse en constituant un corpus de documents de natures diverses (textes écrits, objets, photographies, images, interviews, etc.), aux fins de répondre à une question posée au passé (l'invasion dorienne a-t-elle eu lieu? quand s'est constituée la croyance au Purgatoire? le sentiment de l'enfance est-il une donnée naturelle ou un acquis culturel des Temps modernes? etc.). C'est l'*histoire-problèmes,* œuvre d'un analyste et non plus d'un narrateur ou d'un prophète. En fonction de la question posée, l'historien s'efforce de proposer une interprétation rationnelle des données (préalablement homogénéisées) que lui fournit son corpus. Il « élabore du pensable avec les documents », nous dit Michel de Certeau, orfèvre en la matière.

Dans cette quête du pensable, l'historien recourt à des techniques de pointe qui ne peuvent que lui faciliter l'accès au statut, ô combien désiré!, d'homme de science. La liste des sciences auxiliaires dont il use s'est bien allongée depuis Langlois et Seignobos et même depuis 1929 : dendrochronologie, étude des pollens fossiles, datation radiocarbone, archéologie aérienne, traitement informatique des données, analyse automatique du discours; au nouvel historien, rien d'impossible! Depuis les années 1950, *Les Annales* sont pleines de séries chiffrées. Sont-elles entachées de quelques erreurs, peu importe : « chiffres faux, courbes vraies ». Dans les années 1970, le *computer* fascine et l'on voit certains de nos modernistes les plus éminents céder aux charmes de la *New Economic History,* dont les maîtres Fogel et Engerman ramènent le développement économique passé à des modèles hypothético-déductifs et recourent, pour vérifier ces derniers, à des hypothèses contre-factuelles. Pour déterminer l'effet économique d'une innovation, par exemple, ne faut-il pas créer un modèle de société sans cette innovation et mesurer ensuite les différences que l'on observe? Versant dans l'histoire-fiction, les *cliométriciens* en viennent à imaginer les États-Unis sans chemins de fer (ils n'étaient pas indispensables à la croissance, nous apprennent-ils) et le Sud sans esclaves (qui constituaient, eux, « un investissement extrêmement rentable »). Ces conclusions, présentées il y a peu comme des vérités objectives parce que fondées sur des chiffres, sont considérées actuellement avec scepticisme. Le Goff et Nora se défient de l'*omnipotens ordinator* et insistent sur « les risques d'une subordination au mesurable ». Ce qui n'empêche nullement l'analyse factorielle de bien se porter aux *Annales;* en témoigne, par exemple, l'article récent d'H. Millet, « La composition du chapitre cathédral de Laon : une analyse factorielle » (janvier-février 1981).

Du marxisme, la nouvelle histoire retient certains apports scientifiques, quand bien même ses aspects philosophiques sont récusés. La dette envers Marx a été reconnue aussi bien par F. Braudel, pour lequel l'auteur du *Capital* a été le premier à forger de « vrais modèles sociaux » opératoires dans la longue durée, que par J. Le Goff, pour lequel Marx est l'ancêtre des périodisations larges et de l'analyse structurelle du social. Cette dette est encore plus considérable aux yeux des historiens marxistes. Pierre Vilar voit pour mérite principal à Simiand, Febvre et Bloch d'avoir su revenir à certains enseignements majeurs de Marx (*Une histoire en construction,* p. 333 et s.). Quant à Guy Bois, dans « Marxisme et Histoire nouvelle » (in *La Nouvelle Histoire,* p. 375 et s.), il laisse entendre clairement que les thèses centrales et les caractères majeurs de l'histoire nouvelle sont en germe dans le marxisme. L'histoire globale ne constitue rien d'autre, à ses yeux, qu'une désignation nouvelle du *Mode de production* ou de la *Formation économique et sociale,* termes marxistes pour désigner les totalités sociales articulées. Quant aux méthodes quantitatives, Marx les pratiquait déjà. Il privilégiait aussi les structures profondes et l'action des hommes ordinaires, aux dépens des faits de haut-relief et des exploits des individualités marquantes... Du reste, poursuit Guy Bois, il y a belle lurette que le marxisme exerce une *influence indirecte et diffuse* sur les historiens français. Elle est repérable dans la place essentielle qui fut reconnue à l'histoire économique dans les années 1950 et dans l'insistance sur les rapports de classes ainsi que sur l'appropriation inégale du produit social, bien visible dans l'œuvre d'Ernest Labrousse. Actuellement cette influence se renforce puisque, loin de se limiter à l'instance économico-sociale, elle gagne les autres paliers de réalité et s'étend à l'analyse de la totalité des pratiques humaines. Les concepts centraux du marxisme (tout particulièrement ceux de *mode de production* et d'*idéologie*) sont utilisés implicitement dans de grands livres récents, même si la terminologie classique du marxisme n'y est pas adoptée et même si l'on s'y garde de toute référence explicite au matérialisme dialectique. Il y a bel et bien confluence des deux grands courants de l'historiographie contemporaine, ce qui n'interdit nullement aux historiens marxistes de continuer à jouer un rôle original (par exemple en analyse du discours et en histoire quantitative des mentalités), et ce qui ne met nullement fin à un contentieux qui reste très lourd. Car certaines pratiques de l'histoire nouvelle constituent, nous dit Guy Bois, des pièges aux yeux des marxistes. La sacro-sainte quantification n'est-elle pas prisonnière de l'état des sources et ne risque-t-elle pas de privilégier les réalités sociales qui émergent (telles les données démographiques) aux dépens d'autres, tout aussi essentielles, qui restent masquées (comme les mécanismes de la plus-value par exemple)? La succession des études sérielles (le livre au XVIIIe siècle, les ex-voto marins du Ponant, les retables des âmes du Purgatoire du XVe au XXe siècle) ne risque-t-elle pas d'atomiser la réalité historique, d'entraîner un éclatement des perspectives et d'interdire finalement le recours au concept unifiant de mode de production? La place accordée aux profondeurs mentales, qui acquièrent parfois le statut d'infrastructures déterminantes chez les nouveaux historiens, ne vient-elle pas brouiller les principes d'explication marxistes et ne fait-elle pas perdre de vue le primat des rapports de production? Enfin, les nouvelles sciences ne font-elles pas figure d'armes de guerre contre le marxisme, telle une certaine ethno-histoire qui, à force d'insister sur l'inconscient collectif, la sociabilité et autres comportements pérennes des groupes humains, dévalorise l'explication par les rapports de classes, quand elle ne brandit pas les rapports de parenté contre les rapports de production? Prenant acte de ces dangers, Guy Bois invite les marxistes authentiques à relever le défi de l'histoire nouvelle en faisant preuve d'une fidélité sans faille aux concepts centraux du marxisme, qui seuls peuvent permettre, selon lui, de penser le passé de façon cohérente, totale et dynamique.

4. Les avatars du global

Ce concept clé, pour ne pas dire ce terme magique de l'histoire nouvelle, a présenté et continue de présenter plusieurs figures distinctes, voire presque opposées.

L'histoire nouvelle a toujours recherché la saisie des grands espaces et des grandes masses historiques, par fidélité à Voltaire et à Michelet sans doute, mais aussi sous l'influence de l'école géographique française et de la géohistoire braudélienne. En témoigne la place essentielle accordée dans *Les Annales* à la cartographie historique qui visualise des phénomènes massifs de longue durée. Elle n'est pas seulement descriptive, mais elle permet de poser de nouvelles questions et de faire avancer l'interprétation des phénomènes. C'est à juste titre que l'historien néerlandais W. den Boer place parmi les éléments constitutifs du paradigme des *Annales* le fait que « la statistique et la sémiologie graphique remplacent la critique philologique des textes, parfois avec moins de pénétration ». Cette dernière réflexion, peu amène, ne tient pas compte du fait que la cartographie statistique a souvent pour fonction de mettre en images le contenu des documents, de le déployer (au sens propre du terme), avant d'aborder le stade de l'interprétation. Voir pour s'en convaincre l'étude d'Emmanuel Le Roy Ladurie, « Exploitation quantitative et cartographique des archives militaires françaises (1819-1826) », dans *Le Territoire de l'historien*, Gallimard, 1977, p. 33 à 88. Ces archives fournissent les renseignements suivants sur les conscrits : métier, stature, anomalies physiques, alphabétisation, vocation ecclésiastique éventuelle. L'ensemble est d'autant plus précieux qu'il n'existe pas encore à cette époque de statistiques nationales détaillées, sauf pour quelques secteurs. D'où une possible étude d'anthropologie comparée des conscrits français, suivant leur région d'origine, par le traitement informatique des données et l'établissement d'images cartographiques. On constate par exemple que les élites (jeunes gens sortant des grandes écoles, membres de l'enseignement...) se localisent fondamentalement dans le Nord-Est, soit la France développée et instruite. Quant aux étudiants ecclésiastiques, ils se localisent surtout en Bretagne, dans les régions pauvres et montagnardes du Sud (Pyrénées, Massif central, Alpes) et dans l'Est, soit l'annonce de la carte de la pratique religieuse au XXe siècle (voir les cartes, p. 65 et 66). Si l'on envisage la stature des conscrits, les grandes tailles se localisent au nord-est d'une ligne Saint-Malo-Genève et les petites tailles dans les régions de l'Ouest, du Centre et du Midi (carte, p. 69). En faisant intervenir les autres critères (répartition socioprofessionnelle entre autres), on fait apparaître le contraste entre deux Frances : les facteurs liés au développement et à la modernisation sont localisés dans le Nord; en revanche, les traits de « sous-développement » et parfois d'archaïsme se groupent dans le Sud, le Centre et l'Ouest (voir p. 87 : carte des jeunes gens ne sachant ni lire ni écrire). Les résultats sont par eux-mêmes fort suggestifs, mais ils ouvrent surtout la voie à de multiples corrélations avec d'autres données rassemblées par les socio-historiens du XIXe siècle.

Le souci des masses, lui, s'est d'abord manifesté dans l'essor de la démographie historique, dont les productions sont analysées au chapitre VII. Selon François Furet, c'est la seule production rigoureuse de l'histoire nouvelle qui a su se couler en l'occurrence « dans le moule d'une autre discipline, sans en modifier les objets, les concepts, les procédures de recherches ». Il se montre, en revanche, plus réservé à l'égard de l'histoire sociologique où, selon lui, l'historien n'emprunte pas un système rigoureux de concepts, mais seulement une orientation de sa curiosité, qui l'amène à promouvoir l'homme ordinaire (le médecin, le prêtre, l'instituteur) et à analyser le fonctionnement d'organisations de masse (voir la thèse d'Antoine Prost sur *Les Anciens Combattants, 1914-1940*). L'appel lancé au siècle dernier par Michelet, Auguste Comte et Bourdeau, son disciple trop oublié, à se pencher sur les sans-grade de l'histoire a été pleinement entendu aux *Annales* et dans leur mouvance.

L'aspiration au global se manifeste aussi dans le souci braudélien d'évoquer les différentes cadences du temps historique et de les « recoudre » dans un temps unique. Car la fameuse distinction des trois durées (voir au chapitre VII) correspond en fait à trois paliers d'observation successifs. Il faut ensuite montrer l'interférence de ces durées dans une conjoncture unique, « le temps impérieux du monde ». Les disciples de Braudel en ont surtout retenu le primat de la longue durée, au point d'en venir à concevoir une *histoire immobile* (en l'occurrence, celle de la France rurale entre 1300 et 1720) et de négliger la turbulente histoire contemporaine, qui était fort en honneur dans les premières *Annales*, où d'un tiers à la moitié des articles lui était consacré. A ce titre, notons qu'un sujet comme la Révolution française, *locus classicus* de l'historiographie nationale, type de récit « unissant le changement et le progrès » (F. Furet), est à peu près complètement ignoré des nouveaux historiens.

Ceux-ci se sont également lancés dans l'analyse globale de très vastes ensembles, cohérents dans leur organisation sociale et économique et coiffés par un système de représentations homogène. Ces « totalités pensées » se définissent par une unité profonde d'inspiration, par une atmosphère générale, comme *La Civilisation de l'Occident médiéval* décrite par Jacques Le Goff comme une chrétienté où la religion régule toute la vie sociale, y compris les comportements économiques et la perception du monde. *Le Temps des cathédrales* de Georges Duby et *La Civilisation de la*

Renaissance de Jean Delumeau relèvent également de cette perception globale de la matière historique. Belles constructions, séduisantes totalités culturelles, mais édifices inévitablement fragiles, cadres étriqués pour une réalité plurielle! Aussi, sans renoncer à quérir le global, a-t-on voulu l'atteindre sur une base spatiale plus restreinte, dans le cadre d'études régionales. Le « Beauvaisis » de Pierre Goubert, « où le tout d'une société est étudié et présenté », a fait des petits : l'Anjou de Lebrun, le Latium de Toubert, la Picardie de Fossier, la Bretagne d'Alain Croix. Sainte litanie que récitent pieusement les étudiants de Deug! Comme il fallait toujours aller plus avant dans l'analyse, la quête sans fin du global s'est exercée ensuite au niveau de la monographie urbaine ou villageoise, parfois en recourant à plusieurs équipes spécialisées (les *Bretons de Plozévet* ont été examinés de dos, de face et de profil sous la direction d'André Burguière), parfois en faisant converger une pluralité d'approches sur un document unique (pour extraire la quintessence des dépositions faites par les habitants de Montaillou devant l'inquisiteur, Le Roy Ladurie sait être tour à tour géographe, démographe, linguiste, ethnologue, en un *show* éblouissant). Le terme d'anthropologie historique, de plus en plus utilisé, exprime bien cette aspiration à saisir les hommes du passé dans l'ensemble de leur environnement, à la fois écologique, technologique, affectif, symbolique, etc. Pareille tâche ne peut être menée à bien que sur une base spatiale restreinte.

Une autre voie de l'histoire globale s'est également définie en référence au *fait social total* selon Marcel Mauss, entendons par là un fait social particulier qui renvoie à l'ensemble d'un système et qui en révèle les structures profondes. On a vu fleurir des histoires apparemment sectorielles, qui renvoient en fait « au tout d'une société » et font intervenir des hypothèses très larges : ainsi l'évergétisme grec et romain, que Paul Veyne analyse dans *Le Pain et le Cirque*, est-il étroitement lié au mode de circulation des richesses dans la société antique et constitue-t-il une forme de redistribution d'une partie du surproduit accaparé par les dominants. A l'instar de Paul Veyne, d'autres historiens ont défini des objets de recherche globalisants, placés à l'intersection d'une multiplicité de phénomènes sociaux, tel l'*incastellamento (enchâtellement)* des populations rurales d'Italie centrale au début du XIe siècle, étudié par P. Toubert (voir au chapitre IX).

Certains nouveaux historiens se gardent cependant d'adopter une perspective globale et s'assignent pour tâche de rendre compte de la cohérence de séries documentaires étirées dans la longue durée, tel J.-C. Schmitt qui, dans *Le Saint Lévrier*, analyse la permanence et les inflexions du culte du saint chien Guinefort du XIIIe au XXe siècle, dans un canton reculé des Dombes. Où il se révèle qu'il y a une temporalité propre aux comportements superstitieux, étonnamment rigides, qui est assez largement indépendante des évolutions et des turbulences qui affectent l'économique et le politique. Beaucoup de jeunes historiens pousseraient volontiers à l'extrême la formule d'Ernest Labrousse : « Sur l'économique retarde le social et sur le social le mental. » Cette nouvelle conception du fait historique a été systématisée par François Furet dans un article intitulé « L'Histoire quantitative et la construction du fait historique » (dans *Faire de l'Histoire*, I, p. 42-62), où l'on peut voir une sorte de manifeste de l'histoire sérielle. Celle-ci peut se définir comme une conceptualisation du passé, s'efforçant de « constituer le fait historique en séries temporelles d'unités homogènes et comparables, et d'en pouvoir ainsi mesurer l'évolution par intervalles de temps donnés, généralement annuels ». Loin de se limiter à l'événement unique, comme l'histoire historisante, elle s'attache à la « répétition régulière de données sélectionnées et construites en fonction de leur caractère comparable ». La réalité historique est ainsi décomposée en sous-systèmes, entre lesquels on peut établir ensuite des articulations. Mais on ne cherche pas au départ à étudier l'ensemble de la masse documentaire concernant tous les aspects de la réalité à une époque donnée, ni à bâtir un système d'interprétation global. En conséquence, le problème des sources se pose en des termes nouveaux : ce n'est plus tant la relation que les documents entretiennent avec le réel qui importe, mais bien davantage la valeur relative des documents les uns par rapport aux autres, au sein de séries documentaires constituées par le chercheur et mises en forme pour en rendre les données comparables. Que celles-ci soient fournies par des rôles fiscaux, des cartulaires monastiques, ou des cahiers de doléances, elles sont en général « réductibles à un langage susceptible de programmation » et peuvent être utilisées de façon plus ou moins substitutive : il faut par exemple savoir passer d'une courbe de prix à une analyse de la conjoncture économique, de l'évolution du montant des loyers à celle de la population. On prend ainsi conscience de l'« élasticité extraordinaire » des sources historiques et de la multiplicité des messages qu'elles peuvent nous transmettre.

Dans tout cela, c'est le rapport entre l'historien et les faits qui s'est radicalement modifié. Alors que l'histoire événementielle était fondée sur l'unique, ce qui impliquait *court terme* et *finalisme* (l'histoire nous faisait assister à l'avènement de grandes vérités philosophiques ou politiques, comme la liberté, la démocratie, la raison, etc.), l'histoire sérielle s'attache aux phénomènes répétitifs et décompose la réalité en niveaux différents. Autrement dit : *a)* elle étudie les variations dans le long terme et n'est plus soumise à la « poussée mystérieuse de l'événement »; *b)* elle suspend toute conception globale de l'histoire et donc l'*a priori* suivant lequel tous les éléments d'une société ont une évolution homogène. L'analyse globale viendra ensuite, par l'élaboration du « système des systèmes », après qu'on aura établi des conjonctures différentielles suivant les niveaux d'activité considérés. En attendant, les périodisations d'ensemble de l'histoire traditionnelle doivent être soumises à réexamen. Ainsi « le concept de *Renaissance* est sans doute pertinent par rapport à bien des indicateurs d'histoire culturelle, mais dénué de sens par rapport aux données de la productivité agraire » (p. 60). Délaissant l'étude des totalités historiques, il faut désormais cerner dans un ensemble les niveaux en évolution rapide et les « secteurs à forte inertie ».

5. Faire miel de toutes choses : l'art du recyclage et du retraitement

La nouvelle histoire fait preuve d'une grande ingéniosité pour inventer, réinventer ou recycler des sources historiques jusque-là dormantes ou considérées comme définitivement taries. Elle est fondée, nous dit Jacques Le Goff, « sur une multiplicité de documents : écrits de toutes sortes, documents figurés, produits des fouilles archéologiques, documents oraux, etc. Une statistique, une courbe des prix, une photographie, un film, ou pour un passé plus lointain du pollen fossile, un outil, un ex-voto sont, pour l'histoire nouvelle, des documents de premier ordre ». Ces quelques lignes, chargées de références implicites à des travaux marquants, citent pêle-mêle des traces brutes du passé et des matériaux élaborés par l'historien (statistique, courbe de prix). En fait, il faut distinguer plusieurs cas d'invention de nouveaux documents.

Il y a d'abord la découverte *stricto sensu,* par exemple grâce à l'archéologie aérienne, où l'on voit se rencontrer une technique (la photographie aérienne), un système de lecture des traces dans le sol (en fonction des variations de teinte de ce dernier et de la croissance différentielle des végétaux), une question posée par l'historien et parfois un hasard : ainsi la sécheresse de 1976 s'est-elle traduite par un accroissement extraordinaire des connaissances sur le passé du sol français (voir *Les Dossiers de l'archéologie,* n° 22, juin 1977). Après quelques semaines d'aridité saharienne, les variations de l'humidité du sol (mieux conservée par un ancien fossé que par des murs enfouis) sont apparues avec une netteté sans précédent, révélant aux historiens l'existence de centaines de sites néolithiques, d'établissements gallo-romains et de forteresses féodales. En Beauce, on a découvert plusieurs sites protohistoriques, une ville antique à Verdes près de Châteaudun, dont on peut voir la forme, les thermes, les boutiques, etc. En Vendée, cent dix-sept sites nouveaux ont été repérés, dont quinze camps néolithiques délimités par une ou plusieurs enceintes circulaires, et vingt-cinq établissements gallo-romains (dont des plans complets ont été photographiés, pour la première fois dans la région). Des résultats très importants ont été obtenus dans l'Est, où l'on a pu lire les plans des villes avec une précision inégalée (p. 50), et aussi à Corseul en Bretagne, où l'on a pu saisir la structure urbaine de la *civitas Coriosolitum* sur vingt hectares environ.

Ensuite, le courant des *Annales*, entendu en un sens très large, a su promouvoir des documents jusque-là laissés aux échotiers du passé, relégués dans les marges, le pittoresque ou l'anecdotique. Les récits de fêtes et de cérémonies, voire les relations de défilés et de processions, ont cessé d'être l'apanage des érudits locaux et ont accédé à la grande histoire. A partir du moment où l'on a fait prévaloir la recherche du sens sur la minutie de la description, les rituels sont apparus comme de bons révélateurs des armatures profondes d'un système social. Le cas des « Fêtes sous la Révolution française », étudiées par Mona Ozouf *(Faire de l'Histoire)*, est significatif. Ces fêtes, en effet, avaient été l'objet de toute l'attention des Aulard et autres Mathiez, qui n'en avaient retenu que l'aspect commémoratif (des grands moments de la Révolution) et politique. L'approche est ici différente et porte sur les mécanismes profonds de la fête, sur le souci qui s'y exprime de remanier, de réécrire l'histoire. L'auteur insiste sur les caractères suivants de la célébration révolutionnaire : *a)* Elle enseigne la Révolution à ceux qui ne l'ont pas connue, en composant une histoire annuelle et commémorative de cette Révolution, dont elle relate les grandes étapes. Elle dit de façon intarissable, à coup d'écriteaux et de maximes, beaucoup plus qu'elle ne montre. *b)* Elle présente des caractères permanents aux yeux des témoins, qui mettent souvent tout sur le même plan, qu'il s'agisse des fêtes de la Raison ou de celles de l'Être suprême. Cette fonction de culte de remplacement, substitut du christianisme, procéderait d'une analogie entre le religieux et certaines manifestations de la vie sociale placées sous le signe de l'unanimité et de l'exaltation. *c)* Elle signifie fondamentalement le recommencement, la mort du vieux monde et l'installation dans « un temps refait à neuf », beaucoup plus qu'elle ne sert à entretenir un souvenir. Aussi est-ce une erreur que de fournir seulement une interprétation rationnelle (et politique) de ces célébrations. C'est donc tout le *vécu* de la fête révolutionnaire (et pas seulement le *sens voulu* de celle-ci, déjà étudié par ses devanciers) que Mona Ozouf a promu à l'analyse historique.

Un numéro récent d'*Ethnologie française* (1977/1) montre tout le parti que l'on peut tirer de l'analyse systématique des processions et des entrées royales ou princières dans les villes. On constate que la démarche structurale et l'analyse historique (explication par les origines) se complètent plus qu'elles ne s'opposent, par exemple dans l'étude de T. Jolas, *Parcours cérémoniel d'un terroir villageois*, en l'occurrence celui de Minot en Côte-d'Or.

Les menus et les livres de cuisine (cf. J.-P. Aron, « La Cuisine, un menu au XIXe siècle », *Faire de l'Histoire*, III, p. 192 et s.) ont également suscité la boulimie des historiens. Naguère, ce type de sources donnait l'occasion aux chroniqueurs et aux échotiers de s'extasier devant le formidable appétit de nos ancêtres; on y cherche désormais, avec un bonheur inégal, des indications sur les structures sociales et mentales. L'auteur prend en compte « trois figures du document culinaire ». D'abord la liste et le coût des aliments consommés en 1846 et 1847 dans les hôpitaux généraux de l'Assistance publique à Paris, ce qui comporte des enseignements au niveau de la médecine, de l'économie, de l'administration. Les menus subissent peu l'influence de la crise des subsistances de 1846-1847 et constitueraient « une image replâtrée des désirs populaires par l'idéologie bourgeoise ». L'auteur évalue également la ration énergétique dont dispose chaque assisté, qui se situe entre 2200 et 2600 calories par jour, soit le nécessaire pour subsister.

Ensuite, J.-P. Aron examine les cartes des restaurants parisiens dans les années 1880, « pour cerner la sensibilité alimentaire ». D'où une analyse des prestiges inégaux des différents aliments, et une mise en relief de la « contraction de l'éventail alimentaire » à la fin du XIXe siècle (un effet de la démocratie niveleuse?), relativement à la profusion qui avait caractérisé la fin du XVIIIe et le début du XIXe siècle, où la table bourgeoise prenait la relève de la table princière... Enfin, l'analyse du service de table chez le restaurateur parisien Antonin Carême (nom prédestiné) dans les années 1820-1840 révèle le *caractère synchronique* de la gastronomie du XIXe siècle, « où tout se consommerait simultanément » (potages, entrées, poissons, viandes, entremets, tout est apporté en même temps), et permet de reconstituer le code gourmand en usage au temps des bourgeois conquérants.

Autre source dormante, le *folklore* n'est plus relégué dans l'intemporalité ni laissé à la seule curiosité des ethnographes et des voyageurs. Dans *La Vision des vaincus,* Nathan Wachtel nous montre comment le folklore actuel des Indiens du Pérou, du Mexique et du Guatemala garde des traces du traumatisme provoqué par la conquête espagnole du XVIe siècle. D'une part, il conserve le souvenir des réactions du XVIe siècle (résistance aux conquérants ou soumission suivant les cas). D'autre part, il déforme les événements avec une certaine logique, pour compenser le traumatisme initial et fournir une issue imaginaire à des sociétés que la conquête a désintégrées : il peut ainsi présenter l'image d'une conjonction, et non d'un affrontement, entre Indiens et Espagnols, sur le mode de la supériorité indienne (envers onirique de l'asservissement aux nouveaux maîtres...). Là ne s'arrêtent pas les cas de réinvention des documents. Les livres de miracles du Moyen Age, par exemple, se sont révélés être d'utiles indicateurs sur la nosologie de cette époque, alors que les vies de saints et les recueils d'exemples utilisés par les prédicateurs nous transmettent quelques bribes de la tradition orale et quelques traces de la religion souterraine refoulée par le christianisme triomphant.

A travers les exemples que nous venons de citer, on peut voir que l'histoire nouvelle prône la *relecture* (souvent inspirée de la linguistique, de la sémiotique ou de la psychanalyse) de sources connues, de préférence à la lecture de nouveaux documents. Ce souci prioritaire de proposer de nouvelles interprétations, après des décennies de transcription passive des sources, est on ne peut plus légitime, mais risquerait à terme d'enfermer les historiens dans le legs textuel du XIXe siècle. Face à ce danger, on se préoccupe d'exhumer et d'éditer de nouvelles sources : l'enquête lancée par Jacques Le Goff et Jean-Claude Schmitt sur les *exempla* médiévaux en témoigne.

La contre-utilisation des documents, déjà suggérée par Bloch et Febvre (s'interroger sur le sens d'une erreur, d'un faux...), s'avère aussi être une voie très prometteuse. Marc Ferro nous le montre bien dans « Le Film : une contre-analyse de la société » (*Faire de l'Histoire*, III, p. 236-256), où il apparaît que le film ne doit pas être considéré comme le simple reflet d'une société, mais comme un moyen d'accéder à l'envers de celle-ci ou de faire tomber un certain nombre de masques. Selon Ferro, par exemple, l'analyse des bandes d'actualités relatant les manifestations de Petrograd entre février et octobre 1917 semble montrer que les manifestants étaient plus souvent des soldats que des ouvriers. Voilà qui remettrait en cause, si c'était définitivement établi, bien des idées toutes faites sur les « manifestations de masse » où le rôle d'avant-garde doit revenir nécessairement aux ouvriers, prolétaires conscients et organisés, et non aux soldats, pour la plupart des « paysans en uniforme ». Une tradition historique falsificatrice serait ainsi mise à mal.

Certains pionniers de l'histoire nouvelle pensent même pouvoir aller au-delà de la contre-utilisation des sources et pouvoir raisonner dans et sur l'absence de tout document. Dans *Les Trois Ordres ou l'imaginaire du féodalisme*, Georges Duby s'étend très longuement sur l'éclipse du schéma triparti (selon lequel la société se partage entre ceux qui prient, ceux qui combattent et ceux qui travaillent) entre 1030 et 1180 dans les régions septentrionales de la France. Il y voit diverses raisons : les moines de ce temps récusent le modèle ternaire parce qu'ils affectionnent les constructions binaires (les parfaits s'opposent aux perfectibles) ou quadripartites (moines-clercs-chevaliers-travailleurs); la diversification sociale est telle que les théologiens ne peuvent plus en rester au vieux schéma et doivent prendre en compte la diversité des statuts réels... Voici que l'absence prend sens, voici que parlent les silences et que les zones d'ombre se dissipent. Mais il faut toute la virtuosité de l'auteur pour parvenir à tirer tant d'enseignements d'un creux documentaire. Cet art de produire du texte (une centaine de pages!) en l'absence de tout texte trouve rapidement ses limites et pourrait se révéler périlleux si trop d'épigones entreprenaient s'y adonner.

Il est une autre limite à laquelle se heurte l'histoire nouvelle : « les méthodes de critiques de ces documents nouveaux se sont plus ou moins calquées sur les méthodes mises au point par l'érudition des XVIIe, XVIIIe et XIXe siècles... Une conception nouvelle du document et de la critique qui doit en être faite est à peine esquissée » (J. Le Goff). Les nouvelles sources ont beau se multiplier, les méthodes de traitement restent souvent traditionnelles, exception faite des démarches des cliométriciens et de celles des « pèlerins de la structure » (voir le chapitre IX). Beaucoup de textes (re)découverts ne sont utilisés que sous la forme de montages hâtifs : la collection « Archives » n'en donne que trop d'exemples. Pas morte, la bonne vieille méthode *ciseaux-pot de colle!* D'autres textes sont analysés superficiellement, dans une complète méconnaissance des catégories linguistiques de base. Le traitement de l'iconographie est encore plus décevant : les œuvres sont plus souvent décomposées en éléments, atomisées, qu'elles ne sont analysées dans leurs cohérences profondes. Il y a plus de fréquences comparées de Marie, de Joseph, de Pierre ou de Paul dans les retables de la haute Tarentaise ou du bas Cotentin (pour en rester à des exemples imaginaires), qu'il n'y a d'études structurales de retables précis, resitués dans leur environnement symbolique et rituel.

Dotés d'instruments méthodologiques de qualité inégale, les nouveaux historiens ont su faire subir au stock documentaire renouvelé dont ils disposaient de multiples retraitements, pour satisfaire les nouveaux objets de leur insatiable curiosité. Il est inutile de s'extasier une fois de plus devant les « robes neuves de Clio » et de reprendre ici un refrain bien connu sur les nouvelles histoires (du climat, des mythes, de l'inconscient, du manger, du boire, du naître et du mourir, du lire et de l'écrire, du sentir et du toucher, etc.) qui ont fleuri ces vingt dernières années. Cette litanie appelle quelques remarques. Elle n'est pas dépourvue de concessions à la mode et à la demande du grand public, friand d'études sur les attitudes corporelles et plus particulièrement sur la vie sexuelle (voir J.-P. Aron, *Le Pénis et l'Occident*). La *périphérie* est toujours valorisée aux dépens du *centre :* marginaux, déviants et sorcières jouissent actuellement d'un traitement de faveur. L'envers du vécu (l'imaginaire, les rêves, les constructions idéologiques) retient davantage l'attention que les conditions réelles d'existence. On aime à se pencher sur les bouches d'ombre : phantasmes et obsessions (voir les peurs évoquées par Jean Delumeau, celles de la nuit, du loup, de la mer, de la femme, du Diable), pulsions refoulées, sabbats et autres diableries (voir l'introduction d'A. Danet au *Marteau des sorcières* de J. Sprenger et H. Institoris). Après un siècle passé à dresser des chronologies et vingt-cinq ans consacrés aux séries chiffrées, l'histoire baigne dans une atmosphère néo-romantique : les revenants courent la lande, Satan multiplie ses maléfices, la sorcière est maîtresse au village, l'arrivée de l'Antéchrist est imminente... L'histoire est devenue un *show* permanent, où les productions à forte charge phantasmatique se succèdent à une cadence accélérée et où les vedettes au style le plus coruscant risquent de s'user en quelques années. Qu'il est loin le temps des paisibles suites chronologiques interrompues seulement de quelques reposants tableaux, et celui des patriarches qui, tel Lavisse, pouvaient régner pendant plusieurs décennies sur la science historique! L'histoire est désormais soumise à la loi du marché et risque d'être victime d'une obsolescence rapide des hommes et des concepts. Les héritiers de dom Mabillon donnent parfois l'impression d'avoir opté pour le *show business,* non sans périls.

11

*Le marxisme et l'histoire**

Karl Marx est né à Trèves, en 1818, dans une famille de la bourgeoisie juive convertie au protestantisme et gagnée à l'esprit des Lumières. Il fait des études au lycée de Trèves de 1830 à 1835, puis aux universités de Bonn et de Berlin de 1835 à 1840; il soutient une thèse sur la pensée grecque (le stoïcisme, l'épicurisme, etc.) à Iéna en 1841; il collabore à des revues – *Gazette rhénane, Annales franco-allemandes* – et, après de longues fiançailles, épouse Jenny von Westphalen en 1843. Le « jeune Marx » assimile puis remet en cause la philosophie de Hegel, dialogue avec les « jeunes hégéliens » – Ruge, Bauer, Feuerbach – et conçoit ses premiers manuscrits – *Économie politique et Philosophie* (1844), *L'Idéologie allemande* (1845-1846). De 1844 à 1850, K. Marx séjourne à Paris, Bruxelles et Londres; il noue avec F. Engels une amitié à toute épreuve et une entente intellectuelle fructueuse; il rencontre des socialistes français, comme l'atteste sa polémique avec P.-J. Proudhon – *Misère de la Philosophie* (1847); il participe à la Ligue des communistes et s'enthousiasme pour les révolutions en Europe – *Manifeste du parti communiste* (1848); il suit particulièrement les événements en France – *La Lutte des classes en France* (1850); *Le 18 Brumaire de Louis Bonaparte* (1852). A partir de 1851, Marx et sa famille s'installent à titre définitif à Londres, bénéficient parfois de l'aide financière de leur ami Engels, vivent surtout des

* En règle générale, les citations de Marx et d'Engels sont extraites des *Œuvres*, publiées aux Éditions Sociales.

articles que Marx écrit pour de grands journaux – *New York Tribune, Neue Oder Zeitung,* etc. En 1864, K. Marx prend part à la fondation de l'Association Internationale des Travailleurs, dont il rédige l'« Adresse inaugurale » et les « statuts »; dans les années suivantes, au sein de l'organisation, les amis de Marx affrontent les partisans de Proudhon puis les tenants de Bakounine; après l'expérience de la Commune – *La Guerre civile en France* (1871) –, les marxistes quittent l'AIT dominée par les anarchistes. Toutefois, pendant plus de trente ans, Marx consacre l'essentiel de son énergie à faire d'innombrables lectures, à accumuler de volumineux cahiers, à publier des ébauches – *Les Principes de l'économie* (1857), *La Critique de l'économie politique* (1859) – pour aboutir à la parution de son œuvre majeure : le livre I du *Capital* en 1867. Par la suite, K. Marx continue sa tâche mais il est affaibli par la maladie; il meurt en 1883. F. Engels, avec les notes de son ami et ses réflexions propres, achève *Le Capital* en publiant le livre II en 1885 et le livre III en 1894.

1. Le matérialisme historique

Pendant ses années de formation, Marx est imprégné par la philosophie de Hegel, système de pensée dominant dans l'Allemagne du second quart du XIXe siècle. En 1842, à la suite d'une affaire de ramassage de bois considéré comme un vol par la Diète rhénane, le jeune philosophe prend conscience que le droit protège la propriété, « que les rapports juridiques... ne peuvent être compris ni par eux-mêmes ni par la prétendue évolution générale de l'esprit humain, mais qu'ils prennent au contraire leurs racines dans les conditions d'existence matérielle ». En 1843, Marx rédige une *Critique de la philosophie du droit de Hegel,* où il démontre que l'État ne détermine pas la société civile, qu'inversement la société civile élabore l'État. Puis le philosophe allemand se met à l'étude des économistes anglais (A. Smith, D. Ricardo, J.S. Mill, etc.) et français (J.-B. Say, S. Sismondi, etc.). Dans ses *Manuscrits de 1844* (« Économie politique et Philosophie »), Marx découvre le mécanisme de l'aliénation : « L'ouvrier est à l'égard de son travail dans le même rapport qu'à l'égard d'un objet étranger »; et il souligne le rôle de l'histoire « qui est engendrement de l'homme par l'homme à travers le travail et l'affrontement au monde ». C'est à ce moment que F. Engels décrit concrètement *La Situation de la classe laborieuse en Angleterre* (une enquête sociale publiée en 1845). Alors les deux amis se livrent ensemble à une révision de la philosophie idéaliste dans *La Sainte Famille,* les « Thèses sur Feuerbach » et autres cahiers de *L'Idéologie allemande* écrits en 1845-1846. A cette date, la pensée marxiste a mis en forme ses principes fondamentaux. Mais il faut encore l'expérience des révolutions de 1848 et une longue réflexion – plus de dix ans – sur l'économie politique pour que Marx présente une esquisse du *Capital :* la *Contribution à la critique de l'économie politique* en 1859. Il fait précéder cet ouvrage d'une courte préface où il résume les idées-forces du matérialisme historique.

« Dans la production sociale de leur existence, les hommes entrent dans... des rapports de production qui correspondent à un degré de développement déterminé de leurs forces productives matérielles » (Préface l. 3-6). Le premier concept – « les forces productives » – paraît facile à définir. A première vue, les forces productives comprennent les sources d'énergie (bois, charbon, pétrole, etc.), les matières premières (coton, caoutchouc, minerai de fer, etc.), les machines (moulin à vent, machine à vapeur, chaîne de montage, outils de tous genres); à les examiner de plus près, elles comportent aussi les connaissances scientifiques et techniques (par exemple, les inventions de Lavoisier conduisant aux fabrications de l'industrie chimique) et les travailleurs (selon leur poids démographique, leur répartition dans l'espace, leur qualification professionnelle). Les forces productives ne sont pas simplement matérielles; elles sont également humaines. De surcroît, pour Marx, ce qui importe, c'est moins leur état, leur quantité, que leur niveau. Le second concept – « les rapports de production » – renvoie aux relations sociales que les hommes tissent entre eux afin de produire et de se partager les biens et les services. Dans les sociétés rurales de l'Occident médiéval sont des rapports de production : le cadre du domaine seigneurial, avec la répartition des terres entre la réserve et les tenures, le système des corvées, le prélèvement des taxes et des « banalités »; mais aussi les divers statuts des paysans – serfs, affranchis, colons, alleutiers – et l'organisation de la communauté villageoise, avec la rotation des cultures, la vaine pâture, les landes et les bois communaux. Dans les sociétés industrielles de l'Occident contemporain sont des rapports de production : la propriété des capitaux, autorisant la prise des décisions, le choix des investissements, le partage des bénéfices; ainsi que le fonctionnement des entreprises, avec la hiérarchie des personnels, la discipline d'atelier, l'agencement des normes et des horaires; et la situation des ouvriers, variant selon la grille des salaires, la procédure d'embauche et de licenciement, l'importance des syndicats. Les forces productives et les rapports de production constituent l'infrastructure économique d'une société.

« Sur la base concrète (de l'infrastructure économique) s'élève une superstructure juridique et politique, à laquelle correspondent des formes de conscience sociale » (Préface l. 7-9). La notion de « superstructure juridique et politique » peut se comprendre aisément : elle recouvre les rapports juridiques, les institutions politiques, les formes de l'État. En voici deux exemples. Au temps de la République romaine, du IVe au Ier siècle avant Jésus-Christ, les institutions politiques prévoient la répartition des pouvoirs entre les magistrats, le Sénat et l'Assemblée du peuple; définissent la « citoyenneté » avec ses droits et ses devoirs; organisent les légions en fonction des classes d'âge et des catégories fiscales; réglementent l'administration des municipes, des colonies et des provinces. A l'époque de la Troisième République en France, à la fin du XIXe siècle et au début du XXe siècle, les institutions politiques disposent d'un exécutif faible – un président-potiche et un gouvernement souvent éphémère –, d'un législatif fort – le Sénat et surtout la Chambre des députés –, d'une administration centralisée contrôlant les départements, d'une vie démocratique assurée par des élections régulières et des lois libérales sur la presse, l'association et l'enseignement. La notion de « conscience sociale » paraît plus difficile à déterminer. Parmi ses formes, il est possible de ranger les expressions littéraires et philosophiques, depuis les traités de Platon, Aristote ou Cicéron, en passant par les essais de Kant, Voltaire ou Rousseau jusqu'aux romans de Balzac, Stendhal ou Flaubert; il est licite de placer les doctrines religieuses, qu'il s'agisse des mythes concernant les dieux grecs, du dogme de la trinité dans l'Église chrétienne ou du système symbolique de la franc-maçonnerie; et il faut classer les créations artistiques, des pyramides de Gizeh et des temples de Karnak aux tableaux de Michel-Ange, Raphaël ou Titien, jusqu'aux sculptures de Rodin ou Zadkine. Toutes ces manifestations de la conscience sociale sont qualifiées de « formes idéologiques » (Préface 1. 25-26).

Le schéma marxiste de l'organisation des sociétés peut se concevoir de deux manières. Une première interprétation consiste à envisager une sorte de bi-polarisation : d'un côté, l'infrastructure économique; de l'autre côté, la superstructure idéologique; entre ces deux pôles, des liaisons dessinent l'architecture de la société. Une seconde interprétation conduit à imaginer un étagement par paliers : à la base, se trouvent les forces productives, sur lesquelles reposent les activités économiques, qui supportent les rapports sociaux, qui sous-tendent les institutions politiques, qui donnent forme aux discours idéologiques; dans une telle construction, rien n'interdit de distinguer des étages intermédiaires. De toute façon, ce qui importe dans la conception marxiste, c'est la relation entre les paliers, « l'articulation entre les instances du tout social »; alors que la pensée idéaliste se plaît à rendre étanches les domaines, à séparer les niveaux de l'organisation sociale. Ainsi, l'histoire de la philosophie traditionnelle se présente comme un enchaînement d'idées, s'engendrant les unes les autres, de Platon à Heidegger, sans référence aux sociétés dans lesquelle ces théories ont été conçues, exprimées, discutées. Ainsi, l'histoire « positiviste » se permet d'isoler les événements politiques sans tenir compte des relations sociales ni des activités économiques. Le matérialisme historique pose le grave problème du sens de la détermination entre les niveaux de la réalité sociale. Une tendance ancienne du marxisme, qualifiée d'« économiste » – par exemple le courant dirigé par

J. Guesde –, tend à réduire directement tous les phénomènes se situant au niveau de la superstructure aux mécanismes relevant du niveau de l'infrastructure. Une tendance récente du marxisme – notamment le groupe constitué autour de L. Althusser – propose une vision moins mécanique, en montrant que « chacun des niveaux est lui-même structuré, donc relativement autonome »; que « la relation est à double sens, de l'infrastructure vers la superstructure, de la superstructure vers l'infrastructure »; mais qu'« en dernière instance, l'économie est déterminante » (*Lire le Capital,* t. 2, p. 45 et p. 221).

« Le mode de production de la vie matérielle conditionne le processus de vie sociale, politique et intellectuel en général »... (Préface 1. 10-11). De l'avis de P. Vilar, qui rejoint L. Althusser à ce propos : « Le concept central, le tout cohérent, l'objet théorique de Marx, c'est bien le mode de production, comme structure déterminée et déterminante » (*Faire de l'Histoire,* t. 1, p. 179). Selon E. Balibar, le mode de production apparaît comme « un système de formes »... « une combinaison, presque une combinatoire... où les éléments (toujours les mêmes) ne sont que virtuels en dehors de leur mise en rapport selon un mode déterminé... Ces éléments sont : 1) le travailleur disposant de sa force de travail; 2) les moyens de production...; 3) le non-travailleur s'appropriant le sur-travail » (*Lire le Capital,* t. 2, p. 205). K. Marx précise que « le mode de production capitaliste ne se produit que là où le détenteur des moyens de production et de subsistance rencontre sur le marché le travailleur libre qui vient y vendre sa force de travail; et cette unique condition historique recèle tout le monde nouveau. Ce qui caractérise l'époque capitaliste, c'est donc que la force de travail acquiert pour le travailleur lui-même la forme d'une marchandise qui lui appartient; et son travail, par conséquent, la forme d'un travail salarié » (*Le Capital,* livre I, p. 719). L'historien marxiste P. Vilar souligne l'originalité du concept de mode de production : 1) « premier objet théorique susceptible d'exprimer un tout social »...; 2) « structure de fonctionnement et de développement »...; 3) « impliquant le principe de la contradiction... donc portant nécessité de sa destruction « (*Faire de l'Histoire,* t. 1,

p. 179). L'historien non marxiste F. Braudel voit dans la notion de mode de production l'équivalent d'un modèle : « Le génie de Marx, le secret de son pouvoir prolongé tient à ce qu'il a été le premier à fabriquer de vrais modèles sociaux, et à partir de la longue durée » (*Écrits sur l'histoire*, p. 80).

Marx distingue, à travers l'histoire, une succession de modes de production. « A grands traits, les modes de production asiatique, antique, féodal et bourgeois moderne peuvent être qualifiés d'époques progressives... » (Préface l. 41-43.) Ce genre de périodisation rappelle le classement établi par Hegel, dans les *Leçons sur la philosophie de l'histoire* (parues vers 1838), où l'Esprit humain passe de l'Orient à la Grèce, à Rome, à l'Europe chrétienne; et fait songer davantage à l'évolution tracée par A. Blanqui, dans l'*Histoire de l'économie politique* (1837), où l'organisation sociale connaît trois grandes phases correspondant à l'Antiquité, au Moyen Age et aux Temps modernes. Sans aucun doute, K. Marx a emprunté partiellement sa perspective à des prédécesseurs. Le fait nouveau est qu'il définit chaque mode de production par les rapports de production qui le sous-tendent. Il caractérise clairement : 1) le mode de production antique – dont le rapport de production est l'esclavage – qui semble coïncider avec le monde hellénistique et romain; 2) le mode de production féodal – dont le rapport de production est le servage – qui évoque évidemment l'Occident médiéval (le terme « seigneurial » conviendrait mieux que le terme « féodal », mais il s'agit là d'un détail historiographique); 3) le mode de production capitaliste – dont le rapport de production est le salariat – qui s'est mis en place en Europe au temps de la révolution industrielle et qui s'étend sur toute la planète à l'époque actuelle. Dans *L'Idéologie allemande* (1846) et dans *le Manifeste* (1848), ne sont signalés que trois modes de production : antique, féodal et capitaliste. Dans la préface à la *Critique de l'Économie politique* (1859), il est fait mention d'un mode de production asiatique – où le rapport de production est médiatisé par l'État – qui rappelle l'organisation de l'Égypte pharaonique, de la Chine impériale ou du Pérou incaïque.

La périodisation de l'histoire proposée par Marx ne se prête pas à une lecture simpliste. D'abord, le nombre des modes de production n'est pas fixé de manière précise. Dans les *Principes d'une critique de l'Économie politique* (1858) – un manuscrit demeuré longtemps inédit –, Marx parle de « communauté tribale » apparaissant comme « la condition de l'utilisation commune du sol »; et il fait allusion à une « propriété germanique », à une « propriété slave » distinctes de la « propriété romaine ». Y a-t-il trois, cinq ou dix modes de production? Vraisemblablement, Marx était prêt à réviser ses modèles, à modifier les caractères des modes de production en fonction des progrès des connaissances en histoire, en économie et en ethnologie. Par ailleurs, dans l'esprit de Marx, l'évolution de l'humanité ne suit pas un cours linéaire mais procède par mutation d'une structure à une autre structure. Comment s'opère la transition? Si les modes de production peuvent se succéder par la voie de révolutions courtes et brutales, ils peuvent aussi connaître des transformations plus lentes couvrant plusieurs siècles; ils peuvent encore coexister, l'un étant prédominant, l'autre étant secondaire. Au XVIIIe siècle, le « travail salarié » émerge en Europe occidentale, tandis que le « second servage » s'impose en Europe orientale et que « l'esclavage » des Noirs prend de l'extension en Amérique. En outre, il ne faut pas confondre le « mode de production », qui est un modèle de fonctionnement, et la « formation sociale » qui correspond à une société concrète. Ainsi, dans le cadre du mode de production féodal, on peut ranger des formations sociales aussi différentes que le Saint Empire romain germanique au XIe siècle, la France des Capétiens au XIIIe siècle, le Japon des Tokugawa au XVIIIe siècle.

Marx emprunte à Hegel la méthode dialectique, mais en la bouleversant, en la « remettant sur ses pieds ». Pour Hegel, le mouvement de la pensée, qu'il personnifie sous le nom de l'Idée, est le démiurge de la réalité, laquelle n'est que la forme phénoménale de l'Idée. « Pour moi (Marx), au contraire, le mouvement de la pensée n'est que le reflet du mouvement réel, transposé dans le cerveau de l'homme... Le mouvement contradictoire de la société capitaliste se fait sentir au bourgeois de la façon la plus frappante par les vicissitudes de l'industrie moderne à travers son cycle périodique dont le point culminant est la crise... » (*Œuvres*, I, p. 558-559). Marx reprend la notion de contradiction, l'immerge au sein de la réalité sociale, en fait « le moteur de l'histoire ». « A un certain stade de leur développement, les forces productives matérielles de la société entrent en contradiction avec les rapports de production... Alors s'ouvre une époque de révolution sociale. Le changement dans la base économique bouleverse plus ou moins toute l'énorme superstructure »... (Préface l. 13-15, l. 19-21). Les divers paliers de la réalité sociale ne coïncident plus les uns avec les autres; la contradiction entre les instances aboutit à la destruction d'une structure, à l'apparition d'une autre structure. Cette réflexion théorique peut être illustrée par deux exemples historiques. Le premier cas, très célèbre, concerne la Révolution française. Au XVIIIe siècle, l'essor économique, lié au progrès des sciences et des techniques, à la rénovation des procédés agricoles, à la croissance des populations, se heurte à l'ordre ancien, à l'administration monarchique, aux cadres seigneuriaux, au système des corporations. Surviennent la tourmente de la Révolution puis la stabilisation de l'Empire, entre 1789 et 1815. Au XIXe siècle, la société capitaliste libérale se met en place, dirigée par une bourgeoisie d'entrepreneurs exploitant une masse d'ouvriers salariés. Le second cas, moins connu, se rapporte aux États-Unis au milieu du XIXe siècle. L'existence de la plantation esclavagiste dans le Sud gêne le fonctionnement de l'industrie capitaliste dans le Nord. Le conflit se résout par la guerre de Sécession, de 1861 à 1865. Vainqueur, le groupe dirigeant du Nord-Est libère les anciens esclaves noirs, fait venir des immigrants européens, multiplie les entreprises industrielles, conquiert de nouveaux espaces.

Le matérialisme historique paraît postuler un déterminisme social. « Dans la production sociale de leur existence, les hommes entrent dans des rapports déterminés, nécessaires, indépendants de leur volonté » (Préface l. 4-5). Donc, les relations sociales ne sont pas libres; et elles ne sont pas toujours conscientes. « Pas plus qu'on ne juge un individu sur l'idée qu'il se fait de lui-même, on ne saurait juger une époque de bouleversement sur sa conscience de soi »

(Préface l. 27-29). La tentation est forte de penser que, d'un point de vue marxiste, le cours des événements se règle en dehors des décisions des hommes. Toutefois, Marx évite de tomber dans le déterminisme en introduisant le concept de « praxis », de pratique sociale. Pour l'auteur du *Capital*, l'action et la conscience sont étroitement liées. Un groupe humain ne peut comprendre une évolution qu'en s'engageant dans le processus du changement. En d'autres termes, les hommes, bien qu'ils soient insérés dans des structures sociales, ne sont pas des objets passifs, mais des sujets actifs de leur propre histoire. Cependant, Marx n'échappe pas tout à fait à son environnement intellectuel, à l'évolutionnisme du XIXe siècle. Comme Hegel et d'autres penseurs de moindre envergure, Marx maintient l'idée d'un sens de l'histoire, d'une finalité des actions humaines : « Les rapports de production bourgeois sont la dernière forme contradictoire du processus de production sociale... Avec cette formation sociale s'achève donc la préhistoire de la société humaine » (Préface l. 43-44, l. 50-51). Si l'on comprend bien, le mouvement entier de l'histoire (qualifié de préhistoire) apparaît comme l'acte de procréation du communisme. Au terme d'une longue évolution, marquée par de douloureuses contradictions – des crises, des épidémies, des migrations, des guerres, etc. –, l'histoire doit accoucher d'une société communiste de paix et d'abondance. L'avenir radieux des marxistes offre quelque analogie avec le paradis des chrétiens.

2. La sociologie des classes

K. Marx esquisse une sociologie des classes à travers ce qu'on appelle couramment ses « œuvres historiques ». Il s'agit de brochures de faible dimension (une centaine de pages pour chaque opuscule), écrites sur le vif, dans une perspective de combat. En novembre 1847, K. Marx et F. Engels sont chargés de rédiger le programme de la Ligue des Communistes – un réseau de comités ouvriers anglais, français et, surtout, allemands; ils s'acquittent de leur tâche en composant une synthèse de l'histoire humaine qui s'achève par un appel au « renversement violent de l'ordre établi »; et le *Manifeste du parti communiste* est lancé au printemps 1848, alors que des révolutions bouleversent la France, l'Allemagne, l'Italie et l'Autriche. Toujours mêlé à l'activité de la Ligue des Communistes, conscient du reflux de la vague révolutionnaire, K. Marx considère avec attention la situation française : il passe en revue les événements qui conduisent de l'élan de février 1848 au repli de juin 1849, dans *La Lutte des classes en France* (1850); et il étudie les conflits sociaux et politiques, de la répression de l'insurrection ouvrière en juin 1848 jusqu'au coup d'État renversant le régime parlementaire en décembre 1851, dans *Le 18 Brumaire de Louis Bonaparte* (1852). Plus tard, en qualité de membre du conseil général de l'AIT, K. Marx retrace, de l'automne de 1870 au printemps de 1871, la genèse de la Commune de Paris, sa tentative d'instituer une nouvelle forme d'État, son écrasement par l'armée de Versailles, dans *La Guerre civile en France* (1871). En écrivant ces ouvrages, K. Marx se comporte à la fois comme un journaliste rendant compte de l'actualité, faisant de l'« histoire immédiate »; comme un dirigeant politique s'adressant aux organisations ouvrières – la Ligue des Communistes, l'Association Internationale des Travailleurs; comme un homme de science s'efforçant de comprendre le fonctionnement des sociétés. Cette méthode mène parfois « aux sommets de la réflexion marxiste » (selon P. Vilar) mais souffre souvent de ses limites – le manque de recul, l'insuffisance de l'information, le mélange des genres.

Dans la seconde moitié du XVIIIe siècle, les philosophes de l'Encyclopédie – Diderot, D'Alembert, etc. –, et les fondateurs de l'économie politique – A. Smith et ses disciples – emploient les mots « états » ou « ordres » pour désigner les groupes sociaux fondamentaux. Le terme de « classe » apparaît, pour la première fois, en pleine Révolution : en 1794, Babeuf exige « qu'il n'y ait plus de division des citoyens en plusieurs classes ». Vers 1820, Saint-Simon estime que « la classe industrielle doit occuper le premier rang... les autres classes travaillant pour elle ». Dans les années 1830 et 1840, les socialistes français – Fourier, Proudhon, Pecqueur, Louis Blanc, Cabet et d'autres –, qui dénoncent les méfaits du capitalisme libéral, ne cessent de parler de « classes possédantes », de « classes moyennes », de « classes laborieuses ». En conséquence, K. Marx n'invente pas le concept de classes; il puise cette notion dans l'héritage du socialisme français; mais il en fait un usage propre, la place au cœur de son système de pensée. Le *Manifeste* s'ouvre par cette affirmation péremptoire : « L'histoire de toute société jusqu'à nos jours, c'est l'histoire de la lutte des classes. Homme libre et esclave, patricien et plébéien, baron et serf, maître de jurande et compagnon, en un mot : oppresseurs et opprimés, se sont trouvés en constante opposition; ils ont mené une lutte sans répit tantôt déguisée, tantôt ouverte, qui, chaque fois, finissait soit par une transformation révolutionnaire de la société tout entière, soit par la ruine des diverses classes en lutte » (*Œuvres,* I, p. 161-162). Dans la perspective du matérialisme historique, chaque mode de production met en présence une classe dominante, qui possède l'instrument de production et confisque une fraction du travail d'autrui, et une classe dominée qui n'a que sa force de travail et ne dispose que d'une part de la valeur produite. L'extorsion du surtravail prend des formes diverses : travail forcé de l'esclave dans le mode de production antique; prestation de services du serf dans le mode de production féodal; plus-value enlevée au salarié dans le mode de production capitaliste. C'est pourquoi chaque mode de production porte en lui une contradiction d'intérêts et fait naître un antagonisme de classes.

Le *Manifeste* allègue l'existence des classes dans les sociétés précapitalistes. « L'histoire de toute société... c'est l'histoire de la lutte des classes. » Plus tard, à l'occasion d'une réédition, F. Engels ajoute une note : « L'histoire de toute société... plus exactement l'histoire écrite. » C'est qu'entre l'édition de 1848 et l'édition de 1888, F. Engels a pris connaissance des travaux de l'ethnologue L. Morgan sur la « communauté primitive », société sans écriture, fondée sur la famille élargie, garantissant la propriété collective. En 1858, étudiant « Les formes précapitalistes de la production », K. Marx ne perçoit que des communautés tribales chez les Celtes, les Germains, les Slaves, les « Indiens sauvages d'Amérique », les peuples pasteurs d'Orient; et il ne distingue pas encore de classes dans les sociétés « despotiques » du Mexique, du Pérou, de Perse : « Il n'y a rien de contradictoire, comme c'est le cas dans la plupart des formes asiatiques, à ce que l'unité centralisatrice qui se dresse au-dessus des petites communautés fasse figure de propriétaire suprême et unique » (*Œuvres*, II, p. 314). Donc, les classes sociales n'apparaîtraient qu'au-delà du « communisme primitif », au-delà du mode de production « asiatique », avec les modes de production « antique » et « féodal ». Le *Manifeste* précise : « Aux époques historiques anciennes, nous trouvons presque partout une organisation complète de la société en classes distinctes, une hiérarchie variée de positions sociales. Dans la Rome antique, nous avons des patriciens, des chevaliers, des plébéiens, des esclaves; au Moyen Age, des seigneurs, des vassaux, des maîtres, des compagnons, des serfs; et, dans presque chacune de ces classes, de nouvelles divisions hiérarchiques » (*Œuvres*, I, p. 162). A notre avis, si les auteurs du *Manifeste* avaient disposé d'informations historiques plus complètes, plus sérieuses, ils auraient dissocié les « états », « ordres », « castes » et autres groupes des « classes sociales » proprement dites dans les sociétés précapitalistes de l'Antiquité et du Moyen Age.

En tout cas, la stratification en classes semble bien correspondre aux sociétés capitalistes. Cependant, des problèmes se posent dès qu'on lit attentivement le *Manifeste*. Dans une note, F. Engels donne ces définitions : « Par bourgeoisie, nous entendons la classe des capitalistes modernes, propriétaires de moyens de production et exploitant le travail salarié. Par prolétariat, nous entendons la classe des travailleurs modernes qui, n'ayant aucun moyen de production, sont obligés de vendre leur travail pour vivre » (réédition de 1888). Ainsi, le mode de production capitaliste oppose deux classes : les entrepreneurs et les salariés. Mais le *Manifeste* signale l'existence d'autres classes : l'aristocratie foncière, la paysannerie, la petite bourgeoisie; ou énumère la composition de la classe moyenne, comprenant « les petits industriels, les petits commerçants, les artisans, les cultivateurs... » (*Œuvres*, I, p. 171 et p. 185). Dans le même temps, le *Manifeste* considère que les classes intermédiaires sont vouées à la disparition : « Notre époque... se distingue des autres par un trait particulier : elle a simplifié les antagonismes de classes. De plus en plus, la société se divise en deux grands camps ennemis, en deux grandes classes qui s'affrontent directement : la bourgeoisie et le prolétariat » (*Œuvres*, I, p. 162). Dans leur ouvrage le moins élaboré et néanmoins le plus lu, à savoir le *Manifeste*, K. Marx et F. Engels ne séparent pas clairement l'analyse concrète d'une formation sociale, par exemple la société anglaise au temps de la reine Victoria, qui comprend diverses couches sociales : les aristocrates, les industriels, les marchands, les rentiers, les artisans, les ouvriers, les paysans, etc, de la réflexion théorique sur le mode de production capitaliste, qui tend à instaurer un système dichotomique, une relation conflictuelle entre deux blocs, l'un formé autour de la bourgeoisie industrielle, l'autre groupé autour du prolétariat ouvrier.

K. Marx approfondit sa conception des classes sociales en observant la société française sous la Deuxième République dans *Le 18 Brumaire de Louis Bonaparte*. La révolution de février 1848 est décrite en ces termes : « Tous les éléments qui avaient préparé ou fait la révolution, l'opposition dynastique, la bourgeoisie républicaine, la petite bourgeoisie républicaine démocrate, la classe ouvrière social-démocrate trouvèrent provisoirement leur place dans le gouvernement » (l. 19-23). Le soulèvement ouvrier de juin 1848 donne lieu à ce commentaire : « La république bourgeoise l'emporta : elle avait pour elle l'aristocratie financière, la bourgeoisie industrielle, les classes moyennes, la petite bourgeoisie, l'armée, le sous-prolétariat organisé en garde mobile, les intellectuels, les prêtres et toute la population rurale; aux côtés du prolétariat, il n'y avait personne d'autre que lui-même » (l. 76-82). Le coup d'État du 2 décembre 1851 est apprécié de la manière suivante : « Bonaparte, en tant que pouvoir exécutif qui s'est rendu indépendant de la société, se sent appelé à assurer l'ordre bourgeois. Mais la force de cet ordre bourgeois, c'est la classe moyenne. C'est pourquoi il se pose en représentant de cette classe... En même temps, Bonaparte s'oppose à la bourgeoisie en tant que représentant des paysans et du peuple » (Éditions sociales, p. 112). La lecture minutieuse de ces textes montre que la vision marxiste des classes est singulièrement complexe, parfois même obscure. D'une part, dans la société française au milieu du XIXe siècle, on dénombre au moins une demi-douzaine de classes : l'aristocratie, la bourgeoisie, la petite bourgeoisie, le prolétariat ouvrier, la paysannerie, le sous-prolétariat. D'autre part, ces classes sont confondues avec d'autres groupes, voire avec des institutions : les prêtres, les intellectuels, les militaires, les gardes mobiles, etc. Enfin, les classes ont des caractères imprécis tantôt économiques – la bourgeoisie industrielle –, tantôt politiques – la bourgeoisie républicaine.

Dans *Le 18 Brumaire*, K. Marx situe les classes sociales par rapport au pouvoir politique. Première constatation : les classes s'expriment à travers les partis : « Les grands propriétaires avaient régné sous la Restauration et étaient, par conséquent, légitimistes. L'aristocratie financière et les grands industriels avaient régné sous la monarchie de Juillet et étaient, par conséquent, orléanistes » (p. 30-31). « En 1848, le parti prolétarien apparaît comme une simple annexe du parti petit-bourgeois démocrate... Le parti démocrate, de son côté, s'appuie sur les épaules du parti républicain bourgeois » (p. 35). Seconde constatation : les classes nouent des alliances et s'affrontent dans des luttes : « Pendant les journées de juin 1848, toutes les classes et tous les partis s'étaient unis dans le " parti de l'ordre " en face de la classe prolétarienne, du " parti de l'anarchie ", du socialisme, du communisme... Les dirigeants du parti de l'ordre avaient repris et lancé parmi leurs troupes les vieux mots d'ordre... : " propriété, famille, religion " et crié à la croisade contre-révolutionnaire » (p. 21). Troisième constatation : les positions réciproques des classes sous-tendent les régimes politiques : « la République parlementaire était plus que le terrain neutre où les deux fractions de la bourgeoisie française, légitimiste et orléaniste, grande propriété foncière et industrie, pouvaient coexister l'une à côté de l'autre avec des droits égaux. Elle était la condition indispensable de leur domination commune, la seule forme d'État dans laquelle leur intérêt général de classe pouvait se subordonner à la fois les prétentions de ces différentes fractions et toutes les autres classes de la société » (p. 80). Dernière constatation : l'appareil d'État peut être au service de la classe dominante, mais peut aussi acquérir une certaine autonomie : « Sous la Monarchie absolue, pendant la première Révolution et sous Napoléon Ier, la bureaucratie n'était que le moyen de préparer la domination de la bourgeoisie. Sous la Restauration, sous Louis-Philippe, sous la République parlementaire, elle était l'instrument de la classe dominante... C'est sous le second Bonaparte que l'État semble être devenu complètement indépendant » (p. 104).

Existe-t-il une définition marxiste des classes? Dans un fragment de manuscrit rédigé pour le livre III du *Capital,* Marx détermine les classes en fonction de leur position dans le mode de production capitaliste : « Comment les travailleurs salariés, les capitalistes et les propriétaires fonciers en viennent-ils à constituer les trois grandes classes de la société? A première vue, c'est à cause de l'identité de leurs revenus et des sources de leurs revenus : voici trois grands groupes sociaux dont les membres individuels vivent respectivement du salaire, du profit et de la rente, c'est-à-dire de la mise en valeur de leur force de travail, de leur capital, de leur terre » (*Œuvres,* II, p. 1485). Marx n'avance pas davantage sa réflexion; Engels ne reprend pas vraiment le problème; c'est Lénine, finalement, qui donne une définition des classes reposant sur des critères économiques : « On appelle classes de vastes groupes d'hommes qui se distinguent par la place qu'ils tiennent dans un système historique défini de la production sociale, par leur rapport aux moyens de production, par leur rôle dans l'organisation sociale du travail et, donc, par les moyens d'obtention et la grandeur de la part des richesses sociales dont ils disposent » (*Œuvres,* t. 2, p. 225). De prime abord, la classe sociale se caractérise par la possession ou la non-possession des instruments de production, par l'origine et le niveau des revenus, par la communauté des intérêts économiques.

Toutefois, selon Marx, un groupe humain déterminé exclusivement par son statut économique n'est qu'une strate sociale, ou encore « une classe en soi »; pour devenir une classe à part entière, autrement dit « une classe pour soi », le groupe doit découvrir une solidarité entre ses membres, prendre conscience de ses intérêts collectifs. Marx le démontre en décrivant la paysannerie française dans *Le 18 Brumaire :* « Dans la mesure où des millions de familles paysannes vivent dans des conditions économiques qui les séparent les unes des autres et opposent leur genre de vie, leurs intérêts et leur culture à ceux des autres classes de la société, elles constituent une classe. Mais elles ne constituent pas une classe dans la mesure où la similitude de leurs intérêts ne crée entre eux aucune communauté, aucune liaison nationale ni aucune organisation politique. C'est pourquoi les paysans sont incapables de défendre leurs intérêts de classe en leur propre nom » (p. 104-105). Marx précise également dans *L'Idéologie allemande :* « Les individus isolés ne forment une classe que pour autant qu'ils doivent mener une lutte en commun contre une autre classe » (p. 47). Donc, un groupe économique se transforme en classe sociale à travers une prise de conscience. Celle-ci se traduit par des actes : la lutte sous forme de grèves, de manifestations, d'émeutes; le vote à l'occasion d'élections; l'organisation de partis, d'associations et de syndicats; l'expression d'idéologies – le libéralisme, le radicalisme, le socialisme, etc.

En définitive, alors que le concept de classe joue un rôle considérable dans la doctrine marxiste, on ne trouve nulle part dans les écrits de Marx et d'Engels une théorie élaborée des classes sociales. A propos des « œuvres historiques », P. Vilar observe : « Marx parle " histoire " comme il parle " politique ", avec le seul souci d'établir non des certitudes mais des faisceaux de probabilités...; dans l'espoir de réduire le champ de l'incertain. Ce n'est pas encore de la science. Marx ne se fait là-dessus aucune illusion... Il s'agit seulement d'un exercice empirique allant sans cesse de l'exemple au raisonnement et du raisonnement à l'exemple, et qu'ont toujours pratiqué (plutôt mal que bien) les politiques et les historiens » (*Faire de l'Histoire,* t. 1, p. 171). De la sociologie des classes, à peine ébauchée dans les ouvrages de Marx, on peut retenir quelques notions clés. Premièrement, la définition d'une classe suppose la double référence à un critère économique : la position dans le mode de production;

et à un critère psychologique et politique : la prise de conscience. Deuxièmement, il est moins pertinent de considérer une classe en elle-même, isolément, que la structure de classes d'une société dans la mesure où les classes existent surtout par leurs relations réciproques. Troisièmement, les luttes de classes « déterminent », pour une large part, les conflits politiques, mais il faut prendre garde de ne pas réduire, de manière simpliste, le niveau politique au niveau social, chaque instance ayant une certaine autonomie de fonctionnement. Quatrièmement, des groupes sociaux s'apparentent à des classes – et, faute de mieux, peuvent être ainsi dénommés – dans les sociétés précapitalistes; mais ils n'ont pas les mêmes caractères, les mêmes fonctions, les mêmes comportements que les classes dans les sociétés capitalistes.

3. Le concept d'idéologie

On appelle « idéologues », un groupe de savants français qui ont joué un rôle intellectuel et souvent un rôle politique de premier plan entre 1789 et 1830. Ce sont des spécialistes comme le médecin Cabanis, le géographe Volney, l'écrivain B. Constant, l'archiviste Daunou, le philosophe Destutt de Tracy. Ce dernier, dans un mémoire présenté à l'Institut en 1796, a inventé le terme « Idéologie » pour remplacer les notions de Métaphysique et de Psychologie. L'Idéologie se veut une « science des sciences », centrée sur l'étude de l'homme, mais s'étendant aux sciences naturelles, biologiques, morales et politiques. Elle met en avant certaines idées nouvelles : d'abord, la volonté de renoncer à toute explication de type transcendantal pour rendre compte de la connaissance; ensuite, le souhait de constituer un système méthodologique tel que les diverses disciplines puissent y trouver leur place et se déduire les unes des autres; enfin, l'intention de concrétiser ce projet scientifique par des institutions d'enseignement et de recherche. Un exemple : selon Destutt de Tracy, la science, l'économie et la politique ont des liaisons étroites et à double sens. En conséquence, il est possible d'édifier une science de l'économie qui sera celle du juste besoin et de la juste propriété, et une science de la politique qui sera celle de la vraie liberté. Inversement, si l'on établit de bonnes institutions, on peut s'attendre au progrès des opinions et des consciences, à des réalisations scientifiques et éducatives. Sous la Convention, le Directoire, le Consulat et l'Empire, les « idéologues » ont contribué à bâtir des institutions culturelles, en proposant la réorganisation de l'Institut, la fondation de l'École normale, la mise en place des écoles centrales (les futurs lycées); et ils sont intervenus dans les institutions politiques, en siégeant dans des assemblées, en formulant des lois, en approuvant ou en critiquant des gouvernements. A travers les différents régimes, les « idéologues » sont restés des modérés, des libéraux. Ce qui explique qu'ils aient dénoncé le despotisme impérial et qu'en réponse Napoléon leur ait fait une réputation de doctrinaires abstraits.

La pensée des « idéologues » – qui est un prolongement de la philosophie des Lumières – est passée de France en Allemagne au moment des conquêtes militaires et des annexions d'États sous la Révolution et l'Empire. Mais, dans le premier tiers du XIXe siècle, malgré l'enthousiasme suscité outre-Rhin par les idées françaises, les élites allemandes sont surtout à l'écoute de leurs propres philosophes : Kant, Fichte, Hegel. Ce dernier met en forme un système complètement idéaliste dans *La Phénoménologie de l'Esprit*, *La Philosophie du Droit*, *Les Leçons sur la philosophie de l'Histoire* et d'autres traités. D'après Hegel, l'histoire universelle correspond à la marche dialectique de l'Esprit vers un but final : la conscience de lui-même. Dans les années 1830 et 1840, le « maître » de Berlin étant mort, ses manuscrits sont complétés, publiés par ses disciples – E. Gans, A. Ruge, B. Bauer, L. Feuerbach, etc. K. Marx, qui poursuit alors ses études universitaires, se plonge dans les ouvrages de Hegel et noue des contacts avec les « jeunes hégéliens ». Cependant, vers 1843-1844, après sa rencontre avec F. Engels et sa collaboration à la *Rheinische Zeitung*, après la lecture d'historiens français et d'économistes anglais, K. Marx prend ses distances par rapport à la philosophie de Hegel. En 1845-1846, K. Marx et F. Engels rédigent les cahiers de *L'Idéologie allemande*, « afin de régler des comptes avec (leur) conscience philosophique d'autrefois ». Ils se livrent à une critique virulente, non d'éventuels élèves allemands des « idéologues » français, mais simplement de Hegel et des « jeunes hégéliens ». N'ayant pas trouvé d'éditeur pour leur volumineux manuscrit, ses auteurs l'abandonnent « à la critique rongeuse des souris ». Le public ne prendra connaissance de *L'Idéologie allemande* dans une version imprimée... qu'en 1933.

Dans les « Thèses sur Feuerbach » – la première partie de *L'Idéologie allemande* –, Marx et Engels montrent que l'idéalisme hégélien prend ses constructions imaginaires pour des réalités objectives. « Dans toute l'idéologie, les hommes et leurs rapports nous apparaissent placés la tête en bas, comme dans une chambre noire » (p. 17). « Une fois les idées dominantes séparées des individus qui dominent et surtout des rapports de production... il est alors très facile d'abstraire de ces différentes idées, " l'Idée ", comme l'élément qui domine l'histoire... Hegel avoue lui-même, à la fin de la *Philosophie de l'Histoire,* qu'il examine la seule progression du Concept » (p. 41). « Dans l'imagination des jeunes hégéliens, les rapports des hommes, tous leurs faits et gestes, sont des produits de leur conscience » (p. 10). Puis Marx et Engels opèrent un renversement des termes en rattachant la formation des idées aux conditions de vie. « A l'encontre de la philosophie spéculative qui descend du ciel sur la terre, c'est de la terre au ciel que l'on monte ici »... « La production des idées, des représentations et de la conscience est d'abord directement et intimement liée à l'activité matérielle des hommes »... « Ce n'est pas la conscience qui détermine la vie mais la vie qui détermine la conscience » (p. 17). Dès lors, Marx et Engels intègrent leur conception de l'idéologie dans le cadre du matérialisme historique. « Ce sont les hommes qui sont producteurs de leurs représentations, de leurs idées, mais les hommes réels, agissants, tels qu'ils sont conditionnés par un développement déterminé de leur force productive et des relations qui y correspondent » (p. 17). « La nouvelle conception de l'histoire a pour base le développement du processus réel de la production...; elle lie au mode de production la forme des relations humaines, c'est-à-dire la société civile... et explique, à partir de celle-ci, l'ensemble des productions théoriques et des formes de conscience – religion, philosophie, morale, etc. » (p. 29).

F. Engels illustre l'utilisation marxiste du concept d'idéologie dans un article consacré à « La guerre des paysans », au début du XVIe siècle, en Allemagne (publié dans *La Nouvelle Gazette rhénane* en 1850). Pour mieux apprécier l'analyse d'Engels, il convient de rappeler quelques événements historiques. En 1517, en énonçant ses « 95 thèses » à Wittenberg, Luther rompt avec la doctrine officielle affirmée par la papauté à Rome. Le réformateur met l'accent sur le péché originel, sur la prédestination, sur le salut par la foi et non par les œuvres; il recommande la lecture exclusive de la Bible, suggère la simplification des sacrements, propose le mariage des prêtres; et il remet en cause toute la hiérarchie ecclésiastique. Or, le théologien de Wittenberg ne réussit à éviter le bûcher réservé aux hérétiques que parce qu'il trouve l'appui des princes allemands – Albert de Brandebourg, Jean de Saxe, Philippe de Hesse et d'autres. Ceux-ci vont donc séculariser les biens du clergé dans leurs États et dresser la Ligue de Smalkalde contre l'empereur Charles Quint. Cependant, la prédication de Luther fait lever un vent de révolte en Allemagne. En 1522-1523, les petits nobles appauvris, derrière Hutten et Sickingen, s'agitent, s'organisent, mais sont écrasés par les troupes de l'électeur de Trèves. Dans le même temps, Thomas Müntzer et le groupe des « illuminés » de Zwickau veulent aller au-delà des réformes de Luther : ils insistent sur la révélation intérieure de l'Esprit, demandent la suppression des clercs, prônent le baptême des adultes et exigent la mise en commun des biens. Ce programme, audacieux sur le plan religieux comme sur le plan social, est bien accueilli par les couches rurales les plus pauvres. Les paysans d'Allemagne du Sud, dans les régions de Schaffhouse, d'Ulm, de Bamberg, de Fribourg, refusent les dîmes et les corvées, s'emparent des terres, s'attaquent aux châteaux, marchent sur les villes. Alors Luther condamne Müntzer et ses amis et encourage les seigneurs à réprimer la jacquerie des serfs. En 1525, les bandes de paysans insurgés sont massacrés par les armées des princes en Thuringe.

Dans son étude, F. Engels prend le contre-pied des « idéologues allemands »... « qui ne voient dans les luttes du Moyen Age que de violentes querelles théologiques »; « qui sont assez crédules pour accepter pour argent comptant les illusions qu'une époque se fait sur elle-même » (1. 2-3 et 1. 7-9). L'ami de K. Marx donne son interprétation du schisme protestant : « Dans ce qu'on appelle les guerres de religion (en Allemagne) au XVIe siècle, il s'agissait avant tout... d'intérêts matériels, d'intérêts de classe; et ces guerres étaient des luttes de classes; tout autant que les collisions intérieures qui se produisirent plus tard en Angleterre et en France. Si les luttes de classes avaient, à cette époque, un caractère religieux, si les intérêts, les besoins, les revendications des différentes classes se dissimulaient sous le masque de la religion, cela ne change rien à l'affaire... » (1. 26-34). Par conséquent, selon F. Engels, le mouvement de Réforme en Europe occidentale au XVIe siècle ne doit pas être considéré pour ses discours religieux – sur le salut par la foi, la primauté de l'Évangile, la communion sous les deux espèces, etc. –, mais pour les conflits sociaux que ces discours traduisent indirectement – la mainmise des princes sur les biens ecclésiastiques, la montée des négociants enrichis dans les villes, la volonté des paysans de se libérer des droits seigneuriaux, etc. Dans le cas précis de l'Allemagne, entre 1517 et 1525, d'abord, toutes les classes sociales se sont unies et ont suivi Luther afin de se débarrasser de la tutelle de Rome; ensuite, les intérêts des groupes ont divergé et les classes dominantes ont fait taire, par une répression sanglante, les revendications des classes dominées. Sous cet éclairage, Luther fait figure de « réformateur bourgeois » et Müntzer de « révolutionnaire plébéien ».

K. Marx et F. Engels, héritiers du rationalisme des Lumières, sont parfaitement incroyants. Le marxisme et l'athéisme sont indissociables. Du point de vue du matérialisme historique, la religion chrétienne est une idéologie qui reflète, cache ou déforme une structure de classes. A l'appui de cette affirmation théorique, on peut citer des cas concrets. Le système des trois ordres – oratores, militares, laboratores –, vision de la société élaborée par l'Église au XIe siècle, justifie, sous couvert d'un échange de services mutuels, l'exploitation par les deux groupes de non-travailleurs – les clercs et les chevaliers – de la masse des travailleurs – les paysans. La Croisade, présentée comme une marche purificatrice du peuple chrétien organisée pour la défense des Lieux saints, permet l'expansion de la noblesse militaire d'Occident, avide de se tailler des fiefs en Orient – en Grèce, à Chypre, en Palestine – aux XIIe et XIIIe siècles. Le soulèvement de la Vendée, au nom du Christ-Roi, correspond à une réaction des nobles, entraînant des paysans fanatiques, contre la République jacobine des bourgeois et des sans-culottes en 1793-1794. On pourrait continuer la série des interprétations qui « réduisent » les représentations religieuses à des revendications sociales. En fait, dans « La guerre des paysans », F. Engels ne s'arrête pas à ce genre de démonstration simpliste; il pousse plus loin sa réflexion lorsqu'il explique qu'au Moyen Age « les prêtres reçurent le monopole de la culture intellectuelle et la culture elle-même prit un caractère essentiellement théologique... Les dogmes de l'Église étaient également des axiomes politiques et les passages de la Bible avaient force de loi devant les tribunaux... En conséquence, toutes les doctrines révolutionnaires, sociales et politiques, devaient être, en même temps et principalement, des hérésies théologiques » (1. 44-45; 49-51; 61-63). De sorte que la religion n'est pas seulement l'« opium du peuple », un instrument de domination; elle apparaît aussi comme un langage exprimant des intérêts économiques, sociaux, politiques; et son institution, l'Église, joue le rôle d'un « appareil idéologique d'État ».

Au bout du compte, comment définit-on l'idéologie dans la terminologie marxiste? A travers divers textes, un premier sens du concept se dégage : l'idéologie se confond avec une partie ou l'ensemble de la superstructure. Dans les « Thèses sur Feuerbach », l'idéologie est identifiée tantôt, avec un caractère restreint, à la philosophie, en particulier au système de Hegel; tantôt, avec une signification plus large, à la production des idées : « Les fantasmagories dans le cerveau humain sont des sublimations résultant nécessairement du processus de vie matériel... De ce fait, la morale, la religion, la métaphysique et tout le reste de l'idéologie, ainsi que les formes de conscience qui leur correspondent, perdent aussitôt toute apparence d'autonomie » (p. 17). Dans la préface à la *Critique de l'économie politique,* le champ de la notion d'idéologie est encore élargi : « Il faut toujours distinguer entre le bouleversement matériel des conditions de production économiques et les formes juridiques, politiques, religieuses, artistiques ou philosophiques, bref, les formes idéologiques sous lesquelles les hommes prennent conscience de ce conflit et le mènent jusqu'au bout... » (1. 22-27). Pour Marx, à la limite, les « formes idéologiques » englobent toutes les représentations, discours, théories qui sont produits par les institutions politiques, juridiques, religieuses et culturelles. A ce stade, le terme d'idéologie devient trop vague pour être opératoire.

A travers d'autres écrits marxistes, le concept d'idéologie prend un second sens : celui de fausse conscience. Dans « La guerre des paysans », F. Engels fait cette observation : « Les idéologues ne voient dans la révolution de 1789 qu'un débat un peu violent sur les avantages de la monarchie constitutionnelle par rapport à la monarchie absolue...; dans la révolution de 1848 qu'une tentative de résoudre la question : république ou monarchie... » (1. 10-13; 1. 15-17). Ici, l'idéologie est présentée comme une connaissance imparfaite : les idéologues ne perçoivent pas les luttes de classes qui expliquent les révolutions politiques parce qu'ils sont intellectuellement aveugles. Toujours dans « La guerre des paysans », F. Engels note, à propos du rôle de l'Église au Moyen Age : « La souveraineté de la théologie dans tout le domaine de l'activité intellectuelle était... la conséquence nécessaire de la situation de l'Église, synthèse la plus générale et sanction de la domination féodale » (1. 54-59). Là, l'idéologie est décrite à la fois comme une conception globale, une vision du monde, et comme un discours mystificateur tendant à justifier une exploitation sociale. Enfin, dans les « Thèses sur Feuerbach », Karl Marx conçoit l'idéologie comme le système de valeurs qu'un groupe dirigeant impose à toute une société : « Les pensées de la classe dominante sont aussi les pensées dominantes de chaque époque... La classe qui dispose des moyens de la production matérielle détient du même coup les moyens de la production intellectuelle » (p. 38-39). D'un texte à l'autre, les significations varient; pas plus que le concept de classes, le concept d'idéologie n'est l'objet d'une construction théorique.

4. La sclérose dogmatique

Les partis socialistes, qui se rassemblent dans la Deuxième Internationale entre 1891 et 1914, adoptent, pour la plupart, le marxisme à titre de doctrine officielle, de fondement théorique de leurs programmes respectifs. Cependant, après la mort d'Engels en 1895, les dirigeants socialistes ne peuvent plus suivre un « mentor » garantissant une interprétation exacte des œuvres de Marx; souvent, ils n'ont pas la culture philosophique nécessaire pour assimiler le matérialisme historique; et ils se laissent influencer par les idéologies ambiantes, en particulier le positivisme et le darwinisme social. Dans ces conditions, le marxisme est transformé en un système clos, appauvri et figé; et il est divulgué, sous une forme simplifiée, non seulement dans des livres mais aussi dans des brochures, des articles, des conférences. Dès cette époque, le matérialisme historique connaît deux déviations : le « scientisme » et l'« économisme ». La première déformation – le « scientisme » – qui était en germe dans les travaux d'Engels, consiste à faire de la recherche de Marx une « science positive » reposant sur un ensemble de concepts fixés définitivement, dispensant désormais de nouvelles réflexions philosophiques et de nouvelles enquêtes sur les sociétés. La seconde déformation – l'« économisme » – conduit à affirmer, en toutes circonstances, la primauté de l'économie; à réduire directement les phénomènes de la superstructure aux mécanismes de l'infrastructure; et à croire à l'évolution inéluctable du capitalisme vers le socialisme. En Allemagne, ces positions sont défendues par le principal théoricien de la social-démocratie, K. Kautsky, dans des œuvres telles que *La Doctrine économique de Marx* (1887), *La Révolution sociale* (1902), *Le Chemin du pouvoir* (1910). En France, les mêmes orientations se retrouvent dans les discours et les articles de J. Guesde, dans le résumé du *Capital* de G. Deville, dans les livres de

P. Lafargue : *Le Matérialisme économique* (1884), *La Théorie de la plus-value* (1895), etc. Certes, au sein de la Deuxième Internationale, divers courants – les austro-marxistes, les révisionnistes, les gauchistes – contestent les vues des kautskystes et des guesdites. Néanmoins, ce sont ces dernières qui prévalent, à la fin du XIXe siècle et au début du XXe siècle, dans la version du marxisme destinée aux masses.

Lénine s'inscrit en faux contre la tendance économiste qui va souvent de pair avec une orientation réformiste; il renoue directement avec la démarche de Marx dans la mesure où il utilise le matérialisme historique comme une méthode de recherche permettant de comprendre des situations concrètes; ce qu'il fait dans *L'Évolution du capitalisme en Russie* (1898) ou dans *L'Impérialisme, stade suprême du capitalisme* (1916). Lénine place au centre de sa réflexion la notion de « praxis »; il insiste sur l'unité dialectique entre l'activité théorique et l'activité pratique, entre la connaissance du réel et l'action visant à le transformer. C'est pourquoi il dessine le modèle d'un parti révolutionnaire capable de lutter contre l'autocratie tsariste dans *Que faire?* (1902); et définit une stratégie de prise du pouvoir, impliquant une dictature du prolétariat dans *L'État et la Révolution* (1917). Passant aux actes, le parti bolchevik, dirigé par Lénine, réussit à « chevaucher » le mouvement des masses et à s'emparer de l'appareil d'État de février à octobre 1917; et il parvient, en contrôlant l'économie, en constituant la Tchéka, en mobilisant l'Armée rouge, à éliminer les partis rivaux, à vaincre les armées blanches, à repousser les agressions étrangères de novembre 1917 à mars 1921. Pendant la période de la NEP, de 1921 à 1928, les institutions soviétiques sont mises en place; les dégâts de la guerre civile sont réparés; mais, après la disparition de Lénine, des luttes de factions se déroulent à la direction du parti bolchevik. A partir de 1928 et jusqu'en 1938, le groupe de Staline, qui a évincé l'« opposition de gauche » (Trotsky, Zinoviev, Kamenev) puis l'« opposition de droite » (Boukharine, Rykov, Tomsky), accroît la terreur policière, impose la collectivisation agraire, construit une industrie lourde au prix d'immenses sacrifices humains.

Dès lors, le « marxisme-léninisme » devient un système

idéologique dont la fonction est de justifier la dictature du parti-État. Puisqu'il incarne la classe ouvrière, puisqu'il a fait la révolution, puisqu'il détermine le cours de l'histoire, le parti communiste ne peut se tromper. Son savoir légitime son pouvoir. Une œuvre reflète bien la régression théorique de l'ère stalinienne : l'*Histoire du parti communiste (bolchevik) de l'URSS*, rédigée par une commission – comprenant Staline – et approuvée par le comité central du PCUS en 1938. D'emblée, le matérialisme historique est promu au rang de science exacte, capable d'établir des lois permettant de connaître le passé et de prévoir l'avenir : « Marx et Engels ont découvert les lois du développement de la société capitaliste et ont démontré scientifiquement que le développement de la société capitaliste et la lutte des classes au sein de cette société devaient inévitablement entraîner la chute du capitalisme, la victoire du prolétariat, la dictature du prolétariat » (p. 14). « La science historique, si elle veut être une science véritable, ne peut plus réduire l'histoire du développement social aux actes des rois et des chefs d'armées, aux actes des conquérants et des asservisseurs d'État. La science historique doit avant tout s'occuper de l'histoire des producteurs de biens matériels, de l'histoire des masses laborieuses, de l'histoire des peuples... Le parti du prolétariat, s'il veut être un parti véritable, doit avant tout acquérir la science des lois du développement économique de la société » (p. 144-145). Le stalinisme accentue la déviation « scientiste » du marxisme.

Dans l'*Histoire du parti communiste de l'URSS*, les affrontements politiques sont perçus comme des luttes de classes. Telle est l'interprétation des troubles de 1905 : « La révolution montra que la bourgeoisie libérale recherchait une alliance non pas avec le peuple mais avec le tsar, qu'elle était une force contre-révolutionnaire... La révolution montra que seule la classe ouvrière peut être le chef de la révolution démocratique bourgeoise; qu'elle seule est capable de refouler la bourgeoisie KD libérale, de soustraire à son influence la paysannerie, d'anéantir les propriétaires fonciers... » (p. 112). Donc, le moteur de l'histoire, c'est la lutte des classes. Cependant, au milieu des conflits, un acteur collectif tient le rôle principal : le parti communiste. C'est le cas lors des événements de 1917 : « En huit mois, de février à octobre, le parti bolchevik s'acquitte d'une des tâches les plus difficiles : il conquiert la majorité de la classe ouvrière dans les soviets; il fait passer du côté de la révolution socialiste des millions de paysans; il arrache ces masses à l'influence des partis petits-bourgeois (SR, mencheviks, anarchistes)...; il déploie une activité politique intense sur le front et à l'arrière, préparant les masses à la révolution d'Octobre » (p. 264). La classe ouvrière paraît céder la place à son « avant-garde »; et, à son tour, le parti bolchevik tend à s'effacer derrière sa direction. Par exemple, après l'échec des journées de juillet 1917 : « Les bolcheviks étaient obligés de se réunir clandestinement et Lénine, chef du parti prolétarien, se voyait contraint de se cacher... Il n'avait pu assister au congrès, mais il le dirigea, du fond de sa retraite, par l'intermédiaire de ses compagnons d'armes, de Petrograd : Staline, Sverdlov, Molotov, Ordjonikidzé... Les possibilités d'un développement pacifique de la révolution avaient disparu. Il ne reste qu'une chose à faire, dit le camarade Staline : prendre le pouvoir par la force, en renversant le gouvernement provisoire » (p. 232-233). Paradoxalement, le stalinisme glisse d'une conception marxiste de l'histoire insistant sur les contradictions sociales à une conception plus traditionnelle privilégiant l'intervention d'un groupe d'hommes – en l'occurrence, Lénine, Staline et leurs proches.

L'*Histoire du parti communiste de l'URSS* est écrite à l'époque où Staline instaure son pouvoir absolu et liquide tous ses adversaires. Les événements historiques qui conduisent de la création du parti bolchevik en 1902-1903 aux grandes purges de 1936-1938 sont revus, corrigés, ajustés en fonction des nécessités politiques de l'heure. A l'intérieur du parti communiste, seuls Lénine d'une part, Staline et ses amis d'autre part ont toujours raison et mènent des actions positives; tandis que tous les autres dirigeants – Trotsky, Kamenev, Rykov, Boukharine, etc. – ont toujours tort et n'effectuent que des actions négatives. C'est ainsi que sont présentées les négociations de Brest-Litovsk : « Le 10 février 1918, les pourparlers furent interrompus. Bien que Lénine et Staline eussent insisté au nom du comité central pour que la paix fût signée, Trotsky, président de la délégation soviétique, viola traîtreusement les directives expresses du parti bolchevik; il déclara que la République des soviets refusait de signer la paix aux conditions proposées par l'Allemagne; et il informa les Allemands que la République des soviets ne ferait pas la guerre, qu'elle continuerait à démobiliser » (p. 255). La collectivisation des campagnes est décrite dans la même perspective : « En 1928, l'agitation du bloc trotskyste-zinoviéviste contre la politique du parti, contre la construction du socialisme, contre la collectivisation et, de même, l'agitation des boukhariniens disant que l'entreprise des kolkhozes ne réussirait pas, qu'il ne fallait pas toucher aux koulaks..., que l'enrichissement de la bourgeoisie ne constituait pas une menace pour le socialisme, toute cette agitation eut un retentissement parmi les éléments capitalistes du pays » (p. 344). La déformation des faits atteint une limite extrême avec l'interprétation des « procès de Moscou » : « En 1937 et 1938, les procès révélèrent que les monstres trotskystes et boukhariniens, sur l'ordre de leurs patrons des services d'espionnage bourgeois, s'étaient assigné le but de détruire le Parti et l'État soviétique...; de préparer la défaite de l'Armée rouge, de démembrer l'URSS, de livrer aux Japonais la province maritime d'Extrême-Orient; aux Polonais, la Biélorussie; aux Allemands, l'Ukraine » (p. 410).

En permanence, l'historiographie soviétique construit le passé par rapport au présent. Les éditions successives de l'*Histoire du parti communiste de l'URSS* subissent des retouches – des événements sont défigurés, des personnages sont escamotés – au gré des fluctuations de la ligne politique. En 1956, après le XXe Congrès, Staline, condamné par Khrouchtchev, disparaît pratiquement; ses victimes ne réapparaissent pas pour autant; les atrocités de la collectivisation forcée et les déportations massives restent voilées; et, pour expliquer l'évolution de l'URSS entre 1928 et 1953, on se réfère à l'action d'un parti communiste anonyme, omniscient et omniprésent. Aux révisions politiques, qui concernent l'histoire du PC et de la construction du socialisme, s'ajoutent des déformations nationalistes, qui s'appliquent à l'histoire de la Russie puis de l'URSS. Dès 1934, une instruction officielle précise qu'« un bon enseignement de l'histoire doit donner la conviction que le peuple soviétique marche à la tête des nations...; doit insister sur les guerres pour entretenir le patriotisme ». C'est pourquoi les manuels scolaires ne parlent pas du rôle des Varègues – des envahisseurs germaniques ou scandinaves – dans la fondation de l'État russe vers le IXe siècle, oublient l'influence de la conversion à la religion orthodoxe dans la constitution d'une identité collective du Xe au XIIe siècle; glorifient les luttes de libération des Russes contre les chevaliers teutoniques et les « hordes tatares » du XIIIe au XVIIIe siècle; découvrent des mérites au « despotisme éclairé » de Pierre le Grand et de Catherine II au XVIIIe siècle; présentent comme un affranchissement du joug féodal la conquête coloniale de l'Asie centrale au XIXe siècle; grandissent la part de l'URSS et diminuent la part de la Grande-Bretagne et des États-Unis dans la victoire sur l'Allemagne nazie au milieu du XXe siècle.

La vision de l'histoire, conçue à l'époque de Staline, demeure presque intacte au temps de Khrouchtchev et de Brejnev. Récemment, une équipe d'historiens soviétiques a fait paraître une *Histoire de France*. Le premier volume survole dix-huit siècles, de la bataille d'Alésia à la prise de la Bastille. Si le récit est aussi rapide, c'est qu'il est très difficile d'interpréter la conquête de la Gaule, les invasions barbares, la guerre de Cent Ans ou la construction de Versailles à la lumière de la lutte des classes. Pour le Moyen Age, la fonction de l'Église paraît largement sous-évaluée : on ne dit mot des pèlerinages; on parle à peine des croisades; on mentionne l'édification des cathédrales uniquement pour signaler le progrès des techniques. Pour les Temps modernes, on expose favorablement l'entreprise de la monarchie capétienne tendant à consolider un État national; mais on insiste lourdement sur les révoltes rurales en Poitou, en Bretagne, en Languedoc et autres provinces. Le second volume couvre un long XIXe siècle, de 1789 à 1918. Là, les historiens soviétiques se sentent plus à l'aise; ils n'ont qu'à s'inspirer des écrits de Marx, d'Engels et de Lénine pour mettre en évidence le déclin de l'aristocratie féodale, la montée de la bourgeoisie capitaliste, la formation du prolétariat ouvrier, l'importance des classes moyennes; et montrer les alliances et les affrontements entre les classes, notamment en 1789, en 1815, en 1830, en 1848, en 1871, en 1880, en 1914. Le troisième volume se limite à la période allant des élections de 1919 à celles de 1978. Il s'agit essentiellement d'une histoire du parti communiste dans sa relation à la société française. On raconte, avec un luxe de détails, les vagues de grèves ouvrières, les scissions et les réunifications des organisations syndicales, les combats prestigieux de la Résistance. Mais on tait les épisodes compromettants : la présence de Doriot à la direction dans les années 1920 et au début des années 1930; le poids de Staline sur les changements de ligne de 1928, de 1934, de 1939, de 1947; les contacts de certains dirigeants communistes avec les occupants nazis pendant l'été 1940; et tant d'autres affaires.

5. Le renouveau marxiste

Avant la Première Guerre mondiale, dans le cadre de la Deuxième Internationale, des écoles de pensée ont réagi contre l'orientation scientiste et économiste donnée au matérialisme historique. En Autriche, Max Adler demande que soient pris en compte simultanément les différents facteurs qui déterminent l'évolution historique : non seulement le développement des forces productives, l'essor des luttes de classes, mais aussi les jugements moraux qui naissent des contradictions sociales et pèsent dans les affrontements politiques. D'autres représentants de l'« austro-marxisme » ont le mérite d'éclairer des problèmes délicats : ainsi Otto Bauer traite *La Question des nationalités* (1907); Rudolf Hilferding examine *Le Capital financier* (1910), etc. En Allemagne, Eduard Bernstein en vient à une « révision » complète du marxisme dans son livre : *Socialisme théorique et Social-démocratie* (1900) : il conteste les analyses économiques du *Capital* en rejetant la théorie de la plus-value et en introduisant la notion d'utilité marginale; il se détourne de la dialectique, ne perçoit pas le changement par le jeu des contradictions, des mutations brutales, discerne plutôt des progrès lents et réguliers; il estime que la société avance vers le socialisme non sous l'effet d'un déterminisme économique mais sous l'impulsion d'un idéal d'ordre moral. En France, Jean Jaurès essaie de faire la synthèse d'une tradition démocratique héritée de la Révolution française, et d'un socialisme, d'origine plus récente, d'inspiration marxiste. Dans son introduction à l'*Histoire socialiste* (1902), Jaurès se veut « matérialiste avec Marx et mystique avec Michelet ». Pour le dirigeant de la SFIO, le moteur de l'histoire n'est pas dans la tension des rapports de production mais dans la contradiction entre les aspirations altruistes de l'homme et leur négation dans la vie économique. On le voit, l'œuvre de Marx se prête à de multiples exégèses.

Après la révolution de 1917, les bolcheviks acquièrent un immense prestige et font figure de « maîtres à penser » auprès des militants révolutionnaires. Pendant près de quarante ans, des années 1920 aux années 1960, la pensée marxiste est comprimée dans le moule stalinien. Pourtant, en Italie, Antonio Gramsci, le théoricien des conseils d'usines en 1920, l'un des fondateurs du PCI entre 1921 et 1926, la victime du fascisme, de son arrestation en 1927 à sa mort en 1937, apporte une réflexion riche et originale dans ses articles de l'*Ordine nuovo* et ses *Lettres de prison.* A. Gramsci critique le déterminisme économique exposé dans le manuel de vulgarisation soviétique de N. Boukharine et E. Préobrajensky, l'*ABC du communisme :* « La prétention (présentée comme postulat essentiel du matérialisme historique) d'expliquer toute fluctuation de la politique et de l'idéologie comme une expression immédiate de la structure économique doit être combattue, théoriquement et pratiquement, comme un infantilisme primitif..., avec le propre témoignage de Marx, auteur d'écrits historiques et politiques » (*Œuvres,* p. 104). Dans *Il Materialismo storico,* A. Gramsci énonce trois remarques importantes : 1) les lois économiques ne fonctionnent pas comme des lois physiques – tout au plus permettent-elles d'évaluer des « tendances », jamais des « constantes »; 2) les mécanismes de la dialectique ne peuvent être simplifiés, « divinisés », en laissant croire qu'ils agissent sur le mode de la nécessité; 3) les faits politiques conservent une certaine autonomie par rapport aux luttes de classes et aux structures économiques. Dans d'autres textes, A. Gramsci invente de nouveaux concepts :

par exemple, la notion de « catharsis », équivalent de la prise de conscience, pour désigner le passage de l'économique au politique, de l'objectif au subjectif, de la nécessité à la liberté; ou bien l'idée de « bloc historique », formé dans une circonstance précise par l'alliance de plusieurs classes ou fractions de classes. D'une manière générale, la pensée de Gramsci repousse tout dogmatisme. C'est pourquoi, pendant très longtemps, le PCI, marqué par le stalinisme, n'en diffuse que des extraits soigneusement choisis et se garde d'en proposer des traductions.

Il faut attendre la fin des années 1950 et le début des années 1960 pour que les œuvres d'A. Gramsci, O. Bauer, G. Lukács et d'autres auteurs, qui ont maintenu vivante la réflexion marxiste malgré la sclérose stalinienne, soient connues et discutées dans les cercles de militants. En France, à cette époque, Louis Althusser forme un groupe de jeunes intellectuels communistes – E. Balibar, R. Establet, P. Macherey, J. Rancière, etc. Seul ou avec ses élèves, il publie successivement *Pour Marx* (1965), *Lire le Capital* (1966), *Lénine et la Philosophie* (1969), *Réponse à J. Lewis* (1973). De toute évidence, L. Althusser reste fidèle au scientisme. Il établit une distinction dans l'œuvre de Marx entre les écrits de jeunesse – par exemple, les *Manuscrits de 1844* – qui relèvent du domaine de l'idéologie et les écrits de la maturité – par exemple, le Livre I du *Capital* de 1867 – qui appartiennent au domaine de la science; entre les deux se situe un moment décisif : la « coupure épistémologique ». Par ailleurs, L. Althusser veut déraciner l'« humanisme » qui imprégnait le marxisme. « L'homme est un mythe de l'idéologie bourgeoise », affirme-t-il. De là découle sa conception de l'histoire « qui est un immense système naturel-humain en mouvement dont le moteur est la lutte des classes. L'histoire est un processus sans sujet. La question de savoir comment l'homme fait l'histoire disparaît complètement » (*Réponse à J. Lewis*, p. 31). En fait, L. Althusser s'en tient à la stricte orthodoxie du marxisme-léninisme. Cependant, le philosophe communiste, en procédant à une relecture de l'œuvre de Marx, à la lumière du structuralisme ambiant, réussit à affiner de nombreux concepts – mode de production, forces productives, formation sociale, idéologie, etc. – qui deviennent nettement plus opératoires pour les historiens, les sociologues ou les économistes appelés à en faire usage.

Tandis que, tardivement, les philosophes ont mieux fait connaître le matérialisme historique et ont fait oublier le catéchisme stalinien, les historiens ont su, plus tôt, puiser dans les œuvres de Marx des instruments d'analyse pour servir l'histoire économique et sociale. M. Bloch subit l'influence implicite de K. Marx lorsqu'il rédige *Les Caractères originaux de l'histoire rurale française* (1931) ou *La Société féodale* (1936). En témoigne sa définition de la « classe seigneuriale » : « Si les champs ou, plus exceptionnellement, la boutique ou l'atelier nourrissaient le noble, c'était toujours grâce au travail d'autres hommes. » C.-E. Labrousse s'inspire à la fois du *Capital* de K. Marx et des travaux sur le « Salaire » de F. Simiand afin d'élaborer son *Esquisse du mouvement des prix et des revenus en France au XVIIIe siècle* (1933) et sa *Crise de l'économie française à la fin de l'Ancien Régime* (1943). Il donne une véritable leçon d'histoire marxiste quand il montre l'incidence des fluctuations des prix sur les revenus des différentes couches sociales – propriétaires fonciers, paysans parcellaires, ouvriers agricoles, artisans urbains, etc.; de même, quand il bâtit le modèle de la crise de sous-production agricole, l'oppose au modèle de la crise de surproduction industrielle, et conclut : « Les économies ont les crises de leurs structures. » Toute l'histoire économique, qui s'est édifiée en France entre 1945 et 1965, est marquée simultanément par l'« esprit des *Annales* » et par un « marxisme diffus ». Ce que prouvent, entre autres, les thèses de J. Bouvier sur « La naissance du Crédit Lyonnais » (1961) et de P. Vilar sur « La Catalogne dans l'Espagne moderne » (1962).

Dans les années 1960 et 1970, l'empreinte du marxisme ne se limite plus à l'histoire économique – au niveau de l'« infrastructure »; elle s'étend à l'histoire des mentalités – au niveau de la « superstructure ». Ainsi le médiéviste G. Duby commence sa carrière par une vaste synthèse sur *L'Économie rurale et la Vie des campagnes dans l'Occident médiéval* (1962), puis s'intéresse de plus en plus aux comportements, aux sensibilités, aux idées, comme l'atteste sa dernière étude sur le mariage : *Le Chevalier, la Femme et le Prêtre* (1981). Dans un chapitre de *Faire de l'Histoire* (1974), G. Duby essaie de définir le concept d'idéologie : il n'hésite pas à emprunter une citation à L. Althusser qui entend par idéologie « un système (possédant sa logique propre) de représentations (images, mythes, idées selon les cas) doué d'une existence et d'un rôle historiques au sein d'une société donnée »; ensuite, il propose son interprétation particulière dans laquelle les idéologies apparaissent comme des « représentations globalisantes, déformantes, concurrentes, stabilisantes... établissant sur une mémoire des temps révolus, objective ou mythique, le projet de l'avènement d'une société plus parfaite » (t. I, p. 149 et p. 152). G. Duby semble prolonger l'analyse amorcée par K. Marx et F. Engels dans *L'Idéologie allemande;* pourtant, cet historien ne se réclame pas du courant marxiste. Inversement, d'autres historiens, qui affichent leur appartenance au parti communiste, se risquent sur des terrains ouverts par des non-marxistes, plus ou moins proches des *Annales.* M. Vovelle estime que l'histoire des mentalités ne s'oppose pas à l'histoire sociale mais qu'« elle en est la fine pointe et l'aboutissement »; il en fait la démonstration en se livrant à des recherches concrètes sur des séries longues de testaments afin de cerner les attitudes des hommes devant la mort; au terme de son enquête, il publie un ouvrage exemplaire : *Piété baroque et Déchristianisation en Provence au XVIIIe siècle* (1973). R. Robin s'efforce de convaincre les historiens « que la lecture d'un texte pose problème » et « que le recours à la méthode linguistique peut être d'un grand secours »; elle souhaite « parvenir à une théorie du discours, notamment du discours politique »; c'est pourquoi elle tente de rapprocher deux disciplines, jusque-là très éloignées, dans son livre : *Histoire et Linguistique* (1973).

P. Vilar dresse un bilan dans son article « Histoire marxiste, histoire en construction », paru dans *Faire de l'Histoire* (t. I, p. 169-209). D'abord, P. Vilar rappelle que K. Marx n'a jamais été historien, au sens propre du terme. Ce qui ne l'a pas empêché, pour construire son œuvre maîtresse, *Le Capital,* de s'astreindre à de longues lectures historiques – sur la monnaie, le commerce, la technologie, la population, le colonialisme, etc. Toutefois, dans *Le Capital,* si le procédé d'investigation comporte une recherche historique, le procédé d'exposition se présente sous forme d'une théorie économique. Il ne faut pas chercher dans les travaux de Marx une science de l'histoire, définitivement constituée, dont il suffirait d'appliquer les principes pour comprendre le fonctionnement des sociétés. Il est préférable de s'inspirer de la pratique de Marx, par exemple de la manière dont il conduit les analyses du *18 Brumaire de Louis Bonaparte* ou d'autres écrits dits « historiques ». Ensuite, P. Vilar signale les convergences entre l'histoire des *Annales* et l'histoire marxiste. Le matérialisme historique peut parfaitement intégrer les découvertes des *Annales,* qu'il s'agisse de la quantification des données, de la perception des faits dans l'espace, de la distinction des temps sociaux, de la volonté d'aboutir à une « histoire totale ». Et le groupe des *Annales* ne doit pas soulever d'objection au projet, prêté à Marx, de fonder « une science des sociétés humaines qui soit à la fois cohérente, grâce à un schéma théorique solide et commun; totale, c'est-à-dire capable de ne laisser hors de sa juridiction aucun terrain d'analyse utile; dynamique, car, aucune stabilité n'étant éternelle, rien n'est plus utile à découvrir que le principe des changements » (p. 171). Enfin, P. Vilar estime que la tâche de l'historien marxiste se confond avec celle de tout historien, dans la mesure où elle consiste à confronter des concepts élaborés théoriquement à des réalités concrètes qui apparaissent au contact des documents; dans la mesure où elle implique un va-et-vient constant de la théorie à la pratique, de la pratique à la théorie, en évitant les deux écueils de l'idéalisme et de l'empirisme. D'après P. Vilar, « aujourd'hui..., l'histoire des historiens (si nous n'y rangeons pas M. Castelot) ressemble davantage à l'histoire selon Marx, ou selon Ibn Khaldoûn, qu'à l'histoire selon Raymond Aron, qui date de Thucydide » (p. 169).

12

Le structuralisme et l'histoire

Le structuralisme a exercé une véritable fascination sur la quasi-totalité des sciences humaines dans les années 1960 et touché l'histoire plus tardivement. Cependant l'historien des années 1980 a fini par suivre la voie ouverte par le philosophe, dont Hélène Védrine a décrit avec humour les enthousiasmes lévi-straussiens : « désillusionné par la raison... complexé par la science (qu'il ne connaît guère), le philosophe se jette dans le structuralisme, persuadé d'échapper à l'idéologie et de se retrouver sur le terrain sûr d'un savoir enfin débarrassé des miasmes de l'idéalisme ». D'où la floraison, dans les revues, d'une « science » qui se propose de dévoiler « pour le profane la structure du discours du café du Commerce, les modèles de la domination féodale, la sémiotique de *La Philosophie dans le boudoir*, la fermeture du champ épistémique de l'échange des chats chez les Zigons de Tsou-don... » En histoire, l'engouement n'a jamais été total; il s'est heurté aux fermes résistances des tenants de la liberté du sujet et du caractère imprévisible de l'événement. Adeptes de la critique documentaire classique, aimant les faits bien établis, ils ont dénoncé le caractère schématique des modèles élaborés pour rendre compte du fonctionnement des sociétés passées ou pour interpréter des textes précis. Lorsque André Burguière écrit en 1971, à l'orée du numéro spécial des *Annales ESC* consacré à *Histoire et Structure :* « La guerre entre l'histoire et le structuralisme n'aura pas lieu », il nous paraît faire preuve d'un optimisme exagéré, dû sans doute à cette « conjoncture d'apaisement » qu'il évoque ensuite. Car conflit il y a eu dès la fin des années 50, et ce n'était pas une simple « querelle rhétorique ». Il a été jalonné de proclamations retentissantes, comme celle de Lévi-Strauss dans *Race et Histoire* (1952), déclarant que l'histoire « l'horripile » parce qu'elle donne le primat à l'événement et parce qu'elle affirme le « progrès » inéluctable de la pensée. Plus tard, il ne lui laisse encore qu'une place restreinte dans le champ des sciences humaines, « celle qui revient de droit à la contingence irréductible » (*Du miel aux cendres,* 1966, p. 408). Cet affrontement a donné lieu à des compromis, non dénués de malentendus. Ainsi se sont définies peu à peu les procédures d'une histoire structurale, qui a su faire siennes les démarches de l'ethnologie, de la linguistique et de la sémiotique, pour tenter de parvenir à l'intelligibilité profonde des faits passés, en deçà de l'écume des événements et du « pullulement des destins individuels ».

1. Structuralisme et Histoire : débats et combats (des années 50 aux années 70)

Nous nous limiterons ici aux principales étapes du débat entre l'histoire et l'ethnologie, qui nous semble le plus riche d'enseignements, mais les difficultés n'ont pas été moindres entre l'histoire et la linguistique où la conciliation s'est avérée délicate entre la diachronie et la synchronie. Attachons-nous tout d'abord à *Race et Histoire,* une brochure rédigée par Lévi-Strauss en 1952, peu après sa thèse sur *Les Structures élémentaires de la parenté,* dans le cadre d'une série de publications patronnées par l'Unesco sur le problème du racisme. Cet écrit permet de situer assez clairement l'antagonisme existant à cette date entre les conceptions du père du structuralisme et l'historicisme qui régnait en maître dans la pensée occidentale. D'entrée, Lévi-Strauss s'en prend à l'ethnocentrisme et à l'évolutionnisme implicites des Européens, qui les amènent à considérer les différents états des sociétés humaines comme des stades ou des étapes d'un développement unique de l'humanité. Or le progrès, nous dit-il, n'est ni nécessaire ni continu; il procède par sauts, par bonds, par mutations, au besoin en changeant de direction. Il y a des périodes, et aussi des sociétés, plus *cumulatives* que d'autres en matière d'acquisitions de toutes sortes, techniques ou intellectuelles. Loin d'opposer de façon rigide une *histoire stationnaire*, celle des *sociétés froides*, et une *histoire cumulative*, celle des *sociétés chaudes*, Lévi-Strauss met en relief le caractère plus ou moins cumulatif des cultures, aucune d'entre elles n'étant tout à fait figée. Tout n'est-il pas fonction du critère retenu? Si l'Occident a accumulé les réussites dans le domaine mécanique, par exemple, ne le cède-t-il pas en revanche à l'Orient en matière de connaissance du corps? L'apparition d'une culture plus cumulative serait en fait analogue à la « sortie » d'une combinaison complexe dans un jeu de hasard. Pour théoriser ce grand jeu de la civilisation, l'auteur cherche un modèle interprétatif du côté de la roulette, tout en reconnaissant le caractère approximatif de ce rapprochement. De même que le calcul des probabilités nous enseigne qu'une coalition de parieurs a plus de chances de réussir qu'un joueur isolé, de même plusieurs cultures en relation mutuelle seront-elles plus créatrices qu'une seule. D'où l'absurdité qui consiste à « déclarer une culture supérieure à une autre », car le progrès résulte des interactions entre les différentes aires culturelles. Il faut parfois attendre que « sorte » la bonne combinaison : voir le contraste entre une préhistoire stationnaire et une préhistoire cumulative. Le progrès de l'humanité n'a rien d'inéluctable, puisqu'il y a à chaque moment une pluralité de possibles et que l'histoire se contente d'actualiser l'un d'entre eux. L'aventure humaine n'a rien d'une progression triomphale vers le point oméga, c'est au contraire une « marche incertaine et ramifiée », pleine d'échecs et de repentirs, sans que jamais l'humanité s'arrête de spéculer (ce qui n'est pas sans annoncer certaine thèse avancée dans *La Pensée sauvage*, selon laquelle les hommes ont toujours pensé aussi bien). Les sociétés solitaires sont les plus figées, alors que les groupes de sociétés sont apparemment plus novateurs. La contribution d'une culture à la « mise » commune ne réside pas tellement dans les inventions qu'elle forge, mais avant tout dans les écarts qu'elle présente avec les cultures voisines. Ces écarts différentiels sont tout aussi indispensables en son propre sein pour y susciter l'innovation. La relation à double sens entre les acquisitions techniques et les inégalités sociales peut d'ailleurs être constatée aussi bien lors de la révolution néolithique que de la révolution industrielle. De ces affirmations, Maxime Rodinson disait : « il y a de quoi décourager Billancourt », exprimant avec humour la radicale opposition entre la vision dialectique de l'histoire et la conception structuraliste, qui privilégie la corrélation fonctionnelle dans la synchronie.

Avec l'*Anthropologie structurale* (1958), on voit s'amorcer un certain rapprochement entre l'histoire et l'ethnologie, sans que la dernière nommée renonce totalement à une certaine forme d'impérialisme. Dès les premières pages de ce livre, Lévi-Strauss se démarque des ethnologues fonctionnalistes qui, tel Malinowski, prétendent faire l'histoire d'un présent sans passé et procéder seulement à une analyse synchronique des systèmes culturels. Il estime, pour sa part, indispensable de connaître le développement historique qui a abouti aux formes présentes de la vie sociale : il permet seul, en effet, « de soupeser, et d'évaluer dans leurs rapports respectifs, les éléments du présent ». Bien des traits rapprochent l'histoire de l'ethnologie : n'ont-elles pas l'une et l'autre pour objet d'étudier la vie sociale, pour but de parvenir « à une meilleure intelligence de l'homme », alors que, dans leurs méthodes, « varie seulement le dosage des procédés de recherche ». Demeure cependant une nette différence de perspective, « l'histoire organisant ses données par rapport aux expressions conscientes, l'ethnologie par rapport aux conditions inconscientes, de la vie sociale ». Entendons que l'histoire se situe sur le plan du dit, du manifesté, à la surface des témoignages, alors que l'ethnologie recherche l'en deçà de ce dit et de ce manifesté, en s'inspirant de la méthode linguistique. Une culture, en effet, organise silencieusement les comportements quotidiens, comme le système de la langue modèle le discours en dehors de la conscience du sujet parlant. Muni de l'outil linguistique, on peut donc se lancer à la recherche de « la structure inconsciente, sous-jacente à chaque institution ou à chaque coutume, pour obtenir un principe d'interprétation valide pour d'autres institutions et d'autres coutumes ». A titre d'exemple de structure inconsciente qui demeure à travers les accidents historiques, Lévi-Strauss cite l'organisation dualiste des sociétés guinéennes, qui s'est maintenue malgré le redécoupage des clans et des villages. L'ethnologie ne peut négliger les vicissitudes historiques, mais elle ne les retient que pour procéder, à travers elles, au « filtrage » des données structurelles. De même prend-elle en compte les expressions conscientes des phénomènes sociaux (ce que les historiens appellent les témoignages), mais c'est pour chercher à travers elles la structure cachée : « Son but est d'atteindre, par-delà l'image consciente et toujours différente que les hommes forment de leur devenir, un inventaire de possibilités inconscientes, qui n'existent pas en nombre illimité; et dont le répertoire et les rapports de compatibilité ou d'incompatibilité que chacune entretient avec toutes les autres fournissent une architecture logique à des développements historiques qui peuvent être imprévisibles, sans être jamais arbitraires » (p. 30). Si l'on transpose cette démarche en termes de linguistique, on peut dire qu'il s'agit de délaisser le « contenu lexicographique » pour appréhender la syntaxe. Les historiens sont assez peu familiarisés avec cette pratique, encore qu'ils n'ignorent plus totalement les « éléments inconscients de la vie sociale », tout particulièrement dans les recherches d'histoire économique et d'histoire des mentalités. Mieux vaudrait dire, sans doute, que ces travaux portent au grand jour certaines déterminations profondes, mais non inconscientes à proprement parler, des comportements humains. Lévi-Strauss se les annexe abusivement lorsqu'il proclame : « Aussi tout bon livre d'histoire... est-il imprégné d'ethnologie. »

Par bien des traits, le célèbre article de Fernand Braudel, intitulé « Histoire et Sciences sociales. La longue durée » (*Annales ESC,* n° 4, 1958, p. 725-753, repris dans *Écrits sur l'Histoire,* p. 41 à 83), peut apparaître comme une réponse sans concession à Lévi-Strauss, dont la volonté de se rapprocher de l'histoire est saluée au passage (p. 42). Nous en retiendrons deux prises de position majeures : *a)* l'étude des structures constitue désormais la mission principale de l'histoire; *b)* il ne saurait être question d'instaurer une distinction trop nette entre l'analyse des processus conscients et celle des formes inconscientes de la vie sociale, mais il faut au contraire organiser une prospection du social dans toute son épaisseur en recourant à ces instruments de connaissance que sont les modèles abstraits. La vocation de l'histoire à étudier des structures est intimement liée au primat accordé par Braudel aux analyses dans la longue durée sur celles conduites dans le temps court ou dans le temps moyen. Car il privilégie sans conteste l'histoire « d'ampleur séculaire ». A ce niveau peut s'appréhender la structure, dont Braudel donne une définition appelée à faire date : « Par structure, les observateurs du social entendent une organisation, une cohérence, des rapports assez fixes entre réalités et masses sociales. Pour nous, historiens, une structure est sans doute assemblage, architecture, mais plus encore une réalité que le temps use mal et véhicule très longuement. Certaines structures, à vivre longtemps, deviennent des éléments stables d'une infinité de générations; elles encombrent l'histoire, en gênent, donc en commandent, l'écoulement. D'autres sont plus promptes à s'effriter. Mais toutes sont à la fois soutiens et obstacles. Obstacles, elles se marquent comme des limites (des enveloppes, au sens mathématique) dont l'homme et ses expériences ne peuvent guère s'affranchir. Songez à la difficulté de briser certains cadres géographiques, certaines réalités biologiques, certaines limites de la productivité, voire telles ou telles contraintes spirituelles : les cadres mentaux aussi sont prisons de longue durée. » On notera que Braudel a de la structure une conception qui reste descriptive *(une organisation, une cohérence)*, voisine de celle des architectes, des sociologues ou des spécialistes de géographie humaine. Toutefois cette structure n'est pas inerte : la part est faite aux processus dialectiques, aux interactions entre les diverses instances du réel *(des rapports assez fixes entre réalités et masses sociales)*. L'apport principal de Braudel consiste à conférer à la structure une dimension temporelle, à la soumettre à l'impérieuse loi du *panta rei*. Cette *réalité que le temps use mal et véhicule très longuement* constitue un socle résistant, mais point immuable, du devenir historique, un cadre pérenne, mais non éternel, qui commande les comportements humains. Toute formation sociale englobe plusieurs structures de durée variable (on pense à la formule d'Ernest Labrousse : « sur l'économique retarde le social, et sur le social le mental »), qui y remplissent une fonction bivalente : ce sont des *soutiens* dans la mesure où elles facilitent la reproduction sociale, et aussi des *obstacles* parce qu'elles freinent l'innovation. En somme, la structure braudélienne est vivante, même si c'est au ralenti; elle a une espérance de vie variable; elle est plurielle; elle enserre toutes les instances du social, sans se ramener à la sacro-sainte infrastructure matérielle des marxistes; elle ne gît pas en deçà du réel, comme chez Lévi-Strauss, mais elle exprime avec netteté les lignes de force et les régularités du vécu-perçu. Cet enracinement dans le concret se manifeste bien lorsque Braudel évoque à grands traits l'éco-système méditerranéen : « Voyez la place de la transhumance dans la vie montagnarde... voyez la durable implantation des villes, etc. » Il s'agit là, nous semble-t-il, d'un « concret pensé » et non, à proprement parler, d'une architecture logique « immanente au réel », susceptible d'accueillir les contenus historiques les plus variés.

Revenons à la seconde affirmation majeure de Braudel, qui consiste à récuser un partage trop net entre l'histoire des formes conscientes et celle des formes inconscientes de la vie sociale : d'abord parce que « le départ entre surface claire et profondeurs obscures – entre bruit et silence – est difficile, aléatoire »; ensuite parce que l'histoire dite inconsciente « est souvent plus perçue qu'on ne veut bien le dire ». D'où la tâche assignée aux sciences sociales, et en particulier à l'histoire, qui consiste « à aborder de front cette demi-obscurité » pour mettre au jour des « régularités » de la vie sociale dont les contemporains n'avaient pas une conscience claire. Pour y parvenir, il faut forger des modèles interprétatifs, ainsi définis : ce sont « des hypothèses, des systèmes d'explications solidement liées selon la forme de l'équation ou de la fonction : ceci égale cela, ou détermine cela. Telle réalité n'apparaît pas sans que telle autre ne l'accompagne et, de celle-ci à celle-là, des rapports étroits et constants se révèlent » (p. 64). Ces modèles, qui sont des instruments de re-description du réel saisi cette fois dans ses cohérences profondes, peuvent être statiques ou dynamiques, mécaniques (quand il s'agit de petits groupes d'hommes) ou statistiques (pour des ensembles plus vastes). Ils sont transposables « à d'autres milieux sociaux de même nature, à travers temps et espace ». Ils doivent pouvoir subir l'épreuve de la durée, qui entraîne des altérations et des modifications de la structure initiale. Aussi ne sont-ils en général qu'assez approximatifs et ne constituent-ils que rarement une véritable systématisation scientifique. C'est effectivement le cas des esquisses de modèles proposées par Braudel pour rendre compte du cycle de développement des villes italiennes du XVIe au XVIIIe siècle (s'y succèdent les phases marchande, industrielle, commerciale et enfin bancaire) ou, plus largement, de certaines constantes de l'histoire européenne entre 1300 et 1750 (fragilité démographique, primat de la circulation par mer, rôle essentiel des trafics extérieurs, etc.). Ces schémas interprétatifs ne doivent pas être échafaudés *in abstracto* : il faut toujours évaluer leur caractère opératoire en les soumettant à plusieurs navettes avec la réalité empirique, et les retoucher en conséquence. Ils doivent, bien sûr, intégrer le facteur durée. En la matière, l'exemple vient de Marx, qui a été le premier à fabriquer de « vrais modèles sociaux », dans un cadre temporel précis. Une nouvelle fois, Braudel réaffirme donc la particularité de l'histoire, en soumettant les maîtres concepts du structuralisme à la loi du temps.

Au début des années 60, Lévi-Strauss reprend ses attaques contre le statut privilégié de l'histoire dans la pensée occidentale. Au chapitre IX de *La Pensée sauvage* (1962), il s'en prend vivement à certaines thèses défendues par Sartre dans la *Critique de la Raison dialectique*. Il récuse en particulier l'opposition sartrienne entre raison analytique et raison dialectique, cette dernière étant inséparable de la conscience historique. Se définissant comme matérialiste et « esthète »,. étudiant les hommes comme si c'étaient des fourmis, il veut découvrir des « invariants » en deçà de la diversité des sociétés (et parmi ces invariants, le fait que l'humanité a toujours pensé aussi bien, ou presque, la pensée sauvage disposant d'instruments logiques adéquats pour « mettre en ordre » la diversité du réel). Aussi ne peut-il accepter que Sartre méconnaisse « les peuples sans histoire » en distinguant entre « la vraie dialectique » et « la dialectique répétitive et à court terme » des sociétés primitives. Et de dénoncer la fonction proprement mythique de l'histoire dans la pensée sartrienne, et d'affirmer que l'histoire est une « recherche complémentaire » de l'ethnologie, sans pouvoir prétendre à aucune suzeraineté. Il reprend une vieille distinction entre la science de la *diversité dans le temps* et celle de la *diversité dans l'espace,* pour s'élever contre le « prestige spécial » accordé à la « dimension temporelle », dont les raisons ne lui échappent pas : l'effet de continu que crée le récit historique prime sur le discontinu qui règne en ethnologie; de surcroît, nous nous concevons comme le produit d'une histoire et projetons cette illusion personnelle sur la société tout entière, tenant le récit des origines pour l'exposé des causes. L'histoire nous fait ainsi baigner dans une illusion proprement métaphysique (« rejoindre, en dehors de nous, l'être même du changement »), nous laissant ignorer qu'elle n'est qu'une approche morcelée du réel. Car elle procède par abstraction et par sélection, tout fait historique étant par définition inépuisable, se résolvant en une multitude de phénomènes individuels. L'historien choisit, pour éviter le chaos de l'éparpillement infini de l'analyse au fil des destins particuliers. Parler d'histoire universelle est une tromperie, car c'est une entreprise impossible, qui comporte en elle-même le principe de son éclatement infinitésimal et donc de sa propre destruction. En fait, l'histoire ne peut être que *partielle,* dans la mesure où elle traite de sous-ensembles et non du tout, et *partiale,* parce qu'y règnent des points de vue inconciliables et également vrais. On retiendra de ces pages, où tout n'est pas neuf, que Lévi-Strauss réaffirme hautement le primat de l'ethnologie, dénonce l'illusion historiciste et tend implicitement à cantonner l'histoire dans le récitatif chronologique en estimant que le code de cette discipline « consiste en une chronologie ». Lorsqu'il proclame : « il n'y a pas d'histoire sans dates » (voir pour s'en convaincre l'expérience courante des pédagogues!) et quand il rappelle que « toute son originalité et sa spécificité sont dans l'appréhension du rapport de l'avant et de l'après », l'ethnologue nous semble tenir un langage d'un autre temps, peu au fait des conquêtes de la jeune histoire structurale, oublieux de ces « nappes d'histoire lente » à partir desquelles Braudel invitait à repenser l'ensemble de la discipline.

A notre connaissance, l'une des issues les plus claires à ce débat entre l'histoire et le structuralisme a été formulée par Nathan Wachtel dans les premières pages de *La Vision des vaincus* (1971), qui constituent une sorte de charte de l'ethno-histoire naissante. Adoptant le point de vue de l'autre, en l'occurrence celui des Indiens d'Amérique victimes de la conquête espagnole au XVIe siècle, l'auteur doit surmonter deux handicaps : celui, habituel en histoire, de la distance dans le temps; cet autre, nouveau, de l'écart entre un monde marginal et la culture dominante. Pareille démarche impose de dépasser les antithèses scolaires entre l'histoire et l'ethnologie, telles les oppositions entre diachronie et synchronie, entre formel et concret. En fait, les deux disciplines doivent se mouvoir sur l'axe synchronique et sur l'axe diachronique : l'histoire parce que la conception d'un temps uniforme a cédé la place à celle de temporalités différenciées, qu'il faut tenter de raccorder dans des constructions synchroniques; l'ethnologie, parce qu'elle est contrainte d'étudier la genèse des systèmes de rapports qu'elle analyse. L'une et l'autre échafaudent des modèles abstraits, en procédant au tri des données empiriques et en traduisant leurs relations « en formules rigoureuses » (Wachtel en donne lui-même un bel exemple en ramenant le fonctionnement de l'État inca au jeu des principes de réciprocité et de redistribution). L'une et l'autre tentent de passer de la diversité du vécu aux règles qui l'ordonnent (en histoire, ce peut être le mouvement des prix ou celui de la natalité). Dans les deux cas, on peut parler d'un « va-et-vient entre l'analyse et le concret ». Cependant, malgré toutes ces convergences, les perspectives restent distinctes, l'histoire faisant finalement retour au singulier, l'ethnologie s'attachant essentiellement au système et à ses règles.

Le temps est aux convergences, en ce début des années 70, comme en témoigne l'introduction d'André Burguière au numéro des *Annales* consacré à *Histoire et Structure.* L'auteur reconnaît le bien-fondé de certaines attaques contre l'histoire, en particulier contre le vice historiciste qui consiste à déplacer l'analyse des phénomènes vers l'étude de leur genèse. En même temps, et d'une façon peut-être excessive, il crédite ses confrères historiens d'une longue complicité avec le structuralisme : « Si l'analyse structurale consiste à déceler les permanences, à mettre en évidence derrière l'apparente dispersion des données " un système de transformations qui comporte des lois en tant que système ", les historiens sont bien forcés de reconnaître, au risque de sembler revendiquer un nouveau droit d'aînesse, que cette démarche leur est depuis longtemps familière. » Fort des conquêtes récentes de sa discipline, en particulier le franchissement régulier de la frontière entre données conscientes et conditions inconscientes de la vie sociale, Burguière se dresse avec fermeté contre l'habitude de faire de l'histoire « le bouc émissaire des sciences humaines », de ne lui laisser en pâture que le contingent et le non-formalisable, et de lui assigner comme statut de « rester éternellement l'empire de l'accidentel ». Clio pourrait plutôt revendiquer d'avoir enfanté la démarche structurale, fruit de sa longue cohabitation avec le marxisme, qui lui a appris à rechercher en toute société son mode de fonctionnement et en tout texte le message qui se cache en deçà du dit. Elle n'ignore pas non plus le recours aux modèles les plus sophistiqués, voire les hypothèses contrefactuelles forgées par les cliométriciens américains (exemple : qu'aurait été le développement économique des États-Unis au XIXe siècle sans les chemins de fer?) ou les « modèles complexes » de la démographie historique qui « intègrent données quantitatives et symptômes de comportements ». Ultime argument, qui a une saveur de revanche : un reflux général vers l'histoire est en train de s'amorcer. Ne paraît-il pas indispensable de rechercher les antécédents des structures constituées? N'accorde-t-on pas désormais une attention privilégiée aux ruptures épistémologiques qui scandent l'histoire des idées et aux mutations qui affectent les systèmes sociaux? Le constat semble s'imposer : « Un peu de structuralisme éloigne de l'Histoire; beaucoup de structuralisme y ramène. » Tous les antagonismes sont-ils vraiment surmontés?

2. Ambiguïtés et difficultés persistantes (années 70)

Si l'histoire et le structuralisme ont fini par passer compromis, et parfois alliance, bien des ambiguïtés subsistent, qui nous semblent tenir : *a)* à la cohabitation de plusieurs conceptions de la structure; *b)* à une conscience inégale, chez les historiens, des difficultés propres à la démarche structurale; *c)* en conséquence, à la diversité d'aspects présentée par la production historique se réclamant du structuralisme – la grande majorité des historiens reste attachée à une conception traditionnelle de la structure, conçue comme *la manière dont les parties d'un tout sont agencées entre elles.* C'est une conception essentiellement descriptive, qui consiste à prendre en compte les lignes de force d'un ensemble, qu'il soit social, institutionnel ou idéologique. D'où la floraison d'ouvrages intitulés *Structures politiques* ou *Structures sociales de,* etc. Il y a loin, nous semble-t-il, de ces approches structurelles de vastes ensembles à l'analyse structurale pratiquée par les linguistes et les ethnologues, qui se fonde sur une conception de la structure comme étant une *architecture logique immanente au réel.* Pour Lévi-Strauss, la structure se cache en deçà des apparences. La géomorphologie constitue une bonne initiation à cette démarche, elle qui s'attache à interpréter les formes de relief superficielles en fonction de l'agencement en profondeur des couches de terrain. Un paysage peut être la transposition directe, ou dérivée, ou inversée, de la structure cachée. Comment ne pas évoquer ici la page célèbre de *Tristes Tropiques* où Lévi-Strauss nous relate ses émerveillements de géologue en culotte courte dans le Midi de la France? C'est le récit de son initiation au structuralisme : « Tout paysage se présente d'abord comme un immense désordre qui laisse libre de choisir le sens qu'on préfère lui donner. » Mais le *maître-sens* ne réside-t-il pas dans le substrat géologique, dans « cette ligne pâle et brouillée, cette différence souvent imperceptible dans la forme et la consistance des débris rocheux »? Voilà qui conduit à l'intelligibilité profonde de ce paysage, par un passage du sensible au rationnel, étant entendu que « la nature du vrai transparaît déjà dans le soin qu'il met à se dérober ». Lévi-Strauss s'en est expliqué plus longuement dans l'*Anthropologie structurale,* I, pages 303 et suivantes, en traitant de « La notion de structure en ethnologie ». Cette notion, nous dit-il, « ne se rapporte pas à la réalité empirique, mais aux modèles construits d'après celle-ci ». Ainsi ne faut-il pas confondre les structures sociales avec les relations sociales. Ces dernières constituent seulement la matière première pour l'élaboration de modèles qui rendent manifeste la structure elle-même. Quatre conditions doivent être remplies pour que l'on puisse parler de structure : *a)* elle doit présenter « un caractère de système », toute modification d'un des éléments se répercutant sur tous les autres; *b)* tout modèle structural doit appartenir « à un groupe de transformations »; *c)* il doit être possible de « prévoir de quelle façon réagira le modèle en cas de modification d'un de ses éléments »; *d)* le fonctionnement du modèle devra « rendre compte de tous les faits observés » (p. 306). Se situant en deçà des phénomènes directement observables, dans une sorte d'inconscient social, la structure est immanente aux relations sociales, comme la grammaire à la langue parlée. C'est un schéma conceptuel, une forme qui impose telle ou telle configuration à des données diverses. On rencontre une conception voisine chez le psychologue Jean Piaget : « Une structure est un système de transformations qui comporte des lois en tant que système (par opposition aux propriétés des éléments) et qui se conserve ou s'enrichit par le jeu même des transformations, sans que celles-ci aboutissent en dehors de ses frontières ou fassent appel à des éléments extérieurs. » La structure présente donc trois marques essentielles : totalisation, soit la fermeture du système sur lui-même; transformation; autoréglage fondé sur des régulations internes. On retrouve tous ces caractères dans la définition proposée par Paul Ricœur qui entend par structure « une entité autonome de dépendances internes ». D'un auteur à l'autre, reviennent les mêmes traits pertinents de la structure : l'interdépendance de tous les éléments, la fermeture de l'ensemble sur lui-même, la synchronie, la possible réalisation d'une multiplicité de variables.

Il n'est pas sûr que les modèles interprétatifs des historiens puissent (et doivent) satisfaire pleinement à toutes ces caractéristiques, entre autres raisons parce qu'ils ne peuvent ignorer ni les processus temporels d'érosion lente des structures ni l'irruption accidentelle d'événements extérieurs qui viennent bouleverser les ensembles les plus stables. Voir à titre d'exemple la déstructuration rapide de la société inca après la conquête espagnole.

Sans doute n'est-il pas inutile d'entrer maintenant dans le « concret » d'une analyse structurale conduite par Lévi-Strauss lui-même, pour mieux en saisir la nature et en percevoir la difficile conciliation avec l'analyse historique classique. Nous prendrons l'exemple du *triangle culinaire* (*L'Arc*, n° 26, p. 19 à 29). La cuisine, aussi universelle que le langage, repose sur un système triangulaire associant *le cru, le cuit* et *le pourri*. Si le cru constitue le pôle non marqué de cet ensemble, le cuit résulte de la transformation culturelle du cru, et enfin le pourri procède de la transformation naturelle du cru. A ces formes vides, chaque culture confère une tonalité particulière, déterminant par exemple la façon dont chaque aliment doit être cuit. Si l'on considère les modalités de la cuisson, on constate des oppositions significatives entre le rôti et le bouilli. Le premier procède d'une exposition directe, non médiatisée, au feu; c'est donc une pratique assez proche de la nature, une cuisine peu élaborée, une sorte de compromis entre le cru et le brûlé. Au contraire, le bouilli procède d'une double médiatisation, par l'eau et par le récipient. Cette cuisson élaborée se situe du côté de la culture (la marmite est signe de civilisation aussi bien en Irlande qu'en Nouvelle-Calédonie); c'est de la cuisine en dedans, de l'endo-cuisine, présentant quelque affinité avec le pourri. Et l'analyse de se poursuivre, par associations et oppositions successives; ainsi le rôti se situerait-il du côté de la perte, de la prodigalité et de la vie en brousse des hommes à la chasse, tandis que le bouilli se placerait du côté de la vie sédentaire, de la conservation et de l'économie domestique régie par les femmes. Lévi-Strauss prend alors en compte une troisième pratique culinaire, le fumage, soit une cuisson non médiatisée, lente, profonde, qui présente des oppositions significatives avec les deux pratiques précédemment analysées. On peut les exprimer par le tableau suivant :

bouilli	*rôtissage*	*fumage*
– cuisson lente	– cuisson rapide	– sur un boucan, objet culturel, détruit après usage, donc précaire
– présence de l'eau	– pas d'eau	– résultat durable, la viande fumée se conservant longtemps.
– ustensile durable (marmite)	– pas d'ustensile	
– résultat précaire		

En dernière instance, l'infinie variété des pratiques culinaires pourrait se ramener à un modèle abstrait de type triangulaire :

	CRU rôti	
(–) *Air* (+) fumé CUIT		(–) *Eau* (+) bouilli POURRI

Ce schéma peut, et doit, être étoffé, de façon à y introduire la friture, la cuisson à la vapeur, etc. On peut ensuite tenter de le superposer à d'autres schémas concernant les rapports hommes-femmes, l'organisation du travail, les relations entre le village et la brousse, etc. On découvre ainsi que la cuisine d'une société est un langage dans lequel elle traduit inconsciemment sa structure et dévoile ses contradictions. Pareille démarche peut guider utilement l'historien désireux d'étudier les manières de table à une époque donnée, à condition de donner vie et couleur à ce cadre vide, et surtout d'y introduire les effets de la diversité sociale : la cuisine en soi n'existe pas, mais seulement les habitudes alimentaires de milieux précis. Peut-être cet exemple contribue-t-il à mieux faire comprendre combien était problématique l'acclimatation des principes de l'ethnologie structuraliste en histoire.

Comment prendre son parti de l'immobilité de la structure, quel statut conférer à la discontinuité (qui seule permet de penser le passage d'un système clos à un autre), quel rôle reconnaître aux normes inconscientes de la vie sociale? Autant d'interrogations qui pouvaient susciter une multiplicité de réponses. D'où l'extrême variété de l'histoire structurale, où il nous semble possible, en prenant le risque d'une simplification abusive, de distinguer *quatre courants principaux : a)* un courant braudélien qui aspire à conceptualiser de vastes ensembles humains soumis à des évolutions lentes; *b)* un courant mutationniste, surtout représenté par Michel Foucault, qui certes analyse des états stables de la structure sociale, mais qui accorde une attention privilégiée au passage d'un état à un autre et confère une place centrale au concept de discontinuité; *c)* un courant de stricte obédience structuraliste, qui prône le travail sur corpus clos (système rituel, texte, document figuré) et recourt à l'élaboration de modèles abstraits pour « forger du pensable » à partir de ce matériau documentaire; *d)* enfin, l'anthropologie historique, discipline toute jeune, aux vastes ambitions, qui semble en mesure de fédérer les courants précités et d'intégrer les acquis de l'histoire quantitative, comme ceux de l'histoire de la culture matérielle. Nous réservant de revenir longuement sur les trois derniers courants, nous présenterons brièvement le premier.

D'une inspiration braudélienne nous semble relever un texte théorique tout récent, « L'Histoire des structures » de K. Pomian (dans *La Nouvelle Histoire,* p. 528 à 553). Les références majeures de l'auteur sont caractéristiques : *La Méditerranée et le Monde méditerranéen à l'époque de Philippe II,* bien sûr, mais aussi *Les Structures du Latium médiéval* de Pierre Toubert. L'un des apports majeurs de cette thèse consiste à mettre en lumière le caractère proprement révolutionnaire de l'*incastellamento* des Xe et XIe siècles, entendons par là le regroupement autoritaire des populations à proximité des forteresses, qui s'est effectué sous l'égide des seigneurs au cours du premier âge féodal. En liaison étroite avec la constitution d'un habitat concentré et perché, on voit s'opérer la réorganisation des terroirs, qui sont désormais disposés en zones concentriques, et se réagencer conjointement les rapports d'exploitation, les pouvoirs de commandement et le système judiciaire. La nouvelle structure qui s'est mise en place aux alentours de l'An mil est bien « un ensemble cohérent d'éléments, où la transformation d'un seul provoque à terme celle de tous les autres ». Pendant plus de cinq cents ans, elle va constituer « un invariant, un cadre stable à l'intérieur duquel se déploient les activités des populations paysannes ». Ce cas exemplaire permet à Krzysztof Pomian de dégager les caractères majeurs de l'histoire structurale, conçue comme une « histoire des populations totales », qui délaisse l'exceptionnel pour s'intéresser surtout « à ce qui est banal, répétitif, présent dans la vie quotidienne »; comme une histoire psychologique, où le traitement statistique de phénomènes comme la nuptialité et la natalité, par exemple, permet de dévoiler les attitudes les plus secrètes; comme une histoire des phénomènes sociaux totaux qui, telle la conception du temps, se situent « au point d'intersection de l'économique et du politique, du social et du mental »; enfin comme une histoire biologique, qui analyse « les réactions des hommes à des contraintes naturelles » (climat, invasions microbiennes, etc.). Tout en accordant une place privilégiée aux cadres stables qui organisent la quotidienneté, l'histoire structurale revalorise aussi le concept de révolution, sous deux formes : d'une part en tant que rupture, qui entraîne l'écroulement de l'ancienne structure et l'avènement de la nouvelle; d'autre part en tant que processus silencieux et très lent, telles la révolution agricole ou la progressive alphabétisation des Français (qui s'étend sur trois cents ans environ). Ainsi conçue, la révolution n'est plus « la suite d'événements uniques » qui faisait les délices des maîtres de l'histoire historisante, mais une « onde d'innovations qui se propage à partir d'un point initial à travers des répétitions innombrables ».

Des conceptions voisines de celles de K. Pomian nous paraissent avoir guidé certains travaux d'Emmanuel Le Roy Ladurie, en particulier « L'Histoire immobile » de la France rurale traditionnelle entre 1300 et 1730 (*Annales ESC*, mai-juin 1974, p. 673 et s.), et de Pierre Chaunu. Dans *Le Temps des Réformes, 1250-1550*, ce dernier, qui se réfère explicitement à la notion de « structure autonome formée », propose un modèle interprétatif particulièrement éclairant pour penser *la vie religieuse des humbles* à la fin du Moyen Age. Les articulations maîtresses en sont : la transmission orale du message; le primat du faire sur le savoir, d'où l'accent mis sur les œuvres et les pratiques; la socialisation de l'ascèse, conférant une place centrale aux interdits alimentaires et sexuels; la valorisation des rites de passage et d'intégration, tels le baptême et la confirmation; enfin la recherche d'une « sociabilité compensatrice », qui trouve à se satisfaire aussi bien dans le rite de la messe dominicale que dans le baptême, occasion de tisser des liens protecteurs autour de l'enfant en lui choisissant plusieurs parrains et marraines. On voit que référence est faite au démographique et au social pour interpréter le religieux. Au sein de cette structure rigide de représentations et de comportements mûrit une révolution, qui débouchera sur la grande cassure du XVIe siècle. En effet, le clivage entre clercs et laïcs s'atténue sur un double plan : sexuel d'abord, parce que le retard progressif de l'âge au mariage maintient nombre de laïcs adultes dans le même état de continence que les clercs; culturel ensuite, parce que les « lisants-écrivants » sont de plus en plus nombreux. D'où l'aspiration des laïcs à briser le monopole clérical d'explicitation de l'Écriture sainte et le monopole sacerdotal de manipulation du sacré sous toutes ses formes. Cette étude, choisie pour son caractère représentatif, traduit la vitalité d'une histoire que Pomian appelle *structurale* et que nous proposons de qualifier de *structurelle,* dans la mesure où elle ne nous paraît pas répondre totalement à l'ambition structuraliste d'appréhender les phénomènes « en dehors de leurs manifestations conscientes » et de parvenir « à systématiser leurs relations et transformations d'ensemble à partir d'un petit nombre de variables ».

3. Michel Foucault, penseur de la discontinuité et de la relation

Michel Foucault n'a jamais dénié certaines attaches, d'ailleurs évidentes, avec le structuralisme, mais il a surtout affiché l'intention de « déployer les principes » de la transformation en cours en histoire. Sans doute fait-il allusion aux pratiques de l'histoire structurelle et sérielle, dont il s'est efforcé de tirer toutes les conséquences théoriques. On s'en convaincra sans peine en lisant en parallèle la très célèbre introduction de *L'Archéologie du savoir* (1969) et la réflexion presque contemporaine de François Furet sur « L'histoire quantitative et la construction du fait historique » (*Annales ESC*, 1971, nº 1, p. 63-75). Apparemment, rien de plus opposé que l'histoire sérielle, qui s'étire dans la diachronie, et le *mutationnisme* de Foucault, qui privilégie les ruptures brusques et l'émergence de structures nouvelles. En fait, qui ne s'aperçoit que les études sérielles sont fondées sur la discontinuité, parce qu'elles impliquent à la fois la délimitation d'un espace d'analyse, le repérage des césures chronologiques significatives et la distinction des temporalités propres aux diverses instances du réel? De surcroît, ces études, en se déployant dans la longue durée, mettent au jour des permanences et des régularités sous-jacentes aux oscillations de surface. Autant dire que ces travaux font affleurer des socles structuraux de nature variée (rigidité du système économique, routine mentale, etc.). Dans les premières pages de *L'Archéologie du savoir* [1], Foucault signale précisément ce déplacement du regard de l'historien, qui l'a amené à se tourner vers « les grands socles immobiles et muets » jusque-là enfouis sous les événements. Le chercheur distingue désormais des « couches sédimentaires diverses », analyse des phénomènes de décrochages en profondeur, repère des discordances d'une strate de la réalité à l'autre. Pareille problématique remet en question la conception classique du document. Celui-ci n'est plus considéré comme un reflet du passé, mais comme un matériau qu'il faut traiter, découper, répartir en séries. L'histoire ne prétend plus être la mémoire de l'humanité, elle se définit plus modestement comme la mise en œuvre d'une « matérialité documentaire ». Pour sa part, l'histoire des idées prend surtout en compte désormais les *ruptures*

1. La réflexion s'organisera ici autour de ce livre et de *Surveiller et Punir*, 1975. Il ne saurait être question de prendre en considération la totalité d'une œuvre considérable, de l'*Histoire de la folie à l'âge classique* au *Droit de savoir*, en passant par *Les Mots et les Choses*. Nous cherchons à éclairer un problème, non à écrire un article de dictionnaire.

épistémologiques, les *déplacements* et les *transformations de concepts.* Ce ne sont plus les continuités culturelles (échanges, influences, etc.) qui lui importent, mais les cohérences internes des différents systèmes conceptuels, et surtout le passage d'un système à un autre. De ce fait, la discontinuité acquiert une place centrale dans toutes les formes d'histoire (sociale, intellectuelle, etc.). Jusque-là, la discontinuité était ressentie comme un obstacle, comme un élément « scandaleux » qu'il fallait gommer. Désormais elle procède d'une opération délibérée de l'historien qui isole des niveaux d'analyse spécifiques. C'est aussi un résultat de l'analyse, qui vise à cerner les ruptures et à marquer les inflexions significatives au sein de la réalité observée. Conscient de la nouveauté de sa démarche, Foucault s'attend aux protestations véhémentes de la gent lettrée : « On criera donc à l'Histoire assassinée chaque fois que dans une analyse historique – et surtout s'il s'agit de la pensée, des idées ou des connaissances – on verra utiliser de façon trop manifeste les catégories de la discontinuité et de la différence, les notions de seuil, de rupture et de transformation, la description des séries et des limites. On dénoncera là un attentat contre les droits imprescriptibles de l'histoire et contre le fondement de toute historicité possible. Mais il ne faut pas s'y tromper : ce qu'on pleure si fort, ce n'est pas la disparition de l'histoire, c'est l'effacement de cette forme d'histoire qui était en secret, mais tout entière, référée à l'activité synthétique du sujet » (p. 23-24).

Voyons maintenant de plus près, toujours à travers *L'Archéologie,* comment ce postulat discontinuiste amène l'auteur à se démarquer de la traditionnelle histoire des idées. Il faut, nous dit-il, s'affranchir de concepts communément admis, comme ceux de tradition, d'influence (qui « fournit un support aux faits de transmission et de communication »), d'évolution (qui rapporte toute une série d'événements « à un seul et même principe organisateur »), ou encore de mentalité d'une époque (qui postule l'existence d'un maître-sens). Toutes ces explications paresseuses doivent être abandonnées. Il faut aussi remettre en cause les découpages habituels entre les disciplines (philosophie, droit, histoire, etc.) et des notions aussi simples que celles de *livre* ou d'*œuvre* attribués à un sujet. Car tout texte renvoie à d'autres textes, il s'inscrit dans un champ de discours associés et repose largement sur du déjà dit. Il faut donc renoncer à attribuer des valeurs inégales aux énoncés, en privilégiant le nouveau par rapport à l'ancien, l'inédit aux dépens du répété, etc. Désormais l'histoire ne doit plus s'écrire en termes de mérite; elle ne doit plus guetter les « événements de pensée », mais s'attacher aux règles qui conditionnent la production des discours à une époque donnée. Ces discours, il faut les considérer comme des performances verbales régies « par un ensemble de règles anonymes, historiques, toujours déterminées dans le temps et dans l'espace, qui ont défini à une époque donnée, et pour une aire sociale, économique, géographique ou linguistique donnée, les conditions d'exercice de la fonction énonciative ». On notera dans ces lignes le souci de concilier la démarche structurale, qui étudie les valeurs de fonctionnement d'un système, avec les exigences d'une approche historique au sens plein du terme.

Surveiller et Punir - Naissance de la prison, publié en 1975, témoigne effectivement d'une nouvelle façon d'écrire l'histoire, qui séduit et trouble à la fois les professionnels du genre. La réflexion de l'auteur part du constat d'un écart entre deux formes de répression distantes de trois quarts de siècle : l'atroce exécution de Damiens en 1757 et le minutieux emploi du temps prévu pour une maison de jeunes détenus sous la monarchie de Juillet. Ces deux styles pénaux contrastés traduisent « une redistribution de toute l'économie du châtiment en Europe et aux États-Unis », qui réside dans l'effacement de « la sombre fête punitive » que constituait l'exécution des condamnés et dans le recours généralisé à l'emprisonnement pour punir les délinquants. L'incarcération était une pratique ancienne, mais c'est seulement à la charnière du XVIIIe et du XIXe siècle qu'elle est devenue la « pièce principale » du système pénal. Les contemporains eux-mêmes ont eu conscience de ce changement brusque, qui constitue l'objet de la réflexion de Michel Foucault. Il ne considère pas les pratiques judiciaires et pénales isolément, mais comme des éléments indissociables de la structure sociale dans son ensemble. Ainsi voit-il dans la punition une fonction sociale complexe, et, dans les méthodes punitives, des techniques qu'il faut replacer dans le champ général des procédés de pouvoir. L'économie du châtiment relève d'une « économie politique du corps », orchestrée par les différents pouvoirs qui investissent l'individu, « le marquent, le dressent, le supplicient, l'astreignent à des travaux ». Cet assujettissement du corps est lié à son utilisation économique comme force productive. Il implique la convergence de tout un ensemble de pratiques disciplinaires, fonctionnant de l'école à la caserne, en passant par la manufacture. On notera le caractère global de l'approche, qui nous montre la connexion étroite existant entre divers appareils de dressage des individus. Ainsi s'éclaire la genèse du système de la punition généralisée, d'où procède *le carcéral* anonyme des temps contemporains. Foucault aborde de front le difficile problème de l'émergence et de la consolidation d'une structure nouvelle (punitive en l'occurrence), qui constitue la pierre d'achoppement dans le débat entre structuralisme et histoire. Il invoque toute une série de facteurs interreliés, dont les changements de la criminalité (le temps des grandes bandes fait place à celui de la délinquance individuelle, les crimes et les lois s'adoucissent), le développement de l'appareil judiciaire (qui permet un « quadrillage pénal plus serré du corps social ») et enfin la moindre tolérance aux différentes formes d'illégalisme, comme la contrebande et la rapine, dont l'Ancien Régime s'était accommodé. Une transformation du système pénal s'imposait donc à la fin du XVIIIe siècle, mais laquelle? Selon les réformateurs imprégnés des idéaux des Lumières, il fallait instaurer la continuité de la punition (à la place de la sombre fulgurance des supplices), établir un rapport de communication symbolique de la peine au crime et assurer la publicité du redressement imposé au condamné. Mais ces projets de constituer « mille petits théâtres des châtiments », pour l'édification du corps social tout entier, sont restés lettre morte. L'Europe a opté pour un « fonctionnement compact du pouvoir de punir » en généralisant l'emprisonnement. On ne saurait nier en la matière l'influence de modèles étrangers, aussi bien hollandais qu'anglo-saxons, mais elle n'a pu s'exercer que pour des raisons internes, parce qu'une société disciplinaire généralisée s'était mise en place à la fin de la période moderne. A l'école, à la caserne, à l'atelier, des techniques de dressage bien au point permettaient de forger des « corps dociles ». La discipline revêtait partout le même visage : enfermement des individus, quadrillage, assignation à des emplacements précis, scansion minutieuse du temps, soumission du corps à des impératifs temporels, et aussi totale « visibilité » des acteurs. Ces mille et une façons de contraindre confluent dans la structure-prison, dont le modèle parfait est constitué par le *Panopticon* de Bentham, maison de détention idéale, où le comportement de chaque condamné, enfermé seul dans une cellule vitrée, est à chaque instant visible et appréciable par un surveillant installé dans une tour centrale. Le pouvoir de punir est désormais assuré d'un fonctionnement en douceur : il se fonde sur une machinerie de la distribution des corps, des lumières et des surfaces. Certes, les prisons réelles sont loin de se conformer à cet archétype, mais elles n'en constituent pas moins les mailles d'un seul réseau carcéral, qui serait en place vers 1840. Une abstraction, *le carcéral*, a étendu son emprise sur la société entière. Structure formée s'il en est, cette machinerie anonyme, et quelque peu kafkaïenne, traque toutes les formes de déviance, organise des carrières disciplinaires continues, allant de la petite délinquance à la grande criminalité, et confère au pouvoir de punir un caractère « naturel » et « légitime ». Cette analyse du *carcéral* est significative d'une démarche qui toujours ramène la diversité du concret (ici le monde bigarré des prisons) à une texture de concepts qui permet d'accéder à son intelligibilité profonde.

Cette interprétation de la naissance de la prison moderne s'est heurtée à de vives réticences de la part des historiens, et en particulier de Jacques Léonard, dans un article intitulé « L'historien et le philosophe » (écrit en 1976 et repris dans *L'Impossible Prison*, 1980, p. 9 à 28). Extrayons de ce brillant réquisitoire les arguments les plus percutants, et d'abord les reproches venant du spécialiste d'histoire contemporaine. Foucault ne détient, selon Léonard, qu'une information ponctuelle; il ignore superbement certains faits bien connus des historiens, comme les réformes pénales de la Révolution et de l'Empire (« Cet escamotage de la Révolution empêche de comprendre... pourquoi s'est imposé l'enfermement »). C'est un « cosaque de l'histoire », qui aime les grandes chevauchées (il « parcourt trois siècles, à bride abattue, comme un cavalier barbare »), et dont les irruptions dans le champ historique ont quelque chose de dévastateur, même si la fécondité de certaines de ses hypothèses est incontestable. Péchant couramment par anachronisme (« Foucault ne *ressent* pas toujours, *de l'intérieur,* toutes les réalités du passé »), il surestime la normalisation et la caporalisation de la France louis-philipparde, où grande est la résistance des habitudes anciennes (« de la pagaille »), où la majorité des enfants, par exemple, échappe à l'internat-caserne. Il a beau jeu de s'en prendre au rationalisme bourgeois, en oubliant de dénoncer les méfaits de l'obscurantisme clérical, qui n'a pas peu contribué à l'entreprise de dressage des corps depuis le XVIIe siècle. Plus grave, Foucault n'accorde aucun rôle aux acteurs de l'histoire. Le système carcéral n'est plus chez lui qu'un ensemble de règles anonymes de fonctionnement, une géométrie abstraite, une « machinerie sans machiniste », ce qui se traduit stylistiquement par un usage surabondant du *on* et l'emploi de vocables imprécis du type *pouvoir, stratégie, tactique, technique,* etc. Cette fois, le reproche va loin, puisque Léonard conteste en fait l'option structuraliste de Foucault, selon laquelle les agents historiques sont simplement des sujets-supports des mécanismes structuraux. D'où la réplique de Foucault, « La poussière et le nuage » (toujours dans *L'Impossible Prison,* p. 29 à 39), reprochant à son contradicteur de n'avoir pas saisi le sens profond de sa démarche. Il est trop simple, dit-il, de s'installer dans la position du spécialiste (« le chevalier de l'exactitude, le docteur aux connaissances inépuisables ») sans se donner la peine de cerner au départ la « différence de procédure entre l'analyse d'un problème et l'étude d'une période ». Le problème, en l'occurrence, est de savoir pourquoi un nouveau mécanisme punitif s'est mis en place aux alentours de 1800. Pour tenter de le résoudre, n'est-il pas légitime de procéder à un choix des matériaux pertinents, de centrer étroitement l'analyse, et de décrire le champ relationnel dans lequel s'inscrit cette nouvelle pratique punitive (ce qui amène à prendre en compte l'école, la caserne, etc.)? S'il s'était agi d'étudier une période, il eût fallu tout dire, en donnant satisfaction aux différents spécialistes, comme dans une bonne leçon d'agrégation. Mais il est vain de chercher à concilier l'analyse systématique de la *rationalité d'une pratique* avec l'évocation savamment équilibrée d'une société. Au nom de quoi, d'ailleurs, privilégier ainsi la société comme l'instance où le réel se donne (mythe tenace chez les historiens, que celui d'une réalité à restituer!)? Ce dont Foucault traite – « un type de rationalité, une manière de penser, un programme, une technique, un ensemble d'efforts rationnels et coordonnés » – ne participe-t-il pas aussi du réel cher à son contradicteur, sans être le réel en soi, objet inaccessible?

Voilà pour la réplique à des attaques précises. Le débat suscité par *Surveiller et Punir* donne aussi à Foucault l'occasion de systématiser sa démarche (« mes livres [sont]... des fragments philosophiques dans des chantiers historiques ») au cours d'une Table ronde avec plusieurs historiens (*L'Impossible Prison,* p. 40 à 56). L'objet central de sa réflexion consiste, nous dit-il, à « faire l'analyse d'un *régime de pratiques* – les pratiques étant considérées comme le lieu d'enchaînement de ce qu'on dit et de ce qu'on fait, des règles qu'on s'impose et des raisons qu'on se donne, des projets et des évidences ». Est-il par excellence le penseur de la discontinuité? En fait, il a pris acte d'un « changement brusque » dans les mécanismes punitifs et il s'est interrogé sur les conditions de possibilité de cette mutation. A contre-courant d'une histoire qui délaisse de plus en plus l'événement, il veut « travailler dans le sens d'une *événementialisation* ». Entendons par là qu'il veut retrouver le sens de certaines *singularités,* souvent noyées sous les constantes ou les évidences qu'invoque le discours historique, et surtout qu'il veut « bâtir, autour de l'événement singulier analysé comme processus, un *polygone* ou plutôt *polyèdre d'intelligibilité* dont le nombre de faces n'est pas défini à l'avance et ne peut jamais être considéré comme fini de plein droit ». Ainsi toute pratique sociale doit-elle être replacée au sein d'un ensemble de *réseaux,* de *jeux de forces* et de *stratégies* qui la conditionnent. On assiste de ce fait à « une sorte de démultiplication causale », dont les connexions établies entre prison, école, caserne, couvent et atelier constituent un bel exemple. Plus l'analyse de la structure progresse, plus il faut faire intervenir des *relations d'intelligibilité externe.* Cet aspect de la pensée de Foucault a été nettement souligné par Paul Veyne : « Chaque pratique dépend de toutes les autres et de leurs transformations, tout est historique et tout dépend de tout »; ou encore : « La philosophie de Foucault n'est pas une philosophie du *discours,* mais une philosophie de la relation. Car *relation* est le nom de ce qu'on a désigné comme *structure.* Au lieu d'un monde fait de sujets ou bien d'objets ou de leur dialectique... nous avons un monde où la relation est première : ce sont les structures qui donnent leurs visages objectifs à la matière. » Juste remise en perspective structurale d'une œuvre à laquelle des historiens ont pu reprocher, ô paradoxe, de privilégier le « processus purement événementiel ». Certes, Foucault n'a jamais aspiré à gommer les ruptures, mais son ambition principale est bien de chercher, derrière les actes, les règles d'un faire et, sous les énoncés, la grammaire qui les commande.

4. Les conquêtes de l'histoire structurale (analyse des mythes, des textes et des rituels)

Il nous reste à évoquer ce que nous avons appelé plus haut la « stricte obédience » structuraliste. Les années 1970-1980 ont été riches en œuvres marquantes, directement inspirées des travaux de Lévi-Strauss ou de la sémantique structurale d'A.-J. Greimas. *L'Analyse des mythes* a constitué un premier secteur de recherches, dans la ligne des principes énoncés par Lévi-Strauss dans *l'Anthropologie structurale* (I, p. 226 et s.) et dans « Le temps du mythe » (*Annales ESC,* 1971, p. 533-540). Après avoir souligné les carences de l'analyse traditionnelle des mythes (considérés comme des jeux gratuits, ou des expressions de sentiments fondamentaux ou des reflets des structures sociales), l'ethnologue constate que tout peut arriver dans un mythe, sans respecter ni la logique ni la continuité. Tel ou tel thème mythique ne peut se voir conférer une signification précise. C'est la combinaison des éléments qui donne le sens du mythe, et aussi la relation qu'il entretient avec un ensemble plus vaste, car il s'insère dans un système de transformations. Il est formé d'un ensemble d'unités constitutives ou *mythèmes,* qu'il faut identifier en prenant en compte toutes les versions du récit. C'est l'opération à laquelle Lévi-Strauss procède pour le mythe d'Œdipe, dont il ordonne les mythèmes sur le plan paradigmatique (*Anthropologie structurale,* p. 236), pour en dégager la signification profonde : « il exprimerait l'impossibilité où se trouve une société qui professe de croire à l'autochtonie de l'homme... de passer, de cette théorie, à la reconnaissance du fait que chacun de nous est réellement né de l'union d'un homme et d'une femme » (p. 239). Où il s'avère que « l'objet du mythe est de fournir un modèle logique pour résoudre une contradiction » (p. 254). Il faut donc rechercher quelles sont les opérations logiques qui sont à la base de la pensée mythique. Celle-ci procède de la prise de conscience initiale d'oppositions entre le ciel et la terre, le haut et le bas, la terre et l'eau, etc. C'est cette disparité du réel qui met la spéculation mythique en branle, comme si fonctionnait un appareillage « monté d'avance dans l'entendement ». Ces oppositions, la pensée sauvage cherche en même temps à les surmonter en recourant à des éléments médiateurs : à ce titre, le coyote remplit, par exemple, la même fonction d'intermédiaire entre les herbivores et les carnivores que le brouillard entre le ciel et la terre. Il faut donc considérer le mythe comme un « mode universel d'organiser les données de l'expérience sensible », régi par une logique « peu différente » de celle qui fonde la pensée positive. C'est aussi un instrument logique pour neutraliser les vicissitudes historiques, car il permet de rétablir, sur le plan imaginaire, un état d'équilibre qui efface les perturbations provoquées par les événements dans le système social.

Dans *Les Jardins d'Adonis* (1979), Marcel Détienne et son préfacier Jean-Pierre Vernant se situent dans une rigoureuse orthodoxie lévi-straussienne. Les récits mythiques, nous dit Vernant, nous révèlent « l'alphabet dont les Grecs se sont servis pour épeler le monde ». Comment les lire?

Non pas sur un mode comparatiste général, ni en cherchant dans les personnages des métaphores du réel. Un dieu n'a pas d'essence en soi, il ne se définit qu'en relation (de complémentarité, d'opposition, etc.) avec d'autres divinités, au sein d'un panthéon particulier. C'est dans le cadre d'un ensemble mythique qu'il faut repérer les écarts, les inversions ou les symétries entre les divers éléments. Ainsi ne suffit-il pas de dire qu'Adonis, le dieu qui meurt et ressuscite, symbolise le cycle végétal. Il importe de noter qu'il naît de la myrrhe (plante solaire et aromatique) pour mourir dans la laitue (plante froide et crue). Ce qui amène à prendre en compte le code botanique, où les céréales occupent une place centrale : Adonis échappe à leur monde, en signe d'une vie en dehors de la norme. Ce code botanique renvoie lui-même à un code zoologique et à un code astronomique (car les aromates sont des plantes « caniculaires »). Ainsi le mythe d'Adonis est-il l'objet d'un savant décodage. Le thème du mariage y est essentiel. Adonis ne disparaît-il pas au moment où il atteint l'âge de l'union conjugale, après une enfance adonnée à l'amour? Ce non-accès au mariage entre en correspondance avec l'absence des céréales dans le registre botanique, dans la mesure où il y a un lien entre le mariage et l'agriculture, tous deux patronnés par Déméter. L'on débouche ainsi sur une interprétation neuve du rituel des Adonies, accompli au moment de la canicule par des courtisanes et des concubines accompagnées de leurs amants, dans un climat de licence sexuelle. Le rite consiste à déposer au sommet des maisons de petits « jardins » contenus dans des pots de terre cuite. Les plantes germent vite et se dessèchent rapidement. Cette anti-agriculture contribue à valoriser la vraie agriculture, de même que l'atmosphère de dérèglement sexuel s'oppose à la gravité des Thesmophories, la fête de Déméter célébrée par des femmes mariées qui doivent se plier à une ascèse sévère. L'analyse structurale permet ainsi de progresser dans l'interprétation d'un système mythique et rituel partiellement opaque jusque-là.

Le décryptage systématique des *rituels* les plus variés (fêtes antiques comme nous venons de le voir, processions chrétiennes, manifestations politiques) constitue un des exercices favoris des ethno-historiens, qu'ils puissent ou non s'appuyer sur des textes. Emmanuel Le Roy Ladurie a donné récemment une évocation inoubliable du *Carnaval de Romans* de 1580, cette fête sanglante qui vit les notables de la cité dauphinoise, inspirés par le juge Guérin, éliminer les chefs du parti populaire, conduits par Paumier, qui avaient créé dans la ville une situation révolutionnaire depuis quelques mois. Lors du carnaval de 1580, les positions sociales des acteurs de la fête s'exprimèrent symboliquement dans la désignation des différents reynages (ce terme désigne des groupements, portant des noms d'animaux, constitués à l'occasion de l'élection d'un roi et de sa cour). Le bestiaire des reynages romanais traduisait avec une particulière netteté l'opposition existant entre les riches et les pauvres : aux premiers revenaient les animaux aériens, « marqués sexuellement »; aux seconds, les animaux terriens, châtrés ou indifférents sexuellement. De surcroît,

(Haut) Riches	coq	aigle	perdrix		Animaux aériens
(Bas) Artisans et laboureurs	ours	mouton	lièvre	chapon âne	Animaux terriens

les programmes politiques des deux factions opposées furent joués dans les rites carnavalesques. Du côté plébéien, c'est le slogan « Riches, remboursez! » ou la menace représentée par des danses avec rateaux, balais et draps mortuaires. Du côté patricien, c'est l'inversion du tarif des denrées alimentaires, pour tourner en dérision les revendications populaires, c'est aussi l'organisation d'un grand défilé des Estats de la Société, manière de consacrer l'ordre en place. Tout revêt ici une dimension à la fois politique et mythique : lorsque les partisans de Paumier se livrent à une danse des épées, celle-ci associe des connotations sociales, parce que menaçante pour les riches, mais aussi agraires et sexuelles. En deçà de ce langage particulier pour l'affrontement social que constitue le carnaval de 1580, on retrouve les traits permanents du Carnaval des sociétés traditionnelles, la grande fête d'hiver, riche de connexions multiples : le rituel de changement d'année, marqué par des gestes propitiatoires destinés à assurer la fertilité; mais aussi le prélude au Carême, temps de ripaille et de violence établies où l'on laisse libre cours aux actes irrationnels et fous, temps d'expulsion du mal social par des railleries et des insultes. L'interaction entre ce plan des structures profondes, constitué par les caractères pérennes du Carnaval, et celui des événements explosifs de 1580 est analysée avec une acuité exceptionnelle. C'est, à notre connaissance, l'un des rares cas où l'analyse structurale ait su s'accommoder du temps court des luttes sociales et où le décryptage d'un rituel complexe se marie à la chronique politique.

L'*analyse structurale des textes,* qu'il s'agisse d'une œuvre dans sa totalité, d'une page précise ou d'un document choisi parmi les plus ordinaires, constitue également une voie neuve du travail historique. Un certain nombre de chercheurs, parmi lesquels on peut citer Nathan Wachtel, Jacques Le Goff et Michel de Certeau, se sont inspirés des travaux de Propp, Greimas et Brémond pour renouveler radicalement la critique des textes. On peut ainsi définir leur démarche : il s'agit de « substituer à la représentation phonique ou graphique du discours... une représentation artificielle, construite pour la mise en évidence des corrélations ou des rapports articulant entre elles les unités élémentaires de la signification » (Jean Calloud). Cette pratique peut être riche d'enseignements pour l'historien. En témoigne l'étude exemplaire de Nathan Wachtel, « Pensée sauvage et acculturation » (*Annales ESC,* 1971, p. 793-841), qui restitue les paysages mentaux contrastés de deux acculturés péruviens du XVIe siècle à partir de l'étude de leurs œuvres. L'un, Garcilaso de la Vega (né en 1531), est le parfait assimilé, qui soumet l'histoire de son pays au temps linéaire et irréversible des Occidentaux, l'autre, Poma de Ayala (né vers 1535), réinterprète les apports occidentaux à travers la logique indigène : son histoire sainte, pour prendre ce seul exemple, est partagée en cinq âges, en conformité avec la vision de l'histoire des Incas. Cette étude pionnière n'a pas pris une ride, même si, la sémiotique aidant, les historiens se sont pliés à une formalisation de plus en plus rigoureuse du contenu des textes, dans le sens d'une abstraction croissante. On pourra en juger à la lecture de l'analyse de l'*Histoire d'un voyage faict en la terre du Brésil* de Jean de Léry, conduite d'éblouissante façon par Michel de Certeau dans *L'Écriture de l'histoire* (chapitre v, « Ethno-graphie. L'oralité, ou l'espace de l'autre : Léry », p. 215-248). Cette *Histoire d'un voyage,* publiée en 1578, relate un séjour dans un « refuge » calviniste de la baie de Rio en 1556-1558, puis trois mois d'errance chez les Tupinambous de la côte, et enfin le retour en Occident. L'ensemble du récit s'organise, selon de Certeau, autour d'une différence structurale entre *ici* et *là-bas;* il suppose à tout instant la *coupure,* aussi bien celle de la traversée que celle de la dissemblance entre la société tupie et la société occidentale. Le texte apparaît ainsi comme un travail pour ramener *l'autre* au *même.* Au départ, il peut se figurer géométriquement en fonction d'un axe horizontal séparant *par-deçà* (le même) et *par-delà* (l'autre). « Le travail qu'il effectue peut être représenté comme un mouvement qui fait tourner cette ligne de 90 degrés et crée ainsi, perpendiculaire à l'axe par-deçà / par-delà, un axe l'autre / le même. De ce fait, le " par-delà " ne coïncide plus avec l'altérité. Une part du monde qui apparaissait tout entier *autre* est ramenée au *même* par l'effet du décalage qui déboîte l'étrangeté pour en faire une *extériorité* derrière laquelle il est possible de reconnaître une *intériorité,* l'unique définition de l'homme ». On aurait là, en fait, le modèle de toute écriture ethnologique, qui consiste à déceler, derrière l'irréductible étrangeté, la présence d'un certain nombre d'invariants, qui se trouvent rattachés à une seule et même nature humaine, ainsi qu'à une logique universelle. Ce récit de voyage est *une herméneutique de l'autre* et cette première forme d'ethnologie, un substitut de l'exégèse chrétienne, où le problème de la relation avec l'altérité juive occupe une place centrale. Vaste conclusion, d'une importance indéniable pour les historiens, tirée d'une analyse sur corpus clos conduite suivant les règles de la sémantique structurale.

S'il n'est pas imprudent de conclure, en un domaine où les perspectives se déplacent si rapidement, on peut avancer que les différents courants de l'histoire structurale semblent actuellement en voie de se fédérer sous la dénomination d'*anthropologie historique*. Les perspectives de cette dernière ont été récemment tracées avec une remarquable netteté par André Burguière (« L'anthropologie historique » dans *La Nouvelle Histoire*, p. 37 à 61). Elle vise, nous dit-il, à étudier l'homme dans son environnement bio-climatique, technique, familial, social, etc. A cette fin, elle analyse les multiples réseaux qui l'enserrent (classes d'âge, pratiques relationnelles, manières de table, systèmes de représentations, etc.) et cherche à voir comment ils régissent les comportements corporels, les relations domestiques, le « quotidien » dans son ensemble (voir *Montaillou, village occitan*, d'Emmanuel Le Roy Ladurie). Il s'agit en somme d'évoquer toute la trame de la vie biologique et sociale, de mettre au jour les « systèmes ensevelis », le refoulé, le non-conscient. Il faut percer le sens des attitudes silencieuses et des gestes les plus automatiques, exhumer les significations perdues des systèmes symboliques, comme les rituels de la vassalité ou ceux du mariage dans la France traditionnelle (voir Jacques Le Goff, « Le rituel symbolique de la vassalité », dans *Pour un autre Moyen Age*, 1979, et Martine Ségalen, *Mari et Femme dans la société traditionnelle*, 1980). Le but ultime n'est autre que de bâtir, à partir d'une description ethnographique rigoureuse des comportements passés, une *méta-logique des pensées et des attitudes humaines*. Pareille recherche exige d'aller au-delà des « rationalisations » élaborées par les agents historiques, qu'il faut considérer comme des masques qui dissimulent les données structurelles; elle requiert aussi d'adopter une attitude nouvelle face au temps : tout en se gardant du piège de l'histoire immobile, il faut privilégier le répétitif, voire le réactivé, aux dépens du changeant, en portant une attention particulière aux phénomènes de pétrification sociale et aux forces qui s'y investissent.

13

Le doute sur l'histoire

Ce titre est trompeur, reconnaissons-le d'emblée, car il recouvre des démarches aussi différentes que celles d'Henri Marrou, de Paul Veyne, de Michel de Certeau et de Jean Chesneaux. Mais il reste utile pour désigner un courant très large de remise en cause des belles certitudes sur lesquelles vivait la science historique depuis le XIXe siècle. Il faut en chercher l'origine dans le relativisme qui, dès l'entre-deux-guerres, s'est attaché à ruiner la notion de *faits établis* en montrant qu'il s'agissait seulement de jugements qui, à un moment donné, avaient été l'objet d'un consensus de la part des historiens. Désormais, il sera de bon ton chez ces derniers de faire preuve d'un « agnosticisme résigné », tel le maître d'œuvre de la *New Cambridge Modern History* en 1957 : puisque l'on sait désormais que l'histoire ne peut « être composée de particules élémentaires et impersonnelles, que rien ne viendrait altérer », l'ambition des auteurs se limite à « dire simplement ce qu'on sait aujourd'hui », tout en s'attendant à ce « que les résultats de leurs efforts soient sans cesse remis en question et dépassés ». Au fil des années, le doute sur l'histoire, encore contrebalancé par un bel optimisme chez Henri Marrou, s'est transformé en un procès systématique de la discipline. On connaît les témoins à charge : le présent de l'historien, qui détermine le regard porté sur le passé; les fausses « lois » de l'histoire, qui ne sont au mieux que des régularités approximatives dans le déroulement des événements; les concepts inadéquats abusivement appliqués aux sociétés passées; les pesanteurs de l'institution historique, si engoncée dans ses traditions; enfin les artifices du texte historique lui-même, qui entretient l'illusion de reconstituer le passé.

On ne retrouve pas tous ces arguments chez chacun des quatre auteurs précités, mais certains thèmes circulent de l'un à l'autre, en subissant parfois de notables infléchissements. Si Marrou et Veyne reconnaissent pour principal mérite à leur discipline d'être un inégalable répertoire d'histoires vraies, de Certeau insiste également sur la place qu'occupe l'élément narratif dans le discours historique. Lorsque Marrou demande à l'historien d'exposer les motivations et les conditions de sa recherche, n'annonce-t-il pas l'exigence formulée par de Certeau de « joindre à la reconstitution d'un passé l'itinéraire d'une démarche »? Quand Paul Veyne dénonce l'inconsistance du texte historique, une méthode d'analyse empirique le conduit à des intuitions proches de certaines conclusions auxquelles parvient Michel de Certeau par l'analyse sémiotique. Qui ne décèlerait enfin un certain air de famille entre les remarques acérées de Michel de Certeau sur le milieu des historiens et la critique au vitriol de Jean Chesneaux, qui reprend d'ailleurs certaines des idées maîtresses du premier nommé? L'un et l'autre ont estimé, dans la ligne de la contestation d'après 1968, que le débat avec leurs confrères n'était pas seulement intellectuel, mais qu'il fallait s'attaquer aux structures de la corporation historienne elle-même.

1. Du « présentisme » optimiste d'Henri Marrou à l'hypercriticisme de Paul Veyne

A. Deux formules lapidaires nous serviront d'introduction à l'ouvrage classique d'Henri Marrou, *De la connaissance historique :* « l'histoire est inséparable de l'historien » et aussi, « l'histoire est le résultat de l'effort par lequel l'historien établit ce rapport entre le passé qu'il évoque et le présent qui est le sien ». Bien des historiens firent leur cette philosophie à la fin des années 50; elle n'était pourtant pas nouvelle. Écoutons Hegel : « L'historien ordinaire et médiocre, qui prétend que son attitude est purement réceptive, qu'il se soumet au donné, n'est point passif dans sa pensée, il apporte ses catégories, voyant les faits au travers »

(*Leçons sur la philosophie de l'histoire,* 1822). Écoutons les maîtres du *présentisme* anglo-saxon dans les années 1930-1940. Selon R.G. Collingwood, « la pensée historique est une activité de l'imagination... Dans l'histoire aucun acquis n'est définitif. Un témoignage, valable à un moment donné, cesse de l'être dès qu'on modifie les méthodes et dès que changent les compétences des historiens » (*The Idea of History,* Oxford, 1946). Pour C. Becker, « chaque siècle réinterprète le passé de manière que celui-ci serve à ses propres fins... Le passé est un genre d'écran sur lequel chaque génération projette sa vision de l'avenir ». Dans le même courant s'inscrit Raymond Aron : « la pluralité des interprétations est évidente dès que l'on envisage le travail de l'historien. Car autant d'interprétations surgissent qu'il existe de systèmes, c'est-à-dire en termes vagues, de conceptions psychologiques et de logiques originales. Bien plus, on peut dire que la théorie précède l'histoire » (*Introduction à la philosophie de l'Histoire,* p. 111). Ce montage de citations fait apparaître que, pour les relativistes, l'activité du sujet est essentielle dans le processus de la connaissance historique. Loin de se contenter d'extraire le passé des sources, l'historien infuse dans son œuvre des contenus affectifs, intellectuels et idéologiques. Il répond en fait aux problèmes surgis de son présent; d'où le perpétuel inachèvement de l'histoire, qui évolue avec ces derniers.

Marrou reprend à son compte ces affirmations, tout comme il emprunte certains arguments à Bloch et Febvre lorsqu'il s'agit de s'en prendre à Langlois et Seignobos, ses bêtes noires. A l'encontre des vieux maîtres « positivistes », il affirme le primat de la démarche intellectuelle accomplie par l'historien sur les sources dont il dispose. Comme chez les fondateurs des *Annales,* la question est première en histoire, mais elle est lestée cette fois d'angoisse existentielle et teintée de personnalisme : ce n'est pas seulement un problème à résoudre, c'est une démarche qui s'enracine dans les aspirations les plus profondes du sujet à découvrir l'Autre. Aussi ne peut-il y avoir de méthode standardisée : « l'historien n'est pas un simple ouvrier attaché à la transformation d'une matière première, ni la méthode historique une machine-outil dans laquelle on introduirait comme par un entonnoir du document brut et d'où sortirait un fin tissu de connaissance ». Dans chaque cas particulier, il faudra, pour saisir le passé, « l'enserrer étroitement dans un réseau de questions sans échappatoire ». Comme celles-ci peuvent varier à l'infini, il n'y a pas à craindre l'épuisement de la documentation, hantise de Langlois et Seignobos. Par son ingéniosité, par sa richesse personnelle, l'historien contribue à créer sa documentation, en ne se laissant pas enfermer dans les rubriques toutes faites des inventaires d'archives.

A toutes les étapes du travail historique, il doit y avoir engagement actif du sujet connaissant, qui établit une relation entre deux plans d'humanité, celui des hommes d'autrefois et le présent où il vit, marqué par un effort de « récupération de ce passé ». Ce dernier n'est jamais appréhendé en soi, mais comme connaissance, c'est-à-dire après avoir été remodelé par les catégories mentales du chercheur et par les servitudes logiques et techniques qui s'imposent à lui. Allant plus loin et insistant sur la « communion fraternelle » qui doit s'établir entre l'historien et le document, Marrou dira que la valeur de la connaissance historique est directement fonction de la richesse intérieure et de la qualité d'âme du savant. Loin d'être un dilettante mû par la seule curiosité, l'historien s'enracine de surcroît dans un « milieu social, politique, national, culturel » qui l'a modelé « et auquel tout ce qu'il fait retourne et profite ». Il y a du grand prêtre dans l'historien ainsi conçu, dépositaire des aspirations fondamentales du groupe, accoucheur des grandes interrogations collectives, sans jamais se laisser mener par les exigences de la propagande.

Loin d'être simple reproduction du passé, la connaissance historique est réélaboration de celui-ci, car elle passe inévitablement par la conceptualisation. Connaître historiquement, c'est en effet substituer à un donné brut un système de concepts élaborés par l'esprit. Marrou procède (p. 149 et s.) à une classification des concepts utilisés par l'historien en cinq grandes catégories qui peuvent paraître aujourd'hui bien désuètes : concepts d'ambition universelle, images singulières à usage analogique ou métaphorique (ainsi la notion de baroque), notions relatives à un milieu donné (ainsi *patricien* ou encore *vertu romaine* selon Plutarque), *ideal-*

typen wébériens (la notion de *cité antique*) et enfin notions historiques dénotant des milieux humains particuliers (Byzance, la Renaissance, les Lumières). Taxinomie vieillie, parce qu'elle ne fait aucune place à certains termes clés de l'histoire conceptualisante actuelle, telles les notions de structure ou de mode de production. Demeurent les pages sur les *types-idéaux* inspirés de Max Weber. Il s'agit, tel le concept de *cité antique* échafaudé par Fustel de Coulanges, de schémas abstraits de valeur relativement générale, qui permettent de ramener à l'intelligibilité la diversité des sociétés historiques concrètes. Ils sont de nature idéale dans la mesure où les caractères retenus pour les échafauder ne sont pas nécessairement ceux que fournissent les cas concrets les plus nombreux mais ceux que fournissent les cas les plus représentatifs, les plus chargés d'intelligibilité. Marrou en a donné un bel exemple dans la *Nouvelle Histoire de l'Église* (t. 1, Éd. du Seuil) en dessinant un portrait-type du père de l'Église. Une fois le type idéal élaboré, l'historien doit faire retour au concret : si celui-ci cadre avec l'*idealtypus*, il se trouve désormais doté d'intelligibilité; à défaut, sa singularité apparaît mieux. Le grand danger serait de réifier ces concepts, d'en faire des idées platoniciennes plus réelles que la réalité elle-même, Paul Veyne le redira. Ce ne sont que constructions de l'esprit, « étiquettes verbales » provisoires placées sur une réalité diverse et insaisissable. « Au terme de son élaboration, la connaissance historique révèle son nominalisme radical » (p. 165). Elle épelle imparfaitement une réalité infiniment diverse.

L'explication historique se heurte aussi à bien des limites. Certes, elle met au jour des phénomènes de coordination et d'interrelation entre les faits; il arrive que les données historiques s'agencent en de vastes ensembles, mais beaucoup d'entre elles échappent aux cadres ainsi forgés par l'esprit. Marrou se défie du mythe de l'unité structurale des civilisations : elles peuvent bien comporter en leur sein des systèmes articulés, il n'en restera pas moins toujours des éléments isolés et d'autres juxtaposés de façon tout à fait empirique. A côté des structures intelligibles, il faut savoir faire place aux anomalies qui procèdent de la diversité du singulier. Marrou fait preuve d'une égale prudence quand il s'agit de la causalité. À ses yeux, la traditionnelle recherche des causes, qui procède d'une vision mécaniste de l'histoire et qui n'a de sens que dans une conception strictement événementielle de celle-ci, doit cesser de retenir toute l'attention du chercheur. Il faut surtout s'efforcer de reconstituer des *développements coordonnés.* L'explication en histoire ne se ramène plus à la traditionnelle concaténation des faits, mais elle consiste en l'analyse des « mille liens » qui unissent les uns aux autres les divers aspects de la réalité. Il faut se départir de la tentation, propre aux philosophes, de tout ramener à l'unité. « Inépuisable, la réalité historique est du même coup équivoque » (Raymond Aron). En conséquence, l'histoire doit seulement viser à être une *description raisonnée* des multiples coordinations qui composent la texture du réel, mais elle ne peut prétendre établir des lois du comportement humain. Elle doit bannir l'esprit de système et se garder des philosophies totalisantes comme le marxisme, à peu près aussi maltraité par Marrou que par Veyne.

Cette critique de la raison historique ne débouche pas sur le scepticisme : l'histoire demeure capable d'élaborer une connaissance vraie (quoique partielle) de l'homme, dans sa richesse et sa complexité. Il ne faut pas l'opposer sommairement aux sciences exactes, car il n'y a pas de connaissance empruntée à 100 % à l'objet, sans immixtion du sujet connaissant. Mais on peut qualifier une science d'*objective* quand des procédés définis lui permettent d'atteindre quelque chose qui appartient à l'objet. N'est-ce pas le cas en histoire, où les connaissances progressent au fil des controverses et des polémiques? Elle est saisie partielle de l'objet, en même temps qu'aventure spirituelle du sujet connaissant. Dans toute œuvre, il serait possible de distinguer ce qui appartient à l'objet de ce qui est apport personnel de l'historien. Puisqu'il n'appréhende la vérité que partiellement, ce dernier doit avoir pleine conscience des servitudes qui pèsent sur lui : limites de la documentation, bagage logique et technique dont il hérite, incapacité de celui qui n'est pas Dieu à sonder les reins et les cœurs des hommes du passé. Le chercheur devra faire état de toutes ces contraintes en fournissant à ses lecteurs un exposé détaillé de son itinéraire intellectuel et en produisant un texte à deux niveaux, à la fois narratif et explicatif. Il ne suffit plus de satisfaire à la simple honnêteté professionnelle en fournissant à quiconque les moyens de contrôler ses assertions, il faut savoir s'introspecter comme historien engagé dans un procès de connaissance. Il serait inexact de parler de psychanalyse, car Marrou ne fait pas intervenir les motivations inconscientes du travail historique, pas plus qu'il ne souffle mot du conditionnement social de la connaissance. Il ne veut retenir que les postulats et les projets conscients du chercheur. Cette démarche ne peut aboutir pleinement, par manque de lucidité sur soi-même. Il faut que les années passent pour que s'établisse une certaine distanciation entre l'auteur et son œuvre, rendant cette *rétrospection* plus féconde. Ces pages amorcent une véritable révolution de l'écriture historique, en invitant les confrères à ne plus se contenter d'énoncer les acquis de leur recherche *(le certain, l'établi)* et à pratiquer désormais une *énonciation distanciée,* où une partie du texte juge l'autre. Marrou en a donné lui-même l'exemple, en faisant suivre sa thèse sur *Saint Augustin et la Fin de la culture antique* d'une *retractatio.* Quoiqu'il ait dénié toute appartenance au relativisme, c'est bien dans ce courant très large qu'il s'insère, sans que vacille totalement son robuste optimisme de chrétien engagé, qui s'estime *délégué à la recherche de la vérité* pour la faire partager aux autres. Qu'il fût inspiré de lui, de Raymond Aron ou de Lucien Febvre, le relativisme a dominé chez les historiens français dans les années 50, subissant quelques attaques de la part des derniers positivistes et des marxistes. Certains de ces derniers s'en sont imprégnés, en se rattachant à un *relativisme objectif,* tel que le formule Adam Schaft dans *Histoire et Vérité* (1971) : compte tenu des différents conditionnements, y compris affectifs, qui pèsent sur l'historien, la vérité historique atteinte n'est jamais que partielle, mais la connaissance progresse « par le processus infini de l'accumulation de vérités relatives ».

B. Paul Veyne a inauguré le renouveau épistémologique des années 70, mais sur la base des acquis des années 1950.

Comment on écrit l'histoire (1971) est venu remplir un creux théorique, en un temps où régnaient dans notre discipline les chiffres, les courbes et les reconstitutions globales de vastes ensembles sociaux, souvent inspirées par le marxisme. Face à ces historiens conquérants, Paul Veyne va tenir le discours traditionnel de l'humanisme occidental, en le teintant fortement de scepticisme. Humaniste, il fait droit au sujet historien qu'il voit avant tout comme un narrateur, un romancier du vrai. Sceptique, il fait preuve d'une défiance totale envers les prétentions de l'histoire de s'ériger en science et envers toutes les tentatives de conceptualisation *new-look,* qu'elles soient de type structuraliste ou marxiste. Il ne s'interdit pas de verser dans un hypercriticisme de bonne compagnie lorsqu'il affirme sans sourciller : « La méthode de l'histoire n'a fait aucun progrès depuis Hérodote et Thucydide. »

Suivons tout d'abord Paul Veyne à la recherche de la vraie nature de l'histoire. Sa critique est parfois stimulante, voire décapante à l'occasion. Une cure de pyrrhonisme ne saurait nuire à personne. Qu'est-ce donc que l'histoire? Un récit véridique relatant « des événements qui ont l'homme pour acteur », en se pliant aux exigences du genre narratif : « comme le roman, l'histoire trie, simplifie, organise, fait tenir un siècle en une page ». Cette narration est centrée sur l'individuel, entendons sur des êtres et des événements situés à un moment précis du temps. C'est une connaissance *idiographique* (*i.e.* qui traite du particulier) par opposition aux sciences *nomographiques* qui établissent des lois, telles la physique ou l'économie. C'est précisément parce qu'elle raconte que l'histoire intéresse, et peut-être plus que le roman parce qu'il s'agit d'événements vrais, affectés de surcroît du signe de la différence culturelle : « l'histoire est un savoir décevant, qui enseigne des choses qui seraient aussi banales que notre vie si elles n'étaient différentes ». C'est cette exigence de type romanesque qui incite l'historien à vouloir entretenir l'illusion de reconstituer intégralement le passé.

Car l'histoire est en fait une connaissance mutilée et lacunaire, qui tente de voiler ses faiblesses. En plusieurs passages se manifeste ce sentiment aigu de la perte documentaire qui affecte l'historien des périodes reculées, tel l'antiquiste Paul Veyne. Pour le reste, une critique de bon sens dénonce fort justement l'illusion d'exhaustivité entretenue par des titres trompeurs et le fonctionnement en vase clos de l'investigation historique : « les documents, qui nous fournissent les réponses, nous dictent aussi les questions ». Soit, mais ne s'agirait-il pas de la myopie des bons maîtres du XIXe siècle? N'est-il pas un peu facile de souligner les faiblesses de l'histoire au nom d'un état dépassé de celle-ci? Qui aujourd'hui s'interdit de poser des questions extérieures à sa documentation? L'usage d'un *questionnaire préétabli*, explicitement prôné par Voltaire dès 1744, est une règle aux *Annales* dès les années 30. La lecture *substitutive* des documents ainsi que leur interprétation *en creux* ne sont-elles pas devenues des pratiques courantes à partir du début des années 60? Il reste que le récit historique est *lacunaire* de façon variable suivant les périodes, et qu'il cherche à dissimuler cette faiblesse sous de belles constructions symétriques. Derrière ces façades apparaît l'hétérogénéité des manques : par exemple, la vie politique est mieux connue que la vie sociale sous la République romaine, et vice versa sous l'Empire. On constate aussi que l'histoire, loin d'être racontée sur un même rythme, s'écrit « avec des inégalités de tempo, qui sont parallèles à l'inégale conservation des traces du passé ». Tantôt dix pages pour le récit d'une journée, tantôt deux lignes pour dix ans : à chaque fois, le lecteur doit faire confiance à celui qui tient les fils de la narration. (Une publication toute récente illustre le bien-fondé de cette critique : certaine *Histoire de la France* en trois volumes, publiée à Moscou, expédie en seize lignes trois siècles de notre Moyen Age chrétien et accorde plus de place à une manifestation de ménagères parisiennes sous l'Occupation qu'aux victoires remportées par les Alliés sur les troupes de Rommel en Afrique du Nord!)

On voit aussi par là que l'histoire est une connaissance au champ indéterminé, qui se plie à une seule règle : que tout ce qui s'y trouve ait réellement eu lieu. D'où l'impression de discontinuité et d'éclatement qu'elle suscite. Elle s'étend potentiellement à tout ce qui a constitué la vie quotidienne des hommes. Par là c'est une idée-limite, la poursuite d'un but inaccessible. Aussi l'arbitraire de l'historien peut-il s'exercer à loisir dans un territoire aussi mal défini. Chacun pratique « son » découpage de la matière historique, tantôt thématique, tantôt chronologique. Chacun trace à sa guise des itinéraires dans le champ événementiel, choisissant de mettre en valeur tel ou tel aspect des choses, donnant aux détails « l'importance relative qu'exige la bonne marche de l'intrigue ». L'historien entreprend-il de décrire au lieu de narrer, il fera choix d'un ensemble de *traits pertinents* pour instaurer une cohérence, qui sera celle du texte et non celle du réel qu'il évoque. Le travail auquel il se livre a quelque chose de radicalement subjectif et trouve sa fin en lui-même : « l'histoire est une activité intellectuelle qui, à travers des formes littéraires consacrées, sert à des fins de simple curiosité ». Cet aphorisme serait valable pour l'individu historien (nous sommes loin de l'intellectuel enraciné dans son milieu « par toutes les fibres de son être », selon Marrou, ou de l'histoire wébérienne définie comme « rapport aux valeurs ») et pour les groupes humains : ce n'est pas tant à l'éveil de la conscience de soi qu'il faudrait attribuer la naissance de l'histoire, mais plutôt à une curiosité sur les origines donnant naissance à un genre littéraire particulier.

Comment définir alors la tâche de l'historien? Elle consiste à comprendre et à narrer plutôt qu'à conceptualiser. L'explication en histoire ne consiste pas à assigner un fait à son principe, mais avant tout à bâtir un récit clair et documenté. Elle fait intervenir une multiplicité de facteurs : le hasard, les causes matérielles, la liberté, les fins poursuivies. Toute interprétation n'est jamais que partielle. Il ne faut s'enfermer dans aucun carcan, mais apprendre à évoquer le monde vécu « avec des êtres concrets qui font et qui veulent ». Il en découle que « l'histoire n'a pas de méthode », si ce n'est celle qui nous permet de comprendre le monde où nous vivons. Et Paul Veyne de proclamer que les grands historiens « n'ont pas d'idées ». D'où une attaque en règle contre l'histoire conceptuelle qui enserre le passé dans des abstractions et fait intervenir toujours les mêmes « grandes forces familières » (telles *la Ville* ou *la Bourgeoisie* chez Jaurès).

A vrai dire, les historiens ne peuvent se passer de concepts, y compris les tenants du concret, car ils décrivent « l'individuel à travers des universaux ». Mais ils en usent souvent de façon inadéquate (certains ne parlent-ils pas de *capitalisme* dès le XIIe siècle et de *révolution industrielle* en pleine période féodale?). Plus grave, ces concepts sont des représentations composites, floues et instables, qui donnent l'illusion de comprendre, mais ne sont le plus souvent que des incitations au contresens. De surcroît, ces concepts sont souvent réifiés, voire hypostasiés, dans le texte historique, où ils acquièrent le statut de forces agissantes dans le devenir, alors qu'il s'agit seulement en réalité d'étiquettes provisoires mises sur des processus complexes. Cette analyse pertinente dénonce le recours aux explications passe-partout (voir l'habitude présente de mettre la *sociabilité* ou l'opposition entre *Centre* et *Périphérie* à toutes les sauces) et met en garde contre la tentation d'échafauder des machineries et des modèles abstraits considérés comme plus vrais que les enchaînements complexes du devenir historique (le *carcéral* de Michel Foucault n'échappe pas à ce reproche). Par ces mises en garde, Paul Veyne veut éviter que l'histoire ne devienne une suite d'objets uniformes, une monotone galerie d'universaux, alors qu'il faut la peupler d'êtres et d'événements uniques. Attention donc aux concepts, « faux parce qu'ils sont flous » et « flous parce que leur objet bouge sans cesse ». L'histoire s'apparente à la géographie d'un monde où les frontières changeraient sans cesse et où toute carte, à peine établie, serait périmée. Elle ne parvient pas à surmonter le « divorce de l'un et du multiple », ni celui de l'être et du devenir. Elle ne peut se passer de mots pour dire des choses qui, par leur changement continuel, frappent les mots d'inadéquation. Pour toutes ces raisons, le concept apparaît comme la pierre d'achoppement de la connaissance historique. Il faut, pour chaque période, forger des concepts adéquats aux faits à interpréter, sous peine de ne parvenir qu'à un cocktail de narration vraie et de notions instables.

Cette critique implacable de la raison historique s'en prend également à la causalité en histoire, considérée comme irrégulière et confuse le plus souvent, excluant le jeu de déterminismes rigoureux. Fréquemment, l'historien ne connaît que l'*effet* et s'efforce de remonter à la *cause* par le mécanisme de la *rétrodiction*. Au sens étymologique, c'est un art de dire en remontant dans le passé, entendons la démarche qui consiste à remonter de l'effet connu à sa cause hypothétique et qui permet de « boucher les trous » du texte historique. Exemple-type : faire procéder l'impopularité de Louis XIV à la fin de son règne de la lourdeur des impôts. En accomplissant cette opération, si courante qu'elle est parfois presque inconsciente, l'historien n'aboutit qu'à une conclusion plus ou moins vraisemblable, qui tient du raisonnement par analogie. Le récit historique fonctionne largement suivant cette logique du vraisemblable. En conséquence, la méthode de l'historien se ramène à une sagesse, à une expérience acquise au contact des textes, qui rend apte à saisir les régularités (mais non les lois) d'une période. C'est un art, qui implique un long apprentissage, mais non une science, quoique y abondent les idées générales. N'en déplaise aux positivistes et aux marxistes, l'histoire n'est pas scientifique : elle explique des événements concrets par des causes particulières et vraisemblables, mais elle est incapable de les ramener à des lois. Elle s'apparente à une intrigue dramatique qui serait seulement explicable scène par scène, vu la constante entrée en scène de nouveaux acteurs. D'où un dénouement inattendu, même s'il est naturel.

Récusant tout déterminisme historique et se défiant de l'abstraction, Veyne affiche son hostilité envers le marxisme, qu'il traite cavalièrement. Il « n'a jamais rien prévu ni rien expliqué », nous dit-il, car il n'y a pas d'instance décisive en histoire susceptible de déterminer une « hiérarchie constante de causes ». En attendant que le marxisme nous propose des intrigues cohérentes, par exemple sur la façon dont la diffusion du moulin à eau a généré le servage, il faut laisser cette doctrine « au placard » (p. 136). Ultime pirouette d'une pensée qui se complaît dans le paradoxe et qui affectionne les jugements péremptoires. Paul Veyne fait figure d'un disciple de Marrou qui aurait poussé la critique plus loin que le maître en y ajoutant un désengagement total envers le présent, pour ne plus chercher dans l'histoire que la satisfaction de son insatiable curiosité intellectuelle.

2. L'assaut conjugué du marxisme, de la sémiotique et de la psychanalyse

Les assauts les plus rudes contre l'histoire universitaire, envisagée sous le double aspect de ses structures « disciplinaires » et de ses productions intellectuelles, ont été conduits après 1970 par Michel de Certeau et par Jean Chesneaux, « hommes de la lisière », quelque peu en délicatesse avec l'institution. Le temps fort de leur production épistémologique s'est situé en 1975-1976.

A. Ils ont forgé les *armes de leur critique* au long d'itinéraires personnels très riches. Jean Chesneaux a un passé de militant politique engagé dans les luttes anti-impérialistes et de chercheur spécialisé dans l'histoire sociale et politique de l'Extrême-Orient contemporain. Révolutionnaire, il ne vit pas sans quelque mauvaise conscience son existence d'universitaire privilégié (voir les premières pages de *Du passé faisons table rase?*). Pour arracher l'histoire à son engourdissement et pour instaurer un « rapport actif au passé », il y a une arme à ses yeux et une seule : le marxisme, version maoïste. Michel de Certeau a suivi un itinéraire tout différent, au cours duquel il a acquis une formation pluridisciplinaire de philosophe, d'historien, de psychanalyste et de sémioticien. En tant qu'historien, il s'interroge sur la nature de sa discipline : c'est un geste de diviser, de séparer le présent d'un passé, pratique ignorée des sociétés traditionnelles, liée au rapport particulier que l'Occident entretient avec la mort. Notre civilisation dénie la perte « en affectant au présent le privilège de récapituler le passé dans un savoir ». Historien de la vie religieuse, il analyse le fonctionnement de sa sous-discipline, traitée tour à tour sous un angle mystique ou folklorique ou sociologique, pour constater qu'à chaque fois ce sont les préoccupations du présent qui ont commandé l'approche du passé (*Faire de l'Histoire,* 1970, repris dans *L'Écriture de l'Histoire,*

1975). Adepte des techniques de pointe, en particulier de l'analyse structurale des textes, il voit dans l'histoire une opération complexe et non la résurrection illusoire d'un vécu. Il ne réserve pas l'usage de la sémiotique à l'étude des documents anciens, mais il l'utilise aussi pour décrypter le discours historique contemporain. Psychanalyste lacanien, il s'en prend à cette vieille conviction qu'ont les historiens d'énoncer le réel. Il n'y a pas de « lieux où le réel se donne », si objectif soit le discours en apparence. Le réel porte toujours des masques et ne peut jamais être totalement distingué de l'illusion (voir le débat avec R. Robin, *Dialectiques,* n° 14). Pareille démarche est parente de la critique marxiste des idéologies dans la mesure où elle s'attache à dénoncer les faux-semblants et à référer tout discours à ses arrière-plans cachés, à ce qui « l'organise en silence » : les lois de l'inconscient, mais aussi le milieu social dont participe l'historien.

B. *Un regard sans complaisance sur le monde des historiens.* Jean Chesneaux brosse avec férocité une « Petite sociologie du savoir historique » (p. 37-38). Il s'en prend surtout aux structures très hiérarchisées de la corporation. La machine à produire de l'histoire « a ses OS, ses blouses blanches, ses petits patrons » et quelques mandarins au sommet. Pour franchir les degrés de la pyramide, il faut satisfaire à des rites de passage : l'agrégation, la thèse de troisième cycle, la thèse de doctorat, et ensuite publier des « travaux remarqués ». L'auteur leur dénie toute valeur en eux-mêmes et ne leur reconnaît qu'une seule fonction : « ils permettent seulement que joue la cooptation par en haut » (p. 73). L'exercice de cette dernière revient à un petit nombre de maîtres de la corporation, présents au Comité consultatif universitaire (aujourd'hui le CSCU), dans les jurys de thèse et dans les commissions du CNRS, veillant à la fois au recrutement, aux promotions et aux attributions de crédits. Ce sont les mêmes que l'on retrouve à la direction des grandes revues, préposés cette fois au filtrage des articles. La concentration des pouvoirs va croissant, au point que la VIe section de l'EHESS peut faire figure de holding coiffant la recherche de pointe et s'efforçant de la rentabiliser à travers les médias. La machine historique est désormais si puissante qu'elle trouve sa fin en elle-même : elle doit connaître une expansion continue, à force d'enquêtes, d'articles et de thèses, « à l'image de la production capitaliste ». Contrecoup de cette croissance, de véritables propriétés se définissent en histoire, imposant à chaque chercheur de se domicilier dans un secteur précis, et si possible rentable, de la recherche. Les rapports de pouvoir entre historiens ont ainsi une influence directe sur la configuration du savoir historique.

Cet aspect des choses a été particulièrement mis en relief par Michel de Certeau dans des pages appelées à devenir classiques sur l'*institution historique* (*L'Écriture de l'Histoire,* p. 63 et s.). Selon l'auteur, il est légitime d'appliquer à l'histoire elle-même sa problématique courante, selon laquelle toute production intellectuelle doit être référée à un ou des milieux porteurs. Prendre conscience des conditionnements de l'histoire est une exigence de sa scientificité. La discipline ne peut s'abriter indéfiniment derrière des proclamations d'objectivité. Les historiens ne vivent pas dans une sphère séparée : ils remplissent une fonction sociale bien précise et sont insérés dans des réseaux institutionnels contraignants (voir le rôle passé des Académies et des cercles savants dans la naissance de l'histoire érudite). Leur savoir s'articule sur l'institution, leur « discours idéologique se proportionne à un ordre social », le plus souvent en le taisant. Il arrive cependant que le voile soit levé sur ce *non-dit,* ainsi par Jean Glénisson lorsqu'il dénonce en 1965 les pesanteurs les plus visibles de l'historiographie nationale. Plus souvent, les gens du métier acceptent de se plier à des règles silencieuses, déterminées elle-mêmes par des rapports de pouvoir. Cette dépendance laisse des traces linguistiques : l'usage du *nous* efface l'individualité de l'auteur et manifeste que la véritable instance d'énonciation n'est autre que la corporation des historiens. D'où le quiproquo entretenu par le livre d'histoire sur son destinataire véritable : apparemment le public, en fait les pairs, qui apprécient la conformité du produit aux « lois du milieu », avant de lui conférer le label de la corporation et de permettre à son auteur d'accéder au rang de locuteur habilité. Mais cette reconnaissance par les confrères n'est pas le seul critère qui définisse l'ouvrage historique de valeur. Il est également apprécié en fonction d'un « état de la question » (apporte-t-il du neuf?) et des points chauds de la recherche (déplace-t-il les questions?). En somme, il doit s'insérer dans l'*ensemble opératoire* qui fait avancer l'investigation. Il doit contribuer à perfectionner la machine à faire de l'histoire et lui donner matière à fonctionner dans l'avenir.

Or il apparaît que les fameuses « méthodes historiques » ne sont en fait que des pratiques d'initiation à un groupe, d'intégration à des équipes et à une hiérarchie, et de reconnaissance des autorités du moment. L'histoire est ainsi « étroitement configurée par le système où elle s'élabore », et maintenant autant que jamais. Des règles implicites y fonctionnent, au nom desquelles on permet certaines productions et on en interdit d'autres. Les choix idéologiques poursuivent leur cours souterrain dans l'institution, même si les temps ne sont plus aux grandes proclamations de foi. La *couleur muraille* prise par le discours dominant ne doit pas tromper à cet égard.

C. *La critique du discours historique* constitue le terrain d'attaque privilégié pour nos deux auteurs. Ne nous attardons pas sur les manifestations explicites de l'idéologie dans le texte historique, encore que le réquisitoire de Jean Chesneaux contre une certaine histoire liée au pouvoir d'État ne manque pas de pertinence. Et de dénoncer le découpage du passé suivant des normes idéologiques (la quadripartition de l'histoire associe l'achèvement de celle-ci au triomphe de la bourgeoisie et la théorie stalinienne des cinq stades remplit la même fonction à l'égard du prolétariat), l'art des gouvernants de se chercher des justifications dans le passé et d'y découvrir des préfigurations des réalités présentes, les manipulations de la mémoire collective à l'occasion des anniversaires, sans oublier l'occultation des épisodes gênants par les historiens aux ordres. Sa critique est plus neuve lorsqu'il met au jour l'idéologie implicite dans le fonctionnement apparemment le plus *neutre* et le plus *objectif* du discours historique universitaire. Il s'en prend à *ce qui va de soi dans le métier* (voir le chapitre 6 : « Les fausses évidences du discours historique »), ainsi la conviction qui perdure de pouvoir établir le fait historique dans toute sa pureté, le culte des sources et de la bibliographie (un ouvrage est apprécié en fonction du nombre et de la sûreté de ses références), ainsi encore la manie de la périodisation, le culte de la quantification sans critique préalable du matériel chiffré et enfin l'usage sans discernement des catégories linguistiques de synchronie et diachronie. Sur ces trompeuses évidences s'édifie le discours des historiens professionnels, qui aurait pour caractéristiques d'être : *techniciste* et *professionnaliste* et par là même fermé aux « amateurs »; *intellectualiste,* se donnant comme une « activité autonome de l'esprit »; *productiviste,* soumis à la loi d'airain du *publish or perish;* enfin *cumulatif,* à l'affût des « créneaux » exploitables, comme si le savoir se construisait pièce à pièce. La place nous manque pour faire le partage entre les reproches justifiés (par exemple le jeu des connivences et la pratique de la citation masquée, ou encore l'usage d'une phraséologie d'emprunt) et les attaques non fondées (qui peut contester sérieusement l'immense apport des techniques quantitatives ou celui des analyses conjoncturelles?). Contentons-nous de dénoncer deux dangers : le premier consiste à ramener sommairement les règles qui commandent la production de l'histoire à celles que les managers imposent à l'économie capitaliste, comme si le sujet-auteur ne disposait pas de la moindre marge d'autonomie; le second réside dans la confusion totale entre idéologie et science, qui amène à mettre sur le même plan la parole faillible d'un mémorialiste et le résultat d'une investigation scientifique.

Michel de Certeau excelle à débusquer l'idéologie cachée dans le texte historique, sous la forme de présupposés qui déterminent les choix initiaux effectués par le chercheur (période, sujet, etc.). Mais il s'attache surtout à dévoiler les mécanismes secrets du discours historique, dont il révèle à la fois l'inconsistance et le côté mystifiant. A la source de sa démarche, la critique de Roland Barthes : le discours historique se caractérise par l'effacement du sujet de l'énonciation qui, en général, laisse parler le référent tout seul. Ce discours comble le vide et rationalise le chaos. Il produit un *effet de réel* très fort, dans la mesure où il joue sur le prestige du « c'est arrivé ». Il reste fondamentalement narratif, ce qui se manifeste dans l'usage de l'aoriste ou du présent historique, dans le rôle joué par les repères temporels et dans le fait que la cause s'y distingue mal de l'antécédent. Tout cela étant admis, de Certeau insiste également sur le côté *persuasif* du discours historique : « Il se présente comme constatatif ou narratif, mais pour être injonctif. » Apparemment il récite l'histoire passée, mais en fait il vise à faire l'histoire actuelle, à influencer les pratiques présentes et futures. Se donnant comme inventaire du réel (voir le rôle des noms propres en la matière), il impose en fait de faire confiance à l'historien (qui ne peut tout narrer) au nom de sa connaissance intime des documents. Ce discours fonctionne largement à la vraisemblance, aux corrélations et aux enchaînements chronologiques, mais peu aux raisonnements rigoureux. Pour mieux persuader, il recourt à une machinerie imposante (références, sources, bibliographie, etc.). Plus grave, il met ensemble « les éléments articulés par une théorie et ce qui n'est pas contrôlé par elle ». D'où un diagnostic cruel, mais juste (qu'on lise pour s'en convaincre les rapports de congrès) : « Ce système (= *le discours historique*) lie ce qu'on peut déjà *penser* à ce qu'il faut encore croire. » L'histoire combine une scientificité et une rhétorique *performative.*

L'écriture historique donne une image inversée de la pratique du chercheur. En effet, elle présente comme un commencement (le point de départ chronologique) ce qui est un point d'arrivée, car la recherche part du présent. Le texte est commandé par un principe de *clôture,* alors que la recherche est, de soi, indéfinie. Il se présente comme un savoir (d'où ses aspects didactiques et impersonnels), masquant les incertitudes de l'enquête. Si clos soit-il en apparence, il est en réalité instable; son organisation structurelle et son partage en grandes unités chronologiques sont constamment remis en cause par l'accroissement de la masse de l'information. Genre ambigu, jeu de masques, le discours historique est aussi un *genre dédoublé,* où une moitié du texte s'appuie sur l'autre : la première est continue, alors que la seconde est disséminée (le fourmillement des notes dans les sous-sols de l'énoncé).

Ce *mixte* qu'est l'histoire (entre science et narration, entre science et rhétorique) permet de satisfaire des pulsions profondes. La psychanalyse prend cette fois le relais de la sémiotique. N'y aurait-il pas des relents de cannibalisme dans le fait pour l'historien de se mettre à la place de la tradition, d'occuper la « place du mort »? Et surtout, il s'agit de mettre en scène une population de morts. D'où la *structure de galerie* du texte historique qui « représente des morts au long d'un itinéraire narratif ». Écrire de l'histoire, c'est finalement procéder à un *rite d'enterrement* pour apaiser les revenants qui pourraient nous importuner et pour laisser place à un agir présent.

D. Tout au long de ces lignes, un thème revient, récurrent, que l'on pourrait qualifier de « décrochage » entre le discours historique et la réalité du passé. Il n'est pas propre à de Certeau et on le retrouve chez les maîtres à penser de l'histoire sérielle, en particulier sous la plume de François Furet (« Le quantitatif en histoire », dans *Faire de l'Histoire,* I, p. 42 à 62), selon lequel les pratiques de l'histoire quantitative amènent à poser le problème des sources en termes nouveaux. Comme on s'attache désormais « à la répétition régulière de données sélectionnées et construites en fonction de leur caractère comparable », ce n'est plus seulement la relation que les documents entretiennent avec le *réel* qui importe, mais la valeur relative de ces documents les uns par rapport aux autres. Par eux, l'historien ne prétend plus évoquer toute la réalité, mais seulement fournir une interprétation du ou des sous-systèmes qu'il a distingués en son sein. Jean Chesneaux ne partage nullement cette problématique : en marxiste, il est convaincu de pouvoir retrouver le réel sous les apparences qui le masquent et de pouvoir reconstituer le mouvement réel des sociétés dans leur ensemble. Cela le distingue radicalement de Michel de Certeau. Dès *Faire de l'Histoire* (article de 1970 repris dans *L'Écriture...*), ce dernier distinguait nettement deux types d'histoire : l'une attachée à faire revivre le passé; l'autre qui se donnait pour tâche d'élaborer des modèles pour constituer et comprendre des séries de documents, transformant les vestiges du passé en quelque chose de *pensable* et exposant en détail les conditions de sa propre production (hypothèses, postulats de départ, étapes de la recherche, etc.). Dans ce travail se combinent « les actions de l'auteur et les résistances de son matériau ». La connaissance du passé porte la marque des procédures qui l'élaborent. L'examen de l'opération effectuée par l'historien acquiert autant d'importance que la tentative de reconstitution du passé : il faut « joindre à la reconstitution d'un passé l'itinéraire d'une démarche », et par là même prendre conscience des limites de l'interprétation historique, de ces *régions silencieuses* qu'elle manque.

Ces réflexions ont été prolongées dans « L'opération historiographique » (*L'Écriture...,* p. 63 à 120). Cette dernière est analysée comme une série de *manipulations,* comme un travail « sur un matériau pour le transformer en histoire ». Inventorier des sources, c'est déjà muer des traces écrites ou des objets en *documents,* c'est leur faire changer de statut. Les faire parler, c'est souvent substituer à leur langage premier un discours différent (par exemple, faire de l'histoire démographique avec des sources fiscales). Il est le résultat du traitement imposé aux données rassemblées (économétrie, linguistique quantitative, etc.). Importe avant tout la cohérence de la démarche, qui doit être *initiale,* alors que naguère elle était *terminale* (la synthèse échafaudée au terme de la collecte). Cette histoire conceptuelle devient un banc d'essai pour des modèles interprétatifs venus des sciences voisines (économie, sociologie, ethnologie). Un ouvrage comme *Montaillou, village occitan* nous semble fournir une belle illustration de ces pratiques : une source unique, le registre de l'inquisiteur Jacques Fournier, s'y trouve soumise à des traitements successifs, rendus possibles par des importations massives de problématiques extérieures. Mais on ne peut estimer que le texte d'Emmanuel Le Roy Ladurie soit un miroir du réel. Il réfracte ce dernier à travers la grille des questionnements présents, tout comme l'inquisiteur imposait aux dépositions des villageois de Montaillou la marque de ses catégories de pensée. Revenons à Michel de Certeau pour mesurer la distance infranchissable entre l'histoire traditionnelle, solidement adossée au réel, et la pratique qu'il prône, qui vise à forger du *pensable* et où l'on se situe *à la limite du pensable*, car la loi y rencontre la résistance du particulier. Peut-on dire que pareille histoire « se soutient d'un réel » ou que « l'objet construit *histoire* se découpe sur du réel », pour reprendre la terminologie de Guy Lardreau? Pour Michel de Certeau c'est la pratique historique, avec toutes ses connexions techniques, sociales et autres, qui est une réalité « et non-rapport à une réalité extérieure ». La machinerie de l'histoire serait plus « vraie » que les produits qu'elle élabore.

Il nous faut, *en conclusion*, faire une place aux *perspectives ouvertes* ou aux missions toujours conférées à la discipline historique par nos quatre épistémologues. Il est un terrain sur lequel se retrouvent Henri Marrou et Paul Veyne : l'histoire a au moins le mérite de nous dépayser et de fournir à l'imaginaire collectif un irremplaçable répertoire de récits véridiques. C'est aussi une vaccination permanente contre le dogmatisme, vu la pluralité des explications possibles pour tout événement, vu la variété des comportements et des systèmes sociaux qu'elle révèle, vu enfin les possibilités de découvertes qu'elle ménage. C'est une école de liberté, car on peut accepter ou refuser l'héritage des ancêtres dont l'histoire nous révèle le prix et le poids.

Un thème court d'Henri Marrou à Jean Chesneaux, si grande fut la méfiance du premier nommé envers l'intrusion du politique dans la recherche, c'est celui de l'engagement actif de l'historien dans la société où il vit. Marrou lui confère une mission sociale éminente, qui ne peut être accomplie que par un professionnel : « normalement, la recherche historique doit aboutir à une œuvre, un enseignement oral, cours, conférences, ou plus souvent un écrit, mémoire, article, livre. C'est là, disions-nous, une exigence de caractère pratique, social » (p. 277). L'historien ne doit pas se contenter d'enrichir son *expérience intérieure*, mais doit partager les acquis de sa recherche avec ses contemporains, en une sorte d'eucharistie intellectuelle. Pour y parvenir, il lui faut se plier à la *servitude douloureuse* de l'écriture. Sur un mode très différent, Jean Chesneaux prône l'engagement de l'historien dans les luttes sociales et politiques contemporaines. A ses yeux, la doctrine marxiste ne doit pas être un simple outil intellectuel permettant d'analyser le passé. C'est, rappelle-t-il, une théorie révolutionnaire, qui vise à changer la société présente. En conséquence, le regard porté sur le passé devra être sélectif et se plier aux « sommations du présent ». Il importe essentiellement pour lui de chercher dans les sociétés passées ce qui les a conduites au capitalisme, d'examiner le rôle unificateur que celui-ci a joué à l'échelle planétaire depuis le XVIe siècle, et de mettre au jour les contradictions qui lui sont inhérentes pour envisager les perspectives de sa chute. Pour mieux diriger les luttes anticapitalistes présentes, il faut savoir utiliser l'expérience des mouvements populaires passés, « nous constituer les héritiers de tout ce qu'il y a de précieux » (Mao Tsé-toung). Cette histoire définie comme un rapport actif au passé devra s'élaborer avec la participation des masses, en récusant le « professionnalisme » historien. Des exemples de reconquête du passé, pour lui donner une valeur opératoire dans le présent, Jean Chesneaux en découvre en 1975 aussi bien chez les Québécois que chez les Tupamaros, voire chez Idi Amin Dada (!). L'historien, proclame-t-il, ne peut se contenter de travailler *sur* les masses, il doit œuvrer *avec* elles, en se pliant à la demande sociale et en renonçant aux avantages de la division du travail. Ainsi prendra fin l'histoire académique, savoir séparé et inerte. Ainsi les historiens deviendront-ils des « intellectuels organiques » insérés dans les luttes des masses. Mais comment éviter que cette histoire ne dégénère en propagande? Derrière Chesneaux se profile la silhouette de Jdanov, le grand prêtre de la science et de la culture prolétariennes, seules vraies face aux productions viciées de la bourgeoisie.

A l'exact opposé de Chesneaux, Veyne prône le désengagement du chercheur, nous l'avons vu. Le projet final qu'il présente est relativement flou. Il s'agirait pour l'histoire d'absorber la sociologie, où il ne voit, avec le manque de nuances dont il est coutumier, qu'une « pseudo-science, née des conventions académiques qui bornent la liberté de l'histoire ». Ce ne serait rien d'autre que l'histoire que les historiens négligent d'écrire. Comme les deux disciplines relèvent d'une *description compréhensive* des faits humains, elles pourraient être fondues en une *histoire complète,* tout au moins pour l'étude de la période contemporaine. Veyne croit également beaucoup aux vertus de l'histoire comparée, qu'il assimile à la géographie générale, et aux études dans la longue durée. On ne peut que l'approuver quand il se propose de libérer notre discipline des deux conventions qui l'entravent actuellement : l'opposition passé-présent (ce dernier laissé au sociologue ou au journaliste) et le respect du sacro-saint continuum spatio-temporel. A vrai dire, faut-il s'arrêter aux projets formulés par Veyne en 1971? Sa pensée semble avoir beaucoup évolué depuis. Il est revenu en 1975 sur le problème de la conceptualisation en histoire (« L'Histoire conceptualisante », dans *Faire de l'Histoire,* p. 62 à 92). Il y insiste à nouveau sur la nécessaire adéquation des concepts aux objets étudiés, mais il affirme surtout que « la conceptualisation fait l'intérêt de l'histoire ». Il la rattache au « mouvement qui pousse les sociétés modernes vers la rationalisation » et lui attribue un impact considérable sur la vie collective, comme moyen d'une prise de conscience susceptible d'accélérer certains changements sociaux. Les hommes ont la possibilité « de jouer sur ce qu'ils sont une fois qu'ils en ont pris conscience ». Pareille perspective est séduisante, dans la mesure où elle confère à l'histoire « de pointe » un efficace dans le présent, sans risque de l'asservir aux idéologies politiques.

Michel de Certeau reconnaît également que l'histoire, sous toutes ses formes, est au service de la société présente. Elle permet d'expliciter l'*identité sociale* en situant la société présente relativement aux autres. Elle confère à notre société l'épaisseur d'un passé légitimant. Elle lui permet aussi de mettre en scène symboliquement ses contradictions, et par là même de les faire cohabiter. Le discours historique « représente au groupe la compossibilité de ses différences », et par là il garde quelque trace des mythes et des théologies anciennes. Demeure la possibilité de choisir entre deux types d'historiographie : l'une *conformiste,* qui entretient l'illusion réaliste, l'autre *critique,* qui s'attache à repérer les exclusions pratiquées par les historiens et leur sens. Cette critique ne pourra se développer que si elle s'articule sur les mouvements historiques présents. Si brillante soit l'argumentation de Michel de Certeau, notre génération peut-elle se satisfaire de baliser les silences des historiens qui nous ont précédés et d'analyser les règles secrètes qui s'imposent présentement aux serviteurs de Clio?

14

Le renouveau de l'histoire politique

Peut-être verra-t-on quelque paradoxe à ce qu'un ouvrage portant sur les écoles historiques consacre un chapitre à l'histoire politique en tant que telle : en toute rigueur, celle-ci ne constitue-t-elle pas en effet un *domaine de recherche,* au même titre que, par exemple, l'histoire économique ou l'histoire religieuse, bien plus qu'un *courant historiographique* spécifique ? De manière fort empirique, une approche schématique des réseaux de la géographie intellectuelle et universitaire justifierait pourtant à elle seule pareil choix : à l'évidence, les chercheurs en histoire politique forment une communauté à part entière, regroupée autour d'animateurs décisifs (notamment René Rémond) et de lieux privilégiés (Fondation nationale des sciences politiques, Institut d'études politiques, Université Paris X Nanterre), le plus souvent à l'écart des autres familles historiennes, en particulier celle des *Annales* et de la « nouvelle histoire ». D'un point de vue plus théorique, mais évidemment complémentaire au précédent, il apparaît de même que les membres de cette communauté partagent bel et bien une certaine vision des phénomènes historiques, un certain nombre de refus et de choix qui les font se rejoindre en une même démarche épistémologique, fondée en premier chef sur la volonté d'affirmer l'*autonomie* relative du politique et de lui redonner place comme *facteur d'histoire.* C'est donc uniquement dans cette perspective que la notion d'école peut être envisagée en ce qui les concerne, en termes de nébuleuse plus que de groupe rigide, d'*école à bords flous* bien plus que de chapelle...

École aujourd'hui fort dynamique ou, pour mieux dire, *re*dynamisée sous la pression de la critique. Car, en effet, l'histoire politique avait subi de plein fouet le profond renouvellement connu par la recherche historique française depuis les années trente, et faisait l'objet d'attaques virulentes qui lui déniaient toute possibilité d'embrasser le réel et d'accéder à une authentique scientificité. Aussi les historiens du politique eurent-ils à mener un long combat, d'une part pour dépoussiérer la pratique de leurs aînés et opérer un véritable *aggiornamento* historiographique, et d'autre part pour reconquérir au sein de la discipline historique une légitimité qui leur était fortement contestée.

A cet égard, nul ne peut désormais mettre en doute le succès de l'entreprise ; mais *reconquista* n'est pas *restauration :* ayant su effectuer une très large mutation pour relever les multiples défis qui lui étaient lancés, l'histoire politique est à son tour devenue une *histoire nouvelle,* voire, à sa manière, une *histoire totale.*

1. **Une histoire politique contestée**

Dans un article paru en 1974, Jacques Julliard résumait en quelques mots la situation de l'histoire politique dans l'évolution récente de la recherche historique en France : « L'histoire politique a mauvaise presse chez les historiens français. Condamnée il y a une quarantaine d'années par les meilleurs d'entre eux, un Marc Bloch, un Lucien Febvre, victime de sa solidarité de fait avec les formes les plus traditionnelles de l'historiographie du début du siècle, elle conserve aujourd'hui encore un parfum Langlois-Seignobos qui détourne d'elle les plus doués, les plus novateurs des jeunes historiens français » (*Faire de l'histoire,* tome II, *Nouvelles Approches,* sous la direction de J. Le Goff et P. Nora). Indépendamment d'un dernier membre de phrase qui, au regard des travaux déjà en cours au moment de la rédaction de ce sombre constat, mériterait d'être singulièrement nuancé, le scénario de l'éviction de l'histoire politique se trouve ici brossé dans toute sa sécheresse et toute son ampleur. Pour en saisir la trame, il faut se reporter à ce qu'était l'histoire politique traditionnelle, et aux vigoureuses remises en cause dont elle fut l'objet avec l'émergence de l'« école » des *Annales.*

Issue de sa propre histoire, qui l'avait conduite des chroniques apologétiques à la sacralisation de l'État monarchique puis à l'exaltation militante du républicanisme, l'historiographie dominante du début du siècle revêtait massivement une coloration politique, et cela en raison même de sa propre fonction politique de légitimation du pouvoir. Prisonnière de son statut comme de ses sources (écrites et officielles), elle se focalisait sur l'État, les institutions, les luttes pour le pouvoir, etc., en un récit chronologique fourmillant d'érudition mais largement dépourvu de chair, de densité et de profondeur explicative... Parce qu'elle ne représentait rien d'autre qu'une « chronique améliorée de l'État » (P. Chaunu, *Histoire, Science sociale*), cette histoire devait donc tout logiquement cristalliser contre elle la démarche des fondateurs des *Annales,* auxquels elle servit de repoussoir dans leur entreprise de définition d'une nouvelle pratique historienne.

En effet, dans la mesure où ils en appelaient à une « histoire à la fois élargie et en profondeur » (M. Bloch, *Apologie pour l'histoire*), M. Bloch et L. Febvre concentrèrent le feu de leurs critiques sur la tradition positiviste des Lavisse, Seignobos ou Langlois, l'histoire politique devenant ainsi un véritable *contre-modèle,* une sorte d'empreinte en négatif de l'histoire nouvelle. Reprenant à cet égard des thèses déjà formulées par un François Simiand ou par un Henri Berr, fondateur de la *Revue de synthèse,* M. Bloch et L. Febvre, puis à leur suite F. Braudel et les tenants de la nouvelle histoire, construisirent donc peu à peu de l'histoire politique un portrait totalement dévalorisant et, il faut l'admettre – du moins au départ –, largement fondé.

Ainsi, c'est pour ainsi dire *terme à terme* que s'opposent l'histoire des *Annales* et l'histoire politique traditionnelle. Là où il faut s'intéresser aux structures profondes et au temps long, l'histoire politique n'aborde que la conjoncture et la contingence. Là où il faut concevoir les phénomènes historiques en fonction des masses, elle raisonne selon la logique élitiste, psychologisante et platement biographique des « grands hommes ». Là où il faut mettre à nu les mécanismes enfouis, elle baigne dans un idéalisme naïf pour lequel les idées et la volonté des individus font l'histoire. Là enfin où il faut développer une approche sérielle, elle se borne au qualitatif. Narrative, linéaire, descriptive, limitée au récit des crises ministérielles, des changements de régime ou de chef de gouvernement, elle se cantonne dans les péripéties superficielles... Au total, « événementielle, subjectiviste, psychologisante, idéaliste, l'histoire politique assemblait ainsi tous les défauts du genre d'histoire dont une génération aspirait à clore le règne et à précipiter la déchéance » (R. Rémond, *Pour une histoire politique,* 1988)...

Pourtant à y regarder de plus près, jamais les inspirateurs de l'histoire des *Annales* ne fermèrent totalement la porte à la possibilité d'une histoire politique *renouvelée.* Si F. Braudel considère ainsi que « l'histoire politique n'est pas forcément événementielle, ni condamnée à l'être » (*Écrits sur l'histoire,* 1969), c'est peut-être M. Bloch qui est allé le plus loin dans la tentative de fondation d'une histoire politique différente, à travers son étude sur *Les Rois thaumaturges* (1924). En analysant le rituel du toucher des écrouelles, M. Bloch s'efforce de cerner le caractère sacré d'un pouvoir royal capable d'agir sur la nature elle-même : de façon fort significative, il affirme avoir en cela « voulu donner ici (...) essentiellement une contribution à l'histoire politique de l'Europe, au sens large, au vrai sens du mot ». Ainsi, il apparaît que l'occultation progressive de l'histoire politique n'avait rien d'inéluctable (d'ailleurs, le politologue André Siegfried ne figurait-il pas au comité de rédaction des *Annales* lors de leur création ?...). Si le renouvellement apporté par les *Annales* s'est défini par le refus de l'histoire politique traditionnelle et sclérosée, le projet d'histoire totale n'excluait nullement, au départ, l'ambition d'intégrer une nouvelle forme d'histoire politique, fondée sur un élargissement de ses problématiques et une remise à jour de ses méthodes. Mais c'est la position de *combat* que durent adopter les historiens des *Annales* qui écarta peu à peu cette possibilité (voir A. Garrigou, « La construction de l'objet *pouvoir* chez Bloch et Febvre », *Politix,* n° 6, 1989).

De là provient en fait la progressive radicalisation de la critique et du rejet : dans les années trente, la revue comportait significativement une méprisante rubrique intitulée « Histoire politique et historisante », consacrée à de particulièrement féroces comptes rendus des travaux d'histoire politique... Puis, les *Annales* fécondant la « nouvelle histoire », se développa ainsi une conception de l'« histoire immobile » (E. Le Roy Ladurie), le politique devenant « l'horizon mort du discours annaliste » (F. Dosse, *L'Histoire en miettes,* 1987) : par exemple, l'encyclopédie sur *La Nouvelle Histoire* publiée en 1978 (J. Le Goff, R. Chartier, J. Revel) ne comporte aucune entrée consacrée au politique.

Car, plus profondément encore, s'est peu à peu imposée l'idée selon laquelle il ne s'agit pas de critiquer une approche faussée de l'histoire politique, mais de récuser *le fait même* d'accorder de l'importance aux phénomènes politiques. En effet, puisque le rythme des changements obéit à des cycles qui excèdent la durée d'une vie (la « longue durée » braudélienne...), les hommes sont les jouets de forces qui les dépassent : sous la double influence du marxisme et de la tradition sociologique durkheimienne, les historiens des *Annales* conçoivent la vie politique comme un simple *reflet,* dépourvu d'autonomie et de réalité propres. Dès lors, l'on ne peut y voir un élément de véritable causalité historique, ni même un objet digne d'intérêt : pour L. Febvre, l'histoire politique ne représente qu'« une histoire de surface. Une écume. Des vagues de crêtes, qui viennent animer superficiellement le puissant mouvement respiratoire d'une masse océanique » (compte rendu de la thèse de F. Braudel sur *La Méditerranée au temps de Philippe II, Revue Historique,* 1950).

2. **Les hommes et les lieux du renouveau**

Ainsi suspectée, attaquée et déconsidérée, l'histoire politique n'a certes pas pour autant disparu de la scène historiographique hexagonale. A l'évidence, souvent sous son versant le plus traditionnel, elle conserva durablement sa prééminence dans la conception des programmes scolaires, modelant ainsi – au moins jusque dans les années soixante-dix – une part de l'identité collective. Mais, surtout, quelques pionniers surent précocement défricher des terrains nouveaux, et enrichir en le renouvelant le patrimoine des historiens du politique.

Avant même l'irruption du mouvement des *Annales,* les germes d'une histoire politique différente sont en fait déjà ensemencés. Les travaux de Georges Weill sur le catholicisme libéral, sur l'histoire de l'idée laïque, ou – plus encore peut-être – son *Histoire du parti républicain en France* (1900) jettent les bases d'une histoire contemporaine enracinée dans la durée, en insistant notamment sur la pérennité et le poids des phénomènes idéologiques dans la vie politique. Les recherches de Ch. Seignobos lui-même, qui fut pourtant l'une des cibles favorites des adversaires de l'histoire politique traditionnelle, développent l'intuition de l'existence de tempéraments politiques régionaux spécifiques et durables, et en ce sens ils fécondent l'étude des consultations électorales. Cette dernière émerge notamment avec André Siegfried, dont le *Tableau politique de la France de l'Ouest sous la Troisième République* (1913) inaugure les recherches de géographie électorale, en observant le jeu des divers facteurs de détermination des votes (structures géographiques et sociales, paramètres culturels et religieux, phénomènes d'implantation locale, etc.). Par la suite, c'est l'histoire des idées qui à son tour maintient le flambeau de l'histoire politique : un Albert Thibaudet dans l'entre-deux-guerres *(La République des professeurs, Les Idées politiques de la France)* cerne les lignes de force du temps présent ; un Jean-Jacques Chevalier *(Les Grandes Œuvres politiques, de Machiavel à nos jours),* qui enseigne à Sciences Po de 1943 à 1965, développe tout son sens de la pédagogie pour brosser une vaste fresque synthétique de l'enchaînement des théories politiques dans l'histoire.

Mais, à leur suite, c'est avant tout à René Rémond que revient le rôle majeur dans le renouveau de l'histoire politique après la Seconde Guerre mondiale, et cela notamment avec la parution en 1954 de *La Droite en France* (réédité et mis à jour en 1982 sous le titre *Les Droites en France*). A travers ce livre décisif, l'histoire politique rompt définitivement avec la chronique événementielle, et « assimile d'un coup le meilleur des combats des *Annales* » (J.-P. Rioux, *in* M. Guillaume, *L'État des sciences sociales en France,* 1986). Devenu un classique parmi les classiques, l'ouvrage de R. Rémond offre une vision de longue durée de l'histoire des familles politiques, depuis la Révolution jusqu'à nos jours, fondée sur la distinction, désormais bien connue, de trois traditions distinctes, droite « orléaniste » conservatrice et libérale, droite « légitimiste » traditionaliste et réactionnaire, droite « bonapartiste » populiste et prônant une démocratie plébiscitaire et autoritaire. Par l'examen de leurs soubassements idéologiques, de leurs assises sociologiques, de leur implantation spatiale, de leurs modes d'expression et de leur organisation, de leurs réactions à l'événement et de leurs évolutions, etc., c'est une approche *globale* des composantes de la droite française qui est opérée, ouvrant la voie à une vision neuve de l'histoire politique.

Dès lors, le plus souvent autour de R. Rémond, qui exerce une fonction centrale d'inspirateur et d'animateur, se forme peu à peu une nouvelle famille d'historiens du politique, dont la géographie se structure principalement selon deux pôles souvent associés, d'une part le couple Fondation nationale des sciences politiques-Institut d'études politiques, et d'autre part l'université Paris X Nanterre (un P. Nora ou un J. Julliard, tous deux directeurs d'études à l'École des hautes études en sciences sociales, illustrent certes la possibilité de configurations différentes, mais – quantitativement – celles-ci demeurent secondaires). Plus récemment, un nouveau foyer est partiellement venu se joindre aux deux autres, avec la création par le CNRS de l'Institut d'histoire du temps présent (IHTP), initialement animé par F. Bédarida et par J.-P. Rioux, rédacteur en chef d'une nouvelle revue créée en 1984, *Vingtième siècle. Revue d'histoire*. Affirmant sa volonté d'aborder sans distinctions toutes les facettes de la recherche historique, celle-ci n'en signale pas moins dès le départ son choix d'accorder « une attention particulière à celles, majeures, du politique et de l'idéologique, qui ont pris, à l'heure de l'irruption des masses et des systèmes clos, leur densité propre et leur autonomie » (« Déclaration de naissance » n° 1, 1984).

En 1988, à la confluence de ces lieux de l'histoire politique, un livre venait d'ailleurs prendre acte du dynamisme collectif cristallisé autour de R. Rémond : *Pour une histoire politique*. Dirigé par R. Rémond lui-même, « ce livre n'est pas à proprement parler un manifeste » (introduction collective), mais le fruit de la « surprise » *(ibid.)* de ses auteurs devant la façon à leurs yeux trop souvent caricaturale dont est présentée l'histoire politique. Rassemblant les contributions de nombreux spécialistes, l'ouvrage entend proposer un bilan prospectif des nombreux acquis d'une « histoire politique rajeunie (qui) trouve toutes ses vertus dans un environnement scientifique que les deux dernières décennies ont bouleversé » *(ibid.)*, et affirmer en cela la richesse et – surtout – la validité de l'histoire politique. D'une certaine manière, l'on peut donc y voir une sorte d'équivalent, pour l'histoire politique, aux synthèses historiographiques des années soixante-dix sur la nouvelle histoire (*Faire de l'histoire*, J. Le Goff et P. Nora, ou *La Nouvelle Histoire*, J. Le Goff, R. Chartier et J. Revel), et en ce sens y livre l'empreinte, sinon d'un renversement que nul ne revendique, du moins d'un rééquilibrage des perspectives et d'une (re)légitimisation de l'histoire politique.

3. Les racines du retour de l'histoire politique

A titre purement anecdotique, mais néanmoins révélateur, il peut être frappant d'observer l'évolution des questions du programme d'histoire contemporaine de l'agrégation d'histoire : si, pour 1982 et 1983, les candidats devaient travailler sur « l'évolution économique de la France, de l'Allemagne, de la Russie et des États-Unis de 1850 à 1914 », en 1984 et 1985 on leur demandait en revanche de se pencher sur « la vie politique en France, en Allemagne fédérale et en Grande-Bretagne de 1945 à 1969 »... Au moins de façon symbolique, n'y a-t-il pas là le signe d'un regain sensible de l'histoire politique ? En fait, deux séries de paramètres peuvent rendre compte de ce retour : d'une part des facteurs exogènes, propres à l'évolution des réactions et des comportements à l'égard de la dimension politique de l'histoire, et d'autre part des facteurs endogènes, liés aux métamorphoses de la production historiographique.

Dans le domaine des déterminations extra-historiennes, J. Julliard insistait dès 1974 (in *Faire de l'histoire*) sur un phénomène de progressif *élargissement* de la notion de politique, du fait du poids de plus en plus lourd pris dans les sociétés contemporaines par une sphère politique dilatée (« politique économique », « politique culturelle », « politique familiale », etc.). Plus récemment *(Pour une histoire politique)*, R. Rémond construit à son tour un raisonnement similaire : le retour de l'histoire politique résulte de l'histoire proche, qui a montré l'autonomie et la place prépondérante du politique dans de très nombreux domaines, tant par l'irruption de l'événement dans les devenirs collectifs (par exemple l'impact des guerres) que par l'accroissement du champ d'intervention des États ou que par le politisation croissante d'enjeux autrefois apolitiques (l'écologie par exemple). En outre, l'un comme l'autre relèvent la perte d'influence des modèles d'analyse marxistes : les thèses selon lesquelles le politique ne constituerait au mieux qu'un simple reflet, au pire qu'un piètre camouflage, d'infrastructures socio-économiques en dernière instance déterminantes tombent peu à peu en désuétude, au profit d'une (re)découverte des facteurs spécifiquement politiques.

Inévitablement, pareille tendance se traduit progressivement dans les sciences sociales. Comme le note Marcel Gauchet : « L'organisation intellectuelle du champ des sciences sociales au plus haut de leur rayonnement, fin des années soixante, début des années soixante-dix, pourrait être schématiquement décrite comme un système à trois grands termes : une discipline modèle, la linguistique, porteuse de l'espérance d'une sémiologie unificatrice ; deux disciplines-reines au plan des applications, la sociologie et l'ethnologie ; et deux théories de référence, le marxisme et la psychanalyse. Un même paradigme hégémonique assure l'articulation de l'ensemble : le paradigme *critique*. Il a son expression philosophique dans les pensées du *soupçon* » (« Changement de paradigme en sciences sociales ? », *Le Débat*, n° 50, 1988). Dans ce système intellectuel et scientifique, une histoire sérielle consacrée au temps long et aux grandes masses économiques et sociales trouvait tout naturellement sa place, tout au contraire d'une histoire politique encore entachée d'intérêt suspect pour l'événementiel et, plus encore, fallacieuse dans sa volonté même d'attacher du poids au politique... Mais un « changement de paradigme » *(ibid.)* s'est lentement fait jour, marqué par le « retour de la conscience (...) et la réhabilitation de la part explicite et réfléchie de l'action » *(ibid.)* (voir par exemple A. Renaut, *L'Ère des individus*, 1989). Cela pour deux raisons : d'une part la crise des années soixante-dix-quatre-vingt, qui, rendant le présent décevant et le futur imprévisible, conduit à un surcroît d'intérêt pour l'histoire, et d'autre part l'effondrement des eschatologies révolutionnaires aux fondements théoriques plus ou moins mécanistes, qui pousse à s'interroger sur l'individu et la contingence. Ainsi, « cette figure générale d'un devenir fait de nécessités longues et de réorientations contingentes va trouver aussitôt à s'investir dans un objet privilégié : l'histoire politique occidentale » *(ibid.)*.

A la confluence de ces mutations culturelles, intellectuelles et scientifiques, c'est finalement la définition même de la sphère politique qui a changé. A cet égard, le glissement sémantique de « la » politique vers « le » politique peut être perçu comme révélateur : à *la* politique, activité spécifique et – apparemment – bien délimitée s'adjoint *le* politique, champ englobant et polymorphe ouvert à tous les rivages de la gestion du réel et des relations de pouvoir qu'elle cristallise. Faisant suite aux classiques manuels d'histoire des idées politiques (J.-J. Chevalier, J. Touchard), une *Nouvelle Histoire des idées politiques*, parue en 1987 sous la direction de P. Ory, n'intègre-t-elle pas en son sein, par exemple, des chapitres sur la psychanalyse et la politique, ou encore sur le sexe et la politique ?

Aussi l'histoire politique, en amplifiant son objet, a-t-elle depuis les impulsions des années cinquante et soixante profondément remanié sa pratique, les facteurs endogènes du renouveau précédant en l'occurrence ses facteurs exogènes, qui ne viennent que les « consacrer » et les renforcer. En dressant le bilan du renouvellement interne de sa discipline, R. Rémond estime ainsi que « la contestation dont l'histoire politique a été l'objet lui a été grandement salutaire : le défi a fouetté l'imagination et stimulé l'initiative » *(Pour une histoire politique).* Dans la perspective élargie d'une sphère politique dilatée à la quasi-totalité des champs de la réalité collective, l'histoire politique est devenue une « science carrefour » (R. Rémond, *ibid.*), largement pluridisciplinaire, attentive à de nouvelles sources d'information (un seul exemple : le cinéma, avec l'étude de R. Lacourbe sur *La Guerre froide dans le cinéma d'espionnage,* 1985, ou celle de F. Garçon intitulée *De Blum à Pétain, cinéma et société française (1936-1944),* 1984), tournée vers la politologie, la sociologie, le droit public, la linguistique ou la psychologie sociale, et usant à son tour du traitement statistique des données, de l'analyse quantitative, de la cartographie ou de l'histoire orale, etc.

L'histoire politique « nouvelle » a ainsi opéré dans l'ombre une complète mutation. Intégrant tous les acteurs, par exemple à travers l'étude de l'opinion publique, elle ne s'intéresse plus exclusivement aux « grands hommes ». Travaillant sur un vaste corpus de données numériques (analyses électorales, sociologie des partis, lexicologie...), elle sait quand il le faut se montrer quantitative. Attentive à l'événement, mais aussi aux mouvements de grande ampleur (par exemple les idéologies) et aux structures durables, notamment à travers la notion de culture politique, elle ne se cantonne plus au déroulement descriptif d'une simple chronique événementielle. Au total, « La nouvelle histoire du politique satisfait présentement aux principales aspirations qui avaient suscité la révolte justifiée contre l'histoire politique traditionnelle. (...). Étreignant à pleins bras les grands nombres, travaillant dans la durée, saisissant les phénomènes les plus globaux, cherchant dans les profondeurs de la mémoire collective ou de l'inconscient les racines des convictions et les origines des comportements, (elle) a décrit une révolution complète. » (R. Rémond, *Pour une histoire politique.*) Faisant place dans sa démarche à toutes les facettes de la réalité collective, n'est-elle pas devenue une manière d'*histoire totale ?*

4. La nouvelle histoire politique : une histoire totale ?

Approfondie, renouvelée et élargie dans ses problématiques, ses objets et ses méthodes, l'histoire politique multiplie les terrains d'investigation, en un constant mouvement entre *la* politique au sens classique du terme (le pouvoir et la vie politique), étudiée par de classiques manuels de synthèse tels celui de F. Goguel sur *La Politique des partis sous la IIIe République* (1946) ou celui de J. Chapsal sur *La Vie politique sous la Ve République*, et par ailleurs *le* politique au sens globalisant (les divers aspects de la « culture politique » et des déterminations politiques pesant sur les individus et sur les groupes).

De ce point de vue, l'histoire politique peut s'orienter en premier lieu vers l'analyse des *fondements théoriques* et des *cadres institutionnels* du pouvoir. Bien au-delà des bornes de la seule histoire contemporaine, des ouvrages tels que *Les Trois Ordres ou l'Imaginaire du féodalisme* (1978) de G. Duby, qui met notamment en lumière l'émergence, à partir surtout de la fin du XIIIe siècle, d'un corps de « professionnels » de la politique, ou encore *Les Deux Corps du roi* d'Ernst Kantorowicz (1957, traduction française 1989), qui étudie la symbolique du pouvoir médiéval à travers l'image de la dualité du corps royal, naturel et imparfait d'une part, immortel et infaillible d'autre part, ne relèvent-ils pas ainsi d'une certaine dimension de l'histoire politique ? Dans une tout autre direction, les travaux de théorie politique comparée permettent eux aussi un enrichissement des acquis de l'histoire politique : par exemple, dans *Le Droit dans l'État. Sur la démocratie en France et en Amérique* (1985), L. Cohen-Tanugi peut opposer un modèle français de « démocratie monopolistique », régi par l'État dans le cadre d'un droit public prévalant sur le droit commun, à un modèle américain de démocratie éclatée, fondé sur l'autorégulation judiciaire et jurisprudentielle. De même, sous la direction d'O. Duhamel et de

J.-L. Parodi, juristes, politologues et historiens se penchent-ils sur *La Constitution de la Cinquième République* pour en cerner les motivations, les mécanismes et les incidences, en éclairant notamment la trajectoire du progressif consensus noué autour d'elle...

Mais, de façon plus centrale, l'histoire de « la » politique fait évidemment son miel de l'étude du *phénomène électoral*, considéré comme l'un de ses matériaux de base. Illustrée par A. Siegfried, puis par F. Goguel, dont les *Chroniques électorales* font référence, par J. Chapsal, A. Lancelot et l'école des politologues de la Fondation nationale des sciences politiques, l'analyse électorale s'avère d'autant plus fructueuse qu'elle porte sur la durée (en France, le suffrage universel est déjà ancien), et permet ainsi de fécondes comparaisons. Par la mise en œuvre de procédés de plus en plus fins, les chercheurs du CEVIPOF (Centre d'étude de la vie politique française contemporaine) peuvent ainsi, notamment en étudiant l'abstention, les reports de voix au second tour, etc., interpréter de manière aussi rapide que fiable les diverses consultations : par exemple, dans *1981. Les élections de l'alternance* (1986, sous la direction d'A. Lancelot), ils mettent en relief la mobilité, voire la volatilité, d'un électorat qui de plus en plus vote « contre » plutôt que « pour », et montrent à quel point la victoire de la gauche lors des législatives de juin 1981 résulte plus des aléas de la conjoncture que d'une véritable lame de fond. Mais, au-delà du conjoncturel, l'étude électorale permet aussi d'appréhender les lentes mutations structurelles : dans ses *Chroniques électorales* (tome 3, 1983), F. Goguel compare ainsi les élections de 1902 et celles de 1981, et en retire l'enseignement que les spécificités régionales, très marquées au début du siècle, se sont aujourd'hui émoussées, ce qui tendrait à indiquer que l'événement pèse désormais plus lourd que la culture politique locale.

Aux côtés des élections, les *partis* occupent une place de choix dans le champ de l'histoire politique. Influencée par les politologues français (Maurice Duverger) et américains, l'étude des partis délaisse les monographies événementielles et/ou militantes dans lesquelles elle se cantonnait traditionnellement, pour privilégier divers angles d'attaque complémentaires, éventuellement disjoints mais parfois réunis dans une recherche de grande ampleur, telle la thèse de S. Berstein sur l'*Histoire du Parti radical* (1980). En premier lieu, un parti se présente comme un *foyer de médiation politique*, par la traduction d'un certain nombre d'aspirations diffuses dans le corps social : par exemple, le Parti radical comme parti des classes moyennes. Par là même, le parti constitue un riche *miroir* de la société à une époque donnée, dans la mesure où il ne peut émerger et durer que s'il se trouve en adéquation avec un certain nombre de problèmes fondamentaux du pays. Mais peuvent également intervenir de progressifs phénomènes d'« inertie du politique » (S. Berstein), le parti générant ou cristallisant une culture politique qui, de par le poids du passé, lui permet de continuer à jouer un rôle majeur sans que pour autant il ait su s'adapter aux questions nouvelles apportées par des temps nouveaux (ainsi en va-t-il du Parti radical dans l'entre-deux-guerres)... En deuxième lieu, l'étude des partis peut s'orienter vers la voie *sociologique*, en combinant l'analyse des militants et responsables, celle de l'électorat et celle de l'image que le parti a ou veut donner de lui-même (par exemple B. Pudal, *Prendre parti. Pour une sociologie historique du PCF*, 1989). Pareille approche s'accompagne parfois d'une réflexion en termes de *générations* (J.-F. Sirinelli, « Génération et histoire politique », *Vingtième siècle. Revue d'histoire*, nº 22, 1989) : dans *Les Communistes français* (1968), Annie Kriegel insiste ainsi sur la succession au sein du PCF de plusieurs générations définies par leur date d'adhésion (génération sectaire de la phase de bolchevisation, générations ouvertes du Front populaire puis de la Résistance, toutes deux – contrairement à la précédente – intégrées au consensus national et républicain, génération de combat de la guerre froide), chacune de ces générations s'avérant porteuse de valeurs et de réflexes fort distincts... En troisième lieu, l'histoire des partis s'intéresse également à leur organisation et à leur *fonctionnement*, dans la lignée notamment des travaux fondateurs de Roberts Michels (*Les Partis politiques*, 1914), qui observaient la nature oligarchique du parti social-démocrate allemand. S. Berstein démêle ainsi le jeu parfois complexe des structures et de l'appareil du Parti radical, A. Kriegel tente un « essai d'ethnographie politique » en définissant le PCF comme une véritable « contre-société », avec ses règles, ses normes, sa hiérarchie, son langage codé, son rituel, etc. Enfin, à proximité de l'histoire des idées, l'étude des partis se penche évidemment sur les phénomènes *idéologiques*, en s'efforçant notamment de cerner la *culture politique* du parti concerné (souvenirs, références obligées, textes sacrés, symboles, rites, vocabulaire, etc. : « La culture politique en France depuis de Gaulle », *Vingtième siècle. Revue d'histoire*, n° 44, 1994). Au total, les partis sont ainsi envisagés comme des éléments de « structuration sociale » (S. Berstein, *Pour une histoire politique*) : à ce titre leur étude, tant par ses méthodes que par ses enjeux, entend bien relever d'une histoire totale.

Dans cette perspective, l'histoire politique s'oriente d'ailleurs de plus en plus, conjointement à l'étude des partis en tant que tels, vers celle des *associations* et de leur intervention dans la sphère du politique, pour cerner le « maillage associatif qui enserre une société, une culture et une forme du politique » (J.-P. Rioux, *Pour une histoire politique*). En une ethnologie politique qui puise ses références auprès de sources largement pluridisciplinaires (par exemple, Geneviève Poujol s'inspire des travaux du sociologue Pierre Bourdieu pour comparer, dans *L'Éducation populaire,* l'action de l'Association catholique de la jeunesse française, celle de la protestante Union chrétienne des jeunes gens et celle de la laïque Ligue française de l'enseignement), l'étude des associations permet de mieux saisir les processus de la socialisation politique, entre l'aire de la société civile et celle du pouvoir. Lieux d'articulation entre la sociabilité quotidienne et la dimension politique (M. Agulhon, *La République au village,* 1970), lieux de formation (G. Cholvy, *Mouvements de jeunesse. Chrétiens et juifs : sociabilité juvénile dans un cadre européen, 1799-1968*), lieux de réflexion (Ph. Reclus, *La République impatiente ou le club des Jacobins (1951-1958),* 1987), lieux de combat protestataire (E. Weber, *L'Action française,* 1962 ; J.-P. Rioux, *La Ligue de la patrie française,* 1976), lieux du syndicalisme et de son rapport au politique (A. Bergounioux, *Force ouvrière,* 1982 ; A. Monchablon, *Histoire de l'UNEF,* 1983), lieux enfin de rassemblement commémoratif et de pression sur le pouvoir (A. Prost, *Les Anciens Combattants et la Société française*, 1977), les associations constituent un observatoire de choix pour cerner l'état de la vie politique. Ainsi, il apparaît de plus en plus probable que puisse être établie une corrélation entre les périodes de hautes eaux associatives et celles de « crise » politique et de rupture des consensus...

Souvent formé dans le cadre du mouvement associatif, puis rompu aux règles de la vie des partis, le *personnel politique* représente lui aussi un angle d'approche récemment développé par l'histoire politique. Paradoxalement assez mal connu, il fait désormais l'objet de recherches socio-politiques qui permettent de mieux cerner le fonctionnement de l'État et les déterminants de son action. Ainsi, en étudiant *Les Sommets de l'État* (1977), le politologue P. Birnbaum propose-t-il un « essai sur l'élite du pouvoir en France », où il met en relief l'opposition entre d'une part les IIIe et IVe Républiques, marquées par une professionnalisation du corps politique, de ce fait assez éloigné de la haute fonction publique et du pouvoir économique, et d'autre part la Ve République, où s'opère une fusion partielle entre pouvoir exécutif, haute administration et, dans une moindre mesure, milieux économiques. De même, bien que sur un mode qui relève davantage de la sociologie historique que de l'histoire politique, la thèse de Ch. Charle (*Les Élites de la République, 1880-1900*, 1987), en étudiant les trajectoires et les stratégies sociales et professionnelles des élites intellectuelles, économiques et administratives, offre un regard neuf sur les carrières politiques sous la IIIe République. L'on saisit là tout l'intérêt d'un vaste travail prosopographique : déjà ébauché par J. Estèbe (*Les Ministres de la République, 1871-1914*, 1982), il prend en particulier la forme d'une vaste enquête sur le personnel parlementaire de la IIIe République, lancée en 1984 dans le cadre du CNRS par J.-M. Mayeur et M. Agulhon, qui devrait déboucher sur une vision globale des élites politiques (milieu d'origine, formation, patrimoine, insertion sociale et culturelle, cursus politique, etc.). Dans une même veine prosopographique, l'immense entreprise collective, mise en branle par Jean Maîtron, d'un *Dictionnaire biographique du mouvement ouvrier français* apporte un irremplaçable outil à la connaissance des formations syndicales et des partis de gauche, tant pour les responsables que pour les humbles militants.

A ces approches en termes mi-individuels mi-collectifs, l'histoire politique ajoute une pratique renouvelée de la *biographie politique*, dont le retour constitue un trait frappant dans le paysage historiographique des années quatre-vingt, de par la réhabilitation du rôle de l'individu dans l'histoire et le souci de redonner place à la singularité dans les sciences sociales. Toutefois, différant en cela des biographies traditionnelles, qui continuent à remporter de grands succès de librairie, les biographies « nouvelle manière » visent moins à présenter un profil individuel dans son exhaustivité qu'à mieux cerner l'histoire collective par l'éclairage de l'histoire singulière. Ainsi voit-on se multiplier les biographies politiques, monuments sur les « grands hommes » (le *De Gaulle* de J. Lacouture, le *Clemenceau* de J.-B. Duroselle), exhumation de « seconds rôles » trop vite dévalorisés (en 1984, deux colloques ont par exemple été consacrés à Henri Queuille), découverte du pouvoir discret des « hommes de l'ombre » (P. Assouline, *Une éminence grise. Jean Jardin*, 1986), examen à travers la biographie de tel ou tel problème plus large (dans *François de Wendel en République*, 1976, J.-N. Jeanneney étudie ainsi les relations entre milieux d'affaires et vie politique sous la IIIe République ; dans *Un prêtre démocrate, l'abbé Lemire*, 1968, J.-M. Mayeur observe les réactions de l'opinion catholique face à cette même IIIe République), etc. D'une manière générale, cette foisonnante brassée biographique dépasse systématiquement la stricte dimension narrative pour aborder de nouveaux rivages : par exemple, Sylvie Guillaume (*Antoine Pinay ou la confiance en politique*, 1984) développe à travers le cas Pinay une analyse des phénomènes d'image de marque, de mémoire et de mythologisation en politique, et S. Berstein (*Édouard Herriot ou la République en personne*, 1985) s'interroge sur les mécanismes de la représentativité politique en faisant de son personnage une sorte de symbole de la France républicaine, du point de vue des origines sociales (l'enfant des classes moyennes), de la trajectoire individuelle (l'ascension par l'école et par le mérite) et de la culture (l'humanisme littéraire, historique et rationaliste)...

Par là même, l'on mesure combien l'histoire politique est redevable à l'histoire des *idées politiques.* Marquée par les personnalités de J.-J. Chevalier et de J. Touchard, tous deux professeurs à Sciences Po, celle-ci demeura longtemps, selon le mot de leur actuel successeur rue Saint-Guillaume, une « histoire-galerie » (M. Winock, *Pour une histoire politique*), une « histoire par les sommets » *(ibid.).* Aujourd'hui encore, elle privilégie fréquemment la toujours nécessaire étude monographique d'un homme (G. Leroy, *Péguy entre l'ordre et la révolution,* 1981 ; M. Rebérioux, *Jaurès et la Classe ouvrière,* 1981), d'une œuvre (P. Rosanvallon, *Le Moment Guizot,* 1985), d'un courant (L. Girard, *Les Libéraux français, 1814-1875,* 1985 ; A.-M. Duranton-Crabol, *Visages de la nouvelle droite,* 1988 ; P.A. Taguieff, « L'identité nationaliste », *Lignes,* n° 4, 1988) ou d'un thème (J. Freund, *La Décadence,* 1984). Mais, peu à peu, à ces indispensables monographies s'ajoutent, outre l'exhumation d'hommes ou de courants mal connus (J. Julliard, *Fernand Pelloutier et les Origines du syndicalisme d'action directe,* 1971 ; Z. Sternhell, *La Droite révolutionnaire, 1885-1914,* 1978 ; S. Sand, *L'Illusion du politique. Georges Sorel et le débat intellectuel 1900,* 1985), les fruits d'un *élargissement du corpus,* de plus en plus ouvert aux phénomènes de mise en place, de diffusion et de réception des idées afin de « relever (leur) trace dans tous les secteurs de la société (...) en descendant de l'olympe des " grandes œuvres " » (M. Winock, *ibid.*). Deux thèses ouvrirent précocement la voie à cette démarche élargie : d'abord, en 1959, celle de R. Rémond sur *Les États-Unis devant l'opinion française, 1815-1852,* puis, en 1968, celle de J. Touchard sur *La Gloire de Béranger.* Dans les deux cas, à travers l'image d'un modèle étranger et l'extraordinaire impact d'un auteur de chansons populaires au XIXe siècle, c'est une véritable saisie de la culture politique collective qui est opérée. Dans la brèche ainsi ouverte, l'histoire des idées n'a cessé de se diversifier, passant au crible de sa recherche les phénomènes d'acculturation politique par l'école (J. Ozouf, *Nous les maîtres d'école*), les revues (M. Winock, *Histoire politique de la revue « Esprit »,* 1975), les processus d'attraction idéologique (Ph. Burrin, *La Dérive fasciste. Doriot, Déat, Bergery,* 1986), les « éveilleurs » (dans sa thèse sur une *Génération intellectuelle. Khâgneux et normaliens dans l'entre-deux-guerres,* 1988, J.-F. Sirinelli met ainsi en exergue le rôle d'Alain dans la formation politique de ses élèves), les représentations collectives (*L'Amérique dans les têtes. Un siècle de fascinations et d'aversions,* sous la direction de D. Lacorne, J. Rupnik et M.-F. Toinet, 1986), les rapports entre art et idéologie (*Art et Fascisme,* sous la direction de P. Milza, 1988), ou encore les facteurs de cohésion susceptibles de rassembler diverses familles politiques contre un adversaire réel ou supposé (R. Rémond, *Histoire de l'anticléricalisme en France,* 1976 ; J.-J. Becker et S. Berstein, *Histoire de l'anticommunisme en France,* 1987). Au total, et l'on touche ici à une notion centrale, commune à l'ensemble des approches de l'histoire politique, c'est la *culture politique* qui fait désormais l'objet de l'histoire des idées politiques, comme en témoignent par exemple les travaux de Cl. Nicolet sur *L'Idée républicaine en France* (1982), ceux de M. Winock analysant la vie politique française en termes de récurrentes « guerres franco-françaises » organisées selon des structures durables (*La Fièvre hexagonale,* 1986), ou encore ceux de Raoul Girardet, qui dans *Mythes et mythologies politiques* (1986) ne craint pas de s'aventurer sur des terrains en friches pour définir un « imaginaire politique » à travers l'étude de quatre mythes politiques majeurs, ceux du Complot, du Sauveur, de l'Age d'Or et de l'Unité...

Pour ce faire, et c'est là l'un des apports les plus marquants peut-être de l'*aggiornamento* de l'histoire politique, l'on recourt de plus en plus, parfois systématiquement, plus souvent de manière partielle, aux *instruments lexicologiques* issus de la linguistique. Dès 1962, la thèse de J. Dubois sur *Le Vocabulaire politique et social en France de 1869 à 1872* illustrait la fécondité de ce type d'investigation, mené notamment depuis lors par le laboratoire de lexicologie politique de l'École normale supérieure de Saint-Cloud, et illustrée par la création en 1980 de la revue *Mots.*

D'une part, le passage par la lexicologie – souvent difficile, voire rebutant, en raison de sa technicité et du caractère aléatoire de ses résultats – permet, par une démarche quantitative, de démontrer avec plus de rigueur ce que des citations, même nombreuses, ne peuvent pas véritablement *prouver :* ainsi, D. Peschanski montre qu'entre janvier 1934 et août 1936, *L'Humanité* passe, à partir surtout de juillet 1935, d'un vocabulaire de classe à un vocabulaire centré sur l'œcuménisme du « peuple », en conformité avec la dynamique de formation du Front populaire. (*Et pourtant ils tournent. Vocabulaire et stratégie du PCF (1934-1936),* 1988.)

D'autre part, à la fonction démonstrative peut s'ajouter une fonction heuristique, l'étude des structures lexicales pouvant par exemple dévoiler les figures mentales qui régissent le discours (A. Prost, *Vocabulaire des proclamations électorales de 1881, 1885 et 1889,* 1974 ; D. Labé, *Le Discours communiste,* 1977).

Assurément, une telle histoire politique maîtrise aussi bien le sériel que la durée. Est-ce à dire que l'*événement* se trouve désormais ignoré ? Loin s'en faut : bien au contraire, dans une épistémologie qui délibérément accorde toute leur place aux aléas du temps court (R. Rémond, « Le siècle de la contingence ? », *Vingtième siècle. Revue d'histoire,* n° 1, 1984), « l'événement, notamment sous sa forme politique, n'est (...) pas à considérer comme un simple *produit ;* il n'est pas le grain de sable devenu perle dans le corps de l'huître-structure ; au contraire, pour autant qu'il matérialise un point de rebroussement de l'histoire, il est à son tour *producteur* de structure » (J. Julliard, *Faire de l'histoire*). Par exemple le fait divers, si anecdotique puisse-t-il sembler, peut ainsi révéler bien des grippages dans les rouages consensuels, comme le montrent M. Winock, dans *Drumont et Cie,* lorsqu'il étudie l'incendie du Bazar de la Charité pour éclairer les structures mentales de l'antisémitisme politique à la fin du XIXe siècle, ou J.-P. A. Bernard quand il cherche à définir l'ambiance de la France des années de guerre froide par une évocation de ses faits divers les plus marquants (« Faits divers des années froides », *Silex,* n° 20, 1981). De même, les grandes « journées » ne sont plus seulement abordées pour elles-mêmes, mais, intégrées à un *trend* qui les englobe en amont comme en aval, elles cristallisent malaises antérieurs et souvenirs ultérieurs – devenant ainsi à leur tour facteurs d'histoire (S. Berstein, *Le 6 février 1934*, 1975 ; O. Rudelle, *Mai 58, de Gaulle et la République*, 1988).

De ce fait, le structurel et le conjoncturel, le long – ou moyen – terme et l'événementiel ne sont plus conçus comme des termes antinomiques, mais plutôt comme les deux pôles d'une dialectique complexe par laquelle, à travers les phénomènes de *mémoire*, structure et conjoncture jouent réciproquement l'une sur l'autre. Un bon exemple d'une telle imbrication est fourni par la thèse de Paul Bois sur les paysans de la Sarthe (*Paysans de l'Ouest. Des structures économiques et sociales aux options politiques depuis l'époque révolutionnaire dans la Sarthe*, 1960), qui montre comment, déterminée par les cadres de la production agricole au XVIIIe siècle, la chouannerie met en place des structures politiques à peu près inchangées jusqu'au seuil des années soixante... Plus récemment, l'intérêt s'est porté sur un champ particulièrement fécond pour l'histoire politique, celui de la relation entre *mémoire, imaginaire et politique*, illustrant bien la formule de R. Aron selon laquelle l'objet de l'histoire se constitue de « vécu cristallisé » (*Dimensions de la conscience historique*, 1961). Maurice Agulhon, pionnier en la matière (*La République au village*, 1970 ; *Marianne au combat*, 1979 ; *Histoire vagabonde*, 1988), se penche ainsi sur l'entrée de la politique dans les mœurs au cours du XIXe siècle, sur la façon dont elle devient un élément de la réalité sociale à travers les structures de sociabilité comme à travers les monuments et la statuaire... Dans *Batailles pour la mémoire* (1983), G. Namer étudie de même la façon dont depuis 1945 le pouvoir politique a organisé et s'est approprié la mémoire de la Seconde Guerre mondiale, perçue par tous comme un enjeu politique de première importance (ce que montre, sous un angle différent, H. Rousso dans *Le Syndrome de Vichy*, 1987). A. Boureau s'aventure sur le terrain de la sémiologie politique en analysant les symboles du pouvoir et leur fonction dans la mémoire (*L'Aigle. Chronique politique d'un emblème,* 1985), comme Ph. Burrin lorsqu'il observe les mécanismes de la mise en scène politique (« Poings levés et bras tendus. La contagion des symboles au temps du Front populaire », *Vingtième siècle. Revue d'histoire,* n° 11, 1986). Mais c'est une entreprise collective de grande ampleur qui caractérise le mieux cette orientation récente de l'histoire politique : celle des *Lieux de mémoire,* publiés depuis 1984 sous la direction de P. Nora, qui visent à proposer un « jeu de l'oie de l'identité française » (H. Rousso) en offrant une histoire de la mémoire collective des Français, un « inventaire des lieux où elle s'est électivement incarnée et qui, par la volonté des hommes ou le travail des siècles, en sont restés comme les plus éclatants symboles » (P. Nora). Centré sur une histoire des *représentations,* l'ensemble (trois tomes, répartis en quatre longs volumes) multiplie ainsi les regards sur des symboles (la *Marseillaise,* Versailles), des monuments (le Panthéon), des fêtes (le 14 Juillet), des références (*L'Histoire de France* de Lavisse), des souvenirs sacrés (Verdun), etc., qui cristallisent la conscience nationale *et* politique... Dans cette perspective, culture politique et *espace* peuvent d'ailleurs être utilement mis en relation, soit par l'observation monographique d'un phénomène de durable implantation locale (A. Fourcaut, *Bobigny, banlieue rouge,* 1986), soit par des essais de synthèse globalisante (*Géopolitiques des régions françaises,* sous la direction d'Yves Lacoste, 1986).

Par ce biais, l'on comprend que l'histoire politique s'affirme aussi comme une histoire de l'*opinion publique.* Certes, faite d'une complexe « alchimie entre les mentalités et le contexte » (J.-J. Becker, *Pour une histoire politique*), difficile à définir et plus encore à étudier, la notion d'opinion publique présente de délicats problèmes méthodologiques (P. Laborie, « De l'opinion publique à l'imaginaire social », *Vingtième siècle. Revue d'histoire,* n° 18, 1988). Son analyse permet néanmoins de compléter et d'enrichir considérablement l'histoire politique, en éclairant la façon dont sont perçues les réalités et en montrant comment cette perception à son tour devient elle-même facteur d'histoire (voir par exemple R. Schor, *L'Opinion française et les Étrangers, 1919, 1939,* 1985). Placé devant l'obligation de diversifier le plus possible ses sources (presse, littérature, cinéma, iconographie, publicité, correspondances, journaux intimes, débats politiques, sondages, archives préfectorales et judiciaires, rapports de police, faits divers, sources orales, etc.), l'historien de l'opinion publique est confronté à une vision particulièrement large du corps social qu'il étudie, ce qui lui permet de reconstituer « des séquences symptomatiques de l'imaginaire collectif » (P. Laborie). Ainsi, en scrutant l'opinion dans le Lot durant l'Occupation, P. Laborie montre les progressives transformations d'une population qui, marquée par la défaite, s'avère au départ majoritairement vichyssoise avant de peu à peu s'éloigner du maréchalisme, surtout à partir de 1942 (*Résistants, Vichyssois et Autres. L'évolution de l'opinion et des comportements dans le Lot de 1940 à 1944,* 1980). De même, en croisant d'innombrables sources et en jouant sur une chronologie très fine, J.-J. Becker met en lumière la façon dont les Français, au moment d'entrer dans la Première Guerre mondiale, passent de la consternation à la résignation puis à la résolution, entre le moment de la mobilisation et celui des premiers départs (*1914 : comment les Français sont entrés dans la guerre,* 1977).

Dès lors, abordant les terrains de la culture politique et ceux de l'opinion publique, l'histoire politique ne peut se passer de l'étude des *paramètres de détermination des choix politiques,* tels que notamment les facteurs sociaux ou religieux, de même qu'elle ne peut ignorer les *pôles de création et de diffusion des représentations politiques,* par exemple les milieux intellectuels et les médias (J.-N. Jeanneney, « Les médias », *Pour une histoire politique*).

Récusant avec vigueur des déterminismes sociologiques qu'ils estiment réducteurs, et auxquels ils reprochent d'occulter la spécificité et l'autonomie relative du champ politique, les historiens du politique n'en développent pas moins des analyses en termes de milieux socioculturels, tout en insistant sur le fait que les appartenances sociologiques ne sont pas nécessairement décisives. Un ouvrage collectif tel que *L'Univers politique des classes moyennes* (1983), regroupant politologues et historiens sous la direction de

G. Lavau, G. Grunberg et N. Mayer, illustre parfaitement cette démarche, axée avant tout sur l'enjeu que constituent les classes moyennes et sur la place qu'elles occupent dans le discours politique.

En revanche, plus que les facteurs sociaux, les facteurs religieux sont souvent considérés comme des paramètres majeurs quant aux choix et aux comportements politiques, dans la mesure où ils possèdent, par exemple en ce qui concerne les élections, une meilleure valeur prédictive que les éléments socio-professionnels ou géographiques (G. Michelat et M. Simon, *Classe, Religion et Comportement politique,* 1977). Elle-même largement rénovée (R. Rémond, « L'histoire religieuse de la France au XXe siècle », *Vingtième siècle. Revue d'histoire,* no 17, 1988), sous l'impulsion notamment de la sociologie religieuse issue des travaux de G. Le Bras et de F. Boulard, l'histoire religieuse apporte ainsi de riches éclairages à l'histoire politique, permettant de mettre en rapport *Forces religieuses et attitudes politiques dans la France contemporaine* (R. Rémond, 1965). En débordant – pour une fois ! – des limites nécessairement trop hexagonales du présent ouvrage, l'on peut en trouver une bonne illustration dans l'étude de G. Kepel, *Le Prophète et le Pharaon* (1984), qui analyse, à travers le cas des mouvements islamistes, les rapports du religieux et du politique dans l'Égypte contemporaine...

A l'instar du religieux, le culturel s'avère lui aussi susceptible de féconder l'histoire politique (P. Ory, « L'histoire culturelle de la France contemporaine. Question et questionnement », *Vingtième siècle. Revue d'histoire,* no 16, 1987). Ainsi, dans *Jeux, Modes et Masses. La société française et le moderne* (1985), P. Yonnet déploie une « sociologie du paraître » qui, par l'étude de comportements culturels éclatés (le PMU, le jogging, la mode, le rock, etc.), questionne les historiens du politique : si l'esprit démocratique ne se concentre plus sur la seule activité civique, si l'existence même d'un corps social un tant soit peu homogène se dilue dans l'atomisation de *L'Ère du vide* (G. Lipovetsky, 1983), la vie politique sous sa forme traditionnelle n'est-elle pas appelée, sinon à disparaître, du moins à se transformer de manière radicale ?

Peut-être une nouvelle dimension de l'histoire politique, celle de l'histoire des intellectuels, pourra-t-elle apporter des éléments de réponse. Développée récemment, elle permet en effet de mesurer les processus de formation et de diffusion d'une culture politique donnée, en conjuguant l'analyse des itinéraires individuels, celle des générations et celle de la sociabilité des milieux intellectuels (J.-F. Sirinelli, « Le hasard ou la nécessité ? Une histoire en chantier : l'histoire des intellectuels », *Vingtième siècle. Revue d'histoire*, n° 9, 1986). Dans *Génération intellectuelle. Khâgneux et normaliens dans l'entre-deux-guerres* (1988), J.-F. Sirinelli éclaire par exemple les phénomènes d'imprégnation pacifiste dans la France des années trente ; dans *Le Réveil des somnambules. Le Parti communiste, les intellectuels et la culture* (1987), J. Verdès-Leroux illustre les avatars du PCF en suivant le parcours des intellectuels communistes sur les dernières décennies, comme le fait pour l'ensemble de la gauche, à travers le prisme de la question tchécoslovaque, P. Grémion dans *Paris-Prague. La gauche face au renouveau et à la répression tchécoslovaques* (1985).

Ce dernier ouvrage conduit d'ailleurs à envisager un ultime aspect du renouveau de l'histoire politique : celui des travaux consacrés à l'étranger et des recherches portant sur les *relations internationales*. D'une part, les historiens français du politique élargissent leur approche à la dimension internationale de l'objet qu'ils étudient : c'est par exemple le cas de la dynamique revue *Communisme*, ou encore celui des auteurs de *L'Internationale socialiste* (sous la direction de H. Portelli, 1983). D'autre part, nombreux sont ceux qui consacrent tout ou partie de leurs travaux à l'histoire politique de tel ou tel pays étranger : parmi bien d'autres, L. Bianco ou M.-C. Bergère pour la Chine, F. Bédarida ou Ch. F. Mougel pour la Grande-Bretagne, Cl. Fohlen, A. Kaspi ou P. Mélandri pour les États-Unis, H. Carrère d'Encausse pour l'URSS, A. Grosser pour la RFA, R. Ilbert pour le monde musulman, le politologue G. Hermet pour l'Espagne, etc., etc. Enfin, sous l'impulsion décisive de leurs deux maîtres, Pierre Renouvin et Jean-Baptiste Duroselle, auteurs d'une commune *Introduction à l'histoire des relations internationales* (1964), les spécialistes des relations internationales ont noué des échanges de plus en plus étroits et fructueux avec les historiens du politique. Dans *La Décadence* (1979) puis dans *L'Abîme* (1982), en étudiant la politique étrangère de la France avant la Seconde Guerre mondiale, J.-B. Duroselle fait lui-même une large place aux éléments de politique intérieure : de même, de nombreuses thèses (P. Milza, *Français et Italiens à la fin du* XIX *siècle,* 1981 ; M. Vaisse, *Sécurité d'abord, la politique française en matière de désarmement,* 1984) opèrent une constante confrontation entre politique intérieure et relations internationales, au point que l'une et l'autre n'y sont plus vraiment séparables. Les guerres elles-mêmes (J.-P. Azéma, « La guerre », *Pour une histoire politique*) ne relèvent-elles pas aussi pour partie de l'histoire politique, en tant que laboratoires privilégiés qui mettent à nu le jeu social et politique, tout autant que comme facteurs de légitimation politique d'un homme (de Gaulle) ou d'un parti (le PCF) ?

5. **Histoire politique et histoire du temps présent**

On le voit, l'histoire politique s'affirme aujourd'hui en France comme une histoire dynamique, revivifiée par la traversée du désert que lui imposèrent ses détracteurs, et tout aussi soucieuse que d'autres d'atteindre une vision globale des phénomènes historiques. Rétive aux approches trop strictement déterministes, elle se montre attentive à la contingence et à l'événement, qui marquent « la défaite d'une certaine rationalité mais pas pour autant la confusion de l'intelligence » (R. Rémond, *Pour une histoire politique*), mais s'avère désormais ouverte aux horizons de la durée, de la structure, de la mémoire et de la culture politique. Considérant à ce titre le politique comme « le lieu de gestion de la société globale » et « le point où confluent la plupart des activités », elle vise donc à « s'inscrire dans une perspective globale où le politique est un point de condensation » *(ibid.).*

Là où la « nouvelle histoire » s'interroge (« Les *Annales* ont, par exemple, trop négligé de repenser l'histoire politique », A. Burguière, *L'histoire,* n° 119, 1989), l'histoire politique peut donc se targuer d'une pleine et entière légitimité. Il lui reste pourtant une dernière bataille à remporter : celle qui consiste à faire accepter son orientation – certes non exclusive mais néanmoins fort représentée – vers l'histoire proche, cette « histoire du temps présent » que d'aucuns assimilent encore à une pure chronique journalistique, lui refusant tout statut scientifique. Si l'intérêt, la pertinence et la validité des travaux portant sur un passé si proche qu'il se confond avec le présent ne sont plus à démontrer, force est toutefois d'admettre que la communauté historienne n'est pas encore gagnée dans sa totalité à leurs mérites. Pourtant, en leur temps, un Thucydide ou un Michelet ne furent-ils pas, eux aussi, des « historiens du temps présent » ?

Pascal Balmand

Conclusion

Si elle se contentait d'être une simple fresque relatant la succession des écoles historiques [1] passées et s'efforçant de faire un sort à chacun de leurs représentants, l'historiographie serait sans doute un savoir décevant, un simple appendice de la grande histoire. Nous avons cherché à nous garantir contre ce risque en ne nous imposant pas de traiter ici de tous les chroniqueurs ou de tous les historiens qui ont contribué à forger la mémoire collective des Français depuis le haut Moyen Age. Pour la même raison, nous n'avons pas mentionné tous les historiens éminents de ce temps. A quoi eût-il servi de décerner aux uns des premiers prix, aux autres des accessits et aux troisièmes des encouragements à continuer? Si certains étaient quelque peu marris d'avoir été relégués aux oubliettes, qu'ils gardent espoir : nous envisageons de donner dans quelques années une suite à cet ouvrage, qui sera consacrée aux échanges de l'histoire avec les autres sciences humaines (démographie, sociologie, géographie, ethnologie, linguistique, etc.). Nous aurons ainsi l'occasion de réparer quelques injustices, si du moins ce livre en comporte. Car nous avons voulu mettre en lumière les processus de pensée communs aux historiens des différentes époques considérées, ce qui imposait de retenir des cas significatifs, mais pas toujours éclatants. De ce fait, un moine aussi obscur qu'Ermentaire

1. Le terme d'*école* peut être contesté, nombre d'historiens étant inclassables. Mais il est commode, dans la mesure où il permet d'opérer une première mise en ordre de la production historique.

occupe ici une meilleure place qu'Eginhard, le biographe de Charlemagne; le modeste chroniqueur breton Alain Bouchart vaut bien Commynes, et Le Nain de Tillemont éclipse Bossuet.

Par ce type d'étude, qui privilégie l'analyse des attitudes mentales communes à des milieux intellectuels aux dépens des caractères psychologiques et stylistiques propres à des auteurs-historiens, on peut espérer acquérir un surcroît de lucidité sur la façon dont l'histoire s'écrit présentement. Car l'historiographie, à défaut de présenter une utilité directe, sert au moins à éveiller une légitime méfiance. Ne nous montre-t-elle pas les historiens qui nous ont précédés aux prises avec de multiples contraintes idéologiques, politiques et institutionnelles, proférant des jugements *a priori* et commettant des bévues plus ou moins graves? Comment l'histoire présente pourrait-elle échapper à ces travers, malgré ses proclamations d'objectivité et l'appareillage scientifique dont elle s'entoure? En ce sens, l'historiographie est le meilleur des vaccins contre la naïveté. Elle nous révèle combien le discours historique est, par nature, instable, susceptible de toutes les métamorphoses, de tous les retournements et de toutes les inversions de signes. Philippe Joutard en fournit une belle démonstration dans *La Légende des Camisards* (Paris, 1977). Depuis une trentaine d'années, les révoltés cévenols n'ont-ils pas été successivement assimilés aux maquisards de 1942-1945, aux combattants anti-impérialistes du Tiers Monde et enfin aux défenseurs de la cause occitane? Puisque l'histoire se révèle ainsi être malléable au gré des désirs et des choix partisans de chacun, puisque, comme l'autorité scripturaire aux yeux des penseurs scolastiques, « elle a un nez de cire » *(auctoritas cereum nasum habet),* toute production qui s'en réclame doit être soumise à une enquête serrée : de quel *lieu* social ou institutionnel parle son auteur? Quelles sont ses motivations profondes, ses choix méthodologiques, voire ses options politiques ou philosophiques? A procéder ainsi, on évite bien des erreurs d'interprétation et des pertes de temps. En formulant ces recommandations de simple bon sens, nous ne pouvons nous empêcher de penser, non sans quelque émoi rétrospectif, au temps où, commençant nos études d'histoire, nous lisions d'un œil égal Gustave Glotz et Pierre Lévêque sur la Grèce de Périclès, Achille Luchaire et Marc Bloch sur la société féodale, Jacques Chastenet et René Rémond sur la vie politique française au XXᵉ siècle! Au fil des années, s'est opérée une mise en perspective de ces différents auteurs, et de bien d'autres, relativement à quelques courants de pensée dominants et à des écoles historiques précises. Quelques rudiments de méthodologie auraient permis de le faire de façon plus rapide et plus sûre.

L'introspection de l'historien, indispensable dans la mesure où il n'est « point de recherche, selon Alain Besançon, qui ne soit recherche de soi-même », se trouve grandement facilitée par l'historiographie, conçue en un sens très large comme l'analyse des mécanismes qui commandent la production de l'histoire. Qu'on la qualifie d'histoire au second degré ou de méta-discours sur la discipline, elle conduit nécessairement à poser cette série de questions : qu'est-ce qui a poussé mes devanciers à écrire de l'histoire? qu'est-ce qui me détermine présentement à le faire? de quel bagage documentaire, méthodologique et théorique suis-je muni pour m'y engager? quels sont les obstacles qui se dressent sur mon chemin et les problèmes auxquels je ne puis pas apporter de solution? Exemplaire est, en ce domaine, la démarche d'Alain Croix dans *La Bretagne aux XVIᵉ et XVIIᵉ siècles, la vie, la mort, la foi* (Paris, 1981). A chaque étape de son travail, l'auteur dresse un inventaire de la documentation utilisée et des difficultés rencontrées. En matière d'histoire démographique, les registres paroissiaux bretons sont d'une exceptionnelle richesse : il en a dépouillé 5 000, issus de 541 paroisses, qui lui ont fourni 3 100 000 actes d'état civil (!), qu'il a traités suivant une méthode de travail semi-industrielle (comptage annuel des sépultures, des baptêmes et des mariages; relevé des données intéressantes; rédaction d'une fiche de synthèse par paroisse; traitement arithmétique des données et mise en courbes; infléchissement du questionnaire au vu des premiers résultats). Cette probité et cette rigueur dans l'examen des matériaux utilisés se retrouvent à l'orée de la troisième partie, consacrée à la *culture macabre :* quel parti tirer, se demande l'auteur, des sources écrites traditionnelles, des testaments, des images et des objets, de la tradition orale, etc.? Admirable initiation à l'histoire quantitative des mentalités! Sur un mode différent, Jean Delumeau nous invite à parcourir *Un chemin d'histoire* (Paris, 1981) et souligne d'entrée les principales étapes de sa réflexion en histoire religieuse : « A l'origine, je voulais mieux connaître – et faire connaître – la Réforme protestante... D'un point de vue purement méthodologique – mais méthode et œcuménisme coïncidaient à cet égard –, je trouvais inutile de revenir trop longuement après tant d'autres sur les oppositions qui avaient jeté l'une contre l'autre les deux fractions religieuses du monde occidental... j'avais en vue un second objectif : découvrir les relations entre théologie et aspirations collectives... Élargissant mon enquête, je m'aperçus progressivement que j'avais surtout parlé des élites chrétiennes », etc. Qu'il est tonifiant ce discours à la première personne, tout comme celui que tient le même auteur dans la préface de *La Peur en Occident* (Paris, 1978)! « A mesure que j'échafaudais mon ouvrage, nous dit-il, j'eus la surprise de constater que je recommençais, à quarante ans de distance, l'itinéraire psychologique de mon enfance et que je parcourais à nouveau, sous le couvert d'une enquête historiographique, les étapes de ma peur de la mort. » A la suite de Jean Delumeau, il serait bon que tout historien se demandât si le fait de se lancer dans un travail historique n'est pas pour lui une certaine façon d'écrire ses *Souvenirs d'enfance et de jeunesse*. En procédant ainsi, en prenant le temps de s'introspecter, l'historien parvient à une « énonciation distanciée » (Régine Robin), par laquelle il reconstitue un itinéraire en même temps qu'il expose des résultats provisoires. Cette pratique est infiniment plus stimulante pour les lecteurs que le discours fermé sur lui-même et autosuffisant de l'histoire qui se présente comme achevée et se préoccupe davantage de masquer ses faiblesses que de faire l'aveu sincère de ses lacunes.

Bibliographie

Pour le chapitre 1

Les historiens grecs et latins sont facilement accessibles dans les éditions Budé et Garnier. Les notices introductives apportent en général d'utiles informations. On pourra consulter par ailleurs :

H. Van Effenterre, *L'Histoire en Grèce,* Paris, A. Colin, 1967, coll. « U ».

F. Hartog, *Le Miroir d'Hérodote,* Paris, Gallimard, 1980.

J. de Romilly, *Thucydide et l'Impérialisme athénien,* Paris, Les Belles Lettres, 1947.

J. de Romilly, *Histoire et Raison chez Thucydide,* Paris, Les Belles Lettres, 1967.

Polybe, *Histoires,* éd. Budé ; introduction de P. Pédech (t. I) et de Claude Nicolet (t. VI).

P. Pédech, *La Méthode historique de Polybe,* Paris, Les Belles Lettres, 1964.

A. Momigliano, *Problèmes d'historiographie ancienne et moderne,* Paris, Gallimard, 1983.

G. Sabbah, *La Méthode d'Ammien Marcellin,* Paris, Les Belles Lettres, 1978.

C. Nicolet, *L'Inventaire du Monde,* Paris, Les Belles Lettres, 1988.

Pour le chapitre 2

Saint Augustin, *Cité de Dieu*, éd. Labriolle, Paris, Garnier, 1957.

P. Boglioni, *Miracle et Nature chez Grégoire le Grand*, Centre d'Études Médiévales, Montréal, 1974, p. 11-103.

J. Devisse, *Hincmar, archevêque de Reims, 845-882*, 3 vol., Genève, Droz, 1976.

Paul Diacre, *Histoire des Lombards*, éd. F. Bougard, Turnhout, Brepols, 1994.

Grégoire de Tours, *Histoire des Francs*, éd. Robert Latouche, Paris, Les Belles Lettres, 1963.

B. Guenée, *Le Métier d'historien au Moyen Age. Études sur l'historiographie médiévale*, Paris, Sorbonne, 1977.

« L'historiographie en Occident du Vᵉ au XVᵉ siècle », n° spécial des *Annales de Bretagne et des Pays de l'Ouest*, n° 2, Rennes, 1980.

H. I. Marrou, *Saint Augustin et l'augustinisme*, Paris, Seuil, 1959.

L. Musset, *Les Invasions. Les vagues germaniques*, Paris, PUF, 1965.

L. Pietri, *La Ville de Tours du IVᵉ au VIᵉ siècle : naissance d'une cité chrétienne*, Rome, 1983.

D. Poirel, « Le temps et l'éternité chez Augustin », B. Baillaud, J. de Grammont et D. Hüe, *L'Histoire, le Savoir, le Temps*, Rennes, Presses Universitaires de Rennes 2, 1995, p. 289-300.

P. Riché, *Gerbert d'Aurillac, le pape de l'an mil*, Paris, Fayard, 1987.

Richer, *Histoire de France (888-995)*, 2 vol., éd. R. Latouche, Paris, 1930.

M. Sot, *Un historien et son église, Flodoard de Reims*, Paris, Fayard, 1993.

J. Verdon, *Grégoire de Tours, « Le père de l'Histoire de France »*, Horvath, 1989, comporte une bibliographie détaillée.

Pour le chapitre 3

P. Abraham et R. Desné, *Histoire littéraire de la France*, tome I, *Des origines à 1492*, Paris, Éditions Sociales, 1974.

C. Beaune, *Naissance de la nation France*, Paris, Gallimard, 1985.

H. Beaume et J. d'Arbaumont, *Mémoires d'Olivier de La Marche*, 2 vol., Paris, 1883.

J. Blanchard, *Commynes l'européen, l'invention du politique*, Genève, Droz, 1996.

R. Boyer, *Les Sagas islandaises*, Paris, Payot, 1978 et 1992.

R. Boyer éd., *Les Sagas islandaises*, Paris, Gallimard, « La Pléiade », 1987.

R. Boyer éd., *La Saga de saint Oláfr de Snorri Sturluson*, Paris, Payot, 1992.

J. Dufournet, *La Destruction des mythes dans les « Mémoires » de Philippe de Commynes*, Genève, Droz, 1966.

J. Dufournet, *Philippe de Commynes, un historien à l'aube des temps modernes*, Bruxelles, De Boeck Université, 1994.

J. Dufournet, « Retour à Georges Chastellain », *Le Moyen Age*, 1982, p. 329-342.

Geoffroi de Villehardouin, *Conquête de Constantinople*, éd. E. Faral, 2 vol., Paris, 1938-1939.

B. Guenée, *Histoire et Culture historique dans l'Occident médiéval*, Paris, Aubier, 1980.

B. Guenée, « Les genres historiques au Moyen Age », *Annales ESC*, Paris, juillet-août 1973, p. 997-1016.

Guillaume de Poitiers, *Histoire de Guillaume le Conquérant*, éd. et trad. R. Foreville, Paris, Les Belles Lettres, 1952.

Jean Froissart, *Chronique*, éd. Kervyn de Lettenhove, 1867-1877, 28 vol. (réimp. 1967).

La Chronique de Saint-Maixent (751-1140), éd. et trad. J. Verdon, Paris, 1979.

J. J. N. Palmer (dir.), *Froissart historien*, Londres, Boydell Press, 1981.

M. Paulmier-Foucart, « L'Atelier Vincent de Beauvais », *Le Moyen Age*, n° 1, 1979, p. 87-100.

A. Pauphilet, E. Pognon, *Historiens et Chroniqueurs du Moyen Age*, Paris, Gallimard, « La Pléiade », 1952.

J. Picoche, *Recherches sur le vocabulaire de Froissart. Le vocabulaire psychologique dans les Chroniques*, thèse, Lille III, 1972.

E. Procter, *Alphonso X of Castile, Patron of Literature and Learning*, Oxford, 1951.

Raoul Glaber, *Les Histoires*, dans E. Pognon, *L'An Mille*, Paris, 1947.

Pour le chapitre 4

C.-G. Dubois, *La Conception de l'histoire en France au XVIe siècle, 1560-1620*, Paris, A.-G. Nizet, 1977.

G. Huppert, *L'Idée de l'histoire parfaite*, Paris, Flammarion, « Nouvelle bibliothèque scientifique », 1972.

N. Broc, *La Géographie de la Renaissance (1420-1620)*, Paris, Bibliothèque nationale, 1980.

Colloque Jean-Bodin, Angers, Presses de l'université d'Angers, 1985.

La Réponse de Jean Bodin à M. de Malestroit, 1568 (éd. H. Hauser, Paris, 1932).

Pour le chapitre 5

Outre les textes originaux de Kant, Hegel, Comte, Spengler et Toynbee, on peut consulter des ouvrages généraux :

J. Chevalier, *Histoire de la pensée*, tome IV, *La Pensée moderne de Hegel à Bergson*, Paris, Flammarion, 1966.

R. Aron, *Introduction à la philosophie de l'histoire*, Paris, Gallimard, 2e édition, 1948.

H.-I. Marrou, *De la connaissance historique*, Paris, Seuil, 1954, 1975.

H. Védrine, *Les Philosophies de l'histoire, déclin ou crise ?* Paris, Payot, 1975.

L'Histoire, n° 1.

Les Philosophies de l'histoire (recueil d'études de E. Detape, M. Jamet, A. Villani, S. Simha, P. Quillet, etc.), Ellipses, 1980.

Pour le chapitre 6

G. Huppert, *L'Idée de l'histoire parfaite*, Paris, Flammarion, 1972.

P. Hazard, *La Crise de la conscience européenne*, Paris, Boivin, 1935.

P. Hazard, *La Pensée européenne au XVIIIe siècle*, Paris, Boivin, 1949.
J. Ehrard et G. Palmade, *L'Histoire*, Paris, A. Colin, 1965.
R. Pomeau, *Voltaire, Œuvres historiques*, Paris, Gallimard, « La Pléiade », 1962.
R. Pomeau, *Voltaire par lui-même*, Paris, Seuil, 1955.
Ch. Rihs, *Voltaire, Recherches sur les origines du matérialisme historique*, Genève, Droz, et Paris, Ménard, 1962.
Ch.-O. Carbonell, *Histoire et Historiens, une mutation idéologique des historiens français, 1865-1885*, Toulouse, Privat, 1976.
B. Neveu, *Un historien à l'École de Port Royal, Sébastien Le Nain de Tillemont, 1637-1698*, La Haye, 1966.

Pour le chapitre 7

J. Michelet, *Le Moyen Age*, Paris, Laffont, 1981.
J. Michelet, *Histoire de la Révolution française*, Paris, Laffont, 1979.
Revues *Europe*, nov.-déc. 1973, et *L'Arc*, n° 52, consacrées à J. Michelet.
R. Barthes, *Michelet par lui-même*, Paris, Seuil, nouv. éd. 1975.
J. Le Goff, « Les Moyen Age de Michelet », dans *Pour un autre Moyen Age*, Paris, Gallimard, 1977, p. 19-45.

Pour le chapitre 8

Un ouvrage essentiel :
Ch.-O. Carbonell, *Histoire et Historiens, une mutation idéologique des historiens français, 1865-1885*, Toulouse, Privat, 1976.
On peut lire aussi :
1) A propos de *La Revue historique*, le volume du centenaire, n° 518, avril-juin 1976 ; réédition du manifeste de G. Monod, p. 297-324 ; Ch.-O. Carbonell, « La naissance de la *RH* », p. 331-351 ; A. Gérard, « La *RH* face à l'histoire contemporaine », p. 352-405.
2) Au sujet des manuels scolaires :

P. Nora, « E. Lavisse, son rôle dans la formation du sentiment national », *La Revue historique*, juillet 1962, p. 73-106.

J.-P. Rioux, « Les métamorphoses d'E. Lavisse », *Politique aujourd'hui*, nov.-déc. 1975, p. 3-12.

M. Ozouf, *L'École, l'Église et la République*, 1871-1914, Paris, A. Colin, coll. « Kiosque », 1963.

3) Sur la critique du positivisme :

L. Febvre, *Combats pour l'histoire*, Paris, A. Colin, 1953.

A. Schaft, *Histoire et Vérité. Essai sur l'objectivité de la connaissance historique*, Paris, Anthropos, 1971.

Ch. V. Langlois et Ch. Seignobos, *Introduction aux études historiques*, Paris, Hachette, 1898.

G. Lefebvre, *La Naissance de l'historiographie moderne*, Paris, F. Braudel et A. Soboul, 1971.

S. Citron, *Enseigner l'histoire aujourd'hui. La mémoire perdue et retrouvée*, Paris, Éditions ouvrières, 1984.

Pour le chapitre 9

On se borne à signaler quelques ouvrages à caractère méthodologique :

L. Febvre, *Combats pour l'histoire*, Paris, A. Colin, 1953, 458 p.

M. Bloch, *Apologie pour l'histoire ou le Métier d'historien*, Paris, A. Colin, 1941 (rééd. 1964).

F. Braudel, *Écrits sur l'histoire*, Paris, Flammarion, 1969.

Faire de l'histoire (sous la direction de J. Le Goff et P. Nora, avec la participation de trente-trois spécialistes), tome I, *Nouveaux Problèmes* ; tome II, *Nouvelles Approches* ; tome III, *Nouveaux Objets*, Paris, Gallimard, 1974.

La Nouvelle Histoire (sous la direction de J. Le Goff, R. Chartier et J. Revel, dix articles de fond et cent vingt notes biographiques ou thématiques), Paris, CEPL, Retz, 1978.

A. Burguière, *Dictionnaire des sciences historiques*, Paris, PUF, 1986.

Pour le chapitre 10

Faire de l'histoire (sous la direction de J. Le Goff et P. Nora), tome I, *Nouveaux Problèmes* ; tome II, *Nouvelles Approches* ; tome III, *Nouveaux Objets*, Paris, Gallimard, 1974.

La Nouvelle Histoire (sous la direction de J. Le Goff, R. Chartier et J. Revel, dix articles de fond et cent vingt notes biographiques ou thématiques), Paris, CEPL, Retz, 1978.

L'Histoire et ses méthodes, Presses Universitaires de Lille, 1981.

F. Furet, « En marge des Annales, Histoire et sciences sociales », *Le Débat*, n° 17, déc. 1981, p. 112-127.

A. Burguière, « La naissance des Annales » ; J. Revel, « Histoire et sciences sociales, les paradigmes des Annales », *Annales ESC*, n° 6, 1979, p. 1347-1376.

M. Morineau, « Allergico cantabile », *Annales ESC*, juillet-août 1981, p. 623 et s.

H. Coutau-Bégarie, *Le Phénomène « Nouvelle Histoire »*, Paris, Economica, 1983.

Pour le chapitre 11

Si l'on veut accéder aux œuvres de K. Marx, en traduction française, il est préférable de recourir aux trois volumes publiés dans « La Pléiade », avec une introduction et des notes de M. Rubel : *Économie I*, 1963 ; *Économie II*, 1968 (1970 p.) ; *Philosophie III*, 1982.

Dans la masse des exégèses du marxisme, on peut se référer à :

L. Althusser (et ses collaborateurs), *Lire le Capital*, 2 vol., Paris, Maspero, 1965.

G. Gurvitch, *Études sur les classes sociales*, Paris, Gonthier, 1966.

S. Ossowski, *La Structure de classes dans la conscience sociale*, Paris, Anthropos, 1971.

Sur l'histoire marxiste, deux articles sont utiles :

P. Vilar, « Histoire marxiste, histoire en construction », in *Faire de l'histoire*, tome I, collectif, Paris, Gallimard, 1974, p. 169-209.

G. Bois, « Marxisme et histoire nouvelle », in *La Nouvelle Histoire*, Paris, CEPL, Retz, 1978, p. 375-393.

P. Vilar, *Une histoire en construction, Approches marxistes et problématiques conjoncturelles*, Paris, Gallimard-Seuil, 1982.

Pour le chapitre 12

Claude Lévi-Strauss, *Race et Histoire*, Paris, Denoël, 1961 ; *Anthropologie structurale*, Paris, Plon, 1958 ; *La Pensée sauvage*, Paris, Plon, 1962.

F. Braudel, *Écrits sur l'histoire*, Paris, Flammarion, 1969 ; *Annales ESC*, 1971, n°s 3 et 4, « Histoire et structure ».

M. Foucault, *L'Archéologie du savoir*, Paris, Gallimard, 1969 ; *Surveiller et Punir*, Paris, Gallimard, 1975.

M. de Certeau, *L'Écriture de l'histoire*, Paris, Gallimard, 1975.

La Nouvelle Histoire (sous la direction de J. Le Goff, R. Chartier et J. Revel), Paris, CEPL, Retz, 1978.

Michelle Perrot (sous la direction de), *L'Impossible Prison*, Paris, Seuil, 1980.

E. Le Roy Ladurie, *Le Carnaval de Romans*, Paris, Gallimard, 1979.

P. Veyne, *« Foucault révolutionne l'histoire ! »*, suite à *Comment on écrit l'histoire*, Paris, Seuil, nouv. éd., 1978.

Pour le chapitre 13

H.-I. Marrou, *De la connaissance historique*, Paris, Seuil, 1959, nouv. éd. 1975.

P. Veyne, *Comment on écrit l'histoire*, Paris, Seuil, 1971.

J. Chesneaux, *Du passé faisons table rase ?*, Paris, Maspero, 1976.

M. de Certeau, *L'Écriture de l'histoire*, Paris, Gallimard, 1975.

Revue *Dialectiques*, n° 14, « Débat : l'histoire et le réel », Michel de Certeau et R. Robin, 1976.

N. Gagnon et J. Hamelin, *L'homme historien*, Québec-Paris, 1979.

M. Ferro, *L'Histoire sous surveillance*, Paris, Calmann-Lévy, 1985.

P. Ricœur, *Temps et Récit*, t. I, Paris, Seuil, 1983.

Espaces Temps, n°s 29 et 30, *Cet obscur objet de l'histoire.* 1. *Une force trop tranquille.* 2. *A la recherche du temps social.*

Pour le chapitre 14

F. Dosse, *L'Histoire en miettes. Des « Annales » à la « nouvelle histoire »*, Paris, La Découverte, 1987.
J. Julliard, « La politique », *Faire de l'histoire*, t. 2, *Nouvelles Approches* (sous la direction de J. Le Goff et P. Nora), Paris, Gallimard, 1974.
J.-L. Parodi (sous la direction de), *La Politique*, Paris, Centre d'étude et de promotion de la lecture, 1971.
R. Rémond (sous la direction de), *Pour une histoire politique*, Paris, Seuil, 1988.
« Les liaisons dangereuses, Histoire, sociologie, science politique », *Politix. Travaux de science politique*, n° 6, printemps 1989.
La rubrique « Enjeux » de *Vingtième siècle. Revue d'histoire* comporte de très utiles réflexions historiographiques et méthodologiques, le plus souvent citées dans le chapitre (signalons par exemple la stimulante critique apportée par G. Noiriel, « Une histoire sociale du politique est-elle possible ? », n° 24, 1989).

Index

Table

IMPRIMERIE MAURY-EUROLIVRES – MANCHECOURT (10-96)
DÉPÔT LÉGAL : JANVIER 1997 – N° 30022 (96/09/55265)